인지적 관점에서 보는

불안장애와 공포증

Aaron T. Beck · Gary Emery · Ruth L. Greenberg 공저
이성직 · 조난숙 공역

ANXIETY DISORDERS
AND PHOBIAS
A COGNITIVE PERSPECTIVE

학지사

Anxiety Disorders and Phobias: A Cognitive Perspective
by Aaron Beck, Gary Emery, and Ruth L. Greenberg

역자 서문

이 책은 인지행동치료에 입문하는 모든 치료사에게 필독서이다. 역자가 이 책을 처음 접한 것은 2001년도 박사과정에서 인지행동치료 수업을 들으면서이다. 이 책은 지금까지 역자가 불안을 호소하는 내담자나 환자를 치료하는 데 늘 참고하는 도서이다. 실업률이 높아지고 급격하게 변화하는 시대적 흐름과 더불어 다양한 재난적인 요인으로 인해 오늘을 살아가는 인간의 불안은 높아지고 있다. 이 책은 불안장애를 치료하는 정신건강 전문가들에게 불안 발생에 대한 기제와 증상에 대한 정보를 제공하고 있어 현장에서 크게 도움이 될 것이다. 더불어 불안과 관련한 사고나 행동 그리고 생리적 반응에 대한 이론적 토대를 기반으로 구체적인 치료 개입에 대한 이해를 높여 줄 것이다.

전반부에서 Aaron Beck 박사는 전형적인 불안장애라 할 수 있는 범불안장애, 공황장애, 사회불안장애, 무대공포증, 광장공포증에 대한 진화론적인 차원에서 구체적인 증상과 이에 대한 역기능적인 사고나 신념에 관해 기술하고 있다. 후반부에서는 인지심리학자인 Gary Emery 박사가 인지치료의 원리에 대한 설명을 시작으로 내담자의 역기능적 사고나 신념의 확인과 재구조화를 위해 다양한 전략과 기술을 소개하고 있다.

초심치료사가 경험하는 가장 큰 어려움 가운데 하나가 상담 회기를 어떻게 구조화하고 내담자의 변화를 위해서 어떤 개입을 해야 하는지에 대한 고민이다. 전반부의 이론적 토대에 대한 기초를 다진 후 후반부에서 소개하는 기술들, 즉 심상을 수정하는 기술, 정서적 요인을 수정하는 기술, 행동을 수정하는 기술 등은 인지행동치료에 입문하는 치료자에게는 탁월한 치료 지침이 될 것이라 믿는다.

인지행동치료의 경우 다른 심리치료 방식과 두드러진 차이점은 내담자의 역기능적인 자동사고와 신념(중간 신념, 핵심 신념)의 파악을 위해 소크라테스식 대화 기법을 사용한다는 점이다. 자각하지 못한 내담자의 자동사고나 핵심 신념의 내용에 대해 해석을 제공한다거나, 상담자가 재진술을 하기보다는 내담자의 성찰 능력을 높이기 위해 '관찰하는 자기'를 활성화하는 것에 초점을 둔다. 다시 말해, 내담자의 메타인지 능력을 개발하여 스스로가 자신의 지평을 높이도록 돕는다. 이 책에 실린 풍부한 예시를 통해서 인지행동치료사가 어떻게 치료를 진행하는지에 대한 구체적인 아이디어를 얻을 수 있을 것이다.

실제 역자가 임상 지도에서 정신건강 전문가들에게 자주 듣는 어려움은 소크라테스식 대화 기술과 타이밍이다. 시연을 볼 때는 자신도 할 것 같지만 막상 실제 내담자 앞에서는 어떤 시점에서 어떻게 질문을 해야 하는지에 대해 난감한 모습을 보인다. 소크라테스식 대화 기술은 인지행동치료의 꽃이다. 이를 위해 우선 인지행동치료에 입문하는 심리상담/치료 수련생이나 정신건강 전문가는 우선 자신의 자동적 사고를 파악하고 질문하는 연습을 부단히 해야 한다. 상담사 자신의 사고, 행동, 감정, 욕구에 대한 자각과 통찰은 내담자 이해와 변화에 중요한 척도가 된다. 동시에 인지행동치료를 체득하기 위해서 치료사 자신의 지평을 넓히는 노력이다. 상담자 자신이 보는 세상의 지평이나 방식이 내담자의 그것과 같다면 상담사는 내담자의 지평을 넓혀 주는 산파가 되기에는 부족하다.

인지행동치료 관점에서 행동치료를 1세대 치료라 부르고, 기존의 행동치료 개입에 인지를 추가한 방식인 인지행동치료를 2세대 치료라 부른다. 그리고 1990년대 이후부터 역기능적인 사고나 신념을 대하는 방식에서 비판단적인 자세와 수용을 강조하는 3세대 치료 방식인 마음챙김 방식을 추가한 변증법적 행동치료(Dialectical Behavior Therapy: DBT)나 수용전념치료(Acceptance and Commitment Therapy: ACT)가 나오게 된다. 미국의 경우 인지행동치료는 거의 40년간 충분히 뿌리를 내릴 시간을 가졌다. 그러나 국내의 경우 안타깝게도 인지행동치료를 단순히 내담자의 역기능적인 사고나 신념을 논박하는 것으로 오해하는 경우가 흔하다. 인지행동치료와 합리적 정서행동치료(REBT)의 차이점에 대한 이해가 필요해 보인다. 더 나아가 내담자의 호소문제의 경중에 따라 인지행동치료 방식을 적용할지, 아니면 마음챙김 기반의 치료 방식을 적용할지에 대한 변별력도 필요하다. 아니면 통합적인 방식을 사용해야 할지에 관한 판단 능력도 필요하다.

최근 상담 현장에서 내담자나 환자들이 자주 호소하는 문제들 가운데 하나는 공황장애, 강박장애, 사회 불안, 범불안장애 등이다. 이들은 단순히 지지적인 상담이나 감정 해소 차원의 접근 방식이 아닌 왜곡된 사고나 신념을 파악하고 수정하는 작업이 필요하다. 인지행동치료에 대한 충분한 이해를 얻을 만한 서적이 부족한 가운데 이 책의 출간은 뜻깊다 할 수 있다. 이 책이 출간될 수 있도록 도와주신 학지사의 김진환 사장님, 편집을 도와준 김현주 선생님 그리고 공동역자인 조난숙 교수님께 깊이 감사를 드린다. 그리고 나 자신의 불안장애를 극복하기 위해서 사생결단의 마음으로 유학을 떠난 나의 과거 자기에게 진심으로 '수고 많이 했다'고 말해 주고 싶다.

역자 대표

이성직

2005년판 서문

이 책이 처음 출판된 이후, 많은 연구가 불안장애의 이론과 치료에 대한 경험적 지지를 제공했다. 우리의 접근 방식은 주로 임상 관찰에 기반을 두었지만, 원칙들은 연구 문헌에서 견고하고 광범위한 지지를 받아 왔다. 지속적인 연구는 치료적 접근법을 더욱 개선했다. 또한, 인지치료는 다음과 같은 광범위한 불안장애에 효과적인 것으로 나타났다. 범불안장애(GAD), 공황장애(PD), 외상후 스트레스 장애(PTSD), 사회공포증(SP) 및 건강염려증(Hypochondriasis). 지금은 일반적으로, 불안장애가 있는 개인은 위협에 대한 인지적 편견이 있어 환경의 위험에 대해 과도하게 경계하고 모호한 상황을 위협적(선택적 주의하기)로 해석하거나 사소한 위협을 과장(확대)하도록 유도하고 있다고 이해하고 있다. 연구에 따르면 이러한 인지 오류의 근본 원인은 위험과 관련된 역기능적 신념의 체계이다.

나와 David A. Clark의 논문은 정보처리의 세 단계 순서를 제안함으로써 우리의 원래 모델을 확장했다.[1] 인지 스키마의 활성화에 의해 구동되는 처리는 자동 및 무의식에서 의식 및 전략으로 이동한다. 인지적 접근의 진화에서 또 하나의 특징은 각각의 특별한 불안장애에 대한 정교한 모델의 개발이었다. David M. Clark, Anke Ehlers, Paul Salkovskis 및 Adrian Wells와 같은 영국 연구자들은 이러한 모델을 더욱 확장하고 구체성을 높였다. 예를 들어, Clark은 '재앙적 신체 감각의 오해'라는 개념으로 공황의 원래 인지 모델을 정교화했다.[2] 우리의 연구에서 보여 준 것은 육체적 · 심리적 경험에 대해 전적으로 고정된 주의가 해롭지 않은 그들의 경험에 관

해 현실적인 추론을 배제한다는 사실이다.[3]

불안장애 및 공포증 이해

불안장애와 공포증에 대한 우리의 인지적 관점은 20년 이상의 이론 및 경험적 작업을 활발하게 했다. 불안장애의 새로운 인지 모델은 개인이 편향된 방식으로 정보를 처리하는 경향이 있는 인지 스키마 또는 신념, 위협에 대한 주의 집중, 모호한 자극에 대한 재앙적인 오해 등의 핵심 특징을 기반으로 한다. 결과적으로 원래 모델은 수많은 검증 가능한 가설을 생성했으며, 그 수명은 불안장애의 현상학을 인정하는 데 있어 상당한 설명력을 보여 준다.

기억 편향 이 책에 설명된 편향된 정보 처리의 측면을 검증하기 위해 몇 가지 경험적 연구들이 설계되었다. 예를 들어, Emery와 나는 불안한 사람들이 위협에 대한 주의가 협소하고 안전 신호를 무시하는 방식을 설명했다. 정서 스트룹(emotional stroop) 및 탐색 탐지 작업(probe detection tasks)을 사용한 실험에서 불안한 개인이 위협적인 의미 및 그림 자극에 선택적으로 주의를 보이는 것으로 나타났다.[4] 또한, 위협과 중립적 내용이 숨어있는 자극을 사용하는 연구에서 주의 편향이 무의식적으로 발생한다는 사실이 밝혀졌다.[5] 이러한 편견은 자동적이며 종종 의식적으로 통제되지 않는다. 또한, 우리는 불안한 사람들은 중립적 상황을 위험하다고 **부정확하게** 평가하고 있음을 제시했다. 이 논문은 불안한 개인이 잠재적인 위험을 수반하는 모호한 시나리오를 제시할 때, 불안하지 않은 개인보다 사건에 대한 부정적 또는 비극적 설명을 더 많이 할 가능성이 크다는 것을 보여 주는 많은 연구에 의해 확인되었다.[6]

우리의 이론은 또한 부적응 인지 장치의 활성화가 지각에서부터 장기 기억으로부터의 인출에 이르기까지 정보처리의 전체 순서를 편향시키고 있음을 제안한다. 위협 관련 정보의 의도적 회상을 조사하는 일부 연구자들은 일반적으로 범불안장애에서 기억 편향을 발견했지만, 다른 연구 전략을 사용하는 다른 연구자들은 그렇지 않았다.[7] 그러나 공황장애 및 외상후 스트레스 장애에서 일관된 기억 편향이 발견되었다.[8] 다른 연구자들은 함의적 기억 또는 이전에 제시된 자극이 해당 정보를 의식적으로 검색하려고 하지 않을 때 사람의 행동에 영향을 미치는 사례를 조사했다. 암묵적 기억은 참가자가 우연히 하게 된 것보다 더 높은 비율로 이전에 평가해 보았던 단어로 어간을 완성할 때 입증되며, 연구에 따르면 불안한 개인은 위협과 관련한 단어의 어간을 완성할 때 특히 더 그러한 것으로 나타났다.[9] 이러한 암묵적 기억의 편견은 모든 불안장애에서 발견되었다.[10]

심상화 최근 연구에서는 이미지가 불안 증상을 유지하는 중요한 인지 메커니즘이라는 우리의 주장을 확인했다. 우리는 공황장애가 있는 환자가 급성 불안의 경우 부정적인 자동 사고를 동반하는 무서운 이미지를 경험한다고 보고했다.[11] Wells, Clark 및 Ahmed는 사회적 공포증이 있는 환자가 주로 관찰자 관점에서 사회적 상황에 대한 기억을 회상한다고 보고하였다. 이는 그들이 그들의 수행에 대한 부정적인 믿음을 잠재적으로 부정할 만한 기억 속에서 다른 사람의 행동 측면에 주의를 기울이는 정도를 제한한다.[12] Hirsch, Clark, Mathews, Williams는 사회공포증이 있는 개인이 사회적 상호 작용 중에 중립적이 아닌 부정적인 이미지를 마음에 품을 때 불안 증상이 증가하고 객관적 성과가 감소한다는 사실을 시연했다.[13] 따라서 불안과 관련된 이미지를 조사한 연구 결과는 위협적인 이미지의 활성화가 다른 병리에서 실질적으로 다른 역할을 할 가능성을 높인다.

암묵적 연관성 불안 연구자들은 특정 공포증이 있는 개인의 두려움 관련인지 구조 또는 스키마를 조사하기 위해 암묵적 연관성 작업을 적용하였다.[14] IAT는 기억의 개념 간의 연관 강도를 측정하는 반응 시간 컴퓨터 작업인데, 도식 처리의 또 다른 지표다. 이 작업의 근거는 자극이 불일치(예: 거미 및 좋음)보다 대상과 형용사가 참가자의 자동 연결(예: 거미 및 나쁨)과 일치할 때 더 빠르게 분류된다는 것이다. Teachman, Gregg 및 Woody는 거미를 두려워하는 참가자가 뱀과 부정적인 설명자 사이보다 거미와 부정적인 설명자 사이의 연관성에 더 빨리 반응하고 뱀을 두려워하는 참가자는 반대 패턴을 보여 주었다는 것을 발견했다.[15] 후속 연구에서

Teachman과 Woody는 보고했다. 이러한 암시적 연관성은 심리치료 후에 약화하여 불안과 관련된 스키마의 구조가 성공적인 심리 사회적 개입으로 변경됨을 시사한다.[16] 따라서 암시적 연관 태스크는 불안장애와 관련된 부적응 스키마의 매개 변수 및 구조를 정의하는 데이터를 생성할 가능성이 있다.

자기중심주의 불안한 개인이 환경의 위협에 대한 주의 편향을 나타내므로 불안하지 않은 개인보다 잠재적인 위험을 더 빨리 감지하고 중립 또는 안전 자극을 희생하면서도 위협에 주의를 집중할 수 있다는 강력한 경험적 증거가 있다. 사회적으로 불안한 개인이 잠재적으로 난처한 상황에 부닥치면 환경을 관찰하는 대신에 자신에게 주의를 집중한다.[17] 이러한 주의 변환은 때에 따라 성능을 저하하고 부정적인 영향을 증가시키며 부정적인 인식을 활성화한다.[18] 이러한 일련의 연구는 한 가지 이상의 주의력 편향이 사회공포증에서 작용하고 있으며, 각각은 인지 요법으로 치료할 수 있다는 흥미로운 개념을 끌어낸다.[19]

생각과 행동의 융합은 받아들일 수 없는 생각과 신념이 세상에 가시적인 영향을 미친다는 믿음이다.[20] **가능성** 사고-행동 융합은 용납할 수 없는 사고를 갖는 것이 안 좋은 사건 부작용이 발생할 확률을 증가시킨다는 믿음이지만, 도덕적 사고-행동 융합은 수용할 수 없는 사고를 갖는 것 자체가 그것을 이미 수행한 것과 거의 같다는 믿음이다. Shafran과 Rachman에 따르면 사고-행동 융합은 해로움에 대한 부풀려진 인식된 책임을 반영한다. 게다가 이러한 생각의 중요성은 과장된 표현으로 해석된다. 이 연구 분야에서 임상 표본을 사용한 경험적 연구는 드물지만, 수행된 연구는 사고-행동 융합이 강박장애, 범불안장애 및 우울증을 포함한 많은 불안장애와 관련이 있음을 시사한다.

공황장애

현재까지 공황에 대한 인지이론의 초석은 이 책에 설명된 육체적·심리적 경험 또는 D. M. Clark이 설명하는 이러한 감각의 비극적인 오해로 유발된 두려운 인지였다.[21] 생리적 감각은 공황장애의 중요한 특징을 구성하며, 이 장애에서 작용하는 인지 과정 중 하나만을 나타낸다. 부적응적 신념은 불안한 개인이 모호한 감정을 오해하고 이 정보를 편향된 방식으로 처리하도록 하는 또 다른 인지 계층을 구성한다. 최근 우리 연구진은 공포증 환자가 심각한 불안 상태에 있지 않더라도 실제로 이러한 신념을 지지하며, 인지치료(CT) 과정에서 이러한 특징을 갖는 신념의 정도가 감소한다는 증거를 제공했다.[22] "빠른 심장 박동은 내가 관상 동맥 발작을 앓고 있음을 의미한다."와 같은 신념이 활성화되었을 때, 이 사람은 필요한 **세 번째 구성 요소**가 발생하기만 하면 불안하거나 공황 상태를 경험할 가능성이 있다. 이 필요한 세 번째 구성 요소는 환자의 감각과 해석에 대한 주위의 전체적인 고착으로 구성된다. Wenzel, Sharp, Sokol 및 Beck은 객관적인 자체보고 측정인 AFQ(Attentional Fixation Questionnaire)를 사용하여 이러한 공황에 대한 접근 방식에 대한 검증을 제공했다.[23]

우리의 공황에 대한 인지이론의 확장된 발표에서, 나는 공황장애가 있는 개인들은 상대적으로 독특한 인지 문제를 특징으로 한다고 제안했다. 그들은 자신들의 주관적 경험(어지러움, 맥박 증가 등)에 집착한다. 이러한 집착은 올바른 정보에 접근하고 추론하고 합리적인 접근 방식을 사용하여 두려운 생각을 평가할 수 없게 한다.[24] 주의 고착은 특정 생각과 무관하며, 대신 과잉인지를 재평가하는 능력을 방해하는 처리장애다. 나는 이 현상을 "자율적 인지 과정에서 벗어난 높은 수준의 반사 과정의 해리(dissociation of the higher-level reflective processes from automatic cognitive processing)."라고 설명했다(p. 101).[25] 공황장애 환자는 현실적인 평가를 할 수 있는 기술을 사용할 수 없다는 점에 주목했다.

따라서 공황의 완전한 모델은 ① 모호한 육체적 또는 정신적 경험에 대한 두려운 인식, ② 의학적 위협에 대한 근본적인 역기능적 태도, ③ 이러한 경험의 의미에 대한 완전한 고착으로 구성된다.

사회공포증 및 기타 조건

사회공포증의 인지 모델은 사회적으로 불안한 개인이 평가 상황에서 자신의 불안 증상에 관한 관심에만 주의를 기울인다는 사실을 제안하면서 '악순환'이라는 개념 위에 기반을 둔다.[26] 이러한 자기에 대한 초점은 중요한 사회적 단서를 놓치며, 사회적 성과에서 객관적인 감소를 경험하게 만든다. Wells는 두 가지 유형의 염려를 구분하여 사회적 공포증에 대한 이해다.[27] 유형 I 걱정은 외부 사건에 대한 걱정을 나타내지만 유형 II 걱정은 걱정에 대한 부정적인 믿음을 나타낸다. 예를 들어, "걱정하면 나쁜 일이 일어날 것입니다." 더욱이, Riskind는 불안에서 임박한 위협의 '다가오는' 측면에 대한 개념에 대한 경험적 증거를 제공했다.[28] 다른 불안 관련 상태에 대한 특정 인지 모델이 제안되었다. 여기에는 강박 검사와 외상후 스트레스 장애의 공식화가 포함된다.[29]

불안장애의 인지치료

이 책의 출판 이후, 인지 및 행동 기술을 불안 장애에 적용하는 것에 관한 수많은 연구가 수행되었다. 이러한 연구 중 다수는 이 책의 관련된 장에서 이론적 틀과 많은 기술을 도출했다. Barlow와 Borkovec 및 그 동료의 연구와 같은 또 다른 연구에서는 행동적 관점에서 수행되었지만, 여기에 설명된 많은 인지 전략을 사용했다. 이 연구자들은 그들의 접근 방식을 설명하기 위해 '인지행동치료(CBT)'라는 용어를 적용했다. 이 문헌들을 검토해 보면 일반적으로 인지행동치료라는 이름 아래 인지치료를 포함한 다양한 접근 방식을 한데 모았다. 인지행동치료라는 용어의 사용은 때때로 오용되기도 하는데, 이는 인지 모델에 기반한 치료를 나타내기 위해 사용되거나, 혹은 행동 모델에 기반한 인지 및 행동 기술 패키지를 설명하는 데 사용되거나 때로는 특정 이론적 틀이 전혀 없다.

메타 분석을 보장하기 위해 이러한 통합 접근법에 대한 충분한 수의 연구가 있었으며, 각 연구의 표본을 결합하여 대조군보다 CBT의 우월성의 통계적 중요성을 확인하기에 충분한 수의 사례를 산출했다. 이러한 연구는 '효과 크기'도 산출한다. 예를 들어, 효과 크기가 1.0이면 CBT 그룹 환자의 87%가 대조군보다 더 많이 개선되었음을 의미한다. Chambless와 Gillis(1993), Chambless와 Peterman(2004), Gould

등(1997)의 메타 분석은 CBT가 범불안장애 및 공황장애에서 대조군보다 우수하다는 것을 나타낸다.[30]

임상시험에서 불안 장애에 대한 인지치료의 임상적 영향을 평가하기 위해, 우리는 인지 개념화를 명시적으로 사용한 연구를 구별하려고 시도했다.

범불안장애 경험적 연구에 따르면 인지치료가 범불안장애(GAD)에 대한 효과적인 치료법임을 입증했다. 가장 초기의 통제된 연구 중 하나(Butler, Cullington, Hibbert, Klimes, & Gelder, 1987)는 불안 관리 프로그램 내의 환자를 대기자 통제 그룹과 비교했다. 연구 결과에 따르면 치료 효과 크기가 크고 불안과 우울증이 크게 개선되었다. 이러한 발견은 나중에 대기자 명단 그룹에 인지 행동 프로그램을 시행했을 때 동일한 결과를 보였다. 평균 8.7세션을 기반으로 한 치료 이득은 6개월 추적 연구에서 두 그룹 모두에서 유지되었다. 추적 연구에서 치료의 인지적 및 행동적 요소의 상대적 기여도를 조사했다.[31] 총 57명의 피험자가 인지치료(CT), 행동치료(BT) 또는 대기자 통제 그룹을 모델로 하는 인지행동치료에 무작위로 배정되었다. 이러한 개별적으로 제공된 치료에 관한 결과는 불안, 우울증 및 인지에 관한 결과 측정을 기반으로 BT보다 CT에 '명확한 이점'을 나타냈다. 흥미롭게도, 피험자가 BT 그룹(16%)에서 손실되었지만, CT 그룹에서는 손실이 관찰되지 않았다. 6개월 추적 연구에서 치료 효과의 유지를 보였다.

Durham과 Turvey는 1987년에 유사한 연구를 수행했다. 41명의 GAD 환자를 CT 또는 BT에 무작위로 할당한 결과, 치료 후 두 그룹 간에 유의한 차이가 없음을 보여 주었다. 하지만 6개월의 후속 조치에서 CT 환자는 치료 효과를 유지하거나 여러 결과 측정에서 개선되지만 BT 환자는 치료 전 상태로 돌아갔다. 이후 연구에서 인지치료의 가치와 비용 효과는 정신역동치료와 비교하여 평가되었다.[32] 결과는 인지치료가 정신역동적 심리치료보다 우월함을 나타냈다. 인지치료에 배정된 환자는 또한 1년 추적 관찰에서 불안 완화 그룹과 비교하면 임상적으로 유의한 변화 수준이 더 높았다.[33] 인지치료 환자는 다시 우수한 개선을 보였다. 또한, 약물 사용의 현저한 감소와 치료에 대한 긍정적인 태도도 CT 환자들 사이에서 주목할 만했다. 8~14년 추적 데이터를 기반으로 한 CT의 중요한 장기 결과 연구에서 인지치료를 받

는 환자의 증상 중증도와 부정적인 영향이 현저히 낮았다.[34]

이전에 발표된 연구(Power, Jerrom, Simpson, Mitchell, & Swanson, 1989)에서 101명의 GAD 환자는 ① 디아제팜, ② 알약 위약, ③ 인지행동치료, ④ 디아제팜+인지행동치료, ⑤ 위약에 인지행동치료가 된 처치 중 하나에 무작위로 배정되었다.[35] 치료 후 및 6개월 추적 연구 자료는 인지치료만의 우월성을 입증했다.

이러한 결과는 31명의 GAD 환자에서 인지치료, 디아제팜 및 알약 위약의 상대적 효과를 비교한 나중에 발표된 연구(Power, Simpson, Swanson, Wallace, Feistner, & Sharp, 1990)에서 뒷받침되었다.[36] 연구 결과는 인지치료 조건에서 가장 큰 효과 크기를 보여 주었다. 이러한 치료 효과는 12개월 후속 조치에서 후속 향정신성 약물과 심리치료의 필요성이 가장 낮다고 보고한 CT 환자에 의해 다시 유지되었다. 연구 결과는 인지치료 조건에서 가장 큰 효과 크기를 보여 주었다. 이러한 치료 효과는 12개월의 후속 조치에서 후속 향정신성 및 치료적 개입의 필요성이 가장 낮다고 보고한 CT 환자에 의해 다시 지지를 받았다.

공황장애 공황장애(PD)의 인지치료는 우리의 치료 모델과 Clark와 Salkovskis (1991) 이후의 개정 모델을 기반으로 한다.[37] PD치료에서 인지적 개입의 유용성은 여러 연구에서 조사되었다.[38] 전반적으로 Levitt, Hoffman, Grisham 및 Barlow는 공황 빈도, 공포에 대한 두려움 및 일반화된 불안에 대해 인지치료에 대한 큰 효과 크기를 지적했다.[39] 1~12개월의 후속 데이터에 따르면 인지치료를 받는 환자의 치료 효과 유지 또는 추가 개선이 확인되었다.

우리 그룹의 연구에서 공황장애에 대한 집중적인 인지치료의 장단기 효과를 조사했다.[40] 우리는 PD 진단을 받은 33명의 환자를 개별 집중 인지치료(CT) 또는 단기 지지 심리치료에 무작위로 할당했다. 결과는 CT 환자의 공황 증상과 일반적인 불안의 현저한 감소를 나타냈다. 8주 치료 결과 인지치료 그룹 내에서 공황이 없는 환자의 71%가 지지적 심리치료 그룹의 25%와 비교하였다. CT 환자의 87%가 공황발작이 없는 상태라는 점에서 1년 추적 데이터가 주목할 만하다. 유사한 결과(즉, 79% 공황 상태가 없음)가 인지치료 조건으로 넘어간 후 지지적 심리치료를 받은 환자에게 보고되었다.

인지치료는 나중에 다른 심리적 및 약리학적 치료와 비교되었다. Clark 등은 인지치료, 응용 이완법, 이미프라민 또는 대기자 통제에 PO 환자 64명을 무작위로 할당했다.[41] 3개월 후 인지치료는 이미프라민과 응용 이완법 둘 다에서 더 우수했다. 15개월이 지난 후에도 인지치료는 여전히 유지되었고, 응용 이완법과 이미프라민보다 우수한 것으로 인식되었다. 보다 단기 유형의 인지치료도 공황장애 치료에 효과적인 것으로 입증되었다. Clark 등(1999)은 전체 CT(FCT) 프로토콜과 간단한 CT(BCT) 프로토콜의 효능을 대기자 명단 대조군에 대해 평가했다.[42] 총 43명의 환자를 기반으로 한 결과는 다음에서 제공되는지와 상관없이 인지치료의 우월성을 나타낸다. 모든 측정에 대한 전체 또는 간략한 형식, 두 치료 모두 매우 크고 거의 동일한 효과 크기(약 3.0)를 나타냈다. 두 가지 인지치료 조건에서 치료 효과는 12개월 추적 관찰 시 유지되었다.

외상후 스트레스 장애(PTSD) Ehlers와 Clark(2000)은 인지 모델을 기반으로 PTSD에 대한 이론 중심의 환자 개인화 치료를 제공했다. 현재까지 PTSD 치료의 인지치료는 4개의 연구(Ehlers, Clark, Hackmann, McManus, & Fennell, in press, Study 1 및 Study 2; Ehlers, Clark, Hackmann, et al., 2003; Gillespie, Duffy, Hackmann 및 Clark, 2002)에서 경험적으로 지지가 되었다.[43] 전체적으로 치료 전-후-치료 효과 크기는 2.5에서 2.82 범위로 눈에 띄게 지속적으로 크다. 후속 조사 결과는 이러한 상당한 치료 효과의 유지를 반영한다는 점에서 고무적이다.

Ehlers, Clark, Hackmann, McManus 및 Fennell은 PTSD 환자를 위한 인지치료 프로그램의 유용성에 대한 가장 최근의 경험적 연구 결과를 발표했다.[44] 이 저자들은 이전에 20명의 PTSD 환자의 연속 사례에서 PTSD, 우울증 및 불안 증상이 크게 좋아진 것을 보여 주었다. 최근에 그들은 인지치료와 대기자 명단 조건을 비교하는 무작위 대조 시험을 기반으로 한 결과를 보고했다. 인지치료는 6개월 추적 관찰에서 유지되었던 PTSD 증상, 장애, 우울증 및 불안을 현저히 감소시켰다. 치료 결과는 인지 모델을 기반으로 예상되는 환자의 외상 후 인지기능장애와 관련이 있었다.

인지적 개입 모델에 대한 추가적 지지는 자동차 사고 생존자에서 최근 발병한 PTSD에 초점을 맞춘 또 다른 무작위 통제 시험에서 제공되었다.[45] PTSD 환자는 인지치료, 자조 CBT 책자 또는 반복 평가에 배정되었다. 인지치료는 PTSD 증상, 장애, 우울증 및 불안을 줄이는 데 가장 효과적인 것으로 밝혀졌다. 9개월의 추적 동안 인지치료 환자는 치료적 이득을 유지했으며 PTSD 진단 기준에 증상이 훨씬 적었다.

Ehlers와 Clark(2000)이 제안한 인지 모델의 효과는 1998년 8월에 북아일랜드 오마(Omagh) 차량 폭격 사건을 경험한 일련의 91명의 PTSD 환자에게 인지치료를 제공함으로써 경험적으로 조사되었다.[46] 훈련된 Omagh의 커뮤니티 트라우마 및 회복 팀이 제공한 평균 8회의 인지치료 세션은 이전 연구 실험에서 제공한 결과와 비교할 수 있는 PTSD의 상당한 개선을 가져왔다.

우리의 작업을 기반으로 한 사회공포증의 인지치료는 지난 10년 동안 많은 관심을 받았다. D. M. Clark은 상당수의 환자가 기존 치료 방식에서 혜택을 받지 못한다고 주장한다.[47] 예를 들어, Heimberg 등은 집단 CBT로 치료받은 환자의 60% 미만을 치료 반응자로 분류했다.[48] 사회공포증의 원인이 되는 인지 요인에 대한 이해는 복합적 인지 행동 기법에 반응하지 않는 환자를 치료하고 전반적인 인지 변화를 얻는 데 중요하다.[49] 이 모델을 기반으로 한 인지치료는 저항을 보이는 사회공포증 환자의 사례 연구에서 효과적인 것으로 입증되었다.[50]

D. M. Clark는 연속적으로 의뢰받은 15건의 사회적 공포증 환자를 치료하는 데 있어 이러한 인지적 개입의 효과를 평가했다.[51] 치료는 16회기 세션으로 구성되었으며 사전 사후 효과 크기가 커서 전반적으로 상당히 개선되었음을 보여 주었다. 그 후, D. M. Clark 등은 사회공포증의 치료에서 인지치료와 플루옥세틴의 무작위 위약 대조 시험에서 발견한 결과를 보고했다.[52] 세 가지 치료 조건 모두에서 상당한 개선이 나타났지만, CT는 중간 치료과정과 사회공포증의 모든 척도에 대한 치료 및 사후 치료 결과에서 우수했다. 이러한 우월성은 12개월의 후속 조치에서도 지속되었다. Scholing과 Emmelkamp는 ① 실제 노출, ② 인지치료에 이어 실제 노출 또는 ③ 두 구성 요소가 처음부터 통합된 인지행동치료에 사회적 공포증이 있는 73명의 환자를 무작위로 할당했다.[53] 3개월 후속 데이터는 인지치료와 실제 노출로 구성된 그룹치료에서 가장 큰 개선을 보여 주었다. 흥미롭게도 통합 그룹은 가장 적은 진전을 보였다.

건강 불안 불안에 대한 우리의 인지이론(1985)은 지속해서 심각한 유형의 건강 불안을 가리키는 건강 염려증에 대한 이해와 치료에 이바지했다.[54] 건강 염려증에 대한 인지적 개입은 토론 및 협력적으로 행동 실험을 설계하고, 시행을 통하여 왜곡된 사고 패턴을 변화시키는 것을 목표로 한다(Barsky, Geringer, & Wool, 1988; Salkovskis, Warwick, & Deale, 2003).[55] Warwick, Clark, Cobb과 Salkovskis(1996)는 무작위로 32명의 환자를 CT 또는 대기자 명단에 할당했다. 적극적인 치료를 받은 환자의 경우 현저한 개선이 확인되었으며, 이러한 개선은 3개월 추적 연구에서 유지되었다. 다른 대조 시험(D. M. Clark, et al., 1998)에서는 CBT를 스트레스 관리 패키지 및 대기자 통제 그룹과 비교했다.[56] 인지행동치료 개입에 대한 몇 가지 주요 측정에서 상당한 치료적 개선을 보였다. 환자들은 1년의 후속 조치에서 이러한 치료적 이득을 유지했다. 또한 Avia 등(1996)은 인지치료를 받은 환자가 질병 관련 두려움, 신체 증상 및 기능 장애 신념이 현저히 감소하였으며, 1년의 후속 조치에서도 장기적인 긍정적인 효과가 나타났음을 보고하였다.[57] 6개의 CBT 세션에 배정된 102명의 환자와 일반 의료에 배정된 85명의 환자를 대상으로 한 무작위 대조 연구에 기반하여 Barsky와 Ahem(2004)은 임상적으로 유의한 치료 효과를 보고했다.[58] 12개월의 후속 데이터에 따르면 인지행동 개입을 받은 환자의 건강 관련 불안과 연골 감소 신념이 현저히 낮았다.

요약하면, 이 책에서 제공한 이론적 틀은 상당한 양의 문헌에 의해 뒷받침되었다. 더욱이 기본 인지 모델의 추가 개선 및 확장은 범불안장애 및 공황장애뿐만 아니라 외상후 스트레스 장애, 사회공포증 및 연골 건조증에 대한 우리의 이해를 증가시켰다. 이러한 각 장애에 대한 이론과 전략의 임상적 적용은 이것이 선호되는 심리치료적 접근법임을 입증한다.

미주

1. Beck, A. T.; and Clark, D. A. 1997. "An information processing model of anxiety: Automatic and strategic processes." *Behavior Research and Therapy,* 35: 49–58.
2. Clark, D. M. 1986. "A cognitive model of panic." *Behaviour Research and*

Therapy, 24: 461-470.

3. Beck, A. T. 1988. "Cognitive approaches to panic disorder: Theory and therapy." In S. Rachman and J. D. Maser,. eds., *Panic: Psychological Perspectives* (pp. 91-109). Hillsdale, NJ: Erlbaum. Wenzel, A.; Sharp, I. R.; Sokol, L.; and Beck, A. T. 2004. "An Investigation of Attentional Fixation in Panic Disorders." Manuscript submitted for publication.
4. MacLeod, C.; Mathews, A.; and Tata, P. 1986. "Attentional bias in emotional disorders." *Journal of Abnormal Psychology,* 95: 15-20. Mogg, K.; and Bradley, B. P. 2002. "Selective orienting of attention to masked threat faces in social anxiety." *Behaviour Research and Therapy,* 40: 1403-1414.
5. Mogg, K.; Bradley, B. P.; Williams, R.; and Mathews, A. 1993. "Subliminal processing of emotional information in anxiety and depression." *Journal of Abnormal Psychology,* 102: 304-311.
6. Amir, N.; Foa, E. B.; and Coles, M. E. 1998. "Automatic activation and strategic avoidance of threat-relevant information in social phobia." *Journal of Abnormal Psychology,* 107: 285-290.
7. Greenberg, M. S.; and Beck, A. T. 1989. "Depression versus anxiety: A test of the content-specificity hypothesis." *Journal of Abnormal Psychology,* 98: 9-13.
8. Coles, M. E.; and Heimberg, R. G. 2002. "Memory biases in the anxiety disorders: Current status." *Clinical Psychology Review,* 22: 587-627.
9. Mathews, A.; Mogg, K.; May, J.; and Eysenck, M. 1989. "Implicit and explicit memory bias in anxiety." *Journal of Abnormal Psychology,* 98: 236-240.
10. Coles, M. E.; and Heimberg, R. G. 2002. "Memory biases in the anxiety disorders: Current status." *Clinical Psychology Review,* 22: 587-627.
11. Ottaviani~ R.; and Beck, A. T. 1987. "Cognitive aspects of panic disorder." *Journal of Anxiety Disorders,* 1:15-28.
12. Wells, A.; Clark, D. M.; and Ahmed, S. 1998. "How do I look with my mind's eye: Perspective taking in social phobic imagery." *Behaviour Research and Therapy,* 36: 631-634.
13. Hirsch, C. R.; Clark, D. M.; Mathews, A.; and Williams, R. 2003. "Self-images play a causal role in social phobia." *Behaviour Research and Therapy,* 41: 909-921.
14. Greenwald, A.G.; McGhee, D. E.; and Schwartz, J. L. K. 1998. "Measuring

individual differences in implicit cognition: The Implicit Association Test." *Journal of Personality and Social Psychology,* 74: 1464-1480.

15. Teachman, B. A.; Gregg, A. P.; and Woody, S. R. 2001. "Implicit associations for fear-relevant stimuli among individuals with snake and spider fears." *Journal of Abnormal Psychology,* 110: 226-235.
16. Teachman, B. A.; and Woody, S. R. 2003. "Automatic processing in spider phobia: Implicit fear associations over the course of treatment." *Journal of Abnormal Psychology,* 112: 100-109.
17. Hope, D. A.; Cansler, D. A.; and Heimberg, R. G. 1989. "Attentional focus and causal attributions in social phobia: Implications from social psychology." *Clinical Psychology Review,* 9: 49-60.
18. Woody, S. R. 1996. "Effects of focus of attention on social phobic anxiety and social performance." *Journal of Abnormal Psychology,* 105: 61-69.
19. Woody, S. R.; Chambless, D. L.; and Glass, C. R. 1997. "Self-focused attention in the treatment of social phobia." *Behaviour Research and Therapy,* 35: 117-129.
20. Shafran, R.; and Rachman, S. 2004. "Thought-action fusion: A review." *Journal of Behavior Therapy and Experimental Psychiatry,* 35: 87-107.
21. Clark, D. M. 1986. "A cognitive model of panic." *Behavior Research and Therapy,* 24: 461-470.
22. Wenzel, A.; Sharp, I. R.; Brown, G. K.; Greenberg, R.; and Beck, A. T. 2004. *Dysfunctional Beliefs in Panic Disorder: The Panic Beliefs Inventory.* Manuscript submitted for publication.
23. Wenzel, A.; Sharp, I. R.; Sokol, L.; and Beck, A. T. 2004. *An Investigation of Attentional Fixation in Panic Disorder.* Manuscript submitted for publication.
24. Beck, A. T. 1988. "Cognitive approaches to panic disorder: Theory and therapy." In S. Rachman and J. D. Maser, eds., *Panic: Psychological Perspectives* (pp. 91-109). Hillsdale, NJ: Erlbaum.
25. Beck, A. T. 1988. "Cognitive approaches to panic disorder: Theory and therapy." In S. Rachman and J. D. Maser, eds., *Panic: Psychological Perspectives* (p. 101). Hillsdale, NJ: Erlbaum.
26. Clark, D. M.; and Wells, A. 1995. "A cognitive model of social phobia." In R. G. Heimberg, M. Liebowitz, D. A. Hope, and F. Schneier, eds., *Social Phobia:*

Diagnosis, Assessment, and Treatment. New York: Guilford.

27. Wells, A. 1995. "Meta-cognition and worry: A cognitive model of generalized anxiety disorder." *Behavioural and Cognitive Psychotherapy,* 23: 301-320.
28. Riskind, J. H.; Williams, N. L.; Gessner, T. L.; Chrosniak, L. D.; and Cortina, J. M. 2000. "The looming maladaptive style: Anxiety, danger, and schematic processing." *Journal of Personality and Social Psychology,* 79: 837-852.
29. Rachman, S. 2002. "A cognitive theory of compulsive checking." *Behaviour Research and Therapy,* 40: 624-639. Ehlers, A.; and Clark, D. M. 2000. "A cognitive model of posttraumatic stress disorder." *Behaviour Research and Therapy,* 38: 319-345.
30. Chambless, D. L.; and Gillis, M. M. 1993. "Cognitive therapy of anxiety disorders." *Journal of Consulting and Clinical Psychology,* 61: 248-260. Chambless, D. L., and Peterman, M. 2004. "Evidence on cognitive behavioral therapy for generalized anxiety disorder and panic disorder." In R. Leahey, ed., *Contemporary Cognitive Therapy*. New York: Guilford. Gould, R. A.; Otto, M. W.; Pollack, M. H.; and Yap, L. 1997. "Cognitive behavioral and pharmacological treatment of generalized anxiety disorder: A preliminary meta-analysis." *Behavior Therapy,* 28: 285-305.
31. Butler, G.; Fennell, M.; Robson, P.; and Gelder, M. 1991. "Comparison of behavior therapy and cognitive behavior therapy in the treatment of generalized anxiety disorder." *Journal of Consulting and Clinical Psychology,* 59: 167-175.
32. Durham, R. C.; Murphy, T.; Allan, T.; Richard, K.; Treliving, L. R.; and Fenton, G. W. 1994. "Cognitive therapy, analytic psychotherapy, and anxiety management training for generalized anxiety disorder." *British Journal of Psychiatry,* 165: 315-323.
33. Durham, R. C.; Fisher, P. L.; Treliving, L. R.; Hau, C. M.; Richard, K.; and Stewart, J. B. 1999. "One year follow-up of cognitive therapy, analytic psychotherapy and anxiety management training for generalized anxiety disorder: Symptom change, medication usage and attitudes to treatment." *Behavioural and Cognitive Psychotherapy,* 27: 29-35.
34. Durham, R. C.; Chambers, J. A.; MacDonald, R. R.; Power, K. G.; and Major, K. 2003. "Does cognitive-behavioural therapy influence the long-term outcome of generalized anxiety disorder? An 8-14 year follow-up of two clinical trials." *Psychological Medicine,* 33(3): 499-509.

35. Power, K. G.; Jerrom, D. W. A.; Simpson, R. J.; Mitchell, M. J.; and Swanson, V. 1989. "A controlled comparison of cognitive-behaviour therapy; diazepam and placebo in the management of generalized anxiety." *Behavioural Psychotherapy,* 17: 1-14.
36. Power, K. G.; Simpson, R. J.; Swanson, V.; Wallace, L. A.; Feistner, A. T. C.; and Sharp, D. 1990. "A controlled comparison of cognitive-behaviour therapy, diazepam, and placebo, alone and in combination, for the treatment of generalised anxiety disorder." *Journal of Anxiety Disorders,* 4: 267-292.
37. Salkovskis, P. M.; and Clark, D. M. 1991. "Cognitive therapy for panic attacks." *Journal of Cognitive Psychotherapy: Special Panic Disorders,* 5: 215-226.
38. Beck, A. T.; Sokol, L.; Clark, D. A.; Berchick, R.; and Wright, F. 1992. "A crossover study of focused cognitive therapy for panic disorder." *American Journal of Psychiatry,* 149(6): 778-783. Clark, D. M.; Salkovskis, P. M.; Hackmann, A.; Middleton, H.; Anastasiades, P.; and Gelder, M. G. 1994. "A comparison of cognitive therapy, applied relaxation and imipramine in the treatment of panic disorder." *British Journal of Psychiatry,* 164: 759-769. Clark, D. M.; Salkovskis, P. M.; Hackmann, A.; Wells, A.; Ludgate, J.; and Gelder, M. 1999. "Brief cognitive therapy for panic disorder: A randomized controlled trial." *Journal of Consulting and Clinical Psychology,* 67(4): 583-589. Margraf, J.; and Schneider, S. November 1991. "Outcome and Active Ingredients of Cognitive Behavioral Treatments for Panic Disorder." Paper presented at the meeting of the Association for Advancement of Behavior Therapy, New York. Newman, C. F.; Beck, J. S.; Beck, A. T.; and Tran, G. Q. November 1990. "Efficacy of Cognitive Therapy in Reducing Panic Attacks and Medication." Paper presented at the meeting of the Association for Advancement of Behavior Therapy, San Francisco. Sokol, L.; Beck, A. T.; Greenberg, R. L.; Wright, F. D.; and Berchick, R. J. 1989. "Cognitive therapy of panic disorder: A nonpharmacological alternative." *Journal of Nerpous and Mental Disease,* 177: 711-716.
39. Levitt, J. T.; Hoffman, E. C.; Grisham, J. R.; and Barlow, D. H. 2001. "Empirically supported treatments for panic disorder." *Psychiatric Annals,* 31: 478-487.
40. Beck, A. T.; Sokol, L.; Clark, D. A.; Berchick, R.; and Wright, F. 1992. "A crossover study of focused cognitive therapy for panic disorder." *American Journal of*

Psychiatry, 149(6): 778-783.

41. Clark, D. M.; Salkovskis, P. M.; Hackmann, A.; Middleton, H.; Anastasiades, P.; and Gelder, M. G. 1994. "A comparison of cognitive therapy, applied relaxation and imipramine in the treatment of panic disorder." *British Journal of Psychiatry,* 64: 759-769.
42. Clark, D. M.; Salkovskis, P. M.; Hackmann, A.; Wells, A.; Ludgate, J.; and Gelder, M. 1999. "Brief cognitive therapy for panic disorder: A randomized controlled trial." *Journal of Consulting and Clinical Psychology,* 67(4): 583-589.
43. Ehlers, A.; Clark, D. M.; Hackmann, A.; McManus, F.; Fennell, M. J. V.; Herbert, C.; et al. 2003. "A randomized controlled trial of cognitive therapy, a self-help booklet, and repeated assessment as early interventions for PTSD." *Archives of General Psychiatry,* 60: 1024-1032. Gillespie, K.; Duffy, M.; Hackmann, A.; and Clark, D. M. 2002. "Community based cognitive therapy in the treatment of posttraumatic stress disorder following the Omagh bomb." *Behaviour Research and Therapy,* 40: 345-357.
44. Ehlers, A; Clark, D. M; Hackmann, A; McManus, F.; and Fennell, M. J. V. (in press). "Cognitive therapy for posttraumatic stress disorder: Development and evaluation." *Behaviour Research and Therapy,* 43(4): 413-431.
45. Ehlers, A.; Clark, D. M.; Hackmann, A.; McManus, F.; Fennell, M. J. V.; Herbert, C.; et al. 2003. "A randomized controlled trial of cognitive therapy, a self-help booklet, and repeated assessment as early interventions for PTSD." *Archives of General Psychiatry,* 60: 1024-1032.
46. Ehlers, A., and Clark, D. M. 2000. "A cognitive model of posttraumatic stress disorder." *Behaviour Research and Therapy,* 38: 319-345. Gillespie, K.; Duffy, M.; Hackmann, A.; and Clark, D. M. 2002. "Community based cognitive therapy in the treatment of posttraumatic stress disorder following the Omagh bomb." *Behaviour Research and Therapy,* 40: 345-357.
47. Clark, D. M.; Ehlers, A.; McManus, F.; Hackmann, A.; Fennell, M.; Campbell, H.; Flower, T.; Davenport, C; and Louis, B. 2003. "Cognitive therapy versus fluoxetine in generalized social phobia: A randomized placebo-controlled trial." *Journal of Consulting and Clinical Psychology,* 71(6): 1058-1067.
48. Heimberg, R. G.; Liebowitz, M. R.; Hope, D. A.; Schneier, F. R.; Holt, C. S.;

Welkowitz, L. A.; et al. 1998. "Cognitive behavioral group therapy vs. phenelzine therapy for social phobia: 12-week outcome." *Archives of General Psychiatry,* 55: 1133-1141.

49. Wells, A. 2000. "Modifying social anxiety: A cognitive approach." In R. W. Crozier, ed., *Shyness: Development, Consolidation and Change.* New York: Routledge.

50. Bates, A.; and Clark, D. M. 2002. "A new cognitive treatment for social phobia: A single-case study." In R. L. Leahy and D. E. Thomas, eds., *Clinical Advances in Cognitive Psychotherapy: Theory and Application.* New York: Springer Publishing. Bowers, W. A.; and Yates, W. R. 1992. "Cognitive therapy during discontinuation of alprazolam for social phobia." *Psychotherapy: Theory, Research, Practice, Training,* 29(2): 285-287.

51. Clark, D. M. 1999. "Anxiety disorders: Why they persist and how to treat them." *Behaviour Research and Therapy,* 37: 55-527.

52. Clark, D. M.; Ehlers, A.; McManus, F.; Hackmann, A.; Fennell, M.; Campbell, H.; Flower, T.; Davenport, C.; and Louis, B. 2003. "Cognitive therapy versus fluoxetine in generalized social phobia: A randomized placebo-controlled trial." *Journal of Consulting and Clinical Psychology,* 71(6): 1058-1067.

53. Scholing, A.; and Emmelkamp, P. M. 1993. "Exposure with and without cognitive therapy for generalized social phobia: Effects of individual and group treatment." *Behaviour Research and Therapy,* 31(7): 667-681.

54. Salkovskis, P. M.; Warwick, H. M. C.; and Deale, A. C. 2003. "Cognitive-behavioral treatment for severe and persistent health anxiety (hypochondriasis)." *Brief Treatment and Crisis Intervention,* 3(3): 353-367.

55. Barsky, A. J.; Geringer, E.; and Wool, C. 1988. "A cognitive-educational treatment for hypochnodriasis." *General Hospital Psychiatry,* 10: 322-327.

56. Clark, D. M.; Salkovskis, P. M.; Hackmann, A.; Wells, A.; Fennell, M.; Ludgate, J.; et al. 1998. "Two psychological treatments for hypochondriasis: A randomized controlled trial." *British Journal of Psychiatry,* 173: 218-225.

57. Avia, M. D.; Ruiz, M.; Olivares, M. C.; Guisado, A. B.; Sanchez, A.; and Varela, A. 1996. "The meaning of psychological symptoms: Effectiveness of a group intervention with hypochondriacal patients." *Behaviour Research and Therapy,* 34, 23-31.

58. Barsky, A. J.; and Ahem, D. K. 2004. "Cognitive behavior therapy for hypochondriasis: A randomized controlled trial." *Journal of the American Medical Association,* 292(12): 1464–1470.

1985년판 서문

불안 현상은 수 세기 동안 작가들의 관심을 끌었다. 최근 몇 년간 수많은 출판물이 이 주제를 다루었다. 그리고 Leonard Bernstein의 교향곡 〈The Age of Anxiety〉 이라는 타이틀을 달게 했다. 정상적인 행동과 비정상적인 행동 모두에서 불안의 중요성은 다양한 학습 및 정신 분석이론에 기인한 중심적 역할에 의해 강조된다.

이 책은 다소 다른 관점에서 불안을 이해하려는 시도다. 주요 주제는 적응에 있어서 중요한 과정은 인지 또는 정보처리라는 것이다. 이 중요한 인지 메커니즘에 장애가 있을 때 결과적으로 감정과 행동에 장애가 발생한다. 더욱이, 우리의 인지적 관점은 사고 장애의 교정이 감정과 행동의 장애를 완화할 것이라고 가정한다.

인지 또는 정보처리에 중요한 역할을 부여하는 것은 몇 가지 질문을 제기한다. 한편으로는 인간이 환경의 위험에 적응할 수 있게 하고, 한편으로는 불안, 우울증 및 기타 심리적 장애의 형태로 고통을 당하게 하는 기제가 어떻게 발전되었을까? 또한 정보처리에서 추정되는 장애가 불안장애의 다양한 증상을 어떻게 설명할 수 있을까? 마지막으로, 그러한 장애를 어떻게 되돌릴 수 있을까?

이 책의 목적은 행동 과학에서의 시대정신의 비교적 최근 변화를 반영한다. 정서, 동기 및 행동에 대한 배타적인 강조에서 관심은 정보의 획득, 분류, 해석 및 저장으로 옮겨졌다. 소위 인지 혁명이라고 불리는 이러한 변화는 인류학, 사회 심리학, 정치 과학, 임상 심리학 및 정신 분석과 같은 다양한 분야에 영향을 미쳤다.

이 책은 두 부분으로 나뉜다. 첫 번째 부분은 Aaron T. Beck, 즉 내가 불안장애와 공포증의 임상을 자세히 설명하고 이러한 현상의 풍부한 복잡성을 설명하는 모델을 제시한다. 두 번째 부분에서는 Gary Emery에 의해 불안장애와 공포증의 인지 모델을 기반으로 개발된 치료의 원리, 전략 및 전술을 자세히 설명한다.

제1부의 중심 주제는 개인을 보호하기 위해 진화했지만, 하지만 개인에게 반하는 방식으로 작동하는 시스템의 명백한 왜곡이다. 나는 불안 증상이 인지 과정에 의해 지시되는 생존 메커니즘의 발현인지 보여 주려고 한다. 정보처리의 적응적 가치는 환경 변화에 적응하기 위해 신속한 결정을 내리도록 프로그램화된 아메바와 미생물과 같은 비교적 단순한 생물에서부터 관찰할 수 있다. 인간의 경우 유사한 프로세스가 관련 데이터를 필터링하고 결정을 내리고 적응적인 행동을 시행한다. 또한 불안을 유발하는 역할을 한다.

제1부에서는 선천적이거나 미리 프로그램화된 반응이 단세포 유기체와 마찬가지로 인간과 관련이 있다고 주장한다. 인간이 아닌 동물에서 미리 프로그램화된 행동의 중요성은 일반적으로 받아들여졌다. 인간은 대체로 다른 동물과 비슷한 방식으로 기능한다는 개념을 받아들이기가 조금 더 어려울 수 있다. 의식적인 심리적 과정은 거의 없다. 대부분은 비자발적이다. 명백한 이유 없이 갑자기 말이 없어지고 마음이 멍해지며 그 자리에서 얼어붙어 버리는 불안장애보다 더 명백한 이러한 비의지적 과정의 작동은 없다. 이 단락에서는 그러한 역설적 반응의 수수께끼를 풀려고 시도할 것이다.

또한 불안의 원인에 대한 개방형 접근 방식을 취한다. 우리는 인지적 요인을 불안장애의 '원인'으로 간주하지 않는다. 비정상적인 인지 처리는 다양한 불쾌한 감정과 억제를 유발하지만, 이 메커니즘의 촉발은 다양한 요인에 의해 생성된다. 미래에는 이러한 메커니즘을 활성화하는 데 있어 유전, 경험 및 호르몬 요인의 역할을 설명할 것이다.

이 책의 첫 부분은 생존을 위해 개발된 기제가 어떻게 그렇게 많은 고통을 유발할 수 있는지 설명하고자 한다. 제1장에서는 용어와 개념, 특히 공포와 불안의 구별, 현실적이고 비현실적인 공포, 현재와 미래의 위험에 대한 작동의 차이를 정의하여 기초를 닦는다. 전반적으로 불안의 적응 기능이 강조된다.

제2장에서는 특정 필수 시스템의 과잉 활동의 징후로서 증상 분석을 살펴본다. 이러한 시스템의 작동은 서로 다른 기능을 수행하는 다양한 패턴에서 발생하는 것으로 보인다. 환경에 대한 사람의 인식과 실제 특성 사이에 상당한 불일치가 있을 때만 심리적 장애가 발생한다.

불일치의 문제는 제3장에 자세히 설명되어 있으며, 한편으로는 사고와 정동과 행동 간의 관계에 초점을 맞추고 다른 한편은 정동과 행동의 관계에 초점을 둔다. 제3장은 위험을 추정하고 위험을 처리하기 위한 원시 전략을 활성화하는 데 있어 인지 처리의 결정적인 중요성을 설명한다.

제4장에서는 '새로운 프로그램' 또는 모드가 불안장애에서 활성화된다는 개념을 개발한다. 인지 모드는 환경 입력의 대부분이 처리되는 방식에 흔적을 남긴다. 따라서 특정 '규칙' 세트는 상대적으로 무해한 사건을 위험한 것으로 분류하는 데 사용된다. 규칙은 약간 위협적인 상황에서 피해의 정도와 확률을 과장하는 경향이 있다.

불안장애의 핵심 심리적 문제인 만연화된 취약성 감각에 대해서는 제5장에서 다룬다. 취약성이 문제 해결 능력을 평가 절하하는 경향과 문제 상황에서 위협의 정도를 과장하려는 개인의 경향성과 관련하여 먼저 논의된다. 역기능적인 행동은 자기 보호에 사용되는 기본적 기능 또는 전략으로 간주한다. 이러한 자기 보호 패턴은 개인이 특별히 취약하다고 느끼는 영역에서 가동될 가능성이 크다. 이러한 취약한 영역은 공공 및 민간 부문을 포함하며, 특히 개인의 사회적 유대감이나 개성, 자유 및 정체성에 대한 위협이다.

앞의 장들은 제6장에서 논의할 범불안장애의 이해를 위한 이론적 토대를 놓는다. 환자의 자동적인 생각과 이미지를 탐색하면 그의 특정한 두려움과 문제 상황에 대한 그의 독특한 구성이 드러난다. 범불안장애가 우울증과 구분되는 점은 불안한 환자의 더욱 긍정적인 자아상, 미래에 대한 보다 낙관적인 전망 그리고 과거 경험에 대한 보다 즐거운 회상 측면에서 논의된다. 불안한 환자는 자신의 문제를 전반적으로 구조화된 결핍(특성적 자기 비난)에 기인하는 가능성이 더 큰 우울증 환자와는 대조적으로 **특정** 결함과 수행 능력(행동적 자기 비난)에 대해 자신을 비판하는 경향성에 주의를 기울인다. 공황장애와 범불안장애와의 관계는 삶이나 심리적 평형에 심각한 위협을 나타내는 내적 생리적 감각에 대한 오지각을 중심으로 하는 공황의 중심적인 특징으로 논의된다.

제7장에서는 단순 공포증에 관해 설명하고 더 빈번한 공포증 각각의 다양한 의미를 검토한다. 개인이 공포증이 있는 상황이 멀리 있는 한 위험하지 않다고 생각할 수 있지만, 상황에 다가가면 그 신념을 바꿀 수 있는 이중 신념 체계의 중요성도 논의된다. 그 사람이 상황에 기인하는 위험은 종종 그의 시각적 이미지와 그의 자동적 사고로 입증된다.

제8장에서는 광장공포증의 수수께끼를 검토한다. 이 상태는 사람의 이상한 장소에 대한 두려움, 불쾌하거나 설명할 수 없는 내적 감각을 심각한 병리의 신호로 해석하는 경향, 불안을 경험할 때 안전한 장소로 탈출하려는 욕구, 문제에 대처할 수 있도록 돕는 보호자에 대한 의존 등을 포함하는 요인들의 결합으로 보인다.

사회 불안, 대중 연설 불안과 시험 불안을 포함한 평가 불안은 제9장에서 논의된다. 이러한 각 문제 영역의 공통분모는 다른 사람이 자신의 능력을 평가당하고, 따라서 열등하고 부적절하다고 낙인찍힐 위험에 관한 것이다. 기대 이하의 수행에 대한 잠정적인 결과에 대한 재앙적인 환상과 생각하고 말할 때 내부적 억제로 인해 방해받는 것에 대한 우려에 주의를 기울인다.

제2부는 제1부에서 개발된 불안장애에 대한 이론적 모델을 기반으로 한 치료 프로그램의 개요를 제공한다. 제10장은 인지치료의 작동 원리를 제시하고 이후 장에서 자세히 설명하는 기술을 소개한다. 제11장은 불안장애의 인지 구조 조정에 대한 기본적인 접근 방식을 설명한다. 제12장은 불안한 이미지 구성 요소를 다루고 이미지를 사용하여 장애를 완화하는 기술을 제시한다. 불안의 정서적 및 행동적 요소는 각각 제13장과 제14장에서 다룬다. 환자의 주요 관심사 및 근본적인 가정의 두 번째 수준의 인지 재구성은 제15장에 설명되어 있다.

이 책의 진전은 **우울증의 인지치료**를 마친 직후인 1978년에 시작되었다. Emery 박사와 나는 우울증에 관한 책에 설명된 매뉴얼과 유사한 형식에 따라 불안에 대한 치료 매뉴얼을 개발했다. 불안에 대한 치료 매뉴얼의 첫 번째 버전을 완성한 후 필라델피아에 있는 인지치료센터에서 환자와 함께 다양한 전략과 기술을 '테스트'하기 위해 서둘러야 했다. 또한 센터의 동료들과 다른 곳의 동료들로부터 귀중한 피드백을 받았다. 이 경험을 바탕으로 두 가지 추가 버전을 통해 설명서를 수정했다. 치료 매뉴얼(Beck and Emery)의 최종 버전은 1979년에 완성되었으며 그 이후로 임상의와 연구자들이 사용하고 있다.

1979년부터 Emery 박사와 나는 매뉴얼을 수정하고 확장하면서 정기적으로 회의를 했다. 우리 각자는 저술의 다른 구성 요소에 끌렸고, 이 다른 집중 영역은 현재 책의 구성에서 절정에 이른다. 나의 관심은 주로 이론적 분석이었고, Emery 박사는 그의 지속적인 임상 실습 때문에 치료 기술을 평가하고 개선할 수 있는 위치에 있었다. 이 책의 최종 버전은 우리의 협력적 작업을 상징하지만, 첫 번째 부분은 내 생각을 분명하게 담고 있지만, 두 번째 부분은 Gary Emery의 생각과 경험을 명확하게 반영하고 있다. 이러한 이유로 우리 각자는 각자의 부분의 저자로 구분된다.

이 책을 개발하고 준비하는 동안 Ruth L. Greenberg는 기술적 제안을 하고, 임상 일화를 준비하고, 추가 텍스트 자료를 제공하고, 텍스트 자체에 대해 매우 필요한 매우 귀중한 비판적 평가를 제공하였다.

다른 많은 사람이 이 책의 개발과 준비에 도움을 주었다. 우리는 특히 과거 모든 동료에게 감사하고 싶다. 주간 세미나에 참여한 Cognitive Therapy 센터는 결국 책에 포함된 많은 아이디어에 대해 논의했다. 그들의 공헌 외에도 많은 동료로부터 이론적 공식의 다양한 측면에 대한 상당한 피드백을 받았다. 그들의 지식과 지혜로 도움을 준 사람들 가운데, 단지 몇 분을 언급하자면 David M. Clark, Barbara Fleming, Michael Mahoney, Brian Shaw, Elise Sutter 및 John Rush 등이다. 광장공포증에 관한 장과 같은 일부 내용은 25명의 임상의와 행동 과학자의 피드백을 반영하고 있다. 나열하기에는 너무 많지만 이러한 기여자들에게 감사를 표하고 싶다. 우리는 원고 전체를 읽고 많은 귀중한 제안을 해 주신 Marjorie Weishaar 박사에게 특별한 감사를 표하고 싶다.

우리는 원고의 초기 준비부터 책 형태의 최종 모습까지 Basic Books의 편집자인 Jo Ann Miller의 귀중한 도움에 깊이 감사드린다. Basic Books의 Phoebe Hoss도 소중한 편집에 도움을 주었다. 또한 원고를 정리하는 데 도움을 준 많은 분들께 감사드린다. 그들 중에는 Emery 박사를 위해 타이핑을 한 Pat Day가 있다. Barbara

Marinelli, Joan Doroba, Jeanette Weiss로부터 많은 도움을 받았다. 또한 Tina Inforzato, Julie Jacobs 및 Susan Rosati의 도움에 감사드린다.

우리는 『Journal of Nervous and Mental Disease』와 Williams & Wilkins Company로부터 Aaron Beck의 1970년 기사 'Role of Fantasies in Psychotherapy and Psychopathology'의 일부를 제13장에 게재하도록 허가를 받은 것에 감사드린다. 우리는 또한 제9장에 나오는 표를 수정된 형태로 출판할 수 있도록 허가해 주신 『British Journal of Psychiatry』에 감사드립니다. 이 표는 원래 P. L. Amies, M. G. Gelder 및 P. M. Shaw의 '사회공포증 : 비교 임상 연구'라는 기사에 실렸으며 감사를 표하고 싶다. 마지막으로, 미국정신과협회(American Psychiatric Association)는 『정신장애진단 및 통계 매뉴얼』(1980)의 세 번째 버전을 복제할 수가 있는 권한을 관대하게 허락해 주었다.

언어에 관하여 우리는 대부분 남성적인 호칭을 사용했지만, 치료사나 환자에 대해 일반적인 용어로 말할 때 대명사('he' 'his')는 특정한 성별로 간주하지 않는다. 우리는 단순성과 유연성 때문에 전통적인 사용법을 유지했다.

1985년 2월

AARON T. BECK, M.D.

차례

제9장 평가 불안 209

제2부 인지치료: 기술과 적용

제10장 인지치료의 원칙 233

제1부

이론 및 임상적 측면

제1장

불안에 대한 개념 수정하기

불안의 역설

저명한(accomplished) 바이올린 연주자가 청중 앞에서 연주를 시작하려고 할 때 손가락이 뻣뻣해지는 것을 느꼈다.

구두시험을 치르는 한 학생은 머리가 새하얘지면서 말을 할 수가 없었다.

첫 수술에 참여하는 의과대 학생이 막 기절하려고 한다.

이러한 불의의 사고들은 보통 **불안**이라고 이름 붙여지는 증세가 나타날 때 보이는 현상들이다. 급성 불안[acute anxiety, 혹은 불안 반응(anxiety reaction)]의 역설적 특징 중의 하나는 상황에 대한 불안 자체가 가장 싫어하는 그 상황을 불러오는 것처럼 보이는 것이다. 사실상 우리가 어떤 불쾌한 사건을 두려워하면 실제로 그 사건이 일어날 가능성을 더 키운다는 것을 관찰할 수 있다.

어떻게 불안(혹은 두려움) 반응이 개인이 가장 싫어하는 그런 일들을 촉발하는지는 대중강의를 하는 것에 대한 두려움을 가진 대학교수의 보고를 보면 이해할 수 있다.

청중에게 말하기 위해 앞에 서게 되면 나의 마음과 목소리가 제대로 작동하고 균형을 잃지 않기를, 그리고 모든 것이 잘 기능하기를 바란다. 그러나 바로 그때 내 심장은 요동치기 시작하며 가슴은 터질 것 같고 내 혀는 뻣뻣해지며 둔해지고 정신이 흐려지면서 머리가 하얗게 된다. 방금 말했던 것이나 말하고자 했던 바를 기억할 수 없다. 그러면 숨이 막히기 시작한다. 한마디도 내뱉을 수 없게 된다. 내 몸은 흔들리고 손은 떨린다. 땀을 흘리기 시작하며 연단에서 쓰러질 것 같다. 난 공포심을 느끼며 아마도 곧 망신을 당할 것이라고 생각한다.

우리는 이 두려움의 에피소드에서 실제적으로 모든 신체 체계가 영향을 받고 있음을 볼 수 있다. ① 생리적 체계에서의 진땀, 심장박동의 증가, 어지러움, ② 인지적 체계에서 자신이 곧 망신당할 것이라는 예상, ③ 동기적 체계에서 가능한 외상적 상황으로부터 가장 멀리 도망가고자 하는 강한 소망, ④ 정서 혹은 감정 체계에서 테러당하고 있다는 주관적 느낌(subjective feeling of terror), ⑤ 행동적 체계에서 동요되면서 말과 생각을 억압하는 모습 등을 보이게 된다. 이 사례에서 볼 수 있는 심리생물학적 반응은 왜곡되며 비수의적(involuntary)이고, 완화될 때까지는 부분적으로만 자신을 통제할 수 있다.

자연은 인간에게 정상적인 상황에서 절묘하게 기능하는 신경 체계를 주었다. 그런데 왜 이 신경 체계는 그것이 가장 효율적으로 작동하기를 원하는 바로 그때에 오히려 우리에 반하여 작동하기를 시작해야만 하는 것일까?

이에 대하여 불안과 관련된 증상들은 적응적이며 단지 어떤 특정한 상황에서만 문제가 된다는 관점이 부분적인 답변이 될 수 있다. 또 다른 설명은 선사시대의 조상들에게 적응적이었던 증상들이 이제 더 이상 그렇게 유용하지 않다는 것이다. 결국 어떤 상황의 중요성을 과장하는 우리의 경향성—그 상황들이 삶과 죽음의 문제라는 믿음—이 위협에 대처하는 신체기관들을 과작동시키며 정상적 기능을 하지 못하게 만든다. "진화는 불안의 유전자를 좋아한다."라는 격언이 있다. 모호한 상황에서 위험을 놓치는 '거짓된 부정(false negative)'보다 잘못된 경고가 될 수 있는 '거짓된 긍정(false positive)'이 더 낫다는 것이다. 유전자 풀에서 '거짓된 부정'을 삭제하였다. 따라서 종족 생존에 대한 대가는 일생에 걸쳐 나타내는 불안(discomfort)

일 수 있다.

불안 혹은 두려움 반응의 신비를 풀기 위하여 급성 불안의 임상적 예를 살펴보면 주관적 불안과 별도로 어떤 요인들이 나타나는지를 알 수 있다. 40세 남자가 덴버 근처로 스키를 타러 갔는데, 슬로프에 있는 중에 숨이 차오르고, 땀이 막 나면서 어지럽고 기력을 잃게 되었다. 그는 한기를 느끼면서 심한 불안정감을 겪기 시작하였다. 집중하기 어려워지면서 심한 불안의 엄습을 느꼈다. 모든 증상과 더불어 비현실감에 사로잡혔다. 붕괴 상태에 놓이게 되었고, 병원으로 실려 가야 했다. 신체적인 이상은 발견되지 않았지만 그는 '급성 불안 발작(acute anxiety attack)'을 진단받았다.

어떤 심리적 불편(disturbance)이 그토록 강해서 이 사람의 생리적이고 심리적인 체계를 완전히 교란시키게 되었을까? 그 실마리를 그의 생각과 심상에서 찾을 수 있다. 스키 슬로프 위에서 일이 벌어지기 전에 그는 다음과 같은 생각을 수차례 하였다. '만약 여기서 나한테 심장마비가 오면 응급치료를 받기는 거의 불가능할 거야.' 후에 숨이 가쁘기 시작하면서 다른 증상들이 나타날 때는 '이건 심장마비가 틀림없어. 난 이제 곧 죽을 거야.'라고 생각하였다. 그러고 나서 얼굴에 산소 마스크를 쓰고 혈관주사를 맞으며 병원 침대에 누워 있는 자신과 그 위에서 헤매는 의사의 모습을 상상하였다. 이런 심상을 떠올릴 때마다 증상이 급속도로 심해짐을 경험하였다. 이렇듯 이 퍼즐에서 잃어버린 조각은 그의 인지(cognition)인데, 그의 몸은 춥고 공기가 희박한 환경에서 운동할 때 나타나는 정상적인 생리적 반응을 생명을 위협하는 이상증상으로 해석한 것이다.

이 사람의 불운(misadventure)을 보다 잘 이해하려면 그의 생애 전체의 맥락에서 살펴보아야만 한다. 그의 삶에서 보이는 사건들이 일정하고 유기적인 순서가 있는 것이 아니기 때문에 이렇게 민감한 반응은 특정한 심리적 상황에서 벌어지는 것이라고 보인다. 그가 전에도 높은 산에서 스키를 탔고 앞에서 묘사한 상태를 전에도 경험했다는 사실에 주목해 보는 것이 중요하다. 이런 높이에서 스키를 탈 때 그는 숨이 부족하다고 느끼기 시작하였고, 특히 일정 시간 스키를 타고 난 후에 종종 가슴의 고통이 수반되었다. 그는 점차로 추워지고 식은땀이 흐름을 느꼈다.

그런데 이 특정한 스키 슬로프에서의 일화는 그의 가족이 최근에 겪은 사별과 관련이 있다. 열 살이 더 많은 그의 형이 몇 주 전에 심장마비로 죽었다. 이 사람은 마치 다음과 같이 생각하는 것 같다. '내 형에게 일어난 일이라면 내게도 일어날 수 있어. …… 형이 운동 후에 심장마비로 고통받았듯이 나도 그럴 수 있어.' 따라서 (춥고 희박한 공기 때문이라는) 자신의 증상에 대한 가장 타당한 해석을 내리는 대신에, 그 증상을 자신이 가장 두려워하는 치명적인 심장마비로 인한 증상으로 이해한 것이다.

이 일화가 있고 나서 일주일 후에 환자를 보았을 때 그는 스키장에서의 경험을 도무지 이해하지 못하겠다고 하소연하였다. 그가 생각한 바를 한마디로 정리하기 위하여 그가 심장마비를 겪기 바로 전에 어떤 생각들이 스치고 지나갔는지를 물었다. 처음에는 기억해 내기를 어려워하였다. 그러고는 가슴의 통증이 느껴질 때 '섬광(flash)'이 떠올랐음을 회상해 내었다. '이건 틀림없이 형이 겪었던 바로 그 심장마비일 거야.' 그러자 중환자실에서의 자신의 모습과 심장 마사지를 받고 있는 자신의 **형상**을 보았다.

이렇듯 불안 상태(states)에서 결정적인 요소는 초기 자극(예를 들어, 숨이 차게 되는) 후에 반사적으로 나타나는 자동적 사고 혹은 이미지의 형태로서 정말 일어날 것처럼 보이면서 불안감이 밀려오는 인지적 과정이다. 파악하지 못한 연관성이 드러나면 그 '신비한' 불안 각성(arousal)은 이해될 수 있다. 물론 구체적인 사고나 심상의 실체가 항상 식별되는 것은 아니다. 하지만 그런 경우에 위험과 관련된 의미를 갖는 어떤 인지 체계(cognitive set)가 작동되는 것을 추측할 수 있다.

불안 개념의 변화

최근까지 불안장애는 통제할 때 튀어나오는 감정의 표현으로 여겨졌다. 불안과 공포 같은 감정이 이 장애의 가장 극적인 특징이기 때문에 불안장애의 정서적 측면이 가장 강조되는 것처럼 보인다. 이 장애를 일으키는 데 보다 근본적인 원인이 될 수 있는 다른 측면은 주관적 느낌으로 인하여 가려지고 있다. 이 주관적 느낌에 대한 강조는 불안장애의 중심 특징, 즉 불안과 그에 대한 반응에 미리 사로잡혀 있는 사람의 상태에 대한 관심으로부터 정신분석가나 심리학자의 주의를 빼앗을 수 있다.

사고적 측면, 즉 '불안에 대한 개념을 수정한다는 것(turning anxiety on its head)'은 우리가 인지 혹은 사고적 측면, '머리(head)'의 관점에서 현상을 보면서 복합체(complex)의 무시된 부분의 역할을 주목하는 것이다. 환자의 불평(호소)은 일반적으로 식은땀이 나는 손, 손떨림, 심장박동 등 말초적인(peripheral) 부위의 느낌에 집중되어 있다. 최근의 연구는 이런 증상에 대한 체계적 측정에 초점을 두었다. 일반적으로 환자들이 급성적인 불안을 겪을 때 자신의 사고에 대한 자료들을 자발적으로 제공하지는 않는 것이 사실이지만, 우리가 구체적으로 질문을 던지면 그들의 의식은 그들을 위협하고 있는 사고와 이미지로 가득 차게 됨을 발견하였다.

유사 심장마비를 겪은 스키어의 일화는 불안 발작의 중요한 측면을 보여 준다. 즉, 공포 반응이 시작되면 그 자체가 부풀어지는 경향이 있다는 것이다. 임상관찰에 의하면 이러한 자동적 각성은 환자 자신에 의하여 더 심각한 사태로 이어지는 중대한 신체적 혹은 정신적 교란(derangement)의 표시로서 고려된다. 이러한 기제(mechanism)는 운동이나 각성 사건 후에 급속한 심장박동을 경험하는 불안에 예민한(anxiety-prone) 사람에게 일상적으로 관찰된다. 앞의 그 스키어는 신체적 증상에 신경을 곤두세우고 있었다. 스키 일화에서 적당한 운동에 대한 신체적 반응이

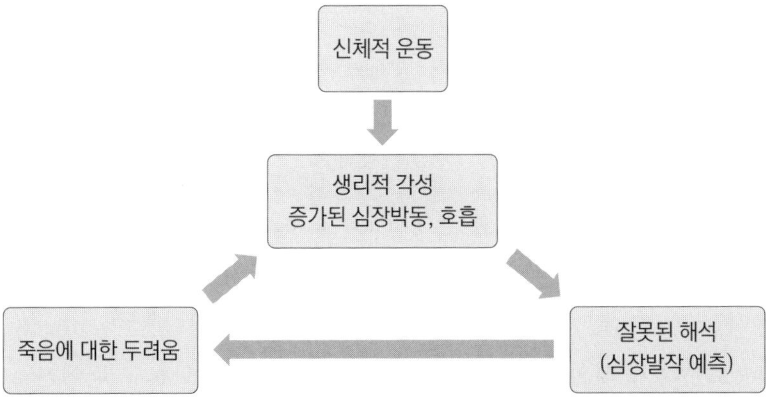

● 그림 1-1 ● 악순환: '신체적' 위협

그를 예민하게 하였다. 그 환자는 그의 생리적 증상을 의료적인 응급상황으로 여겼다. 죽음 공포를 불러일으키는 심장마비에 대한 예측은 더 심한 생리적 증상을 촉발시켰다. 이렇게 악순환이 시작되었다([그림 1-1]과 3장 67쪽 참조).

불안, 두려움, 공포 그리고 공황 구분하기

두려움(fear)과 **불안**(anxiety)의 정의는 종종 혼동되며 같은 개념으로 혼용되기도 한다. 서로 관련된 현상이지만 다른 뜻으로 분류하여 사용하면 훨씬 좋은 두 단어이다. 이 용어들을 더 잘 이해하기 위하여 그것의 사전적 의미와 파생된 의미를 살펴본다. 전통적 의미는 행동과학자들에 의해 현대적으로 구별하는 것보다 의미론적이고 관습적인 혼란에서 더 분명하게 해 준다.

두려움의 단어 'fear'는 '갑작스러운 재난 혹은 위험'을 뜻하는 고전 영어(Old English)의 faer(*Oxford English Dictionary*, 1933)에서 유래되었다. 근래에는 '현실적인 혹은 구체적인 위험에 대한 격정적이며 흔히 일어나는 예감'(*Webster's Third International Dictionary*, 1981), 혹은 '염려하고 원하지 않던 어떤 일이 일어날 가능성'(*Standard College Dictionary*, 1963)으로 정의된다. 이러한 정의들은 단어 'fear'의 여러 함축적인 의미를 강조한다. 이 정의는 '원하지 않는' 혹은 재앙을 초래하는 사건이 발생할 가능성을 가리키고 그 사람은 그 사건에 대해 염려한다(격정적 예감). 이때 두려움(fear)은 주어진 상황에서 실제적인 혹은 잠재적인 위험이 존재하느냐에 대하여 **평가**하고 있음을 말한다. 이는 정서적 반응(emotional reaction)에 반하는 인지적 과정이다.

반면에, **불안**은 '강렬한 정서적 상태'(Funk & Wagnalls, 1963)로서 정의되며 '종종 긴장, 전율, 식은땀, 증가된 고동이나 심장박동과 같은 신체적 증상으로서 표현된다'(*Webster's Third International Dictionary*, 1981). 영어 단어 anxiety는 라틴어 anxius로부터 유래되었는데, 그 기원은 1525년에 이른다. 라틴어는 agitation과 distress의 조건으로서 정의되었다. anxious의 접두사인 anx는 '질식시키다(to choke)' 혹은 '목 졸라 죽이다(to strangle)'를 의미하는 또 다른 라틴어 angree로부터 왔다. anxius란 단어는 아마도 불안한 개인에 의해 자주 경험되는 숨 막히는 느낌(sensation)을 말한다(Lewis, 1970).

공포(phobias)는 특정한 두려움을 언급하며 '과장되고 종종 무력하게 하는(disabling) 두려움'(*Webster's Third International Dictionary*, 1981)으로 정의된다. 공포는 또한 두려운 상황을 피하고자 하는 강한 열망으로 나타나기도 하며, 그런 상황에 노출되면 불안이 유발된다. 이 단어는 싸움을 의미하는 그리스 단어 phobos에서 왔는데, 적들에게 두려움과 공포를 불러일으킬 수 있는 그리스 신화의 포보스의 이름으로부터 유래되었다. 1세기에 로마의 백과사전 편집자인 Celsus는 광견병(rabies)의 일반적 증상을 설명하기 위해 hydrophobia란 단어를 만들어 냈다. 일찍이 Hippocrates는 일몰(nightfall)과 고양이를 두려워하는 두 사람의 공포증 사례를 기록으로 남겼다. 13세기에 철학자들에 의해 악마 공포증(demon phobias)과 신 공포증(theophobias)이 비의학적 기록으로 처음 언급되었다. phobia란 단어는 19세기까지 심리치료 문헌에 나타나지 않았다.

공포에 대한 임상적 설명은 초기 등장했을 때와 비교하여 많이 변화하지 않았다. Tully와 Demosthenes는 무대에 대한 두려움이 있었다. Augustus Caesar는 어두운 데에 앉아 있지 못했다. 『베니스의 상인(The Merchant of Venice)』에서 Shakespeare는 고양이 공포증을 이야기했다. 수학자 Pascal은 오늘날의 광장공포증(agoraphobia)을 겪은 것으로 전해진다. C. Westphal(1871~1872)은 광장공포증에 관한 세 가지 설명을 기술하였다. 광장공포증의 임상적 증상은 Westphal의 기술 이후로 크게 변하지 않았다.

공황(panic)은 '점진적으로 더욱 미친 듯이 안전을 추구하게 되는, 갑작스럽고 압도하는 두려움'(*Webster's Third International Dictionary*, 1981)으로 정의된다. 1603년 이전에 등장한 이 단어는 마라손에 사는 페르시아인들 사이에서 공포를 일으키며 그리스인들에게는 갑작스럽고 근거 없는 두려움의 원인이 되는 그리스 여신 파니코스에서 유래되었다.

불안과 두려움

불안과 두려움은 전자가 정서적 과정인 반면에 후자는 인지적 과정이라는 점에서 구별된다. 두려움은 위협하는 자극에 대한 지적인 평가(appraisal)와 관련이 있고 그 평가에 대한 정서적 반응과도 관련이 있다. 어떤 사람이 무엇인가가 두렵다고 말할 때, 그는 일반적으로 현재에 일어나는 상황보다는 미래의 어떤 시점에 일어날 수 있는 것을 언급한다. 이런 면에서 두려움은 '잠재적(latent)'이다. 어떤 사람이 불안할 때 그는 긴장, 조바심, 심장박동이나 전율, 현기증, 어지러움과 같은 불쾌한 주관적인 느낌으로 표현되는 유쾌하지 못한 정서적 상태를 경험한다. 심리적 또는 신체적으로 위협이라고 여겨지는 자극 상태에 노출되면 두려움은 활성화된다. 두려움이 활성화되면 불안을 경험하게 된다. 그때 두려움은 위험에 대한 평가이고, 불안은 두려움이 자극되었을 때 촉발되는 불쾌한 감정 상태이다. 불안에 더하여 다양한 일련의 자율적이고 신체적인 신경증적 증상이 유발될 수 있다.

공포증과 공황발작

공포증(phobia)은 구체적인 대상에 대한 두려움을 의미한다. 처음에는 어떤 특정한 상황이나 사건(예: 높이, 폐쇄공간이나 깊은 물)을 두려워한다. 그런 상황에 있을 때 떨어지거나 숨을 못 쉬게 되거나 질식하는 것과 같은 결과들을 극심하게 두려워하게 된다. 공포증이나 두려움이 활성화될 때 각 개인의 반응은 보통의 불안에서 공황(panic)까지 걸쳐질 수 있다. 공포의 대상은 작은 동물부터 천둥 같은 자연현상 혹은 많은 사람 앞에서의 발표나 모임 참석 같은 사회적 장면에서의 일화까지 다양한 범위에 이른다. 공포의 중요한 질(main quality)은 상대적으로 안전한 상황에서 높은 위협을 느끼게 되는 평가의 정도와 관련이 있다.

다음은 이러한 용어들 사이의 복잡한 연관을 명백히 정리해 주는 예이다. 작은 동물을 무서워하는 사람은 그 동물이 위험하다고 인식한다. 그러나 그가 그 작은 동물에 스스로가 노출되었음을 알기 전까지 혹은 그런 상황에 자신이 있다고 상상하기 전까지는 불안을 경험하지 않는다. 예를 들어, 그런 두려움을 활성화시키는 쥐 한 마리가 보이면 그 사람은 '그 쥐가 나를 물고 나는 광견병에 걸려 죽을 거야.' 혹은 '그 쥐가 나를 물어서 내가 쓰러지게 되어 많은 사람 앞에서 당혹스럽게 될 거야.'라고 생각할 수 있다. 압도하는 이런 위협을 인식한 그 사람은 공황 발작(panic attack)을 가질 수 있다. 위험에 대한 감지(concept of danger)는 그 동물과 마주하게 될 가능성으로부터 온다. 동물과 접촉하기 전에 이미 그 두려움은 잠복해 있다. 일단 그 동물이 나타나게 되면 그 두려움은 활성화되고, 공황 발작과 관련된 모든 불쾌한 정서적 · 생리적 증상이 올라오게 된다.

비슷하게, 어떤 모임에 참석하거나 강의를 해야 하는 사회적 상황을 두려워하는 사람은 그러한 상황에 처했을 때 일어날 수 있는 결과보다 상황 자체를 덜 두려워한다. 예를 들어, 사회공포증은 사회적 상황에서 그들 자신이 바보처럼 되거나 통제할 수 없을 때 스스로 당혹하게 되는 것을 두려워한다. 이런 사람은 초조해하며, 몸이 떨리고, 식은땀이 나며, 불안과 공포와 관련된 모든 불편한 정서적 · 생리적 증상을 경험한다.

공황(panic)은 극적으로 불안한 상태이고, 이는 생리적인 현상, 몸의 움직임, 인지적인 증상들과 관련이 있다. 공황의 생리적 상관요인은 강도 높은 불안인데, 빨라지는 맥박, 현기증, 식은땀, 전율 등이 따른다. 더욱이 공황을 경험하는 사람은 재난이 임박해 오고 있으며, 점점 조이는 압박을 느끼고, 도망치거나 구조를 요청하고 싶은 강한 소망을 갖는다.

'현실적'이고 '비현실적'인 두려움

정서적 반응과 인지적 과정의 차이를 구별하는 것은 '현실 불안' 혹은 '신경증적 불안', '이성적 불안' 혹은 '비이성적 불안'과 같은 의미적 모순을 해결한다. 보통 생각이나 개념에 적용되는 형용사(예: '이성적' 혹은 '비이성적')로 감정이나 정서 상태를 한정하는 것은 비논리적이다. 두려움을 현실적 혹은 비현실적, 이성적 혹은 비이성적이라고 이름 붙일 수 있다. 합리적인 가정과 논리적이고 이성적이며 객관적인 관찰에 기인한다면 두려움은 현실적이다. 만약에 어떤 두려움이 불합리한 가정과 틀리기 쉬운 추론에 기인하며 관찰에 반대된다면 비현실적이다. 반면에 불안은 현실을 평가하는 과정이 아닌 정서 반응을 참고하기 때문에 현실적 혹은 비현실적이라고 말할 수 없다.

Freud(1915~1917)는 현실적 불안과 신경증적 불안의 차이를 구별하였다. 그는 현실적 불안을 "이성적이며 지적인 어떤 것"이며 "외부 위험을 인지하는 반응"(즉, 기대하거나 예측할 수 있는 외상 같은)으로 간주하였다. 그는 불안을 "반사적으로 도망치는 것과 관련된 상태(being connected with the flight reflex)" 그리고 "자기보호 본능의 표현(manifestation of the self-preservation instinct)"으로 간주하였다(pp. 393-394). Freud(1926)에 따르면 신경증적 불안은 내적 위험에 대한 인식으로부터 유래된다. 그는 신경증적 불안은 무의식적인 충동이 의식화되려고 위협할 때 발생하는 정서적 반응이며, 방어기제가 실패해서 충동적이고 본능적인 행동을 하도록 밀어내는 이드의 요구를 허락하게 되면 일어날 결과에 대한 두려움으로부터 초래된다고 제안하였다.

Hoch의 역설

많은 작가가 Freud의 개념에 동의하는 반면에 P. Hoch와 같은 이들은 그의 논리에 대해 문제를 제기하였다. Hoch는 "만약에 불안이 억압된 본능의 힘이 막 분출하는 것의 신호라면, 왜 그 알람이 집을 태워야만 하는지" 물었다(1950, p. 108).

Hoch의 역설은 특별히 두려움 증상이 위험한 상황에 효과적으로 대처하는 능력을 방해함으로써 오히려 위험이 더 증가하는 경우에 잘 맞는다. 예를 들어, 신체적 위협에 대해 사람이 얼어붙는 경우이다. 혼잡한 도심의 거리를 운전하는 젊은이를 그려 보자. 그가 좌회전을 하기 위해 신호를 보낸다. 교차로에 접어들면서 경적 소리를 듣게 된다. 극심한 불안을 느끼면서 자동적으로 브레이크를 밟는다. 차의 오른쪽이 치였다. 이 경우 자동적(automatic) 방어 반응이 효율적인 대처 반응을 수행하는 능력을 방해하였다. 그가 차를 멈추려고 브레이크를 밟는 대신 차를 가속시켰더라면 사고가 나지 않았을 것이다. 명백히 이 상황에서는 불안으로 인하여 얼어붙어 버리는 반응이 적응적이지 못했다.

앞선 예는 두려움이 효율적인 대처 반응 수행을 방해할 수 있음을 제시할 뿐만 아니라 주관적 불안은 대처 반응의 집행에 필요조건이 아님을 보여 준다. 사실상 운전자는 그의 원초적인 억제 반응과 불안으로 산만해지지 않았다면 적절히 반응했을 것이다. 비슷하게, 운동선수도 불안을 경험하지 않을 때 골을 넣거나 베이스의 주자를 아웃시키는 순간의 동작을 가능하게 하는 자원(능력)을 쉽게 동원할 수 있다. 경쟁적 상황은 중추신경계를 급속하게 활성화시키는 데 충분하다. 그러므로 불안은 주된 대처 방어를 활성화하는 데 필요조건도 아니며 충분조건도 아닌 것으로 보인다. 오히려 위협하는 상황에 대한 적절한 반응을 방해할 수 있다.

미래의 위험과 현재의 위험

나는 이전에 두려움의 필연적인 미래 지향성(the essential future orientation of fear)을 강조하였다(Beck, 1967). 아직 일어나지는 않았지만 특별히 해로운 사건이 막 일어나려고 한다. 아니면 아직 발생하지 않은 최고로 무서운 결과가 일어나고 있는 중일 수 있다. 사람의 두려움은 위협하는 상황에 가까이 갈수록 더 확대된다. 정말로 그 위험한 상황에 대하여 말하거나 생각하는 것만으로도 혹은 상상함으로도 두려워질 수 있다. 두려움에 머무르는 것은 그 위협하는 상황을 보다 선명하고 임박하는 것으로 느끼게 한다. 즉, 멀리 있던 위험을 바로 여기로 가져오게 된다.

종종 위험이 닥치는 것을 예상하는 것과 실제로 마주치는 것 사이에서 사람의 반응에 주목할 만한 차이가 있곤 한다. '위험한' 상황에 점점 들어서면서 달아남, 억압 혹은 기절과 같은 응급상황의 대처 양상이 활성화될 수 있다. 한 의대생이 기말고사가 점점 다가오자 점점 두려워지면서 불안해졌다. 앉아서 시험 문제를 읽으려고 막 시작할 때 두려움이 갑자기 솟아올랐다. 그녀는 '이 질문들에 어떻게 대답해야 할지 모르겠어.'라고 생각했다. 그녀의 머리는 '텅 비어'졌고 질문에 초점을 둘 수 없었다. 그녀의 불안은 그 상황을 견딜 수 없을 만큼 점점 차올랐고 교실에서 나가고 싶은 강한 충동을 느꼈다. 위협에 대한 직접적인 직면이 자동적인 탈출기제를 촉발시켰다.

치과 진료를 기다리던 젊은이가 유해한 신체적 외상에 대한 예상이 실제 경험으로 전환되는 것을 보였다. 그가 진료 의자에 앉았고 치과 의사가 그의 치아에 드릴을 사용하고 있을 때 그는 드릴이 그의 두개골을 관통하는 장면을 생생하게 보았다. 그는 식은땀을 쏟으면서 정신을 잃게 되었다. 또 다른 젊은이는 사람들 앞에서 연설하는 것에 대하여 매우 걱정하고 있다. 그가 단상에 서서 청중을 바라보았을 때 그는 갑자기 '숨이 막히고' 한 마디도 내뱉을 수 없게 되었다.

이러한 사례에서 위험 상황에 들어가는 것이 일상생활에서는 촉발되지 않았던 어떤 자동적(automatic) 행동을 촉발하는 것을 분명하게 볼 수 있다. 시험을 치르는 의과대 학생 경우에 불안이 극심하게 증가되었을 뿐 아니라 생각이 막히고 달아나려는 충동이 있었다. 치과 공포는 부교감신경계(식은땀과 기절)의 심오한 반응을 보여 준다. 이러한 사례들이 제시하는 바는 숨막힘(blocking)과 기절과 같은 무력하게 하거나 혼란하게 만드는 증상들이 극단적인 발작(attack)의 결과를 완화시키기 위하여 선사시대 같은 때는 유용하기도 하였던 생존기제들이었음을 보여 주는 것이다. 현실에 있어서 이러한 원시적인 반응들은 문제들을 더 부각시킬 뿐이며, 실제로 이들이 반복되지 않게 하기 위하여 불안한 사람이 미래의 상황을 마주하기를 더 두렵게 만든다.

불안의 기능

적응적 측면

불안, 억제(inhibition), 폐쇄(blanking out), 기절 등을 고려할 때, 이들이 어떤 기능들을 수행하는지는 명백하지 않다. 그러나 우리가 이런 증상들이 진화과정에서 어떤 기능들을 수행한다고 간주하면, 그것이 의미를 갖게 된다. **목적론적**(telenomic)이고 **적응적**(adaptational)이란 용어는 진화적인 의미에서 생존 가치를 갖게 되는 행동에 붙여져 왔다(Lorenz, 1980). 같은 측면에서 적응적이란 말은 유기체의 주요한 목표—생존, 성장, 재생산, 유지, 정복—를 증진하는 행동에도 적용될 수 있다.

자기증진(self-enhancing) 행위에 관여하는 지속적인 압력이 있기 때문에, 점검과 균형의 전반적인 체계를 갖고 있는 유기체는 지나치게 팽창되거나 부주의한 양상을 체크하고자 '두려움 반응(fear reaction)'에 의존한다. 예를 들어, 탐험 혹은 경쟁과 연관된 공격적 행위들이 점검되지 않으면 외상이나 죽음에 이를 수 있다. 인간은 너무 앞으로 나가지 않도록 제어하는 자동장치를 갖고 있다. 그런 반응억제제(inhibitor)의 한 예로서 '시각절벽 반사(visual cliff reflex)'를 들 수 있다(Marks, 1969). 사람을 포함한 많은 유아 포유류에서 벽의 끝에 이르면 얼어붙어 버리는 반응이 관찰되어 왔다. 이런 억제감은 위험한 지역으로 더 나아가지 못하도록 한다. 그러한 '조절장치(regulator)'는 종종 성인기에까지 이르러, 절벽의 끝에 다다르게 되면 어지럽거나 신체적으로 억제되는 경험을 하게 만든다.

어린 시절의 일상적인 두려움—낙상, 외상, 질식, 숨막힘, 어두움, 깊은 물 등—을 고려해 볼 때 우리는 최소한 그중 일부가 아직 위험 대처에 필요한 능력이나 기술(예: 수영이나 깊이를 파악하는 능력)을 갖기 전에 낯설거나 위험한 장소로 모험을 떠나지 못하게 막았음을 볼 수 있다. 낯선 사람에 대한 두려움이나 양육자로부터의 분리와 같은 대인관계에서의 두려움도 이와 유사하게 이해될 수 있다. 성장하는 아동은 자기충족(self-sufficiency)이 발달함에 따라 만족을 경험한다. 그러나 보살피지 않으면 그 아동은 아직 드러나지 않은 잠재적 위험을 갖는 미지의 영역에서 방황할 수 있다. 대부분의 아이는 버려짐에 대하여, 혹은 양육자로부터 너무 멀리 떨어지게 되면 촉발하는 잃어버려짐에 대한 뿌리 깊은 두려움을 갖고 있다.

어떻게 그러한 목적론적인 기제들이 무대공포증이나 대인관계적 불안이나 광장공포증에서 표출되는가? 부정적 평가에 대한 두려움 때문에 다른 사람들로부터 멀어지는 행동을 하게 된다. 궁극적으로 타인으로부터의 소외는 친척들로부터 버려지거나 다른 사람들로부터 공공연한 불만을 초래한다. 따라서 무대공포증을 갖고 있는 사람은 한편으로는 군중으로부터 인정받는 만족을 얻기 위하여 행동하지만, 다른 한편으로는 비난받으면서 겪게 될 수 있는 고통을 알고 있다. 비난으로 인해 고통받을 것이라는 예측은 말과 행동을 억제하는 기제를 통해서 '무모한' 행동을 하지 못하도록 만들어진(designed) '취약 양식(vulnerability mode)'를 유발하기에 충분하다. 대조적으로 광장공포증을 갖고 있는 사람은 심장마비나 통제 상실 혹은 정신적 혼란과 같은 내적 재난(catastrophe)이 일어날지 모른다는 복합체적인 두려움을 갖고 있다. 중요한 사람의 도움 없이는 이러한 위험들을 잘 대처하지 못할 것이라고 믿기 때문에 각 사람은 잠재적인 양육자나 도움 제공자들로부터 떨어지게 되면 더 많은 두려움을 느끼게 된다.

어떤 의미에서 두려움은 사회적 제재(sanctions)와 공황 발작에 대한 각 개인의 취약 양식을 경고하기 위하여 작동한다. 하지만 두려움이 양쪽 방향으로 진행됨을 주목해야만 한다. 즉, 그것은 위험하고 부적절하게 공격적인 행동뿐만 아니라 위축되고 유치한 행동을 하지 못하게 만든다. 그래서 위험 상황을 피하는 사람은 그의 동료들의 비웃음을 받을 것을 두려워한다. 무대공포증이 있는 사람이 '어리석게 보일까 봐' 자기 표정을 억제하려고 애쓰면서도 동시에 두려움으로 인하여 억제되고 미성숙하게 보일까 봐 안절부절못하는 모습은 균형체계의 전적인 역할처럼 보인다.

위협반응에 대한 전략으로서의 불안

불안은 일반적으로 위협반응의 다른 요인을 극적으로 가려 주는 경험이다. 인간은 현재 위험에 대한 반응으로 강렬하게 불쾌한 정서(불안, anxiety)를 경험하도록, 또한 그 위험을 줄이고 그것의 재발을 방지하는 조취를 취하기 위하여 분명하게 행동하고 움직이도록 만들어졌다. 더욱이 환자들, 임상가들 그리고 이론가들은 공황장애와 같은 병리적 상황에서 가장 중심적인 요소로서 불안의 불쾌한 경험을 강조하는 경향이 있다. 하지만 고통이나 열이 감염이나 상처에서 하나의 과정인 것처럼, 불안은 소위 불안장애에서 하나의 병리적 과정에 지나지 않는다. 우리는 불안의 감정을 극화해서 그것이 불안장애의 가장 현저한 주관적 경험이라고 믿게 만들려는 자연적인 기제(nature's mechanism)를 허용해서는 안 된다.

불안은 주의집중을 이끌어 내는 역할을 한다. 불안은 우리가 다른 관심사에 몰두하지 못하게 하여 불쾌하고 주관적인 경험을 하도록 주의를 뺏어 간다. 보통 너무나 기분 나쁜 경험이라서, 겪는 이는 불안을 줄이고 싶어 한다. 이를 위해 전략의 전환(shift from strategy)을 취하게 된다. 예를 들면, 불안전한 영역으로 들어가기보다 그 주변을 우회한다든지, 차량이 오는 길에 서기보다는 길에서 벗어나고자 점프하게 된다. 또한 다칠 수 있다는 신호를 통해 경각시키면서 '경솔한(impudent)' 행동을 중단하거나 방어 행동을 취하게 된다. 위험을 줄이는 데 성공적인 조치들은 일반적으로 불안을 경감시킨다. 이런 조치들이 위험을 줄이지 못하면 불안은 지속된다.

불안의 기능은 고통(pain)의 기능과 연관될 수 있다. 고통을 경험하면 사람은 고통을 멈추거나 줄이기 위해 다치게 만드는 것은 어떤 행동이든지 그만두고 상처를 회복하고자 조치를 취하는 등 무엇인가를 하게 된다. 하지만 고통은 병이 아니다(말하자면 맹장염이 아니라 맹장염이 있다는 신호이다). 마찬가지로 불안이 심리적 교란의 원인은 아니다. 불안장애에서 끊임없이 불안이 일어나는 증상은 유기체로 하여금 불안 반응을 활성화시키는 것으로 보이는 위험을 줄이도록 추진시키는 지속적이면서 비효율적인 기제를 표상한다. 하지만 문제가 실제적인 위험이 아니라 위험을 오해하고 과장하는 것일 때, 불안 경험은 교정하는 행동을 착수하기에 부적절하다. 위험이 존재하지 않았거나 과장되었을지라도 이를 피해 갈 길이 없다.

따라서 불안장애의 주요한 문제는 불안의 발생이 아닌 위험의 신호로서 외부와 내부의 경험을 계속해서 구조화하는 위험과 관련된 과활성화된 인지 패턴(스키마)이다(Beck, 1971).

생존기제

불안 현상은 위협을 다루기 위하여 여럿으로 분리되었지만 서로 관련 있는 '전략들' 중 하나를 대표하고 있을 뿐이며, 따라서 유기체의 위험에 대한 반응의 전체적인 틀 안에서 분석되어야 한다. 넓은 의미에서 이러한 반응은 전반적으로 불안과 관련된 양상들뿐만 아니라 분노와 관련된 적대적 행위 집합들을 포함한다. W. B. Cannon(1929)은 위협에 대한 특징적인 심리적 반응 패턴을 지정하기 위하여 '투쟁-도피 반응(fight-flight reaction)'이란 유명한 패러다임을 만들었다. 하지만 각 개인은 구체적인 위험을 다루기 위해 고안된 특별하고 보호적인 기제들로 보다 넓게 무장되어 있다. 자동반사는 외부의 타격에 대해 방어하면서 자기 자신의 반응을 억제하며, 기절하며, 도와달라고 다른 사람들에게 다가가면서 자신에게 해로운 물질(substances)들을 거절하거나 들어오지 못하도록 보호하는 것을 포함한다. 생존전략에 대한 보다 완전한 용어는 '투쟁-도피-얼어붙음-기절 반응(fight-flight-freeze-faint reaction)'이 될 것이다. 이러한 넓은 범위의 행위들은 원초적이고(다른 영장류에게서도 관찰된다는 의미에서) 불수의적이며 반사적으로 발생하고 위험에 대한 기본적인 방어로 보이기 때문에 나는 이들을 '원초적 반응(primal reaction)'이라고 이름 붙였다.

반사신경

자동반사의 하나는 잠재적으로 해로운 요소들을 거절하거나 물리치기 위하여 고안된 별개의 반사신경(discrete reflexes)들로 이루어졌다. 이러한 반사신경들은 눈 깜박임, 구역질 반사(gagging), 기침, 기관지 경련, 구토와 설사 등을 포함한다. 전반적으로 반사 행동의 보다 복잡한 체계는 몸에 대한 트라우마가 일어나지 않도록 방어하기 위하여 설계되었다. 우리는 무생물의 대상들(떨어지는 잔해, 미사일 등)에 맞거나 살아 있는 생명체들에게 공격당하는 것과 같은 다양한 종류의 위협에 노출되어 있다. 움직이는 대상에게 치이는 위협에 대한 반응에는 수그리기, 재빨리 피하기, 움찔하기, 철회하기 그리고 뻣뻣해지기와 같은 행동 등이 있다.

방어 패턴

우리가 일상에서 경험하는 가장 일반적인 신체적 '공격'은 실제적으로 의료적 혹은 치과적 세팅에서 일어나며 종종 적응적이지 못한 방어 행위를 유발한다. 복부를 눌러 보는 진찰과정은 일반적으로 복부 근육의 자동 반사적인 경직을 가져온다. 유사하게, 치과의 치료과정도 턱 관절을 경직시키거나 구역질을 일으킨다. 많은 사람이 주사 맞는 것에 대해서나 특별히 채혈하는 과정에 대하여 두려운 반응을 보인다. 그들은 혈압이 갑자기 떨어지거나, 땀을 많이 흘리거나, 혼절하는 것 등을 경험한다. 피에 대한 공포에서 특별히 나타나는 이런 반응은 피하기 힘든 창이나 칼로 공격을 받을 때, 출혈을 감소시키기 위해 설계된 본능적이고 원초적인(archaic) 기제로 가장 잘 이해될 수 있다.

다른 자동 보호적 반응은 위험한 영역으로 사람이 나아가는 것을 막도록 작동한다. 앞에서 지적하였듯이 사람은 자신이 절벽 끝에 있다고 인식하면 자동적으로 주춤하며 경직된다. 이와 관련하여, 사람은 추락할 것 같거나 물에 빠질 것 같으면 자동적으로 고정된 물체를 잡으려고 한다. 추락하거나 물에 빠지거나 공격당하는 위험에 처하게 되면 도와달라고 자동적으로 소리를 지르거나 지지받기 위해 다른 사람들을 붙잡는다.

방어적 구조는 특정한 보호적인 반응에 포함된 지향성(intentionality) 수준에서 분석될 수 있다. 즉각적 반응(instant reaction)은 눈꺼풀 반사, 기침, 움찔함 그리고 얼어붙음과 같은 신체적인 신경 시스템을 포함하는 일련의 반사(reflexes)로 이루어졌다. 이런 반사 반응들이 '수의적인(voluntary)' 근육에 의해 수행되지만, 그것은 자동적이고 불수의적이다. 그 적응적인 가치들은 느리게 작동하는 의지 구조(volition structure)를 건너뛰게 하는 속도와 능력에 달려 있다.

덜 긴급한 위험에 맞추어진 또 다른 종류의 반응은 보다 점진적인 자율신경 시스템을 포함한다. 이러한 반응들에는 구역질, 구토, 설사 등이 있다. 이런 반응들은 기도가 막히는 것과 같은 보다 치명적인 위협을 피하기 위해 설계된 기침이나 구역질 반사보다는 개시(onset)나 전개 과정에서 보다 점진적으로 나타난다. 대조적으로, 보다 점진적인 위장 반응은 즉각적인 반응을 요구하지 않으면서 해로운 물질을 흡수하는 위험에 대항하여 적당한 보호를 제공해 준다.

가장 흔한 원초적 반응(primal reaction) 유형은 위협을 줄이기 위하여 고안된 의도적 반응을 촉진하는 불쾌한 주관적 감각의 발생(generation)에 달려 있다. 불안에 의해 유발된 다양한 행위가 이 영역에 해당한다. 따라서 어떤 사람이 자신이 운전하는 차량을 완전히 통제할 수 없다고 인식하게 되면 불안이 촉발되며, 이는 그로 하여금 다시 통제할 수 있다고 느낄 때까지 속도를 줄이도록 만든다. 비슷하게, 높은 사다리 꼭대기나 절벽 끝에서 느껴지는 현기증이나 어지러운 느낌은 더 정신차리게 하며 안전한 자리로 돌아가도록 이끈다.

또 다른 불안과 관련된 '보호적인' 반응은 공황 발작에서 볼 수 있다. 이 상태는 신체적 · 정신적 기능에 대해서 통제하지 못할 것 같은 매우 격렬한 불안과 함께 임박한 내적 재난(심장마비, 뇌졸중, 정신 착란)에 대한 두려움이 특징적으로 나타난다. 생각하거나 행동하지 못할 것 같은 감각은 특별히 무능력하게 하는 특징(disabling feature)이다. 더욱이 '위험'이 내부적이기 때문에 그 개인은 그것을 제거할 수 있는 유용한 자원을 갖고 있지 않는 상태에서 무력감에 휩싸이게 된다. 그러나 보호자에게 도움을 청할 수 있다. 따라서 어떤 공황 발작은 압도하는 위험을 예방하는 경보음과 상황에서 탈출하여 도움을 구하게 하는 자극으로서 간주될 수 있다. 다른 공황 발작 유형은 또한 실재의 '압도하는' 외부 위협에 의해 촉발된다. 이런 상태는 공포증이 있는 사람이 갑자기 공포 상황에 노출되었을 때 임상적으로 관찰된다. 예를 들어, 밀실공포증이 있는 사람이 닫혀 있는 공간에 있게 되면 밀실공포증의 반응('숨이 막히는')을 보일 수 있다. 이러한 사례에서 해결은 단순하다. 그 상황에서 나오고 앞으로는 그 상황을 피하는 것이다. 따라서 도움에 대한 필요는 광장공포증에서처럼 압도하는 **내적인** 혼란에 의해 위협된다고 느낄 때처럼 긴급하지 않다.

제2장

증상과 그 의미

체계와 증상

불안장애는 포진(herpes)이나 홍역처럼 하나의 병인으로 이루어진 질병이라기보다는 전 유기체의 기능적 관점에서 가장 잘 이해할 수 있다. 불안과 관련된 일련의 증후군은, 예를 들면 주요한 체계나 하위 체계(인지적 · 정서적 · 행동적 · 생리적)의 기능들과 관련이 있다. 이는 심리생물학적이고 유기체 통합체라 불리는 상위 체계(master system)로 통합된다. 이러한 구성 체계(componet system)는 서로 고립되어 있지 않으며, 이 작동(operations)은 상위 체계(master system)에 의해 일반적으로 조정되며 통합된다. 상위 체계는 일정한 목표(자기보존, 급식, 번식과 같은)를 실행하기 위하여 설계되었고, 특정한 체계들이 '상위계획(master plan)'을 성취하기 위해 함께 작동한다. 이러한 목적들은 주어진 환경에서 특별한 계통의 생존에 관하여 진화적으로 적절한 원칙에서 파생되었다는 점에서 '적응적(adaptational)'이라고 평가된다.

상위 체계와 구성 체계 둘 다의 작동은 특정한 때의 요구에 따라 다양하다. 따라서 (투쟁, 도피, 얼어붙음, 혹은 기절과 같은) 생명을 위협하는 상황에 대항하는 주요한 영장류의 반응은 서로 다를 뿐만 아니라 수유(급식)와 번식에 포함된 반응에서도 다르다. 비상 사태에는 모든 체계의 완전한 동원이 필요하다. 반면에 수유할 때는 어떤 행동은 활성화되고 어떤 행동은 정지된다. 예를 들어, 도망칠 때 운동 장치(motor apparatus)와 교감신경 하부조직(sympathetic subststem)은 매우 활성화되고 부교감신경 하부조직은 대체적으로 비활성화된다. 반면에 수유 시에는 부교감신경은 선택적으로 활성화되며 운동 장치는 선택적으로 비활성화된다.

유기체가 상황이나 상위 프로그램의 요구에 따라 한 기능에서 다른 기능으로 유연하게 전환하듯이 보통의 상황에서는 다양한 체계(system)의 부드러운 조정이 이루어진다. 체계나 하위 체계의 특정한 작동은 작동 프로그램에 따라 한 순간에서 다음 순간으로 변화한다.

통합된(integrated) 반응은 일반적으로 상황적 필요에 따라 의미가 있으며, 따라서 현실 지향적인(reality-oriented) 프로그램에 의해 잘 통제되는 것처럼 보인다. 우리가 곰과 아기와 모기를 본다고 가정해 보자. 우리는 곰을 껴안지 않으며, 아기를 찰싹 때리지 않으며, 모기로부터 달아나지 않는다(Leventhal, 1982). 우리 몸의 장치들은 생각 없이 아무렇게나 움직이지 않고 지각과 인지 구성요소의 통제에 따라 진행된다. 인지 체계(cognitive system)는 정보(input)를 통합하고, 적당한 계획을 선택해서 나머지 장치는 활성화한다. 인지 장치(cognitive apparatus)는 지각적 수준에서 의미 있는 패턴을 구성하기 위하여 눈과 귀 그리고 다른 감각기관들을 이용한다. 우리는 순수한(absolute) 소리와 빛의 파장보다 연결된 것들을 보고 듣는다. 사실상 우리는 주변의 모든 자극에 대한 수용체를 갖고 있지 않으며 단지 그들의 일부를 통합할 뿐이다. 가장 두드러지게 보이는 그 관계성과 패턴은 우리의 (예를 들자면) 생존이나 성과 같은 '중대한 흥미(vital interests)'와 관련이 있다. 따라서 불안장애를 이해하려면 우리는 그 증상을 낯선 경험으로서가 아니라 기본적(원초적인, primal) 심리 기능의 표현으로서 생각해야 한다.

그러면 현재의 초점에서 인지 장치는 위험에 처했을 때 환경적 구성(configuration)과 유용한 대처 방안에 대해 선택적으로 평가하면서, 분명하게 현존하는 위험에 처했는지를 결정하며, 일련의 정서적 · 행동적 그리고 생리적인 하위 체계를 작동시킨다. 정서적 구성요소—이 경우에 불안—는 위협감을 더 증진시켜서 반응의 속도를 높이는 쪽으로 움직인다. 행동적 구성요소는 활성화와 억제 양상을 동시에 구사한다. 생리적 체계는 신체적 증상(somatic mobilization)을 수반하는 자율신경계 요소를 포함한다.

불안장애나 다른 장애들의 문제 중 하나는 한 작동(operation)에서 다른 작동으로(예: 도망침에서 수유로)의 유연한 전환이 손상되었다는 것이다. 예를 들어, 사람은 위험이 지나간 지 오랜 후에도 방어적 태세에 계속 머무르게 된다. 더욱이 불안한 사람은 과잉 반응하거나 새로운 장면에 부적절하게 반응한다. 그래서 사람들은 단지 소소하거나 존재하지도 않는 위험을 큰 위험으로 인지한다. 달리 말하면, '위험 양식(danger mode)'으로부터 완전히 빠져나오지 못한다.

불안에 대한 다양한 측정에 있어서 일치가 부족하다는 연구들이 많다. 위험을 다루는 단 하나의 단일체적인 체계가 있을 것이라는 기대, 그리고 다양한 체계가 동등한 활성화 정도를 보여야 한다는 기대는 위협에 대한 반응의 본질을 단순하게 이해한 데서 기인한다. 오히려 생명이나 사지(limb)의 위협을 받을 때, 효율적으로 대처하기 위하여 각 체계를 끌어오는 것처럼 보인다. 구성요소들(composition)의 작동은 일련의 과정으로서 경고음을 내는 것에서부터 위험을 규정하고, 대처전략들을 평가하고 선택하며, 적당한 운동 장치들을 동원시키며, 마지막으로 신체적 움직임(somatic mobilization)을 뒷받침하는 자율신경계의 적절한 움직임을 제공하게 하는 일련의 과정으로 움직인다.

위험에 대한 직접적인 반응에 더하여, 특정한 항상성(homeostatic) 기제들이 체온 조절을 제공하고 혈관 운동신경과 심장 기능을 조절하고, 에너지의 방출 등을 조정하기 위하여 필요하다. 따라서 위협에 대한 유기체의 반응을 이해하기 위해서는 어떤 주어진 때에 주어진 위협에 대한 개인의 반응과 인지적 · 정서적 · 생리적 그리고 행동적인 하위 체계의 상호작용(interactions)에 대하여 포괄적인 관점을 가져야 할 필요가 있다. 또한 각 체계의 작동(operation)이 한 순간에서 다음 순간으로 전환할 수 있음을 인식해야만 한다.

우리가 다른 전략적 작동(양상)이 현재 활성화될 수 있음을 고려하면 그림은 더 복잡해진다. 즉, 위협에 직면한 개인이 '위험에서 물러나야만 하나?'와 '위험에도 불구하고 능히 수행할 수 있을 것인가?'라는 질문 사이에서 결정해야만 하는 경우가 있다. 예를 들어, 대중 연설을 해야 할 때, 의식적인 의도는 적절한 수행을 염려하면서도 원초적인 양상(mode)은 '자기보호(self-protection)'이다. 결과적으로 연사는 두 종류의 운용 활동 사이에 잡혀 있다.

현재의 '위험'에 취약하다고 느끼는 한 원초적인(primal) 기제가 작동하는 경향이 있어서, 위험을 무시하거나 비활성화시키는 데 애를 쓰면서도 실패할 수 있다. 따라서 (있을 수 있는 청중의 야유와 같은) 위협에 직면하여 능숙하게 수행하려고 시도하면서 동시에 원초적 체계의 작동에 의해 수행이 방해받는 연사의 역설적 현상을 볼 수 있다. 예를 들면, 그가 말하려고 시도하는 중에 그의 원초적인 체계는 자기의심(인지적)과 뻣뻣해짐, 그리고 음성이 안 나오며(행위의 억제), 불안이 올라오고(정서적), 달아나고 싶고(동기적), 급격한 심방박동과 숨 가쁜(생리적) 상태로 맞추어진다. 이 상황에서 기초적인 기제는 사람의 특별한 소망이나 목표가 아니라 부정적 평가와 서투름의 위협에 반응하게 된다. 각 개인이 자기 자신이 얼마나 효율적인가를 믿고 기대하는 것과 원초적인 자기보호 양식을 잘 사용하는 것은 상호 관련이 있다. 원초적인 방어 양식의 작동이 효율감을 방해하는 반면에 자신감(self-confidence)이 증가하면 취약하다는 감정이 바뀌면서 결과적으로 방어 체계가 바뀐다. 불안장애의 증상은 이렇듯 주어진 상황에서 위험의 정도에 대한 과대평가와 적절하게 수행할 수 있다는 능력에 대한 과소평가에 기반한, 상황 판단에 맞지 않는 부적절한 반응이다.

증상과 기능

불안장애를 나타내는 증상들은 위험 상황에 대한 적응적인 반응을 만들어 내기 위해 서로 협력하는 인지적·정서적·행동적 그리고 생리적인 기능 체계의 네 가지 체계로 나뉜다. 불안장애는 위협에 대한 방어 반응을 활성화하고 종결하기 위한 체계가 오작동하고 있음을 나타낸다. 보다 적응적인 사회적인 역량을 보이기보다는 원초적 기제(도피하거나 얼어붙거나 기절하는 것과 같은)로 부적절하게 압도당하는 부적응적인 반응을 의미한다. 청중에게 거절당할지 모른다는 위협에 대한 원초적인 반응의 활성화는 (예를 들면, 대중 연설에서처럼) 보다 성숙한 기능을 방해하며 이로써 실제적 위협이 더 증가한다. 증상은 한 사람의 기능 체계의 과도한 반응이거나 혹은 특별한 체계가 방해받고 있다는 표현이다.

〈표 2-1〉은 불안장애와 관련된 '인지적 증상'을 열거하고 있다. 이러한 많은 증상은 정상적 기능들의 강화된 버전(intensified version)임이 명백할 것이다(예: 자기의식적이거나 과경계 상태 등). 다른 증상들은 정상적인 기능이 억제된 결과로 보인다(집중력 상실, 숨막힘 상태). 여전히 다른 증상들은 보통의 통제과정을 넘어서 자발적 통제가 침범받은 것을 나타낸다(목적과 재평가의 상실).

표 2-1 불안장애의 인지적 증상

1. 감각-지각적인 증상
   - 마음: 어지러운(hazy), 우울한(cloudy), 혼란스러운(foggy), 멍한(dazed)
   - 대상들이 흐릿하고 멀리 보임
   - 주변이 다르게 보이거나 비현실적으로 보임
   - 비현실적인 느낌
   - 자기의식적인(self-conscious)
   - 과도한 경계의(hypervigilant)
2. 사고의 어려움
   - 중요한 것을 생각하지 못함
   - 혼동된
   - 생각을 통제하지 못함
   - 집중이 어려움
   - 주의 산만
   - 숨막힘(blocking)
   - 추론의 어려움
   - 객관성과 인지의 상실
3. 개념적인(conceptual)
   - 인지 왜곡
   - 통제 상실에 대한 두려움
   - 대처할 수 없음에 대한 두려움
   - 신체적 상해나 죽음에 대한 두려움
   - 정신장애에 대한 두려움
   - 부정적 평가에 대한 두려움
   - 위협적인 시각적 이미지
   - 반복적인 두려운 생각

감각-지각 증상은 정상적 인지 기능에 대한 간섭의 파생물인 것으로 보이며, 아마도 인지적 긴장의 결과일 수 있다. 따라서 시각적인 자극이 인지 도식과의 결합에서 균형을 잃게되면, 개인은 지각의 이상함을 경험하게 된다. 이는 '마치 그런 것처럼' 인식되는 상태다. '주변이 달라 보이는데 달라지지 않았음을 난 알고 있어.' 예를 들면, 많은 광장공포증 환자가 슈퍼마켓에서 넓은 형광등 불빛을 막 쳐다본 후에 물건들이 수평적으로 갈라지는 것처럼 보이며 그 분리된 부분들이 흩어진다고 보고한다. 이런 유형의 증상들은 그것이 심각하거나 일반 기능을 방해하기 때문보다는 낯설고 즉각적으로 통제할 수 없기 때문에 의미심장하며, 이런 식으로 민감한 사람은 '정신을 잃고 있다'고 느끼게 된다. 사실상 그러한 지각의 왜곡은 때때로 불안하지 않은 사람들에게도 일어나는데, 이들은 보통 그런 현상을 무시한다. 그러나 취약한 사람들은 지각 왜곡이나 해리처럼 그러한 증상이 병리적인 이유 때문에 발생한다고 생각하는데, 이러한 두려움은 공황장애를 불러일으킬 수 있다.

자기의식은 자신이 관심의 중심에 있거나 그렇다고 느끼는 대부분의 사람에게 흔히 일어난다. 그러나 불안장애에서 이 증상은 환자가 관심을 받고 있지 않을 때에도 유발된다.

사고의 어려움(thinking difficulties)은 많은 요인에 의해 발생할 수 있다. 인지적 억제가 회상을 방해하며 숨막힘을 일으킬 수 있다. 더욱이 위험의 표시에 대하여 주의를 집중하면 (위험과 관계 없는) 외부의 표상(ideation)을 차단하게 되는 '터널성 시야(tunnel vision)'를 자동적으로 만들어 낼 수 있다. 더욱이 사람의 지각적 역량은 '위험'을 처리하는 데에 너무 혹사되어서 인지적 과정에 대한 다른 요구를 충족시킬 여지가 거의 없게 된다. 고갈된 인지적 역량으로 인해 불안과 관련된 증상에 대해 추론하고 객관성을 유지하는 데 어려움을 겪을 수 있다.

개념적 문제들은 원초적 양식에 의한 인지적 과정의 '강탈(usurpation)'과 관련이 있고 취약성과 위험하다는 감정에 사로잡혀 있음을 반영한다. 두려움에 대한 집중, 통제의 상실 그리고 대처 불능은 '위험'과 '취약성'의 인지 집합(cognitive set)의 표현들이다.

인지적 증상들은 종종 불안장애에서 가장 극적으로 이 증상을 특징짓는다. 이 증상들이 매우 중요하다고 여겨졌기 때문에 불안과 관련된 많은 이론이 세워졌다(예:

Hull 학습이론). 사실상 주요한 두 학파(정신분석과 행동치료)는 불안을 심리적 장애의 중요한 기원으로 여겼다. 위협 증후군의 다른 증상들이 단순히 불안의 발현인지는 주요한 논의이다. 불안이 단순히 위험을 대처하기 위하여 내장된(built-in) 여러 기제 중의 하나라는 것이 우리의 논지이다(제1장). 불안에 대한 질적인 경험은 상황과 시간에 따라 다를 수 있다. 즉, 어떤 사람은 시험을 앞두고 초조함을 느낄 수 있거나 상사에게 봉급 인상을 부탁할 생각에 잔뜩 겁먹을 수 있다(〈표 2-2〉 참조).

불안 증상의 유형들은 문제의 본질에 따라 다양하다. 그것이 즉각적이거나 중대하다면 공황을 경험할 수 있다. 문제가 만성적이라면 불편감이나 '긴장감(wound-up)'을 보다 경험할 수 있다.

후에 논의하겠지만, 행동 증상들은 일반적으로 행동 체계의 과반응성이나 그렇지 않으면 행동 체계의 억제를 반영한다. 긴장 상태의 부동성(tonic immobility)은 얼어붙는 반응의 표현인 반면에 쉼 없는 행동이나 떨림(tremors)은 몸이 행동하도록 동원된 상태임을 나타낸다. 몸 흔들기나 떨기는 명백한 전략을 형성하기에 앞서 생존 행위를 준비하는 표현이다(〈표 2-3〉 참조).

표 2-2 전형적인 정서 형용사

벼랑 끝에 있는(edgy)	두려운(fearful)
조바심이 나는(impatient)	무서운(scared)
불편한(uneasy)	겁에 질린(frightened)
초조한(nervous)	갑작스레 놀란(alarmed)
긴장된(tense)	위협받는(terrified)
억눌리며 긴장된(wound-up)	신경질적으로 초조한(jittery)
불안한(anxious)	안절부절못하는(jumpy)

표 2-3 행동적 증상

억제(inhibition)	조절장애(impaired coordination)
긴장되어 움직이지 못함(tonic immobility)	가만히 못 있음(restlessness)
도망감(flight)	흐트러진 자세(postural collapse)
회피(avoidance)	과호흡증후군(hyperventiliation)
언어장애(speech dysfluency)	

생리적 증상은 전 유기체가 자기보호에 준비되어 있음을 반영한다. 자율신경계의 교감신경 가지(sympathetic branch)가 활동적인 대처전략을 촉진한다. 따라서 심장박동과 혈압의 증가는 효과적으로 자신을 방어하거나 탈출하도록 돕는다. 대조적으로 부교감신경계의 증상은 붕괴(collapse)전략을 촉진하는데, 이는 궁극적으로 무력하며 위협을 대처하기 위하여 활용할 수 있는 전략이 부재함을 나타내는 표현이다(〈표 2-4〉 참조). 어떤 생리적 증상들은 행동 반응의 결과이다. 예를 들어, 멍하게 되거나 오싹한 느낌과 실신 등은 과호흡(over-breathing)에 의해 일어날 수 있다.

표 2-4 생리적 체계에 따른 증상

심혈관(Cardiovascula)	
심계항진(palpitations) 심장박동(heart racing) 혈압 상승(increased blood pressure)	실신[faintness(P)] 실제의 기절[actual fainting(P)] 혈압 감소[decreased blood pressure(P)] 맥박 감소[decreased pulse rate(P)]
호흡기관(Respiratory)	
빠른 호흡(rapid breathing) 공기유입의 어려움(difficulty in getting air in) 숨가쁨(shortness of breath) 흉부압박감(pressure on chest) 빠른 호흡(rapid breathing)	얕은 호흡(shallow breathing) 목이 메임(lump in throat) 질식 감각(choking sensation) 기관지 경련[spasm of bronchi(P)] 헐떡거림(gasping)
신경근(Neuromuscular)	
반사신경 증가(increased reflexes) 깜짝 반응(startle reaction) 눈꺼풀 경련(eyelid twitching) 불면증(insomnia) 경련(spasm) 떨림(tremors) 경직(rigidity)	안절부절못하는(fidgeting) 반복적인 행동(pacing) 긴장된 얼굴(strained face) 불안정한(unsteady) 전신허약감(generalized weakness) 흔들리는 다리(wobbly legs) 서툰 동작(clumsy motions)
위장(Gastrointestinal)	
복통[abdominal pain(P)] 식욕 상실(loss of appetite) 음식에 대한 혐오(revulsion toward food) 메스꺼움[nausea(P)]	하트번[가슴답답(heartburn(P)] 복부 불편감(abdominal discomfort) 구토[vomiting(P)]

비뇨기계(urinary tract)	
소변압력[pressure to urinate(P)] 빈뇨[frequency of urination(P)]	
피부(skin)	
붉은 얼굴(face flushed) 창백한 얼굴(face pale) 국소다한증(손바닥)[localized sweating(palm region)]	전신 땀과다증(generalized sweating) 뜨겁고 차가운 홍조('hot and cold spells') 가려움(itching)

주: (P)는 부교감신경계(parasympathetic) 증상을 나타냄.

주요한 반응: 동원, 억제, 동원해제

반응에 대한 유기체의 반응은 세 가지의 주요한 유형으로 논의될 수 있다. **동원**(mobilization)은 각 개인으로 하여금 능동적 방어를 준비하게 한다. **억제**(inhibition, 얼어붙는 반응의 표현)는 '무모한 행위(risky behavior)'를 억제하며 적절한 전략을 세우기 위한 시간을 벌기 위해 만들어진다. **동원해제**(demobilization)는 운동기제의 비활성화를 나타내며 압도적인 위협을 앞에 두고 무력한 상태임을 반영한다.

① **동원**은 행동하기 위한 목적으로 체계를 활성화시키면서 생리적으로 나타난다. 이런 양상은 다음에 나오는 다양한 체계에서 관찰된다.

a. **인지적**: 각 사람은 위험에 관계된 어떤 신호에 대해서도 과각성된다. 예측할 수 없고 요란스러운 자극의 역치(threshold)가 낮추어진다. 표상의 내용들은 과거와 현재, 미래의 위험한 사건들로 이루어지며 반복적이며 자동적인 사고의 형태를 취할 수 있다. 종종 개인적인 역경의 내용이 담긴 시각 이미지를 갖게 되고 악몽을 꾸게 될 수도 있다.

b. **정서적**: 정서 체계는 초조함과 긴장부터 테러까지 다양하다.

c. **행동적**: 앉아 있을 때조차도 근육 활동의 증가가 있다. 찡그림, 지속적인 손과 신체의 다른 부위의 움직임 그리고 줄담배, 한숨, 흔들기, 떨기, 앞뒤로 몸 흔들기 등으로 발현된다.

d. **생리적**: 감각 체계(organ systems)는 증가된 교감신경 활동을 보인다(예: 심장박동의 증가, 혈압, 땀흘리기 등).

② **억제**는 인지적이고 행동적인 기능들이 정상적으로 작동하지 못하도록 방해한다.

a. **인지적**: 특별히 한 기능이 평가되고 노력을 요할 때 다양한 선택적 차단 기능이 있다. 중요한 정보(연설의 내용, 시험에 대한 반응, 사람들의 이름, 전화번호 등)를 기억하는 데 방해받을 수 있다. 추론, 집중, 객관성, 관점 등이 방해받는다. 차단과 방해는 스위치를 끄고 켜는 것처럼 시간에 따라 다양할 수 있다. '의식의 혼탁' '정신적 흐림(blurrin)' '기절(passing out)'하는 느낌 등이 인지적 억제로 인해 생겨날 수 있다. 이러한 인지적 압박은 환자가 혼절할 것 같다고 믿어지는 지점까지 강화될 수 있다.

b. **행동적**: 특별히 얼굴 근육에서 자율적 움직임이 방해받아서 무표정한 얼굴(blank face)을 보일 수 있다. 얼굴의 일부분이 경직된다. 또한 일반적인 근육이 경직되어서 움직임이 요동치거나 서투르게 되며 악기를 연주할 때처럼 기술을 필요로 하는 활동이 방해받는다. 발음에 문제가 있거나, 목이 매어 말을 더듬거리거나, 부분적인 무언증까지 일어난다.

③ **동원해제**: 붕괴 증상은 피와 부상에 대한 과잉반응에서 가장 명백하게 발생하지만 다른 반응에서도 드러날 수 있다. 주요한 증상은 약해지고 실신하는 것이다. 주요한 유사 증상—피와 부상 공포증에서 가장 현저한—은 혼절할 정도로 혈압과 심장박동이 낮아지는 것이다.

유동불안-사실 아니면 가공?

지역병원의 응급실 의사가 환자를 진찰한다. 환자는 땀으로 덮여 있으며, 얕고 가쁘게 숨을 쉬고 있다. 심장이 마구 뛰며 숨을 쉴 수가 없다고 호소한다. 얼굴은 공포에 일그러져 있다. 심각한 위통을 호소하며 복부 경련을 보인다. 의사는 급성 맹장 진단을 고려하지만 그것을 뒷받침할 증거를 찾을 수 없다. 대동맥류의 해부학적인 가족력을 고려하면서, 의사는 그 증상을 잠시 고려한다. 이런 증상을 일으킬 분명한 신체적 원인을 찾지 못한 후에 그녀는 '공황장애'로 진단하면서 환자의 파일에 '유동불안(free-floating anxiety)'이라는 진단명의 급성 불안 발작을 겪고 있다고 표시한다.

객관적인 위험이 없음에도 불안을 경험하고 있는 이러한 환자들을 관찰해 보면 '유동불안'을 이해할 수 있다. 행동적 · 정신분석적 그리고 생화학적 이론가들은 이런 추정된 현상에 주목하고 있고 이를 설명할 수 있는 보다 정교한 이론을 갖고 있다. 행동주의자들(예: J. Wolpe, 1969)은 일단 환자가 중성적인 자극을 싫거나 위협적인 자극과 쌍을 이루어 받게 되면 그 중성 자극에 급성(acute) 불안으로 반응할 것이라고 가정한다. Freud(1915-1917)는 처음에는 유동불안이 성적 긴장이 누적되어서 발생한다고 제안하였다. 그의 후기 관점(1926)에서는 불안을 의식으로 침입하는 무의식적 충동의 공격에 대한 반응으로 간주하였다. 또한 생화학의 많은 이론이 '유동불안' 개념의 타당성을 취하고 있다. E. Kraeplin(1907)은 불안이 신경장애임을 제시하였다. 보다 최근에 Kraeplin의 연구를 뒤따라 다른 학자들이 불안은 자율신경 체계의 불균형을 나타낸다고 주장하고 있다. F. N. Pitts, Jr.(1969)는 불안을 과도한 젖산(lactic acid)과 칼슘 결핍의 탓으로 여겼다. 이 분야의 후속연구(Levitt, 1972)는 이 이론에 이의를 제기했지만 최근의 연구들은 어느 정도의 지지를 보여주고 있다(Klein, 1981).

이러한 이론들은 다르게 보이지만 하나의 공통 주제를 갖고 있다. 불안장애에 대한 설명은 한 사람의 사고과정 밖에 있다. 다음과 같은 질문을 합리적으로 할 수 있다. 유동불안의 현상—불안장애의 보다 널리 알려진 주요 특징—은 하나의 사실인가, 아니면 관찰이나 분석 유형의 인공물(artifact)인가?

임상가 혹은 연구자들은 불안이 의식적인 두려움과는 전적으로 관계없다고 믿을 수 있지만 불안한 사람은 반드시 그에 동의하지 않으며, 만약 질문을 받게 되면 임박한 재난에 대한 강한 느낌을 갖고 있다고 표현한다. 앞에서 기술했던, 응급실에서 정신과 의사와 면담한 환자는 그의 의식을 지배하는 두 가지 주요한 생각을 보고하였다. 첫째는 그가 맹장염 같은 심각한 장기의 질환을 갖고 있다는 생각이고, 둘째는 자신이 죽어 가고 있는 중이며 적절한 돌봄을 받지 못하면 필히 죽을 것이라는 생각이다. 그는 또한 자신이 수술을 받고 있는 장면과 관에 누워 있는 생생한 이미지를 떠올렸다. 명백히 그는 과식 후에 장 경련으로 고통받는 중이었다. 그는 자신의 복부 증상을 생명을 위협하는 병으로 해석하였는데, 이는 그의 불안을 증가시켰다. 최근에 그의 친척은 해리성 동맥류(dissecting aneurysm of the aorta)의 문제로 사망하였다.

따라서 불안을 이해하는 중요한 열쇠는 환자의 참고 체계와 그의 사고와 이미지를 유도해 내는 인지의 왜곡을 명료화하는 것이다. 불안한 환자는 위험이 뒤따를 수 있는 자극에는 선별적으로 주의를 기울이면서도 위험이 뒤따르지 않을 것이라고 보이는 자극은 감지하지 못한다. 그는 임의적으로 추론하며 과장한다. 자신의 불안 증상에 압도되어 죽어 가고 있다거나 다른 재앙을 염려한다.

불안한 환자는 외부의 관찰자들은 좀처럼 이해할 수 없는 주관적 세계로 들어선다. 이들의 두려움은 그 자신에게는 전적으로 합리적이다. 불안의 괴로움에 처해 있는 한 그 위험은 '현실(real)'이고, 재난의 위협은 높아 보인다. John Bowlby는 다음과 같이 기술했다.

> 우리가 환자의 개인적인 환경에서 무엇이 일어나고 있는지를 알지 못한다면 위협이 촉발하는 것처럼 보이는 정서에 비례하여 합리적인 기준으로, 지각할 만한 위협이 없다거나 위협이 있다고 결정할 수 있는 자리에 있지 않다.
>
> 임상적 경험에 의하면 참으로 우리가 타고난(natural) 두려움과 환자의 개인적 환경에 대하여 더 많이 알면 알수록 그들이 고통받고 있는 두려움에 합리적인 이유가 없으며, 불안이 근거가 없는 것이라고 덜 진단하게 된다. 그러므로 우리가 불안이란 단어를 위협이 없는 조건으로 제한하거나 부적절하다고 판단하게 되면 우리는 그 단어를 잘못 사용하고 있음을 보게 될 것이다(1970, p. 86).

극심한 불안 발작의 심리적 핵심의 중앙에는 신체적 재앙(예: 심장마비, 극심한 복부 통증, 암), 정신질환('미칠 것 같은'), 혹은 사회적 재난(사회적 망신)에 대한 두려움이 있다. 때로는 닥쳐올 재난의 정확한 정체가 무엇인지 잘 집어내지 못하면서 매우 해로운 어떤 사건이 일어나고 있거나 혹은 막 일어날 것이라고 예측한다.

앞의 예는 불안한 사람이 어떻게 신체적인 감각에 지나친 의미를 두면서 신체적 불편을 신체적 재앙의 표시로 여길 수 있는지를 보여 준다. 신체적 증상이 더 심해지면서 불안은 더 증가하게 된다. 악순환의 고리가 형성되는데, 이런 고리는 환자의 왜곡된 사고가 그의 불안을 유지하는 데 기여하고 있다는 사실을 깨닫게 되면 풀어질 수 있다.

유동불안이 불안신경증과 공포신경증 사이의 전통적인 구분선(line of distinction)이라는 개념은 연구 결과들에 의해 도전되고 있다(Beck, Laude, & Bohnert, 1974; Hibbert, 1974). 불안 발작 동안에 나타나는 특정한 두려움들은 불안과 공포장애 둘 다에서 경험되는 다른 증상들을 설명하는 것 같다. 불안이 의식적 두려움과 관련이 있다는 사실은 놀랍지 않다. 개인이 위험하다고 판단되는 어떠한 해로운 상황에서든 불안이 촉발될 수 있다. 적응적인 불안 반응과 병리적으로 불안한 환자의 반응의 차이는 후자의 경우 단지 위협처럼 보이는 무해한 상황을 반복적으로 잘못 해석하거나 실제 위험을 과장한다는 것이다.

정상적 불안과 병리적 불안

불안이 언제 '정상적'이고, 언제 증상이나 증후군으로 진단될 수 있을까? 일반적으로 불안이 '실제적인' 위험에 의해 촉발되고, 위험이 더 이상 존재하지 않아서 사라지게 되면 그 불안은 정상적으로 간주된다. 불안의 정도가 예상되는 위험의 위협과 심각성에 별로 상관이 없으며, 객관적인 위험이 없음에도 불안이 계속되면 그 반응이 비정상적이라고 간주하게 된다. 진단을 내리는 또 다른 기준은 그 반응이 개인의 기능에 미치는 영향을 평가하는 것이다. 매우 심각한 정도로 고통받고 있다면, 거기에 어떤 정신신체적 영향(예: 대장염 혹은 피부염)이 있다면, 또는 지적인 기능이나 사회적/직업적 적응에 손상이 있다면, 보이는 증상들이 명백한 불안 증상에 들어맞지 않더라도 임상적 혹은 비정상적 불안이라고 말할 수 있는 정당한 이유가 있다.

그러나 정상과 비정상의 불안 사이에 분명한 선을 긋는다는 것은 어려운 일이며 어느 정도 사회적 규준에 따라 규정된다. 만약에 그 사회의 미신을 고수하는 어떤 사람이 적이 자신을 저주했기 때문에 만성적으로 불안해한다면 그의 반응은 비정상적인가? 그의 첫 번째 낙하를 앞두고 공포를 느끼는 초보 낙하산병에게 병리적으로 불안하다고 평가할 수 있는가?

실제적인 두려움과 공포 사이에 경계를 세우는 것은 종종 어렵다. 출근하기 위해 기차를 타는 것에 대해 불안 증상을 키우면서 기차를 회피하고, 오히려 높은 사고율이 있는 고속도로에서의 운전이라는 더 큰 위험을 감수하는 한 사람을 생각해 보자. 사회적 규준으로, 그가 (단순한 두려움이라기보다는) 기차 공포증을 갖고 있다고 말할 수 있다. 불안과 실제 위협에 대한 회피가 더 심각해질수록 공포증이라는 진단을 내리기가 더 쉬워진다. 두려움의 내용이 터무니없으면 쉽게 진단할 수 있다. 갑작스러운 천둥번개를 두려워하며 모든 외부 활동을 회피하는 젊은 청년이나 질식할까 봐 지하철이나 버스를 타지 못하는 여성을 생각해 보자. 두려움 때문에 초콜릿이나 채소를 먹지 못하는 여성도 이 부류에 속한다.

임상적 불안에서 사고장애

주의, 집중 그리고 경계

불안한 사람이 지속적으로 특정한 대상이나 주제에 집중하지 못하는 것을 쉽게 관찰할 수 있다. 더욱이 그가 집중하며 단기 기억을 모으는 능력이 저하되는 것은 주어진 과업(예: 시험을 치르거나 발표를 하는 것)을 성취하지 못하는 무능력의 원인이 될 수 있다.

그러나 환자의 주의력은 보기만큼 이상하지 않다. 환자는 비수의적으로 **위험과 위협의 생각**에 초점을 모으고 있다. 그의 주의력은 위협으로 지각된 자극에 '매여' 있다. 환자는 과경계 상태이며 지속적으로 다가오는 재난 혹은 개인적인 상해로 보이는 환경의 신호를 살피고 있다. 그러한 과경계는 심각하게 그가 특별한 과업에 집중하거나 혹은 반영적인 사고 가운데 참여하는 능력을 제한시킨다. 그 환자는 그의 인지 능력 대부분을 위협을 주는 자극을 살피는 데 '소모'하기 때문에, 다른 요구에 신경 쓸 수 있는 가용 능력이 심각하게 제한된다.

'경보 장치'와 '자동적 사고'

불안장애는 은유적으로 과경계 경보 장치로 개념화할 수 있다. 불안한 환자는 임박한 재난이나 상해를 나타내는 것으로 보이는 어떠한 자극에도 너무나 예민해서, 말하자면 잠재적인 위험에 관하여 지속적으로 자신을 경고한다. 거의 모든 자극이 그에게는 위험하다고 인식될 수 있고 경보 장치가 '켜질 수' 있기 때문에 불안한 사람은 무수한 '잘못된 경보'를 경험하는데, 이는 그로 하여금 지속적인 정서적 스트레스와 고통을 겪게 한다.

위험에 사로잡힌 상태는 방어적이며 신체적 또는 정신적인 상해를 포함하는 무의식적인(불수의적인) 자동적 사고의 침입(intrusion)으로 나타난다. 이러한 사고들은 반복적이며 급속히 일어나는 경향이 있고, 발생할 당시에는 전적으로 그럴듯하게 보인다. 많은 경우에 생각 하나가 순간 떠올려지면서 환자는 오로지(only) 불안이 일어나고 있음을 안다. 그는 '순간적으로 재생'되며 정서를 앞서는 자동적 사고를 갖는 데에 너무나 쉽게 훈련되어 있다. 이 사고는 정서를 활성화하는 정보처리체계(information-processing system)로부터 생겨난다.

객관성과 자율적 통제의 상실

잘못된 경보를 작동하는 위험에 관한 반복적 사고와 더불어 이 사고들을 '추론(reason)'하는 능력이 손상된다. 환자가 이런 두려운 사고들이 비논리적이라고 동의할 수 있지만 그 사고들을 객관적으로 평가하는 능력은 제한되어 있다. 그는 그 생각들이 전적으로 현실적이지 않다고 의심하면서도, 그 오해하는 바가 타당하다고 믿으면서 행동한다. 동반할 수 있는 시각적 이미지나 언어 인지의 대체물(substitute)이 현실적인지를 평가하자고 시도할 때, 객관성은 마찬가지로 상실되어 있다.

불안한 사고의 또 다른 특징은 불수의적(involuntary) 본성이다. 자동적 사고는 불안한 생각들이 타당하지 않기에 그것들을 없애려고 아무리 작정을 하여도 지속적인 압박을 가한다. 불안한 사고의 불수의적인 특징과 다른 기제들(숨막힘)은 환자로 하여금 '정신을 잃어 가고 있다고' 생각하게 만들 수 있다.

자극 일반화

범불안장애에서 불안을 불러일으킬 수 있는 자극의 범위는 거의 모든 자극을 위험으로 여길 만큼 넓어질 수 있다. 예를 들어, 심각한 불안 상태의 한 여성이 다음의 경험을 할 수 있다. 소방차의 사이렌 소리가 '우리 집에 화재가 발생했을지 모른다'는 생각을 불러일으킨다. 머리 위의 비행기가 또 다른 비행기와 충돌하는 비행기 안에 있는 자신을 상상하도록 만든다. 텔레비전의 사고 장면을 보고 나면 자신이 피 흘리거나 고통받는 것을 시각화하게 된다.

불안을 일으키는 자극의 범위 확장은 외상후 스트레스 장애를 겪는 사람처럼, 특별한 외상적 사건을 '다시 체험하는(relive)' 사람에게 두드러지게 나타난다. 예를 들면, 전쟁 퇴역군인은 그의 전쟁 경험을 상기시키는 어떠한 자극에 노출되면 불쾌한 시각적 이미지들을 경험할 수 있다. 머리 위의 비행기 소리나 자동차 발진 소리 혹은 대화 가운데 나오는 전투에 관한 어떠한 언급으로도 그가 전쟁 중에 경험했던 놀란 경험의 반복적 환상을 촉발시킬 수 있다.

환상 혹은 시각적 이미지를 통해 외상적 사건을 재경험하는 동안에 갖게 되는 불안은 그 사건 자체가 발생했을 때와 마찬가지로 굉장히 강렬할 수 있다. 예를 들어, 어떤 사람이 주자장의 위층에서 그의 자동차를 후진하는 동안에 자동차 브레이크가 고장 났다. 자동차가 가드레일을 들이받으면서 그의 차가 턱에 걸려 앞뒤로 흔들린 채 구조받기까지 한 시간 넘게 차 안에 갇혀 있었다. 그 후로 그는 지속적으로 차 안에 갇혀 있는 생생한 환상을 하며, 외상 사건을 재경험하였다. 따라오는 불안은 자동차 사건 당시 겪었던 것만큼 강렬하였다.

재앙화

불안한 많은 환자가 보이는 특징인 잘못된 사고의 한 유형은 '재앙화(catastrophizing)'이다(Ellis, 1962). 이러한 사람들은 불쾌한 결과(outcome)의 가능성이 있는 모든 상태의 가장 나쁜 가능한 결과에 머무르는 경향이 있다. 불안한 사람은 재난적인 결과의 가능성을 지나치게 강조하며 실제 발생할 가능한 결과들(consequence)을 과장한다. 재앙화의 예는 다음과 같다. ① 비행기 여행을 하려는 여성이 죽을지도 모를 비행기 사고가 날 염려를 하고 있다. ② 시험을 치르는 성공적인 대학생이 실패할 가능성에 사로잡혀 있다. 그는 시험을 잘못 봐서 학교에서 퇴학당하여 떠돌이처럼 살 것을 상상한다. ③ 새로운 대학 강사가 많은 학생에게 첫 강의를 하려고 하는데 강의 내용을 잊어버릴지, 바보처럼 보이게 되거나 정신없이 소릴 지르거나 정신을 잃을 것을 두려워한다. 결과적으로 커리어와 인생을 망치게 될 것을 염려한다.

선택적 여과와 인지 상실

심리적 장애를 갖고 있는 사람은 자신의 과거와 현재의 경험으로부터 그 장애의 특징정인 인지 도식과 일치하는 데이터들을 선택하는 경향이 있다. 따라서 불안한 사람은 상황의 어떤 국면에도 과경계되지만, 좋거나 긍정적인 면에는 반응하지 못한다. 그러한 사람은 자신이 갖고 있는 자산보다 문제 상황을 잘 대처하지 못하는 자신의 어려움을 잘 인식하는 경향이 있다. 그래서 그는 보다 넓은 그림과 전체적인 맥락을 놓치면서 자신이 처한 위험과 자신의 취약성이 어떠한지에 대한 편견을 갖고 있다.

이분법적 사고

불안한 환자의 또 다른 사고 특징—거기에 어떤 위험이라도 있는지를 의심할 때—은 이분법적 용어로 사건을 해석하는 경향이다. 따라서 상황이 확실하게 안전하지 않다면 그는 쉽게 불안전하다고 평가한다. 베네치안 블라인드의 바삭거리는 소리는 침입으로 들리고, 자동차의 발진 소리는 총을 발사하는 소리로 들린다. 숨이 차면 결국 숨이 멈출 것같이 여겨진다.

또한 불안한 사람은 일어날 수 있는 위험을 아주 극단적인 상태로 여기는 경향이 있다. 시험을 잘못 볼 가능성이 매우 높아지고, 누군가의 이름을 떠올리지 못하는 것을 정신적 쇠락의 표시로 여기며, 배우자와의 작은 마찰로도 결혼이 깨지고 있다고 여길 수 있다. 절대적이고 극단적인 용어로 생각하는 경향성은 위험한 상황에 접근하면서 증가한다. 시험을 치러 가는 길에 잘못 보게 될 가능성이 급상승한다. 비행기가 착륙할 때 추락할 것 같은 공포심을 갖는다. 그러나 '위험'에서 멀어지면 그 개인은 일반적으로 그 사건을 현실적으로 볼 수 있음에 주목해야 한다.

습관화 부족

적당히 두렵게 하는 자극에 반복적으로 노출되면, 불안하지 않은 사람들은 적응하거나 습관이 들여지게 된다. 반면에 매우 불안한 사람들은 더 불안해진다. 이 주장은 실험적 데이터와 임상적 관찰에 의해 지지된다. M. Lader, M. G. Gelder와 I. Marks(1967)는 매우 불안한 사람들과 불안하지 않는 사람들을 각각 어떤 일련의 소리에 민감해지고 익숙해지게 되는 정도에 따라 비교하였다. 연구자들에 따르면 두 그룹이 모두 처음에는 발한(perspiration)이나 피부전도(skin conductance)가 증가하는 것을 보였지만, 불안하지 않은 그룹의 생리적인 반응은 시간이 지남에 따라 감소하는 반면에 불안한 그룹의 반응은 실제적으로 증가하였다. 이 발견은 불안한 주체(subject)의 불안 수준이 증가함을 제시한다.

임상적 관찰은 또한 Lader의 결론을 지지한다. 위협하는 상황에 반복적으로 노출되면 보통의 사람들은 믿음을 키우며 덜 불안해하지만, 많이 불안한 사람은 더 불안해질 수 있다. 이 실험과 임상적 관찰 모두에 가능한 설명은 불안하지 않은 사람은 주어진 자극이 반드시 위협의 신호는 아니라고 신속하게 판단할 수 있다는 것이다. 반면에 불안한 사람은 무엇이 안전하고 안전하지 않은지를 분별하지 못한다.

불안장애의 분류

다양한 불안장애가 『정신질환의 진단 및 통계 편람(Diagnostic and Statistical Manual of Mental Disorders: DSM-III)』(American Psychiatric Association, 1980)에 간단명료하게 기술되어 있다.

공황장애

주요한 특징은 비록 자동차 운전 같은 특정한 상황이 공황장애와 관련이 있기는 하지만, 예측하지 못한 때에 반복하여 발생하는 공황 발작이다.

공황 발작은 강렬한 불안(apprehension), 두려움 혹은 공포의 갑작스러운 개시로 나타나는데, 이는 종종 임박한 운명의 느낌과 관련된다. 발작동안에 가장 흔하게 경험되는 증상은 호흡곤란(dyspnea), 가슴 떨림(palpitation), 가슴 통증이나 불편, 숨 막히는 현상, 어지러움, 현기증, 불안정한 느낌, 비현실적인 느낌(이인감, 혹은 현실감 상실), 지각이상(paresthesia), 열 및 냉기 섬광(flashes), 발한, 어지러움, 떨림과 흔들림 그리고 죽어 간다는 두려움, 미칠 것 같음, 발작 동안 통제할 수 없는 어떤 것을 할 것 등이다. 발작은 보통 수 분 동안 혹은 드물게는 몇 시간 동안 지속된다. …… 각 개인은 종종 발작 사이에 다양한 정도의 신경과민이나 발작을 경험한다(p. 230).

범불안장애

주요한 특징은 공포장애 …… 공황장애 …… 혹은 강박충동장애의 증상 없이 최소한 한 달 동안 지속되는 일반화되고 지속적인 불안이다. 그 불편함이 갑상선 기능항진증(hyperthyroid)이나 주요우울증과 같은 다른 신체적 · 정신적 장애 때문이라면 범불안장애 진단은 내려지지 않는다.

불안의 구체적인 발현이 사람에 따라 다양하지만, 일반적으로 운동 긴장 증상, 자율적 활동항진(automatic hyperactivity), 불안에 대한 염려 그리고 경계와 감시(scanning) 등의 징후가 있다. …… 심각하지 않는 우울 증상은 일반적이다(p. 232).

외상후 스트레스 장애

주요한 특징은 보통 사람들이 경험하는 범위 밖에서 일어나는, 심리적으로 외상적인 사건에 뒤따라오는 특별한 증상의 발달이다.

특별한 증상에는 외상적 사건의 재경험, 외부 세계의 반응에 둔해지거나 줄어든 참여, 다양한 자동적인 불쾌한 기분 혹은 사고 증상 등이 있다. …… 우울과 불안의 증상은 공통적이며 어느 경우에는 불안장애 혹은 우울장애로 진단될 수 있을 만큼 충분히 심각하다(pp. 236-237).

비정형 불안장애

이 진단은 각 개인이 앞서 제시한 특정한 조건에 해당하는 기준과 맞지 않는 것처럼 보일 때 내려져야 한다(p. 239).

공포장애

주요한 특징은 두려워하는 대상, 활동 혹은 상황을 회피하려는 충동적인 열망으로 귀결되는 특정한 대상, 활동 혹은 상황에 대한 지속적이고 비이성적인 두려움이다. …… 그 두려움은 대상, 활동 혹은 상황의 실제적인 위험에 비하여 과도하거나 비이성적으로 인식된다(p. 225).

광장공포증

주요한 특징은 탈출이 어렵게 보이거나 갑작스럽게 무능력 상태를 맞이할 때, 적절한 도움을 구하기 힘들 공공장소나 혼자 있을 때의 현저한 두려움이다. 두려움이나 회피 행위가 개인의 삶을 어느 정도로 지배하느냐에 따라 정상적인 행동은 점차로 위축된다. 가장 흔한 상황은 혼잡한 거리나 사람이 많은 가게 혹은 터널이나 다리 위, 엘리베이터나 대중교통 이용을 회피하는 것 등이다. 종종 이런 사람들은 집을 떠날 때마다 가족이나 친구에게 동반해 줄 것을 요구한다.

사회공포증

주요한 특징은 각 개인이 다른 사람들의 관찰에 노출되는 상황에 대한 비이성적인 두려움 그리고 회피하려는 충동적인 열망이다. 또한 수치스럽거나 당황하게 행동할지도 모르는 두려움이 있다. 그러한 상황에 꼭 들어가야 하는 상황을 맞이하게 되면 현저한 예기불안이 발생하면서 그것을 회피하려고 시도한다. 그 동요는 좌절하게 하는 주요한 원인이며 그 사람에 의해 과도하며 비이성적으로 인식된다. …… 사회공포증의 예로는 대중 앞에서 말하거나 수행하는 것, 공중화장실을 사용하는 것, 사람들 앞에서 먹는 것, 다른 사람 앞에서 쓰는 것 등에 대한 두려움이 있다. …… 집중력을 잃게 되거나 범불안 증상 또한 현존할 수 있다(p. 227).

단순공포증

주요한 특징은 혼자 있지 않게 되거나 집에서 떨어진 공공장소에 있게 되는 상황이나 수치 또는 당황을 겪을 사회적 상황에 대한 지속적이고 비이성적인 두려움과 회피하고자 하는 충동적 열망이다. 따라서 이는 공포장애의 잔여(residual) 영역이다. 이 동요는 좌절하게 하는 주요한 원인이며 각 사람은 이 두려움이 과도하거나 비이성적임을 인식한다. …… 필히 치료를 요하지 않는 일반인에게서 가장 흔한 단순한 공포는 개, 뱀, 곤충 그리고 쥐 공포이다. 다른 단순공포증에는 폐소공포증과 고소공포증이 있다(pp. 228-229).

제3장

위협반응에 대한 인지 모델

맥락의 역할

불안 증상을 만들어 내는 데 관여하는 인지적 과정을 이해하기 위하여 심각한 신체적 위험에 노출된 사람의 맥락에서 그를 검토해 보자. 이 예가 복잡성과 보통의 불안을 만들어 내는 경험에 포함되는 복수의 미묘한 상호작용을 단순화해 버리지만, 정확한 기제와 작동을 파악하는 데 이점이 있다. 그러한 반응을 명료화하려는 시도 가운데 위험에 대한 해석은 상황에 따라 매우 다양함을 명심해야 한다.

한 사람의 인지적 반응을 결정짓는 상황의 정확한 본질의 중요성은 다음의 예에서 나타나 있다. 들판에서 사자와 마주치게 된 사냥꾼은 즉각적인 두려움 반응을 경험할 수 있다. 사자가 우리에 갇힌 상태라면 완전히 다르다. 사자는 지켜보는 자들에게 불안을 일으키지 않는 상태에서 공격하거나 격렬히 으르렁거릴 수 있다. 위험에 대한 인식이 두 상황에서 틀림없이 다르다는 것은 명백하다. 포식자의 근접성과 의도라는 요인뿐만 아니라 우리와 같은 보호적인 요인도 더해진다.

일차 평가

상황의 역할은 잠재적으로 위험한 상황에 대한 각 개인의 구성(construction)을 검토해 보면 훨씬 더 잘 파악된다. 그 구성은 일차 평가, 이차 평가 그리고 재평가의 세 단계로 구분될 수 있다(Lazarus, 1966).

관련 환경을 검토해서 어떤 장면에 초점을 모을지 결정할 때, 특별한 상황에 대해 각 개인이 구성하는 것은 일련의 사진이나 영화 촬영과 유사하다. 사진 촬영과 마찬가지로 인지과정은 상황에서 차원의 수를 줄인다(사진 촬영에서 3차원이 2차원으로 줄여진다). 결과적으로, 그러한 과정은 정보의 많은 부분을 희생하며 '사진'으로 왜곡을 도입한다. 구체적인 **세팅**(렌즈, 초점, 속도)이 최종적인 사진에 큰 영향을 미친다. 예를 들면, 렌즈의 종류[다양한 앵글(wide angle), 혹은 망원렌즈(telephoto)용]에 따라 상세하게 표현하고자 범위가 줄어들거나 그 반대가 되기도 한다. 더욱이 다른 것들을 무시하며 일정한 국면이 강조되며, 특별한 특징들의 상대적 크기와 선명함이 변형되고, 다양한 정도로 관점의 손실이 생긴다. 더욱이 초점의 유형과 노출의 속도에 기인하여 중요한 세부 사항들이 뿌옇게 되거나 손실된다. 필터의 사용은 특별한 부분의 두드러짐과 색채에 큰 영향을 미친다.

이러한 비유(analogy)는 수용기제(receiving apparatus, 카메라 혹은 인지적 조직체)의 주요한 특징이 사람이 무엇을 보는지에 결정적인 영향을 끼치고 있음을 제시한다. 더욱이 사진 촬영은 수동적 과정이 아니다. 사진사는 특별한 '전략'—연결, 하이라이팅, 초점, 구도 잡기 등—을 선택하는 데 중요한 역할을 한다. 유사하게, 특별한 사건을 개념화하는 데 있어서 **인지 도식**은 사람이 보는 '그림'에 영향을 미친다. 즉, 정신적 이미지 혹은 개념이 넓거나 일그러졌거나 좁거나 혹은 선명하거나 흐릿한지는 인지 도식에 달려 있다. 현존하는 인지 도식—즉, 기대, 흥미 그리고 관심의 조합—은 장면의 어느 국면이 확대되고, 결점이 가려지고(얼버무려지고), 채색되고, 배제될지를 결정한다. 더욱이 어떤 상황에 접근하는 개인의 목적은 그가 앞으로 찾거나 보게 될 양식에 영향을 미친다.

다음의 논의에서는 불안으로 이끄는 인지과정에 초점을 맞출 것이다. 사건의 이러한 '첫 장면들'은 이미 존재하고 있는 인지 도식을 강화하거나 수정하는 정보를 제공한다. **초기의 인상**(impression)이 불충분한(scanty) 데이터의 기반 위에서 형성될 수 있으며, 상황의 일반적인 본성을 나타낸다는 면에서 중요하다. 특별히 그 사람의 **중요한 관심**(혹은 영역, domain[1])에 직접 영향을 끼칠 수 있다. 첫인상은 변경되거나 뒤집어지지 않는 이상, 어떤 상황에 대한 개인의 개념화와 전적인 반응에서 후속단계의 과정을 결정하기 때문에 특별히 중요하다. 어떤 상황을 자신의 중요한 관심에 심각하게 영향을 미치는 것으로 판단하는 사람은 내가 소위 '위기 반응(critical response)'이라고 부르는 경우를 보여 준다. 위기 반응은 미래의 가능한 재난에서부터 즉각적인 생명의 위협에 이르기까지 넓은 범위의 상황들에 의해 초래된다.

위협에 대한 심리적이고 생물학적인 반응을 가장 잘 보여 주는 위기 반응의 유형은 '응급 반응(emergency response)'이다. 이 반응은 어떤 사람이 그의 영역에 명백하고 현존하는 위험, 예를 들어 생존, 개인화, 기능 혹은 대인 간 애착에 대한 즉각적 위협이 있다고 지각할 때 활성화된다. 그 위협들은 공격, 업신여김, 침범, 훼방, 버려짐, 거절, 혹은 결핍을 아우르는 넓은 범위를 아우른다.

위기 반응의 가장 중요한 특징은 그것이 **자기중심적**(egocentric)이라는 것이다. 일련의 인지처리 과정을 통해서 사람은 '그것이 내게 어떤 영향을 미쳤는가'의 관점에서 상황을 개념화한다. 사람의 즉각적인 중요한 관심사가 영향을 받은 것으로 보이면, 그는 데이터를 선택하고 그것을 틀에 넣어 만들어서 이 질문에 대한 의미 있는 (즉, 자기중심적인) 대답을 제공한다. 그 초기의 개념화는 전체적(global), 절대적 그리고 임의적인 경향이 있다. 따라서 활성화된 인지 체계 혹은 하위 체계는 스트레스 위협적인 혹은 중립적인 상황에서 활성화된 것과는 현저히 다르다. 지나치게 단순화된 개념화는 성찰적 사고에서 나오는 개념화의 종류보다는 더 빠르게 행동하는 조직이지만, 덜 성숙된 것을 반영하는 것으로 보인다[이런 상대적으로 원초적인 조직은 Freud가 '원초적 과정(primary process)'으로 묘사했던 것에 대략적으로 대응된다]. 개념화에서 구체적인 위기라고 해석할 수 있는 내용과 분명한 상관이 없는 데이터는 최소화되거나 생략된다. 반면에 즉각적으로 중요한 관심을 포함할 수 있기 때문

1) 개인적인 영역(personal domain)의 개념에 대한 포괄적 고찰은 Beck(1976, pp. 54-57)에서 찾아볼 수 있다.

에 많은 상황이 즉각적 위협이라고 잘못 분류된다. 실제적 손상과 함께 위협으로 받아들이는 성향이 오경보를 낳게 되지만, 우리가 말했듯이 그러한 오경보는 이차적인 평가에서 해제가 된다. 그러나 불안장애에서 오경보는 모순적인 정보에 의해 종식되지 않는다. 재평가는 일어나지 않거나 지배적인 인지 도식이나 인지 양식과 일치하지 않는 데이터들을 결합시키지 못한다(제4장 참조).

지금 우리의 목적을 위해서, 상황에 대한 첫인상이 그 상황에 대한 위협을 구성하고 있음을 나타낸다고 가정해 보자. 우리는 그 초기의 인상을 '일차 평가(primary appraisal)'라는 상황으로 분류한다(Lazarus, 1966). 그 일차 평가가 상황이 해롭다고 제시한다면, 뒤따르는 재평가가 다음과 같은 일련의 질문에 예비적인 대답들을 하도록 만들어진다.

① 해로운 상황이 생사에 즉각적인 위협으로 보이는가?
② 그것이 신체적인 상해를 포함하는가?
③ 그것이 심리적인 상처를 포함할 가능성이 있나?
④ 그 위협이 생사를 보호하기 위해 만들어진 규칙들에 대한 위반을 포함하는가?

이차 평가

각 개인은 위협의 본질을 평가하면서 동시에 그 위협을 처리하는 자신의 자원을 평가한다. 이 과정(R. S. Lazarus에 의해 이차 평가로 분류된)은 구체적인 공격으로부터 초래되는 잠재적인 손상을 완충(buffering)시키거나 비껴 나가기 위한 개인의 내적 자원의 유용성과 효율성을 평가하는 것에 그 목적이 있다. 그에게 유용한 외부 자원(예: 동맹군)에 대한 그의 인식(perception)은 손상을 미칠 가능성을 결정하는 공식으로 분해된다.

예를 들어, 자신보다 훨씬 큰 불량배를 마주친 소년은 심하게 얻어맞을 것이며 자신을 보호할 자원(취할 수 있는 수단)이 최소한이라고 예측할 수 있다. 최소한 그 소년이 자신과 불량배 사이에 적당한 거리를 두지 않는다면 상해 받을 위험은 높다.

일차 평가와 이차 평가는 분리된 과정이 아니라 동일한 종합적(the same overall) 평가로 종종 통합됨을 주목해야 한다. 예를 들어, 그 소년은 불량배의 잠재적인 해로움과 그 자신의 대처 능력을 동시에 평가하며 전자와 후자의 짝을 맞춘다. 잠재적 손상과 잠재적 자원의 비교는 일차적 평가와 이차적 평가를 구성한다. 다음에 그가 불량배를 다시 만나게 된다면, 그보다 더 큰 그의 형을 데리고 온다. 힘 있는 외부 자원의 유효성(availability)은 전체적 맥락에서 매우 중요한 부분이다. 이 새로운 맥락에서 직면은 본질적으로 위협적이지 않다. '돌보는 사람(caretaker)'의 현존이 공황장애와 같은 임상적 상태에서 인식되는 위협을 전반적으로 줄인다는 사실은 뒷 장에서 보게 될 것이다(Chambless & Goldstein, 1982 참조).

해로운 상황의 마지막 구성은 어떤 사람의 위협에 대처하는 역량과 비교하여 위협에 내재된 손상의 양과 가능성을 고려하는 공식에 기반한다. 잠재적인 손상과 대처 자원의 균형은 응급 반응의 본질과 강도를 결정한다. 이러한 평가는 냉정하고 의식적이고 심사숙고한 계산이 아니라 일반적으로 매우 빠르고 어느 정도 자동적이다. 그 방정식은 상당한 변수와 오류에 영향을 받기 쉬운 매우 개인적인 평가에 기반한다. 예를 들어, 비슷한 대처 역량을 가진 두 사람이 똑같은 긴급 상황에 대하여 매우 다른 방식으로 반응할 수 있다.

만약 어떤 사람이 그의 대처기제에 비하여 그 위협이 낮다고 판단한다면, 그는 그 원인을 공격함으로써 위협을 제거하거나 피하기로 선택할 수 있다('투쟁'). 만약 그가 그의 대처 자원에 비하여 위협이 크다고 판단한다면, 그는 탈출('도피'), 자기억제('얼어붙음'), 혹은 붕괴('졸도')와 같은 다양한 기제를 통하여 위협의 정도를 줄이려는 강요를 당할 것이다.

원초적인 수준('일차 과정')에서 사고의 배타적이고 단정적인 본질 때문에, 응급반응에 포함된 인지과정은 자극 상황에 대한 한쪽 측면의, 과장된 관점만을 나타낼 수 있다. 이러한 인지과정은 보호와 생존에 포함된 기본적 기능의 도구들이며 반사적일 만큼 자동적으로 활성화되는 경향이 있다.

위험에 대한 평가

어떤 특정한 상황이 위험하다는 것을 어떻게 결정하는가? 위험의 심각성을 평가하기 위하여 그가 사용하는 기준은 무엇인가? 이에 대한 해설을 목적으로, 신체적 위협의 예를 들어 볼 것이다. 하지만 그런 똑같은 공식이 거절, 고립 그리고 모욕의 위협과 같은 사회적 '위험'을 포함하는, 평가하기 힘들고 복잡한 상황에 적용될 수 있을 것이다.

위험의 정도를 결정짓는 눈에 보이는 방법은 기본적으로 전적인 맥락에 대한 평가를 포함한다. 상황에 대한 초기 인상은 위협하는 대상의 성질과 자기 자신의 역량과 힘을 비교하는 것과 관련이 있다. 예를 들어, 자기 자신의 사이즈와 비교되는 위협하는 대상의 사이즈는 중요한 요인이다. 따라서 만약 숲에서라면 당신은 완전히 커 버린 부모보다 아기 곰을 만나는 것을 덜 두려워할 것이다. 투쟁이냐 도피이냐에 관한 결정에서 이런 유형의 비교는 동물 세계의 모든 수준에서 관찰된다. 또 다른 가시고기를 마주친 가시고기는 만약 자신이 침입자보다 더 크다면 공격할 것이고 작다면 후퇴할 것이다(규칙: '더 크다면 공격하고 더 작다면 후퇴하라.').

사이즈와 사나움에 관한 비교에 덧붙여, 각 개인은 그 자신의 자원, 즉 외부적 도움의 유용성(일종의 무기나 동맹)과 자신의 힘과 능력(달리기 속도, 무기를 다루는 능력)을 또한 평가한다. 상황이 발전됨에 따라 그는 보다 명백하게 구분하는 평가를 연속적으로 내린다. 즉, 그는 재빠르게 위험과 그에 대처하는 자신의 능력을 더 잘 알게 된다.

비록 똑같은 위협에 노출된 사람들 가운데 각성의 정도는 광범위하게 다양하지만, 동원(행동 각성)의 정도와 주관적 불안의 정도는 위험에 대한 주관적 평가에 비례한다. 마지막 분석으로, 평가된 위험(즉, 상해나 죽음의 위기)과 그에 따른 두려움 반응의 정도는 잠재적인 상해와 그것이 발생할 가능성의 심각성 모두를 어떻게 평가하느냐에 비례한다.

우리는 각 사람이 이 공식을 의도적으로, 반사적으로, 논리적인 수단으로 적용하지 말아야 할 것을 강조해야 한다. 일단 시행되면, 급속한 일련의 인상과 '계산(computing)'이 자동적으로 일어난다. 그들은 성향(predisposition)의 상호작용, 학습 경험 그리고 기억들에 의해 영향을 받는다. 이 상호작용에 의해 형성된 조합은 이성적으로 정확한 것부터 매우 부정확한 것까지 다양할 수 있다.

신체적 상해에 대한 두려움은 사회심리적 상황으로 쉽게 전치된다. 구두 시험을 치르는 대학원생을 생각해 보자. 그녀는 부적절한 준비와 '적대적인' 시험관들 그리고 불안, 차단, 숨막힘, 현기증 등의 취약한 감각과 관련된 증상들로 인해 시험을 잘 수행하지 못하리라는 위험에 반응한다. 이러한 각각의 위협들은 대처전략들에 의해 균형이 잡혀질 수 있다. 대처전략들로는 학습을 잘해서 두려움 반응에도 불구하고 내용을 잘 외우는 것, 시험관들에게 '우수하게' 보이도록 시도하는 것, 근육 긴장을 줄이기 위해 긴장완화 기술을 사용하는 것, 자신의 차단을 상쇄시키는 것, 현기증에 대응하여 특별한 운동을 수행하는 것 등이 있다.

적대적 반응

어떤 환경이 '두려움' 반응보다는 '투쟁'(적대적인) 반응을 유도할 것 같은가? 위협에 노출되었을 때 유기체는 위협하는 대상(agent)과 자기 자신의 대응 자원을 신속히 비교한다. 해로운 대상이 너무 엄청나서 공격하기가 어렵다고 인식되면, 그 사람은 후퇴하고 자신을 방어할 준비를 한다. 그러나 유기체가 자신이 그 침입자를 패배시키거나 무섭게 할 수 있다고 인식하면 적대적 행동을 취하기 위해 전시 동원된다. 동원(mobilization)은 공격자를 빤히 내려다보는 것이나 그에게 소리를 지르는 것부터 신체적으로 공격하는 것에까지 이른다. 인간에게 적대 행위와 관련된 정서는 일반적으로 분노이다. 해로운 자극에 대한 효율적인 중화(neutralization)는 감소된 위험이 불안을 완화시키듯이 분노를 줄이는 데 기여한다.

반격 혹은 적대적 반응에서 중요한 요인은 '자신감'의 존재이다. 위협에 직접적으로 대처하는 자신의 능력에 대한 신뢰는 다른 사람들로부터의 상식적이거나 실제적인 도움에 의해 지지받을 수 있다. 학교 불량배에게 대항하기 위해 그의 형과 함께 돌아오는 소년은 확고한 자신감을 가질 수 있다.

또한 우리는 올가미에 걸렸을 때에 '투쟁' 반응을 관찰한다. 움직일 수 없어서 탈출하거나 보호할 수 없는 상황에서 마지막 수단으로 속도를 낮추거나 역경을 바꾸고자 싸울 수 있다. 그러나 이 경우에 그의 정서는 분노가 아닌 불안이다.

인지적 과정의 본질

앞선 공식화는 다른 저자들의 선행 정보처리이론과 부합한다. John Bowlby와 N. F. Dixon이 지적한 바와 같이, 인간의 지각에 대한 현행 이론에서는 사람이 자극을 보고 듣는 것을 알아차리기 전에 눈과 귀를 통해 들어오는 감각유입(sensory inflow)은 이미 많은 상태의 선택, 해석 그리고 평가를 통과한다고 설명한다. 이는 원래(orginal) 유입된 상당한 분량을 배제하는 과정이다. Bowlby는 "이 광범위한 배제의 이유로 최첨단 처리를 담당하는 채널"은 용량이 제한되어 있기 때문에 과부하되지 않도록 보호되어야만 한다고 설명한다. 이는 "가장 관련성이 높은 것은 통과하고 단지 덜 관련성이 있는 것은 배제되는 바"를 확실하게 한다(1981, p. 13). 그는 비록 이 과정이—거의 알아차릴 사이 없이—매우 빠르게 진행되지만, 대부분의 유입은 배제되기 전에 매우 고급의 처리 단계로 전달됨을 강조한다.

사람의 정상적인 인생과정에서 관련 있는 정보를 선택하는 기준은 어떠한 한 시점에서 가장 흥미롭게 보이는 것에 관한 '적응 원리(adaptational priciple)'를 반영한다. 따라서 어떤 사람이 배고플 때, 보통 때는 유용할 수 있는 다른 정보들이 배제되는 반면에 음식에 관한 자극은 우선적으로 받아들여진다. Bowlby는 인지조직(cognitive organization) 내에서 우선순위의 필수 순서를 강조한다. 우선순위의 이 순서는 유기체가 자신이 위협당하고 있음을 지각할 때 인지처리 과정의 자기보호 프로그램의 선점(pre-emption)으로 나타난다. 사람이 먹고 있는 것을 가정해 보자.

> 위험에 처하게 되면, 우선순위가 재빨리 변해서 위험과 안전에 관련된 문제들이 우위에 서고 음식에 관련된 유입은 일시적으로 배제된다. 어떤 유입이 받아들여지고 배제되느냐를 지배하는 기준에서의 이 변화는 성격의 중심인 평가 체계에 의해 영향을 받는다(Bowlby, 1981, p. 14).

응급 반응은 인지과정에 의해 개념화될 수 있다. 상황의 구성은 해로운 상황, 내적(대처하는) 및 외적 자원, 위기, 대가 그리고 특별한 반응의 이득에 대한 일련의 평가를 포함하는 활발한 과정이다. 어떤 사람이 그의 생사가 위험에 처했다고 간주할 때, 인지과정은 매우 선택적인 데이터 처리과정과 개념화를 제공한다. 개인이 심각한 위험을 지각할 때, 그의 인지운동(cognitive-motor) 기관이 그것을 즉시 처리하고자 동원된다.

행위적 활성화와 억제의 동기에 대한 관계

동기(motivation)란 단어는 일반적으로 행동에 대한 내적 자극을 설명하기 위하여 사용되어 왔다. 그러나 이 단어는 다르게도 널리 쓰여서 정의의 경계가 없어져 버렸다. 그 범위는 배고픔, 목마름, 성, 수면 욕구와 같은 '기본적 필요'나 '욕동(drive)'에서부터 무의식적인 적대감과 같은 추상적 의미까지 걸쳐 있다. 더욱이 어떤 경우에는 의식적이고 고의적인 의미로 널리 사용되며, 때로는 의식 밖에서 불수의적으로 사용된다.

사람들 앞에서 연설하다가 갑자기 '얼어붙으며' 연이어 현기증을 느끼는 사람을 생각해 보자. 그의 압도적인 의식적 소망은 유창하게 말하는 것이지만, 차단(blocking)과 정신이 멍한 상태(blanking) 그리고 경직성(rigidity)을 활성화하는 내적 과정은 이런 욕구를 뛰어넘을 만큼 강력하다. 불수의적인 행동을 무의식적으로 부추기는 데에 **무의식적 동기**란 말을 적용하는 것은 어떤 면에서 그 사람이 얼어붙고 차단되고 쓰러지기를 '원한다'는 것을 함축한다. 의식 수준의 차이라는 것을 제외하고는 차단으로 이끄는 과정들이 효과적으로 말하도록 이끄는 과정과 유사하다는 것을 함축하기 때문에, 이 의미론적 사용은 오해의 소지가 있다. 의식적인 의도, 의지와 같은 것은 자율적이고 일차적인 방어 패턴을 활성화하는 과정과 완전히 다른 체제(order)로 보인다. 둘 모두의 과정에 적용하기 위해 동기 같은 개념이나 용어를 사용하는 것은 (내용에 대한) 오해의 소지가 있다.

원초적 반응을 위협을 지각하게 되면서 활성화되는 비의지적인 행동 패턴으로 간주하는 것은 위협반응에 대한 이론화에 있어서 가장 빈약한 설명으로 보일 수 있다. 이 패턴은 위협을 감소시키는 의식적 동기와 양립할 수도 있고 그렇지 않을 수도 있다. 앞선 예에서 방어적 반응(차단, 멍한 상태, 기절, 졸도)들은 유창하게 말하려는 의식적인 소망에 명백히 모순된다. 그 사람은 전반적인 억제(inhibition)로 인하여 의식적인 소망을 성취할 수가 없다. 의미론적으로 명백하기 위하여 **동기**라는 단어를 의식적인 소망, 욕동(drive), 충동(urges) 등을 의미하는 것으로 제한하는 것이 가장 좋게 여겨진다. **원초적 반응**(primal response)이란 단어는 인지적 행동 패턴의 자율적이고 무의식적이며 비의지적인 활성화와 또한 인지적이거나 행동적인 과정에 적용한다. 따라서 도피 반응(flight response)과 억제에서 행동 활성화의 예는 얼어붙은 반응(freeze reaction)과 정신적 차단에 의해 예시된다.

행동과 정서 사이에서 구별 짓기

인기 있는 정서 개념은 정신분석이론에서도 어느 정도 반영되고 있듯이 은유적으로 액체(fluid)나 저장소(reservoir)와 같은 현상으로 표현된다. 내적인 유압 장치(hydraulic system)가 어느 수준에 도달하게 되면 겉으로 표출하도록 압력을 받게 된다. 비유적으로 똑같이, 불안 혹은 분노와 같은 특정 정서들의 다양한 체계로의 유입은 두통에서부터 궤양성 대장염에 이르기까지 넓은 범위의 질병을 가져온다. 자유롭고 열린 분노 표현은 정신신체적 장애를 줄일 수 있다고 말하지만, 어떤 학파도 불안을 자유롭게 표현하는 것이 유사한 개선 효과가 있다고 논하는 것 같지 않다.

어떻게 우리는 어떤 사람이 그의 정서를 '표현'하고 있음을 알 수 있을까? 한 사람이 관중 앞에서 '놀란' 얼굴 표정으로, 통제할 수 없이 몸을 떨며 그의 근육들이 하얗게 될 때까지 주먹을 꽉 쥐고 서 있다가 드디어 바닥에 푹 쓰러진다. 그러나 그는 불안을 경험하고 있지 않다. 이 시나리오는 전혀 불안을 느끼지 않는 숙련된 배우에 의해 묘사될 수 있다. 사실상 H. Leventhal이 주목하였듯이, 전문 배우가 특정한 정서에 기인한 특징을 보여 줄 수 있다는 관찰은 William James로 하여금 정서가 중심적 현상이 아니라는 결론에 이르게 하였다(Leventhal, 1982).

개념상으로 명백하게 하기 위하여, 정서와 행동 사이에 선을 긋는 것이 바람직하

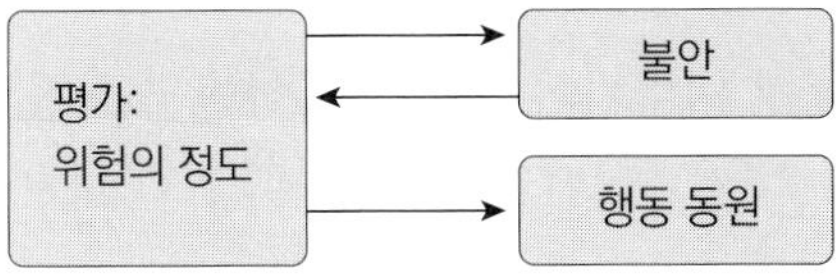

● 그림 3-1 ● 공포증후군의 구성요소에 대한 평가 관계

다. 둘이 종종 같이 나타나지만, 불안하지 않으면서 '불안한' 행동을 보이는 것이 가능하며 그 반대 또한 마찬가지이다. 그렇다면 어떻게 우리는 불안과 일반적으로 불안과 관련된 행동을 구별하는가? 이미 지적하였듯이, 정서와 행동은 두 개의 분리된, 그러나 서로 관련된 체계로서 가장 잘 개념화된다. 한 체계를 다른 체계 없이 가동시키는 것이 가능하다. 어떤 정서를 의식적이고 의도적으로 흉내 내는 사람은 '불안한' **행동**을 연기한다. 그러나 그가 위험한 상황을 생각하지 않는다면, 불안을 경험하는 것은 불수의적 반응이기 때문에 불안한 **느낌**을 의도적으로 활성화시킬 수 없다. 공공연한 행동도 의도적으로 고안되었든지, 아니면 자연스럽고 정서를 동반하든지 유사하다. 어떤 경우에도 다른 사람 안에 있는 정서를 **볼 수** 없다. 우리는 단지 정서를 추측할 수 있는 행동만을 본다. 인지처리부터 행동 동원까지의 배열(sequence)과 불안의 각성(과정, arousal)은 [그림 3-1]에 제시되어 있다. 불안의 경험은 인지적 평가에 의해 활성화되지만, 또한 인지적 체계로 피드백되고, 결과적으로 방어적 행동을 준비하기 위한 결정을 증진시킨다.

생리적 각성은 행동 동원의 통합적 영역이기 때문에 분리되어 나타나지 않는다. 동원(mobilization)의 생리적인 '표식(signs)'(증가된 심장박동과 혈압, 근육 긴장)은 명백한 행동에 앞서서 나타남을 강조해야만 한다. 그 동원은 적절한 때까지 명백히 발현되지 않으며, 사실상 억제될 수 있고 어떤 때에도 발현되지 않을 수 있다.

악순환

우리가 관찰하였듯이 불안장애에서 나선형의 혹은 악순환하는 사이클은 어떤 특별한 증상이 어떻게 그 자체 내에서 수행을 손상시키거나 그것이 심각한 장애의 표식임을 암시하는 사람에게 내비치어 위협을 가하는지를 설명해 준다. 이러한 이차적 영향은 각 개인이 훨씬 더 취약함을 느끼도록 한다. 위험이 더 커지고 있다고 지각하면서 보다 일차적인 반응들이 활성화되고, 이는 다시 더 심한 장애(handicap)와 위협을 주게 된다. 다른 사람들이 보이는 호의적이지 않은 피드백은 비슷한 부정적 효과가 있다.

예를 들어, 연설 상황을 생각해 보자. 어떤 사람이 발표 중에 중대한 결점을 인식하고 있다고 가정해 보자. 그는 청중의 좋지 않은 반응(졸거나, 하품하거나, 집중하지 않는)이나 더듬거리고 억양이 적절하지 않고 두서없는 자신의 연설에 이 '인식'의 기초를 둔다. 다음으로, 그는 '청중의 주의를 집중시킬 수 없을 거야. 그들은 나의 실패로 인해 나를 조롱할 거야. 나는 계속할 수 없을 거야.'라며 두려움을 갖는다. 이러한 생각들은 취약감을 더 증가시키며 불안과 다른 방어기제들을 자극한다. 그리고 불안 그 자체가 더 심한 역기능을 가져오게 된다. 첫째, 불쾌한 정서적 경험은 마치 갑작스럽고 날카로운 고통이 그러하듯이 현재의 작업에서 주의를 빼앗는다. 둘째, 그는 자신의 불안을 그가 잘 기능하지 못한다는 신호와 자신을 통제하지 못하고 있다는 신호로서 해석한다. 즉, 실제적 수행에 대한 정확한 평가보다는 자신의 불안의 강도를 역기능의 지표로 삼는다. '이것은 내가 그것을 해낼 수 없다는 표식이다.'라는 식의 생각에 지배된다.

개인의 관심이 그의 불안으로 전환됨에 따라, 수행에서 어려움이 증가할 뿐만 아니라 겉으로 드러나는 '조바심(nervousness)'도 증가할 수 있다. 이러한 행동은 청중에 의해 관찰될 수 있으며, 그 사람은 부정적인 반응을 관찰할 수 있다('그들은 내가 조바심 내고 있음을 알 거야. 내가 약하다고 믿을 거야. 나를 안 좋게 생각할 거야.'). 이런 상호작용의 결과는 자신이 청중에게 영향을 미칠 수 있다는 자신감을 급속히 떨어뜨리며, 그는 자신의 능력이 모두 빠져나가고 있다고 느끼게 된다. 점점 더 '약하고 힘없는' 상태가 되면서 그는 청중의 비난에 대한 가장 큰 위험과 취약성을 지각한다. 그는 자신의 능력으로는 이 위기를 통과할 수 없다고 믿기 시작한다.

만약에 그 강사가 청중으로부터 긍정적 반응을 받게 되고 자신이 잘하고 있다고 믿게 되면, 그는 위협당하고 있다고 덜 느끼게 될 것이다. 예를 들면, '나는 최소한

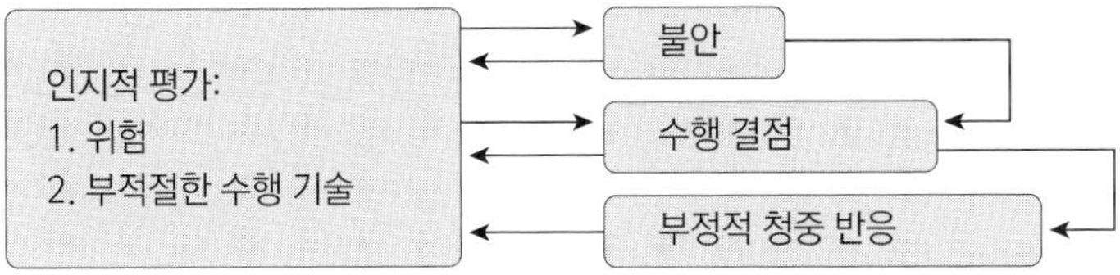

● 그림 3-2 ● 악순환, 통합적인 불쾌한 피드백(불안), 불쾌한 수행 피드백 그리고 불쾌한 청중 피드백

청중을 어느 정도 이해시키고 있어.' 또한 '그들은 수용적으로 보이며 나를 공격할 것 같지 않아.'라고 생각하게 된다. 자신의 생각과 연설, 자신의 자세, 조바심 같은 주관적 감각에 대한 자신의 수의적 조절에 대한 어떠한 방해도 그의 자신감의 기반을 침식하게 된다. 하지만 흔들림, 떨리는 목소리, 현기증, 어눌함, 경직된 자세와 같은 증상들 모두는 그에게 '난 나의 몸을 주체할 수 없어.'라는 의미가 된다. 자신을 제어하지 못할 것 같은 느낌은 '어떤 일도 일어날 수 있다'는 것을 의미하며 재앙적 사고를 이끈다('나는 나 자신을 결코 통제하지 못할 거야.'). 수의적 통제 상실은 특별히 자율성 때문에 통제하는 것을 중요시하는 사람에게는 더 충격적이다. 통제의 감소는 승인을 받기 위하여, 그리고 다른 사람들의 비난과 적의를 방어하기 위하여 자기통제(self-control)를 하고 있다는 인상을 보여 주는 것이 중요한 타인의 인정추구에 과민한(sociotropic) 사람들에게 중요하다.

인지, 정서 그리고 행동 사이의 관계성은 [그림 3-2]에서 볼 수 있다. 자신, 수행 그리고 청중의 반응의 부정적 평가는 수행을 방해하고 결함이 있다는 생각을 더 강화시키는 불안을 증가시킨다.

위협에 대한 원초적 반응

유기체가 자신의 위험을 지각했을 때 무엇이 일어나는가? 위협의 본질과 맥락에 따라서 각 사람은 상대적으로 다양한 유형의 반응을 보일 수 있다. 이러한 패턴이

'프로그램화'되어 있고 대개 자율적이기 때문에, 나는 '원초적'이라는 단어를 적용하였다. 그것은 더 많은 기술을 포함하는 학습이나 습득된 반응이라기보다는 보다 타고난 것이며 수의적 통제하에 있는 것이다. 흔한 일부 행동 패턴은 다음과 같다.

① **투쟁**(fight): 어떤 사람이 올가미에 걸리면, 투쟁은 보호 행동의 형태를 취함. 타격을 방어하며 위협하는 자세나 방어적 자세를 취하면서 더 심한 공격을 저지하려고 시도함
② **도피**(flight): 개인이 막 공격을 받았을 때 실현 가능하다면 일반적으로 취해지는 방법. 주로 불안에 의해 촉발됨
③ **얼어붙음**(freeze): 실제적 공격 이전에 일어나며, 전략 유형을 결정하기 전에 상황을 평가하기 위하여 시간을 줌. 또한 공격의 충격을 흡수하도록 준비시켜 줌. 인간에 있어서 이 반응은 위험에 처하게 되면 자동적으로 발생하는 경향이 있고, 움직임이나 말뿐만 아니라 인지적 과정과 같은 수의적 행동에 대한 일반적인 억제가 드러남
④ **기절**(faint): 개인이 무력하고 압도되며, 혹은 절단이나 피에 노출되었을 때 자율적이며 무력한(atonic) 반응, '붕괴적 반응'과 관련이 있음
⑤ **철수**(retraction): 위험한 상황(높이나 공격)으로부터 뒤로 물러남
⑥ **머리 숙이기, 피하기, 점프하기**(duck, dudge, jump): 날아오거나 떨어지는 물건 피하기
⑦ **꽉 쥐거나 들러붙음**(clutching, clinging): 균형 유지와 넘어지거나 익사를 막기 위해 단단히 붙잡는 것
⑧ **반사운동**(reflexes): 눈 깜박임, 구역질(gagging), 기침
⑨ **도움 요청**: 자발적인 조난 호출

무력감과 에너지 체계

위협에 반응하여 두 개의 주요한 행동 체계가 개별적으로 혹은 함께 활성화된다. 그것은 에너지와 기력을 돋우는 체계와 무력감(anergic)과 무기력(atonic)을 주는 체

계이다. 이러한 체계들은 E. Gellhorn(1968)에 의해 '에르고트로픽(ergotropic)'과 '트로포트로픽(trophotropic)' 체계로서 설명되었다. 이는 각각 자율신경계의 교감신경과 부교감신경 가지의 활성화를 포함한다.

반응의 두 유형은 인지, 움직임 그리고 생리적인 체계들과 최소한 인간에게서는 정서적인 성분(불안)으로 구성된 완전한 심리생물적인 반응을 포함한다. 원기를 돋우는 에너지 체계는 각 개인으로 하여금 위험(투쟁, 도피)에 대한 활동적 대처를 준비시킨다(Fowles, 1982). 무력감과 무기력을 주는 체계는 활동적인 대처 방식이 부적절하거나 역효과(기절)를 낼 때 촉발된다.

외과 수술을 받으려고 하는 A씨의 사례를 분석해 보자. 병원에 가자마자, 그는 맥박이 빨라지고 식은땀이 나며 몸이 전체적으로 긴장되고 주먹을 꽉 쥐고 있는 상태를 의식하게 된다. 의사가 진찰할 때 그가 너무 긴장이 되어 검진할 수 없으니 긴장을 풀라는 말을 들었다. 그러나 그는 계속 눈 검사 동안 눈을 깜박이며 그의 후두 검사 동안에는 구역질과 기침을 하였다.

왜 A씨는 그토록 부적절하게 긴장하고 방어적일까? 그 이유로 원시반응적인 감각에서 그 반응은 적절하다고 보인다. 야생에서 즉각적 공격을 당하는 사람은 투쟁, 방어 혹은 도피하기 위해 동원되도록 잘 갖추어져 있다. 방어적 반응은 지금 당대의 현실이 아니라 원시적 생존기제의 기반 위에서 활성화된다. 따라서 현재의 맥락에서 '적응적인(adaptive)' 것이 아니라 '적응과 관련된(adaptational)' 것이라고 말할 수 있다.

이런 유형의 방어 반응은 필연적으로 기도, 위장기관(gastrointestinal tract), 눈에 외부의 물질들이 들어가는 것을 방지하도록 고안된 반사들(구역질, 기침, 눈 깜박임, 현기증)로 이루어진다. 이러한 반사들은 구역질, 기침, 현기증 등을 **예상함**으로써 촉발될 수 있다는 점에서 임상적으로 의미가 있다. 더욱이 이 반사들은 어떤 사람들에게는 대인관계적 맥락에서 약간 해로운 상호작용에 대한 반응으로 촉발된다.

인지적 내용에서의 변화와 생리적 반응

개인이 어떤 상황을 파괴적으로 경험하는 예를 생각해 보자. A씨는 외과 의사들과 간호사 등에 둘러싸여 휠체어를 타고 수술실로 들어간다. 이 시점에서 위협은 압도적이다. 그는 심하게 땀을 흘리며, 맥박은 느려지고, 혈압은 떨어지면서 현기증을 느끼기 시작한다. 그의 상태는 행동적으로, 생리적으로 붕괴되고 있다.

두 종류의 반응의 인지적 내용에서 재미있는 대조를 찾을 수 있다. 처음에 병원에 들어섰을 때의 인지적 내용은 '무엇인가를 해라. 자신을 보호해라. 여기서 나가라.'와 같은 것에서 맴돌았다. 그가 수술실에서 '위협'에 의해 압도당하자, 인지적 내용은 '내가 할 수 있는 것은 아무것도 없다. 나는 무기력하다.'와 같은 것에서 맴돈다.

교감 반응과 부교감 반응이 더 큰 체계적 반응의 각 부분이라는 것을 명심해야 한다. 자율 반응은 불안의 주관적 느낌과 근육 긴장의 증가 혹은 감소를 활성화하는 중앙과정의 말초적 발현이다. 자율 발현은 그것이 어느 정도 괴로움을 주는 불안 발작의 특징을 설명해 주기 때문에 임상적으로 중요하다(예: 심장박동의 변화, 맥박과 혈압의 변화 그리고 기절하는 느낌). 교감신경 가지의 활성화는 활동적 대처 반응을 적절하게 지지해 주는 것으로 보인다(여기에 기절하고 쓰러지는 것은 예외이다).

기력을 돋우는 에너지 체계는 활동적 반응이 부적절하거나 역효과적일 때(적응적 의미에서) 비활성화될 수 있다. 예를 들어, 급성 관동맥 폐색의 경우 환자가 활동을 더 하면 실제적으로 생명의 위협을 증가시킬 수 있다. 유사하게, 어떤 사람이 출혈이나 심각한 고통 혹은 상처가 있으면 쇼크 상태에 들어가게 된다. 쇼크의 정도는 자주 실제적인 출혈에 비례하지 않는다. 이런 경우, 이완적인 부교감 반응은 상처의 나쁜 결과를 최소화하도록 고안된 일종의 반사작용이다. 따라서 무력감과 무기력의 반응은 **수동적인** '대처 반응'을 나타낸다.

무기력한 부교감 반응은 어떤 사람이 (부정확하게) 자신이 바야흐로 죽어 가고 있다고 믿을 때 발생할 수 있다. 예를 들어, 만성 위염을 갖고 있는 환자가 위에서 염증 반응으로 인하여 날카로운 고통을 경험하였지만 그것을 심장마비로 받아들였다. 치명적인 심장마비를 겪고 있을 것이라는 그 환자의 생각은 부교감 반응을 촉발한다. 그 환자는 '머리가 띵함(woozy)'을 느끼기 시작했고, 전체적으로 땀을 흘리기 시작했으며, 맥박이 느려지고 '힘이 없다고' 여겼다. 이 특별한 사례에서 혈압의 명백한 저하와 그에 따른 현기증은 환자가 정말로 죽어 가고 있다고 믿게 하였고, 결과적으로 악순환을 가중시켰다. 유사한 반응이 공격자가 막 자신의 머리에 총을 겨누고 있다고 믿는 개인에게서 보인다. 이런 '혈관 미주신경의(vasovagal)'(부교감신경) 반응이 실제적인 상해나 급성의 내적 동요가 있을 때 적응적 기능으로 작용하기도 하지만, '상상으로' 혹은 부정확하게 신체장애 탓으로 돌리는 장면에서는 분명히 적응적이지 않다.

혈관 미주신경의 반응은 급성의 심각한 고통, 그리고 약간의 피라도 추출된 사람들과 다른 사람이 피 흘리는 것을 관찰했던 사람들, 혹은 자신들이나 타인들의 신체 절단을 관찰했던 사람들의 사례에서 묘사될 수 있다. 심각한 출혈의 경우에 혈압 강하는 과다한 출혈을 방지하거나 줄일 수 있고 혈압이 남은 피의 양에 맞추어지도록 도와줄 수 있다. 그런데 이 반응은 실제적인 출혈이 없을 때는 명백히 부적응적이다. 피를 보고 기절하는 것은 의과대나 간호대 학생들에게는 흔한 일이며 혈액 공포증에서 잘 설명되어 있다(Marks, 1981).

따라서 기력을 돋우는 에너지의 체계는 여러 다른 위협을 처리하기 위하여 다수의 능동적 대처 반응(투쟁, 얼어붙음, 점핑)을 제공한다. 인지적 내용은 '무엇인가를 해라.'이다. 무력감과 무기력을 주는 체계는 능동적 대처가 위험(상징적이든 실제적이든)을 증가시킬 때 정형화된 부동화 반응(기절)을 하게 한다. 인지적 내용은 '나는 무기력하다. 내가 할 수 있는 것은 아무것도 없다.'이다. 특별히 무기력한 반응은 상황이 발생하였을 때 대부분의 경우에서 시대착오적이며 역효과적으로 보인다.

다른 방어기제와 불안의 관계

다양한 기제는 사람을 위협에 맞서 '보호'하기 위하여 사용된다. 위협에 대한 이런 반응들의 외양이 종종 일시적으로 불안과 관련이 있기 때문에 저자들은 그것을 '불안의 신체적 발현(somatic manifestations)'으로 여기는 경향이 있다. 그러나 그것은 불안의 표현이 아니라 또 다른 대체적 반응이거나 '전략'이다. 이런 불안이 아닌 반응들의 예로는 근육 긴장, 현기증, 더듬거림, 집중력 문제 등이 있다. 이러한 대체기제들은 작동하는 데 있어 의식적 결정을 따르지 않으며, 어떠한 의식적 결정 없이 작동하게 된다. 사실상 그런 반응이 발생하지 않기를 바라는 강력한 소망에도 불구하고 종종 촉발된다.

불안이 의식적 경험이기 때문에 (자율적에 반하여) 의식적 전략을 적용함에 있어서 역할을 한다. 그것은 의식적 개념화와 손상에 대응하는 전략의 수행을 고무시킨다. 그래서 그것은 개인이 위험을 줄일 일련의 행동을 결정하도록 촉진시키지만, 예를 들어 말의 억제, 긴장성(tonic), 부동성(얼어붙기), 기침, 구역질 반사 같은 자율적 반사 조작(maneuver)을 유발하지는 않는다. 유사하게, 머리를 휙 숙이기(ducking), 꽁무니 빼기(flinching), 혹은 움직이는 대상을 피하는 점핑과 같은 반응들이 일어나기 전에 불안이 꼭 선행되는 것은 아니다. 즉, 이런 조작들은 불안 없이 자율적으로 일어날 수 있거나 불안을 줄이기 위하여 그것들을 무심코 불러일으킬 수 있다.

불안의 경험이 인식되고 방어적 전략에 힘을 주는 데는 시간이 걸리기 때문에, 그것은 반사적 행동만큼이나 즉각적인 보호를 제공하는 데 자신을 내어 주지 않는다. 이러한 차이는 응급 상황에 대한 반응으로 여러 체계가 작동함을 제시한다.

억제 체계(inhibitory system)는 순간적인 반응을 위해 고안되었다. 그 반사 행동은 보통 '움켜쥠(clutching up)' '얼어붙음' 그리고 '차단'과 같은 용어와 관련이 있다. 이러한 패턴이 불안에 의해서만 촉발되지는 않으며, 실제로 불안이 낮을 때도 일어날 수 있다.

불안감소 체계(anxiety-reduction system)는 더 늦은 반응을 위해 고안되었고 보다 완전한 정보과정과 전략의 선택을 포함한다. 이 체계의 운동 활동은 필연적으로 수의적이다. 즉, 그것은 의식적 지시와 통제 아래 있다. 행동 동원이 일어나기 위해 불안이 꼭 일어나야 하는 것은 아니지만 불안 경험에 의해 그것이 유발되거나 강화된다.

반사적 행동은 위험에 대비하는 첫 번째 방어선이다. 인지행동적 패턴은 가능한 위험에 신속히 작동해야만 하며 다가올 위협을 지각함에 있어서 과잉반응을 일으키는 경향이 있기 때문에 꽤 높은 비율의 거짓 긍정성(false positivity, '잘못된 경보')이 있다. 불안감소 체계는 대체적인 전략으로 쓰인다. 불안 수반성(anxiety-contingent) 전략은 단순히 반사적 체계의 전략이 요하는 시간보다 더 많은 시간을 필요로 하기 때문에, 자율적 반사 행동에 유용하기보다 정보처리에 보다 많은 시간을 주는 것이 쓸모 있다. 위협에 대한 지각과 적절한 전략 사이의 시간 경과는 보다 철저한 데이터 수집과 평가, 의사결정을 감안한다. 불안의 출현은 한 사람이 방어하기 위하여 그의 전략을 작동하도록 동기부여하는 데에 특별히 중요하다. 불안으로 인한 자극이 없다면, 그 사람은 너무 지쳐 있거나 다른 일에 사로잡혀서 신속한 행동을 취할 수 없을 것이다.

반사적 체계와 불안 수반성 체계는 동시에 촉발된다. 불안 체계가 '행동으로 가기'에 시간이 더 걸리지만, 적절한 전략을 선택하는 형태로 반사적 행동에 후속행동(follow-up)을 제공한다. 따라서 불안감소 체계가 보다 넓고 의식적으로 다양하고 유연한 전략을 끌어오는 것에 비하여 자율적 · 반사적 체계는 매우 제한된 레퍼토리로 전형적 행동 유형을 사용한다.

불안 수반성 전략은 ① 뒤따라오는 정서의 발생, ② 위험한 상황에 대한 강제된 주의, ③ 위험을 감소시키기 위한 적절한 전략의 조직으로 이루어진다. 주관적 불안은 한 사람이 보다 높은 수준의 인지적 활동과 기술(즉, 단순히 얼어붙거나, 기절하거나, 움츠러드는 것과는 다른)을 요하는 위험에 노출되었을 때 중요한 역할을 한다. 처음의 반사 반응에 이어서 보다 적당한 전략이 세워지기 전에 시간을 벌면서, 불안은 한 사람이 위험을 줄이기 위한 도구적 반응을 하도록 이끈다(무기를 찾거나, 도움을 요청하거나, 위험에 대한 책략을 짜는 것 등).

제4장

인지적 구조와 불안 규칙

인지 도식

이전 장에서 '위협' 상황에 대한 개인의 반응은 상황의 유해한 구성요소와 해로움을 방어하는 자원에 대한 신속한 분석에 달려 있다는 것을 살펴보았다. 그러나 상황에 따라, 위협의 본질과 대처 능력의 가용성이 매번 새롭게 분석될 필요는 없다. 개인은 새로운 상황에 처했을 때 과거 경험이 그에게 예상되는 것을 경고하고, 대처 방법에 대한 데이터를 제공할 수 있도록 하기 위해 규칙성을 가지고 평가를 할 필요가 있다. 즉, 개인은 상황의 중요한 측면에 초점을 맞추고 적절한 '공식'을 분석에 적용할 수 있도록 준비된다. 이 사전 준비에는 개인을 상황에 맞추고 환경에서 관련 세부 정보를 선택하고 관련 데이터를 다시 불러오는 데 도움이 되는 '인지 구조(도식)'의 활성화가 포함된다. 때때로 개인은 과도하게 준비되어 상황에 실제로 존재하는 것 대신에 그가 보고 싶어 하는 것을 '보게' 된다.

정보처리 과정(information processing)에서 인지적 조직화의 역할은 앞에서 설명하였다(Beck, 1967, 1976). 이 개념에 따르면, 그 조직화는 구조적 요소들(structural elements), 즉 인지 도식의 조합 혹은 집합체(constellation)로 구성된다. 심리도식(schemas)은 인지조직(cognitive organization)의 기본적인 구성요소이다. 이들 도식은 양식(modes)이라는 하위 체계로 분류되는 인지적 집합체로 더 조직화된다. 그 인지 도식(cognitive set)은 통제하는 인지적 집합체의 표현이고, 구체적 상황에 대한 몽타주를 제공한다. 구체적 인지 도식 혹은 인지 도식의 집합체가 활성화될 때, 그 내용들은 직접적으로 특정한 시간에 한 사람의 지각, 해석, 연상 그리고 기억에 직접적으로 영향을 끼친다. 인지 도식은 명명하고(label), 분류하고, 해석하고, 평가하며 대상이나 사건에 의미를 부여하는 데 사용된다. 어떤 특정한 도식의 범위는 신발과 같은 구체적인 대상을 이름 짓는 것과 같이 상대적으로 좁을 수 있다. 반면에 '인간의 권리'와 '자기존중감'과 같은 개념을 표현할 때와 같이 그 내용이 광범위하고 추상적일 수도 있다. 도식은 대상을 규정하기 위한 다양한 집합체의 규칙과 개념화를 구현한다. 예를 들어, 도식은 슬리퍼 혹은 양말과 신발을 구별한다. 보다 복잡한 도식은 다양한 규칙, 신념 그리고 가설들을 포함한다. 예를 들어, '위험한' 대상을 지정하는 도식이 있다.

도식은 삶의 다양한 국면을 다루는 인지적 집합체의 군집으로 조직되어 있다. 인지 군집(cognitive constellation; Beck, 1984a)이라는 용어는 전통적으로 '인지 세트'로 분류된 구조적 대응물을 지칭한다. 그러나 전통적인 용어 사용과의 연속성을 유지하기 위하여 활성화된 도식의 군집을 의미하는 부가적인 의미를 더해 기존의 의미로 사용되는 **세트**(set)란 용어를 사용할 것이다.

인지 세트라는 용어는 심리학에서 널리 알려진 이름이다. 이는 H. B. English와 A. C. English(1959)에 의하여 ① 일시적으로, 그러나 종종 사람으로 하여금 다른 어떤 것보다 특정한 환경적 자극 혹은 사건들을 알아차리는 것에 더 민감하게 하면서 그쪽으로 향하게 하는 반복되는 상태로 정의되었다. 또한 ② 다른 것들보다 특정한 활동 혹은 반응을 촉진시키는 일시적이거나 반복적인 상태이다. 여기서의 개념화에 의하면 그 용어는 도식의 작동 혹은 시험을 치르거나 승진을 요청하거나 절벽에서 뛰어내리는 것과 같은 특정한 부류의 상황과 관련되어 활성화되는 인지 군집을 나타낸다. 예를 들어, 어떤 특정한 군집체가 과잉 활성화되면(hypervalent), 개인은 터널 시야(tunnel vision)를 경험하게 되고, 이는 군집체의 내용과 관계가 없는 정보들을 차단시키게 된다. 정신병리학에서 이러한 배타성은 극한 상황까지 이르게 할 수 있다. 불안하거나 공황 상태에 있는 사람은 상황 속에서 단지 위험만을 볼 수 있고 안전에 관한 것은 어떤 것도 보지 못하며, 우울하고, 자신의 긍정적 속성을 전혀 못보며 단지 부정적인 속성만 본다.

위협이 인지되면 관련된 인지 도식이 활성화된다. 이들은 평가하며 사건에 의미를 부여하는 데 사용된다. 활성화된 구체적인 도식은 구체적 특성들과 위협하는 사건의 맥락과 관련이 있다. 구체적인 위협에 적절한 도식을 부합시키는 일련의 조정이 발생한다. 사람의 마지막 해석은 사건과 도식 간 상호작용의 결과이다.

심리도식 군집의 내용에 따라 다양한 정서적 반응과 행동 동원이 결정된다. 취약성 및 위험을 우려하는 내용은 투쟁, 얼어붙음(부동화), 혹은 붕괴(collapse) 그리고 불안감과 관련된 행동적 패턴을 활성화한다. 위협을 받는 상황에서 (생각의) 어떤 도식이 '무적 상태(invulnerability)'를 중심으로 하는 경우, 행동 반응은 가해자를 공격하는 것과 관련이 있으며 관련 정서는 분노이다. 희망했던 대인관계적 '공급(supplies)'(정서의 표현과 같은)을 받을 것이라는 기대는 다른 사람의 감정과 다른 사람과 더 가까워지려는 욕구를 자극할 수 있다. 대조적으로, 비난을 받을 것과 관련된 인지 도식은 슬픔과 종종 다른 사람들을 회피하고 싶은 소망을 촉발한다.

인지 도식은 특정한 시간에 특정한 상황에 적용되는 개념, 가설, 덧댐(overlays) 그리고 규칙들로 구성된다. 앞으로 살펴보겠지만, 이 양식은 인지 조직화의 광범위한 부문을 구성하며, 한 상황에서 다른 상황으로 이동할 때 사람이 선택하는 도식의 유형에 영향을 미치는 일반적인 편견을 부과한다.

인지 도식의 기능

인지 도식은 특정 상황으로부터 의미 있는 정보를 가져오는 데 필수적이다. 그것은 관련된 데이터를 추출하고, 관계성을 선택하고, 환경으로부터 패턴을 구성한다. 그렇지 않다면 그 환경은 단조롭고 비교적 동질적이거나, 아니면 주의를 끌려고 하는 자극들로 인해, 혼란스러운 나열의 자극들로 보일 것이다. 일단 촉발되면, 인지 도식은 들어오는 데이터를 빠르게 처리한다. 인지 도식의 힘은 그것의 배타적인 역량에 의해 증가한다. 이는 조화되지 않거나 상관없는 정보들을 차단한다. 따라서 제2차 세계대전 때 영국의 해안가 경비대는 찰나의 순간에 적군의 비행기들을 찾아내고 다른 상관없는 데이터는 배제하였다. 그럼에도 불구하고 애매한 자극은 '긍정적 목격(positive sighting)'으로 분류되어, 인지 도식은 배타적일 뿐만 아니라 지나치게 포괄적인 경향이 있다.

인지 도식은 한 사람으로 하여금 그의 현재 염려와 관련된 가장 많은 양의 정보를 얻게 하고, 가장 빠른 시간 내에 그것을 처리하게 한다는 점에서 적응적이다. 방어적이거나 경계하고 있는 인지 도식은 한 사람이 적의 진영에 있거나, 특별히 불리한 성질의 어떤 정보에도 민감할 때 촉발된다. 이러한 민감성 때문에, 그는 많은 오경보나 긍정 오류(위험을 과도하게 인식하는)를 갖게 되지만, 그가 위협받지 않는 인지 도식을 갖고 있을 때보다 더 적은 부정 오류(안전하지 않은 자극을 안전하다고 평가하는)를 갖게 된다. 우호적이거나 중립적인 환경에서 '위험' 혹은 '방어적' 도식의 연속적인 활성화는 일반적으로 정신병리의 표현이다. 그런 지속 현상은 인지 조직화의 더 넓은 구성요소, 즉 양식(mode)의 발현이다.

때때로 인지 도식은 자발적(voluntary) 통제 아래서 활성화될 수 있거나 자유자재로 전환된다. 공부하는 학생은 기꺼이 적절한 인지 도식을 작동시킬 수 있다. 그러나 시험을 보는 중에 그 '시험 치르는 도식(test-taking set)'이 비자발적으로 활성화되어 시험의 어려움을 자동적으로 확대시키며 자신의 능력을 자동적으로 경멸하는 사고로 흐를 수 있다. 그 인지 도식—'나는 수학적 능력이 전혀 없다.' 또는 '시험이 나의 무지를 드러내도록 만들어졌다.'는 가설들로 이루어진—은 '나는 이 질문에 답할 줄 모른다.'라는 자동적 사고들을 반영할 것이다. 시험이 끝났을 때, 그 학생은 그의 인지 도식에 대해 통제하는 힘을 다시 얻게 되고 '나는 어려운 문제를 풀 수 있다.'와 같은 사고를 가질 수 있다. 불안장애에서 직면이 끝났음에도 불구하고, 개인이 다른 인지 도식으로 전환할 수 없다는 점을 제외하고('위험 양식'의 과활성화 때문에), 두려움(사고) 도식의 자동적 활성화는 불안장애에서의 상태와 유사하다.

연속적 사이클

인지-정서-행동적 과정의 개념화(formulation)을 완성하기 위하여, 우리는 행동적 그리고 정서적 도식으로부터 인지 도식까지 피드백 루프를 가정해야 한다. 예를 들어, 고유감각과 다른 감각의 (신경) 데이터는 인지 도식으로 피드백을 주고 그 활동을 강화하거나 수정하며 감소시킨다.

이 개념화에서 인지 구조의 중심적 역할은 다른 구조들의 활성화뿐만 아니라 그것들의 통제와 조정을 포함하는 데까지 확장된다. 어떤 충동(impulse)이 명백한 행동으로 표현되는지의 여부는 통제하는 인지 도식에 달려 있다. 인지부터 행동까지의 움직임은 '지시(instruction)'에 의해 촉발된다. 예를 들어, 한 청년이 그에게 가까이 다가오는 전 여자 친구를 마주치게 될 것 같은 당혹스러운 장면에서 불편함을 느끼게 될 것을 예상하며 결국 다른 방향으로 걷기 시작한다. 그러나 그러한 시도를 '달아나는 것(flee)'으로 여기게 되면서, 그 여자가 자신을 약하게 볼 것이라고 깨닫는다. 그리하여 그는 도망치지 않기로 의식적으로 결정하며, 보다 회피적인 움직임을 자제하며 그의 전 여자 친구가 다가오길 기다린다.

구조적 용어로 말하자면, 인지 도식의 활성화('이는 당혹스러울 것이다.')는 도망치는 결정, 결과적으로 동작기제(motor apparatus)의 동원으로 이끈다. 도망친 결과에 대한 고려는 전략을 뒤집고 새로운 지시—즉, 통제하고 행동을 자제하는 것—로 이끈다. 그러한 지시는 일반적으로 숨어 있으며 인지와 행동 사이의 연결을 제시한다. 이러한 인지-동작 연결의 결과는 개인은 도망하려고 동원되었으나 내적 통제로 그 실행이 제어되고, 억제하는 지시는 동원을 저지하지만 비활성화하지 못한다. 동원은 지속되며 근육이 긴장되고, 급속한 심장박동이 증가하며, 발한이 지속된다. 여기서 설명된 억제는 움직임의 민감한 조절에서부터 포괄적인(blanket) 억제까지 이르는 기능을 하는 제어 시스템의 한 측면에 불과하다.

우리는 불안의 역할은 개인이 해결 조치를 취하도록 자극하는 것이지만, 그것이 행동 동원의 일부가 아니라는 것을 주목해야 한다. 위험에 대한 인지적 평가는 불안을 자극하고, 불안의 불쾌한 측면은 위협을 감소시키기 위한 전략의 형성을 추진시킨다. 이는 이론적으로 불안을 감소시켜야만 한다. 그러나 불안은 개인이 그가 더 이상 수치스럽거나 무시받는 위험에 있지 않다고 여길 때까지 지속된다. 보다 기술적인 용어로, 불안은 인지 도식이 변할 때까지—말하자면 '모두 정리된' 신호 때까지—지속된다. 이러한 변화는 위험이 지나갔다는 평가로부터뿐만 아니라 인지 재구조화를 통한 한 사람의 지배적인 개념화의 변화로부터 초래된다. 이 경우에 비난에 대한 예상에서 '나는 그녀가 생각하는 바를 신경 쓰지 않아!' 혹은 '그녀는 아마도 나를 보고 기뻐할 거야.'와 같은 생각으로 인지적 초점이 변화하는 것은 불안과 도망을 위한 동원을 멈추는 데 충분할 수 있다.

앞에서 직면할 것 때문에 점점 불안해져서 결국 다른 방향으로 가기로 결정하는 젊은 남자를 생각해 보자. 이러한 결과는 '탈억제(disinhibition)'로 기술될 수 있다. 즉, 달아남에 대한 통제가 해제되기 때문이다.

본질적으로, 그때 인지 도식의 구체적 내용에 따라서 행동적 성향은 도피, 얼어붙음 혹은 기절하는 쪽으로 갈지도 모른다. 관련된 정서는 각 성향에서 동일하다. 그것은 불안이다. 이러한 행동 및 정서 패턴은 통제하는 인지 도식으로 우선 배정되는 구조로 조직화된다고 여겨질 수 있다. 이 인지 도식은 행동 성향과 정서적 반응을 활성화하고 제어한다. 피드백 루프는 내적 상태(예: 불안)와 수행에 관한 정보를 전달한다. 이러한 정보는 인지적으로 처리되며, 통제하는 인지 도식의 수정을 초래한다.

양식

보통의 경우에는 인지-행동-정서적 형상(configuration)의 활성화는 적응과 문제 해결을 촉진한다. 이런 기본적 기제는 또한 광범위한 정상적인 정서뿐만 아니라 정상 행동을 만들어 내는 데에 책임이 있다. 그러나 특정한 환경하에서 원시적, 자기중심적 인지 체계가 활성화되고, 과활성화된 상태로 있게 되면 문제가 발생할 수 있다(Beck, 1967, pp. 281-290). 이러한 지속적인 활성화는 한 사람이 그의 생사(예: 생존, 건강, 연결, 혹은 지위)가 위험에 처했다고 인지되면 발생한다.

만약에 결과로서 생기는 행위적이고 정서적인 동원이 충분히 강하거나 지속되면 불안장애와 관련된 다양한 증상이 나타난다. 고통, 전율, 억제, 근육의 긴장과 식욕과 수면 같은 생리적 기능의 빈번한 교란이 그것이다. 그러한 상태는 외상후 스트레스 장애처럼 장기화되거나 강렬한 '위험' 도식의 활성화로부터 발생할 수 있다. 또한 위협적인 상사와 같이 두려움을 촉발하는 상황에 지속적으로 노출되거나, 몸의 어떤 감각이 치명적 질병의 신호로 보이는 지배적인 믿음으로부터 일어난다. 이런 상태는 제6장에서 범불안장애를 다루면서 보다 자세하게 설명할 것이다.

심리도식의 지속되는 활성화의 논의는 직접적으로 인지 조직화-양식의 한 영역(sector)의 작동에 대한 생각을 낳게 된다. 보통의 상황에서 인지 도식은 자극 상황의 성질에 따른 변화에 대한 반응에서 다양하다. 만약에 그 내용이 다양한 상황에서 지속되면, 그 인지 도식은 '양식'으로 평가되는 상위의(superordinate) 조직화 원칙의 편향적 성향(bias)을 반영한다. 그 양식은 인지조직의 하위 체계이고 생존, 유지, 양육(breeding), 자기증강(self-enhance) 등과 관련된 어떤 적응적 원칙을 완수하기 위하여 설계되었다. 따라서 우리는 우울 양식, 자기애적 양식, 적대적 양식, 위험 양식, 에로틱 양식 등을 갖는다.

구체적 상황에서 작동하는 구체적 인지 도식은 하나의 구체적인 도식과 상황의 유형 사이의 관습적 연계(customary linkage)에 따라 좌우된다. 그러나 촉발된 도식의 유형은 그 당시에 활성화될 수 있는 지배적인 양식에 의해 결정될 수 있다. 시험을 치르는 학생에 대한 앞의 예에서, 교실에 들어설 때 그는 구체적 상황과 관련된 그의 전형적인 인지 도식을 갖게 될 것이다. 즉, 그의 무능력이나 무지가 드러날 것이라는 두려움을 갖게 된다. 그러나 만약에 지배적인 양식이 기질적 우울(depressogenic)이라면, 시험에 대한 그의 접근은 '노력해 봐야 무슨 소용이 있어. 난 어쨌든 실패할 거야. 난 이런 것을 이해할 수 없어.'와 같은 생각을 반영할 것이다. 지배적인 양식이 적대적이라면, 그의 인지 도식은 '그들은 이 시험으로 우리를 심하게 괴롭히고 있어. 이건 불공정한 시험이야.'와 같은 생각을 반영할 것이다. 그 인지 도식의 상황적 특성은 변하지만, 이 양식은 다양한 상황에 걸쳐 작동한다. 따라서 적대적 양식에 '고착된' 누군가의 인지 도식은 상황에 따라 약간 변하겠지만(교실에서부터 운동경기나 사회적 접촉이나 가족 간의 상호작용에 이르기까지), 그 도식들은 일관되게 동일한 주제를 갖게 될 것이다. 즉, 자신은 침해당하고 있으며, 학대

받고 불공정하게 대우받고 있다는 느낌을 가질 것이다.

증상군과 양식

특정한 양식이 지배하면 다양한 증상군이 나타난다. 우울한 경우 자기억제적인(self-constricting) 양식이 과활성화되고, 불안한 경우 취약성 혹은 위험 양식이, 편집적인 경우 적대적 양식이, 그리고 조증인 경우 자기증강적인 양식이 과활성화된다.

양식의 활동은 불안, 우울 그리고 다른 관련 장애의 전형적인 사고장애 특성에 반영된다. 편향된 선택과 자료의 처리로 인하여, 그러한 오역, 과잉일반화, 과장하기와 같은 개념적 실수들을 하게 된다. 그러한 선택적 편향은 지각(perception)에서부터 회상까지 인지처리 과정에 걸쳐서 찾아볼 수 있다. 그러한 편향은 양식의 내용과 관련된 인지 도식의 활성화와 그에 부합하지 않는 인지 도식의 비활성화로부터 기인한다. 따라서 불안장애에서 위험한 정보를 처리하는 데 사용되는 인지 도식은 과대평가되는(hypervalent) 반면, 안전한 정보와 관련된 정보들은 상대적으로 묻힌다. 우울장애에서도 비슷하게, 불쾌한 정보를 처리하는 인지 도식은 유쾌한 데이터에 사용되는 도식보다 더 활동적이다. 선행 실험의 결과들은 이 설명을 지지한다. M. L. Gilson(1983)은 우울한 환자가 쌍안현미경(binocularscope)에 비추어진 불쾌한 이미지에 대하여 지각적 편향을 보인 반면에, 우울하지 않은 대상자는 유쾌한 그림에 더 선택적으로 반응함을 발견하였다.

가설, 규칙 그리고 공식

이전의 논문에서 나는 사람들이 자신의 경험을 판독하고 평가하며 자기 자신과 다른 사람의 행동을 조절하는 규칙이나 코딩 체계를 갖고 있음을 주장하였다(Beck, 1976). 이러한 규칙들은 사람들이 미처 알아차리지 못한 상태에서 작동한다. 사람들은 자극의 흐름을 선택적으로 검열하고, 분류하며 통합하고, 자신의 해석을 좌지우지하는 규칙이나 개념이 자기 자신에게 적용되고 있다는 생각 없이 결론을 내린다. 여러 무리의 규칙이나 개념이 광범위한 주제들 중심으로 조직화되고 내가 양식이라고 설명하였던 것과 부합한다. 구체적인 규칙과 공식들이 인지 도식 내에서 구체화된다. 특정한 상황에 적용된 규칙들은 인지 도식에 대한 틀을 제공하는데, 이는 특정한 상황에 대한 구체적 내용을 조직화한다.

규칙이나 가설이 개인의 행동으로 이어지고 임상가들이 개인의 행동에서 그것을 추론할 수 있다. 정신기제에서 하나의 집합체(configuration)인 인지 도식은 환경에서 동형 집합체(isomorphic configuration)에 의해 활성화되고, 차례로 적절한 행동 양식을 촉발한다. 사람이 아닌 포유류에서 어떤 심상(imagery)은 그 심상이 이끌어내는 행위에 앞서서 선택되는 것으로 보인다. 다른 척추동몰이나 비척추동물은 행동을 조절하는 유사한 회로 혹은 '프로그램'을 갖고 있는 것 같다.

예를 들어, 어떤 새들(맷새와 같은)은 북극을 향해 이주할 때 그들을 인도하는 북극 별자리에 고착되었음이 밝혀졌다(Alcock, 1979). 아마도 그 새들은 다른 별이 아닌 어떤 특정한 별의 형태에 들어맞는 어떤 인지적 형상을 갖고 있는 것으로 보인다. 이 형상과 맞는 북쪽 하늘의 어떠한 작은 일부분이라도 새들을 인도하기에 충분하다. 또한 일련의 규칙이 항해의 방향을 지시한다(예: '봄에는 북쪽으로, 가을에는 남쪽으로')

인간 행동의 어떤 측면은 유사하게 구조화된 형상의 안내를 받을 수 있고, 그리하여 인간은 프로그램이 된 인지적 행동 반응에 따라 생명을 위협하는 상황에 재빠르게 반응할 수 있다. 예를 들어, 호랑이처럼 보이는 '모습(form)'이 다가오는 것을 보는 어떤 사람이 '형태(gestalt)'를 완성할 수 있고, 호랑이와 같은 실제로 위협하는 동물을 시각화한다. 그런 후에 그는 투쟁, 도피, 혹은 얼어붙음과 같은 응급 행동을 준비하게 된다. 성인은 많은 경우 불안을 실제로 경험하기 전에 이미지부터 떠올리는 것이 가능하다. 내가 R. Laude와 M. Bohnert와 함께 수행했던 연구(1974)에서, 우리는 사람들이 그들이 의식하는 두려움과 관련 있는 특정한 상황에 노출되면 위험한 내용에 대한 이미지를 갖게 된다는 사실을 증명하였다(Sewitch & Kirsch, 1984).

어떤 규칙들은 타고났지만 경험에 기반하여 발달되는 기본적인 모체(matrix)를 갖고 있는 것처럼 보인다. 이러한 규칙들이 반드시 언어 형태로 작동되는 것은 아니다. 예를 들어, 낯선 사람에게 반응하는 유아의 회피는 그와 관련된 언어를 갖고 있지 않으며, 자극을 처리하는 인지과정이 이미지(시각적인, 운동감각적인, 청각적인)에 기반되어 있는 것 같다. 유아가 후에 사회적 상호작용의 결과로 말을 사용하게 되면 자기조절을 배우는 기반을 갖게 된다. 따라서 말의 형태는 유아에게 공식과 명령(injunctions)과 사회조직의 금지 등을 전달하는 수단이 되는 강력한 '설득자(persuaders)'가 된다.

수천 년간 진화해 온 많은 규칙은 성인 안에서 실제적인 가치를 갖고 있지만, 쉬운 적응에도 지나치게 엄격하고 절대적인 것 같다. 달리 말하면, 어떤 규칙들은 거친 들판에서는 기능적이었지만 현재 고도로 구조화되고 비교적 '안전한' 환경에서는 역기능적이다. 이런 많은 엄격한 규칙은 위험에 대한 신속한 반응을 위해 설계된 원초적 프로그램의 구성요소로 보인다. 이러한 규칙들은 인지조직의 기본 모체로 조직화되어서 좀처럼 변경할 수 없는 것처럼 보인다.

문제적 상황에서의 규칙

특히 복잡하고 애매한 문제적 상황에서는 인지-행동 기제의 작동에 종종 결함이 있다. 예를 들어, 중요한 타인과의 상호작용은 종종 환자가 잘못된 규칙을 적용하기 때문에 손상된다. 그가 평가받고 있거나 이해가 상충되는 상황에서 부적절한 코드를 사용할 수 있으며, 그런 후에 다른 사람의 행동으로부터 부정확한 **의미**(즉, 그를 향한 다른 사람의 기저에 깔려 있는 태도, 현재의 의도, 가능한 미래의 행동들)를 추론할지도 모른다. 예를 들어, 한 대학생이 그녀의 대학원 남자 친구에게 교정을 받고 있다. 그녀는 다음과 같이 의구심을 갖는다. '그가 지금 나를 도우려고 하는 건가, 아니면 그게 내가 그를 짜증나게 하고 있음을 의미하나? 그게 그가 나를 바보 같다고 믿고 있음을 나타내나? 그가 역겨워져서 관계를 끊고 싶어 하나?'

어떤 특정한 상호작용으로부터 얻어지는 이러한 다양한 추론을 통해 우리 중 많은 이가 비판의 낌새조차에도 과민하다는 것이 놀라운가? 이 예에서 여자는 남자 친구의 속내를 판독하기 위하여 일련의 부정적으로 치우친 규칙들을 적용하였다. 결과적으로, 그녀는 그가 자신을 거절할지 어떨지를 모르기 때문에 '떨고 있는 원형질의 덩어리(mass of protoplasm)'가 되어 갔다.

그 규칙은 M. Polanyi(1964)가 '암묵적 가설(tacit assumptions)'이라고 불렀던 것과 유사하다. 사람은 말할 때 그 말의 문법 규칙을 아는 것보다 이러한 가설에 대해 더 모를 수 있다. 그러나 이러한 가설은 상황에 어떻게 반응하는지에 심각한 영향을 끼친다. '조건적 진술' 혹은 '조건적 공식'이 그 가설로부터 파생되는데, 이는 어떤 특정한 상황('특별한 사례')의 성격에 따라 촉발되며 그 상황에 적용된다. 침묵의 가설은 의식적이지 않을 수 있으며, 사람들이 일반적이고 추상적인 것에서 구체적이고 특정한 것으로 이동함에 따라 규칙, 공식, 방정식은 점차 보다 의식적이 되어 간다. 더욱이 정신적 장애에서는 정상적인 기능에서보다 이러한 규칙들이 더 명백하고, 더 경직되고, 덜 적응적이다.

다음은 '사회적 문제' 혹은 범불안장애를 겪는 환자로부터 얻어진 규칙의 예이다. 그들과 두려움을 논할 때, 우리는 그들이 다음의 가설을 보여 주는(그리고 그 가설들을 매우 다양한 상활에 걸쳐 적용하는) 경향성이 있음을 발견하였다.

① '어떠한 낯선 상황도 위험한 것으로 여겨져야 한다.'
② '어떤 상황이나 사람은 안전하다고 증명될 때까지는 안전하지 않다.'
③ '가장 나쁜 상황을 가정하는 것이 언제나 최선이다.'
④ '나의 안전과 보안은 언제나 어떤 가능한 위험을 예상하고 자신을 준비시키는 데 달려 있다.'
⑤ '나는 나의 안전을 다른 누군가에게 의탁할 수 없다. 내가 내 자신의 보안을 확보해야만 한다.'
⑥ '익숙하지 않은 상황에서는 주의를 하면서 입을 다물고 있어야만 한다.'
⑦ '나의 생존은 내가 항상 유능하고 강한 상태에 달려 있다.'
⑧ '낯선 사람들은 약점을 멸시한다.'
⑨ '그들은 약한 모습을 보이면 공격한다.'
⑩ '내가 공격당한다면, 내가 약하고 사회적으로 부적절하다는 것을 보여주는 것이다.'

이러한 가설에 비추어 볼 때, 이러한 환자 중 한 명이 일단의 낯선 사람들에게 다가가서 길을 묻게 되는 상황을 마주치게 되면 다음과 같은 반응을 예상할 수 있다.

첫째, 그는 다음의 **가설**을 갖고 행동하게 될 것이다. '낯선 이들은 엄격한 규칙을 갖고 있고 그들의 사생활 침해를 싫어한다.'

그 **특별한 경우**는 다음과 같다. '내가 이 사람들에게 접근하면 그들은 짜증이 나서 복수할 것이다. 내가 그들의 부정적 반응 강도에 대해서 예측할 수 없기 때문에, 그것을 낮추어 평가하는 것보다 과대평가하는 것이 더 안전하다.'

결론은 다음과 같다. '나는 그들의 대화를 방해하지 않는 것이 더 낫다.' (더욱이 환자가 결론을 무시하기로 결정한다면, 불안을 느끼게 될 것이다.)

자기지시는 다음과 같다. '입을 다물어라.' (이러한 지시는 결과적으로 억제로 이어진다.)

이러한 자동적 가설, 지시 그리고 규칙들의 결과는 환자가 실제로 질문을 해야 한다고 결정할 때 자신이 억제되어 문제를 해결하는 데 어려움이 있음을 알게 되는 것이다. 따라서 우리는 또 다른 규칙의 도식을 발견한다.

⑪ '다른 사람들을 괴롭히지 마라.'
⑫ '의심이 들면 입을 다물어라.'

이는 제6장에서 논의할 사회화 규칙의 일부분이다. 그들이 깨지게 되면 사람은 취약함을 느낀다.

그 환자가 입을 다물어 버리는 규칙으로써 표현되는 저항을 극복하기로 결정했다고 가정해 보자. 이러한 억제의 결과로, 그는 불안을 느끼고 더듬거린다. 강해 보이는 낯선 사람들에게 자신의 더듬거림과 긴장이 드러남을 자각하면서, 그는 자신이 무능력하고 약해 보여서 그들이 자신을 무시할 것이라고 염려하게 된다. 따라서 새로운 일련의 가설과 규칙이 드러나는데, 이는 다음과 같이 표현된다.

⑬ '내가 낯선 사람들에게 약해 보이면, 그들은 내게 덤벼들 것이다.'
⑭ '더듬거림과 긴장은 타인에게서 비판적인 충동을 불러일으키는 약함의 신호

이다.'

⑮ '그들이 보복한다면 내가 무엇인가를 잘못했다는 신호이며 선을 넘어갔던 내게 무엇인가 문제가 있다.'

따라서 모든 역반응은 회피 규칙을 타당화한다. 더욱이 이 사람은 또 다른 모순되는 규칙에 사로잡혀 있다.

⑯ '내가 자기주장을 하지 못하면, 나는 나약한 사람이다.'

이러한 일련의 가설로 인하여, 이 환자는 낯선 사람과의 가까운 만남을 두려워할 수 있다. 낯선 사람에게 접근할 경우, 그는 자신이 이기지 못할 상황에 처해 있음을 보게 된다. 그가 자신을 충분히 표현한다면 그는 낯선 사람에게 반감을 사는 위험을 무릅쓰게 된다. 하지만 만약 조용히 있게 되면 그는 자기주장을 못하게 됨으로써 자신을 약하다고 느끼며 자기비판적이 된다.

따라서 우리는 최소한 세 가지 영역에 들어맞는 가설과 규칙들을 볼 수 있다.

① **일반화된 경고**: '낯선 사람은 위험하다.'
② **구체적인 경고**: '내가 그들에게 다가가면, 그들은 나에게 상처를 줄 것이다.'
③ **금지 명령**: '그들에게서 떨어져라.'

공식적인 평가 상황에서 인지 구조의 유사한 상호작용이 관찰될 수 있다. 이 환자가 구두 시험을 치른다고 가정해 보자. 다음의 조건부 규칙들이 이 사례에 끼어들게 된다.

① '내가 시험에서 실패하면 내 친구들이나 가족을 절대로 마주할 수 없을 것이다.'
② '이것 때문에 나는 반드시 시험에 통과해야만 한다.'
③ '내가 너무 지식이 풍부해 보이면, 그들은 내가 건방지다고 생각하며, 기분 나

빠할 것이다.'

④ '내가 충분히 아는 것처럼 보이지 않으면, 그들은 틀림없이 나를 떨어뜨릴 것이다.'

⑤ '내가 더듬거리면, 그들은 내가 그 주제를 정말로 알지 못한다고 생각하며 나를 무시할 것이다.'

⑥ '내가 기억하지 못하면, 그들은 나의 정보가 부족하다고 해석할 것이다.'

⑦ '내가 초조함을 보이면, 그들은 내가 너무나 미성숙하고 무능해서 박사학위를 못 받을 거라고 생각할 것이다.'

어떤 주제에 관해 전문 지식을 보여 주는 것과 같은 구체적인 목표를 달성하려는 사람이 그러한 일련의 방해 규칙으로 인하여 고통을 받으면서도 여전히 기능할 수 있다는 것이 놀랍다.

불안장애의 규칙

각 정신병리들은 고유한 규칙의 도식을 갖고 있다. 불안장애에서 그 규칙은 위험과 취약성의 개념과 위험에 대처하고 자신의 취약성을 보상하기 위한 자신의 역량에 대한 환자의 평가와 관련이 있다. 규칙의 적용에서 도출된 결론은 '나는 죽어 가는 임박한 위험에 처해 있다.' '나는 이 위험을 대처할 수 없다.' 혹은 '나는 내 직업을 잃을지도 모른다.'와 같은 예언의 형태를 취한다. 이런 결론을 촉발하는 구체적인 규칙들은 구체적 사건에 적용된다. '나의 빠른 심장박동은 심장마비가 일어남을 말하며, 또한 도움을 받지 못하면 죽을지도 모른다.' 혹은 '내가 실수를 하면 상사가 나를 해고할 것이다.'

불안장애에서 그 규칙들은 일반적으로 조건적이다. '어떤 특정한 사건이 일어난다면 그것은 부정적인 결과를 낳을지도 모른다.' 따라서 사건이 발생할 때 오히려 해가 없는 결과를 낳을 수도 있다. 대조적으로, 우울 상태의 규칙은 절대적이며 무조건적이다. '나의 현재의 약함은 내가 언제나 실패자임을 의미한다.'

그 규칙들은 또한 공포증에서도 조건적이며 환자가 성공적으로 피할 수 있는 상황에도 적용된다. '내가 벽장에 들어가면 숨이 막힐 것이다.' 혹은 '내가 낯선 지역에 가게 되면 길을 잃을 것이다.' 이러한 경우에 그 환자는 '나 스스로는 그 상황을 대처할 수 없을 것이다.'라는 규칙하에서 움직인다. 이러한 규칙들이 개연성이 높은 불운한 결론을 가정하지만, 그 환자는 종종 '만약에 믿을 만한 사람이 나와 함께 있다면, 그가 나를 구조할 것이다.'와 같은 가설에 의해 강화된다. 따라서 공포증을 가진 많은 사람이 '돌보는 사람'이 있으면 위협하는 상황에 들어갈 수 있다.

일련의 질문이 일반적으로 이 규칙을 이끌어 내는 데 필요하다.

불안한 환자: 내가 죽어 가는 것 같아요.

치료자: 무엇이 그런 생각이 들게 하나요?

환자: 내 심장이 심하게 뛰고 있어요. 사물이 흐릿하게 보여요. 숨을 쉬기도 힘들고…… 식은땀이 나고 있어요.

치료자: 그런 것이 당신이 죽어 가고 있음을 의미하나요?

환자: 왜냐하면 그것들이 죽어 가는 것과 같으니까요.

치료자: 어떻게 그것을 아시나요?

환자: [잠시 생각한 후에] 잘 모르겠네요. 그러나 그것들이 죽어 가는 신호라고 생각해요. (Beck, 1976, p. 99)

환자의 규칙은 불안의 특성들인 이 증상 패턴이 **임박한 죽음**의 신호와 동등할 수 있다는 것이다. 그러나 실제로 그 신호들(심장박동, 초점의 어려움, 숨이 가쁨)이 유기체 손상의 전형적 신호들과 관련이 없다면 공황장애의 전형적 신호들이다. 환자의 생각과 증상은 악순환에 들어간다. 죽어 간다는 생각은 증상을 더 악화시키며, 이는 차례로 임박한 죽음의 신호로 해석된다.

불안장애의 특성인 사고장애는 그 규칙들의 작동에 의하여 분석될 수 있다. 원초적(primal) 규칙의 내용이 극단적이며 광범위하기 때문에, 환자들은 과장되고 지나치게 일반화되고, 유연성이 없는 결론을 내리게 된다. 정상적 상태에서는 유연성 있는 규칙의 도식이 작동한다. 그러나 개인의 특별한 두려움이 특정한 자극이 발생하면서 활성화되면 더 원초적인 규칙들이 보다 성숙한 개념들을 대체하는 경향이 있다. 게다가 만약 그 환자가 규칙의 타당성을 받아들이게 되면 원초적 규칙들이 더 확장된다.

다양한 문제 상황에 대한 사람의 반응에서 다양한 규칙을 추출할 수 있다. 평가불안에 관련된 일부 규칙은 제9장에서 찾아볼 수 있고, 단순공포증과 관련된 규칙은 제7장에서 찾을 수 있다.

제 5 장

취약성: 불안장애의 핵심

피터 바이어러스는 예를 제시한다[내가 (다른 곳에서) 말했듯이] 그리고 판자 위를 걷는 사람에게 케이스를 넣는다(그가 말함). 땅에 있으면 안전하게 걸을 수 있지만, 다리 대신에 깊은 물 위에 판자를 깔면 그는 격렬하게 움직이며, 그저 그의 상상에 불과해도 낙상할 것이라는 그의 생각에 대해 다른 집단원들과 교수진은 동의한다.

- Robert Burton

『우울의 해부학(The Anatomy of Melancholy)』(1621)

취약성의 개념

보통의 상황에서는 당연하게 여겨지며 부드럽고 자동적으로 적용되는 특정한 기술들—예를 들어, 걷기, 말하기, 수영, 운전, 악기 연주—이 위협에 처하게 되면, 그 기술이 가장 필요로 할 때 갑자기 방해받게 되는 사실을 어떻게 설명할 수 있을까? 이런 역설적 반응을 이해하는 실마리는 위협에 처했다고 느낄 때, 즉 취약성을 지각할 때의 사람의 인지-정서적 상태에서 찾아볼 수 있다.

이러한 맥락에서 취약성은 자신의 통제가 부족하거나 안전만을 제공하기에 불충분한 상황에서 자신이 내부 혹은 외부 위험에 처해 있다는 자각으로 정의할 수 있다. 임상적 증상으로, 취약감은 특정한 역기능적인 인지과정에 의해 확대될 수 있다. 어떤 환자가 자신의 개인적 자원의 긍정적 측면을 과소평가한다(축소화). 그는 자신의 연약함에 우선적으로 주의를 기울인다(선택적 여과). 그는 각각의 결점을 크게 벌어져 있는(gaping) 구멍으로 여긴다(확대해석). 또는 각각의 실수를 재난의 전조(harbinger)로, 한 번의 실수들로 잠정적으로 사람이 자신을 망각할 것으로 간주한다(재앙화). 작은 실책으로부터 지나치게 과장하는 그의 성향 때문에, 특정 실수 후에는 점점 더 취약해진다. 예를 들어, 대중 앞에서 연설하는 사람이 실수하면 청중의 평가에 사로잡히게 될 수 있고 자신의 명성에 영원한 오점을 남겼다고 상상하게 된다. 그에 더하여 그는 더 많은 실수를 예측하며 공공의 모욕을 받을 것이라는 상상을 더 쌓아 간다.

'취약한' 사람은 자신이 앞으로 언제든 실수할 수 있고 그 실수의 결과는 어떤 성공이 가져온 것보다 훨씬 더 격렬하다고 믿기 때문에 과거의 큰 성공조차도 영구적인 효과를 줄 수 없을지도 모른다. 그는 명백히 긍정적인 것보다 앞선 수행의 부정적 기억에 더 많이 접근한다. 그의 선택적인 회상은 '취약성' 양식의 기능으로 보인다. 취약한 상태에서 그는 성공과 관련된 요인들보다 결점과 위험을 제시하는 과거의 사건에 의해 더 영향을 받는 것처럼 보인다. 예를 들어, 대회에서 약간의 어려움을 갖고 있는 '취약한' 운동선수는 자신의 평소 기준보다 낮은 수행을 하는 이미지를 가지는 경향이 있다. 즉, 과거의 구체적인 '부적절한' 수행이나, 실패하게 되면 그가 어떻게 보이게 될 것이라는 공상에 기반을 둔 이미지를 갖는다.

논리적 사고과정 또한 손상되어 있다. 취약한 사람은 자신의 부정적 자기평가에 관하여, 그가 노력할지라도 객관성을 유지하기가 힘들다. 더욱이 당면한 어려움에 대해 전반적인 관점을 취하는 능력이 손상되어 있다. 그는 한 실수에 절대적인 의미를 부과하며, 성공을 포함하는 전체적인 맥락의 관점을 취하는 데에 어려움을 겪는다. 오직 실패만이 중요하게 보이고, 성공은 그 실패를 상쇄하지 못한다.

취약성에 대한 인지적 징후와 신체적 징후 사이에는 보통 일관성이 있다. 자신감이 부족한 개인은 무력하다는 인지 도식을 가질 수 있고 수동적이며, 약하고 '지나치게 감상적(mushy)'으로 느끼는 경향이 있다. 대안적으로, 그는 자신이 공격받고 있다고 지각할 수 있으며 긴장이나 근육의 경련(spasm)을 경험할 수 있다.

보다 전반적인(global) 수준에서 인지과정을 살펴보면, 한 사람의 자신감이 줄어들고 있음을 인식할 수 있다. 우리는 자신감을 문제를 극복하고 위협을 처리하는 자신의 자산과 자원에 대한 개인의 긍정적 평가로서 정의한다. 긍정적 평가는 한 사람에게 자기효능감(self-efficacy; Bandura, 1977), 즉 그가 수행하는 작업의 성공에 대한 기대감을 제공한다. 긍정적인 주관적 느낌이 있다. 개인이 강하다고 느낀다. 이런 느낌은 그의 턱과 등과 복부 근육에서 어느 정도의 긴장을 반영할 수 있는데, 이는 긍정적인 고유수용감각적(proprioceptive) 피드백을 준다. 그는 태세를 갖추고 문제를 해결할 준비를 한다.

기술 결함의 역할

사람은 자신이 어떤 특정한 위협에 대처하는 데 필요한 중요한 기술이 부족하다고 믿게 되면 취약함을 느낀다. 만약 그가 중요한 결과를 낳는 문제를 공략할 최소한의 기술을 갖고 있지 않다고 깨닫는다면, 많은 어려움이 위협으로 바뀔 수 있다. 예를 들어, 특정한 외국어를 잘 모르는 어떤 사람이 그 언어를 쓰는 나라를 방문하게 되면 현지 사람들과 소통해야 하는 문제를 직면하게 될 터인데, 거기서 그는 무능력으로 인하여 어떤 가능한 위험들을 대할 때 취약감을 느낄 것이다. 예를 들자면, 길을 잃게 되거나 아프게 되면 도움을 얻는 데 매우 어려움을 느낄 것이다.

반면에 기술이 능숙해질수록 그가 어떤 행동을 할 때 관련 위험에 더 잘 대처하게 된다. 수영, 운전, 자전거 타기, 나무 오르기, 절벽 타기 등을 배운 사람은 여러 행동 영역에서 자신의 취약성을 감소시킨다. 더욱이 경험이 늘게 되면, 그는 중대한 사고(예: 추락, 익사 등)를 예방하는 데 자신의 기술을 사용할 수 있다. 유사하게, 대인관계 기술의 습득(예: 대화 시작하기, 방향 묻기, 권리 주장하기)은 사회적 상호작용의 어려움(pitfall)을 타협하는 기반을 제공한다. 어떤 사람이 자신의 비인격적이고 사적인 환경에서 전개되는 문제들을 대처하는 기본적 기술을 갖고 있다고 인정하면, 그는 자기의심(self-doubt)과 나약함의 균형을 맞출 수 있고, 현실적인 자신감을 가질 수 있다.

자기의심

사람은 위협적인 상황에 대처하는 자신의 능력에 대한 평가에 따라 자신감이나 취약함으로 반응한다. 대처 방식이 부적절하게 보이면, 다음의 과정들이 일어난다. 첫째, 그는 위협적인 상황에 처하게 된다. 둘째, 그는 위험 정도에 따라 상황을 평가하고 그 위협을 적절히 대처할 수 있느냐에 따라 자신의 자원을 평가한다. 셋째, 위험과 부족한 대처 기술에 대한 지각은 취약성 양식을 촉발한다. 넷째, 일단 그 양식이 활성화되면, 자신의 강점보다는 약점의 관점에서 들어오는(incoming) 정보를 처리하게 된다. 초점은 개인의 기술에서 약점으로 옮겨 간다. 불안감이 그의 모든 행동에 스며들 수 있다. 예를 들어, '신경이 과민한(nervous)' 테니스 선수는 '내가 그 공을 받아치지 못하면 어떻게 하지?'라고 생각할 것이다. 두려움이 있는 대중 연설가는 '내가 다음의 할 말을 기억하지 못하면 어떻게 하지?'라고 생각할 것이다.

취약성 양식에서 그 사람은 자신의 능력을 과소평가하는 경향이 있다. 즉각적인 주제가 강함보다는 약함이고 숙련보다는 서툶이기 때문에, 그가 자신감 양식에 있을 때보다 도전을 직면함에 있어서 더 주저할 것이다. 더군다나 자신의 연이은 자기회의(self-guestioning)와 불확실성에 의해 만들어진 장애물을 극복하기 위하여 보다 많은 지적 노력이 요구된다. 그는 생각할 것이다. '내가 할 수 있을까?' 그러고 나서 부정적 예측을 할 것이다. '나는 연설을 잘할 수 없을 거야.' 혹은 '나는 나의 불안을 통제할 수 없을 거야.' 목표 지향적인 행동을 수행하려고 집중하려는 시도나 자신의 심리 상태의 긍정적 측면을 평가하고자 하는 그의 시도는 부정적인 사고의 흐름에 역행해야만 한다.

상황과 경험의 역할

자신감은 자신의 능력으로 목표를 달성할 수 있고, 실패와 타인의 부정적 평가로 인하여 쇠약해지게 하는 결과로부터 자신을 보호할 수 있다는 신념에 기반한다. 자신의 유능성에 있어서 확고한 신념을 갖고 있는 한, 그는 불확실성, 자기회의 그리고 미래에 관한 염려에서 오는 방해공작(sabotage)으로부터 보호된다. 사회적 영역에서 자신의 유능성에 대한 비평과 모욕받을 가능성에 노출될 때 흔들릴 수 있다. 따라서 혼자 있을 때 자신의 수행 능력(연설, 악기 연주 등)을 절대적으로 확신했던 사람이 여러 사람 앞에서 이 확신이 손상됨을 발견할 수 있다. 사실상 자신감 도식이 취약성 도식으로 대치되었다고 말할 수 있다. 개인적인 상황에서 공적인 상황의 변화는 도식의 변화와 자신의 유능성에 대한 그 사람의 신념과 종종 그의 수행의 질의 변화에 책임이 있다. 취약성 양식은 사회적 기술이 부족한 미성숙한 아이가 자신이 조롱당할 상황으로부터 스스로를 보호하도록 하는 장점을 가질 수 있으나, 그가 능력을 갖춘 후에도 그 상태를 계속 고집한다면 일반적으로 비생산적이다.

베테랑 군인과 신병의 차이를 검토해 보면, 자신감과 유능성에 대한 개념은 더 명백해진다. 전투에 노출된 '초록색' 제복의 신병은 취약감에 사로잡힐 수 있다. 즉, 그의 인지 초점은 전투 상황의 위험한 측면과 자신의 부족함에 집중된다. 그는 정찰 임무와 같은 자신에게 주어진 과업의 세부 사항에 집중하는 데 어려움을 겪는다. 더욱이 예상치 못한 위험에 직면하게 되면 그에게 유용했던 생존기제들이 원초적 반응—도피하고, 얼어붙고, 기절하는 것—에 제한되는데, 이는 그가 제대로 기능하려면 극복해야 할 것들이다. 대조적으로, 경험이 많은 군인은 생존 가능성을 최대화하려고 노력하며, 도전을 익히고 기술을 연마하면서 자신감 있는 작업 지향적인 도식을 갖는다. 예측하지 못한 위험을 직면했을 때, 짐작하건대 그는 이미 이전의 노출 경험과 훈련으로 인하여 적절히 반응하도록 프로그램화 되어 있어서 적응적인 반응을 하면서 원초적인 반응의 활성화를 미연에 방지할 것이다. 게다가 그의 자신감은 원초적인 반응을 하도록 만드는 취약성 도식의 활성화를 미리 배제한다.

일상의 삶에서 타인에 의한 평가의 문제가 관여하지 않는다면, 과업 지향적(task-oriented)인 것이 가능하다. 따라서 자기 자신의 능력을 의심하지 않으며 가족과 대화를 나누고 편지를 쓰며 산책하고 직장으로 운전한다. 그러나 사람들 앞에서 말하거나, 시험을 치르거나, 높고 좁은 플랫폼 위를 걷거나, 자동차 경주를 하는 상황에서는 다른 이야기가 되며, 자기회의가 올라온다. 그 사람은 이제 똑똑히 말을 잘하고, 유창하게 글을 쓰고, 균형을 맞추고, 적절히 운전하는 자신의 능력에 대하여 자신감을 잃게 된다. 이런 자신감의 상실은 취약성 도식의 활성화로부터 기인함을 이해할 수 있다.

왜 경험이 많은 전문가나 베테랑 군인은 취약성 도식을 활성화시키지 않으며 관련된 원초적이고 반사적인 행동 없이 전문화된 응급상황에 반응할 수 있을까? 다른 사람들이 위협이라고 간주하는 상황에서 그의 인지 도식은 기본적으로 자신을 보호하거나 탈출시키는 쪽으로 향하기보다 문제 해결 쪽으로 향한다. 그의 '반사신경(reflexes)'은 원초적인 반사 행동만큼 신속하다. 자신이 취약성 양식의 활성화를 미연에 방지할 만큼 충분히 강하다고 믿기 때문에, 그는 높은 수준에서 자유롭게 기능할 수 있다. 더욱이 그는 완수할 작업에 그의 집중력을 모은다. 따라서 어려운 수술을 집도하는 경험 많은 의사는 그 과업과 절차에 완전히 몰두할 수 있어서 자신의 유능성에 대한 의문이 올라오지 않는다. 또한 그가 예상하는 바가 아니기 때문에 그는 실패하는 결과를 고려하지 않는다. 자신의 기술을 신속히 적용하면서 과업 수행 중의 응급상황에 반응한다. 그러나 만일에 하나 그의 자신감이 떨어진다면 그의 숙련된 행동의 수행을 압도할 수 있는 원초적인 방어기제(예: 억제)로 취약해질 수 있다.

자신감을 유지하는 문제는 여러 요인과 관련이 있다. ① 자기 자신의 유능성에 대한 믿음의 강도가 취약성을 방지하고, ② 평가받지 않는 상황에서 평가받는 상황으로의 변화가 취약함을 증가시킬 수 있으며, ③ 실패할 결과나 가능한 상해 혹은 죽음과 관련된 질문의 도입이 문제 지향에서 위험 지향으로 인지 도식을 바꾼다.

자신감 있는 태도를 취한다는 것은 상황에서 긍정적인 것에 초점을 모으며, 위험을 최소화하고 종종 실제로 할 수 있는 것보다 더 많이 통제할 수 있다고 가정하는 것을 포함한다. 이 인지 도식은 보통 성공의 가능성을 최대화시키며 취약성 도식을 상쇄한다. 그러나 맥락에서의 변화—예를 들어, 평가받지 않는 상황에서 평가받게 되는 상황으로의 변화—는 취약성 도식을 활성화한다. 훈련되고, 전문적인, 경험이 많은 숙련가는 그럼에도 자신의 취약성 도식을 활성화시키지 않으면서 평가받거나 위험스러운 상황에 들어갈 수 있다. 그의 숙달감 혹은 자신감 도식은 생존과 관련된 원초적 반사 체계를 활성화시키는 압박을 이겨 내기에 충분히 강하다.

효과적 수행에 대한 방해

앞선 논의는 특별한 위협을 대처하는 역량이 부족하다는 것에 대한 한 사람의 지각이 어떻게 그로 하여금 주저하게 하며 위협으로부터 물러서게 하는지를 분명히 보여 주고 있다. 그 장애(impairment)가 단순히 기술의 부족이 아니라 기능에 대한 **능동적 방해**(active interference)에서 기인된다는 사실은 다소 덜 명백할 수 있다. 앞서 말한 바와 같이, 위험에 노출되고(예: 위험한 과업을 수행 중이거나 예기치 못하게 공격을 당한 경우) 그것을 처리할 능력이 없다고 믿는 사람은 그의 수행을 억제하는 내적 장애물(말이 막히고, 근육이 경직되며, 머리가 텅 비는 것)을 발견한다. 더 의미심장한 바는 어떤 사람이 어떤 특정한 활동에서 매우 숙련될 수 있지만, 만약의 실패와 그로 인한 상처에 대한 **예상**으로 인하여 그 기술의 수행이 방해받을 수 있다는 것이다.

우리는 이제 부적절한 대처 자원에 대한 인식이나 오해가 어떻게 억제 방해에 이르게 하는지를 조사해야 한다. 아마도 위험한 활동에서 안정성을 유지하는 데 있어 핵심 요소는 용인할 수 없는 위험을 초래하지 않고 진행할 수 있다는 확신이 있는가이다. 적절하거나 안전하게 수행할 수 있는 능력에 대해 심각하게 의심하는 사람은 억제되는 마음과 불안을 경험하기 시작한다. 위험 신호가 촉발되고, 억제하는 압력이 증가하여 '위험 지역'으로 더 이상 이동하지 못하게 한다. 이 경우 불안은 앞으로 나아가는 진행을 중지시키는 불쾌한 신호이다. 사람이 멈추거나 퇴각하면 불안이 줄어든다. 그가 전진하면 불안은 증가한다. 그가 의식적으로 앞으로 나아가기로 결정을 내린다면 원초적 억제 반응을 무시할 수 있을 것이다.

반사 억제 시스템의 역할은 원초적(archaic) 안전 또는 예방 메커니즘(제1장)으로 간주될 수 있으며, 이는 명백하고 현재의 물리적 또는 대인관계 위험이 있을 때 작동한다. 억제의 역할은 안전을 위태롭게 할 수 있는 행동을 제한하거나 늦추는 것이다. 사람이 그 상황을 다룰 수 있다고 확신하는 한 메커니즘은 작동하지 않는다. 신뢰가 떨어지자마자 메커니즘이 활성화된다.

따라서 전진, 멈춤, 느리게 가기, 후퇴하기 사이에 줄다리기가 있다. 개인이 능숙하게 진행하면(자신의 균형을 유지하고, 장애물과 계곡을 뛰어넘고, 절벽의 가장자리를 피하면서) 차분한 상태를 유지할 수 있다. 예상치 못한 문제 지점을 보고 처리할 수 있을지 또는 어떻게 처리할 수 있을지 확신을 갖지 못하는 순간에, 심리적 억제뿐만 아니라 신체적 억제를 경험할 가능성이 높다. 비록 자동 억제가 충동적인 위험부담을 확인하더라도, 움직임을 더 서투르게 만드는 식으로 그 사람의 안전을 위협한다. 어떤 경우에든, 자신감 있게 움직이는 것과 두려워서 움직이지 못하는 것 사이에 지속적인 교체가 있을 수 있다.

실제 자동적인 행동이 어떻게 인지적 평가와 연결되어 있는지 확인하는 것이 중요하다. 어떤 사람의 태도가 '해안이 깨끗하다.' 또는 '내가 이것을 처리할 수 있다.'라면, 행동은 내부 구속에 의해 방해받지 않고 진행된다. 또 어떤 사람이 잠재적 위험을 문제 많은 것으로 간주하면 주의(cautiory) 메커니즘—억제 및 금지—에 의해 자동적으로 물러서게 된다.

사회적 대인관계에서 같은 유형의 주의 메커니즘이 작용한다. 예를 들어, 한 대중 연설자는 자신 있게 연설을 시작할 수 있다. 그러다 청중의 일부가 부정적인 반응을 보이며 지루해하는 모습을 보게 되면서, 자신이 가혹한 비판을 받을 두려움을 갖게 된다. 부정적 평가에 대한 그의 염려는 억제 메커니즘을 활성화시킨다. 그의 이성은 이렇게 말하는 것 같다. "말을 멈춰라. 어떻게 처리할 것인지 확신할 때까지." 이런 메커니즘은 야생에서 생존 가치를 지녔을지 모르지만 현대 삶의 사회적 상황에서 그 장점을 찾기는 어렵다.

재앙적인 예측과 악순환

유해한 사건의 발생을 방지하기 위해 특정 기술이 적합하다는 개인의 확신은 반드시 안정적이라 할 수 없지만, 상황에서 예상되는 위험 정도에 따라 변동될 수 있다. 예를 들어, 유능한 성과를 거둔 무수히 많은 성공적인 경험을 한 사람들도 항상 실수할 가능성이 있기 때문에 자신감이 반드시 흔들리지 않는다고는 할 수 없다. 많은 연예인과 배우는 수많은 성공적인 공연을 해 왔음에도 불구하고 무대에 오르기 전에 '무대 공포(stage jitters)'가 있음을 인정한다(Zimbardo, 1977).

위협이 되는 상황이 어떻게 자신감을 줄이고 결과적으로 기능적 행동을 훼손할 수 있는지 이해하기 위해 다음 상황을 고려해 보자. 우리 중 누구도 지상에 놓인 좁은 널빤지를 가로질러 걷는 데 어려움이 없을 것이다. 그런데 그 널빤지를 가령 천 미터 높이의 위치에 놓게 되면 대부분의 사람은 주저하며, 근육이 긴장되고, 발을 잘못 디뎌 넘어질까 걱정할 것이다. 우리는 어지럽고 현기증을 느끼며, 균형을 잃어 가며 양발을 엇갈리며 떨면서 걸을 것이다. 매우 역기능적인 반응의 핵심 요소는 서툰 수행의 결과가 비참할 것이라는 날카로운 인식인 것 같다. 따라서 자동적으로 유능하게 일반적으로 수행되던 특정 행동은 안전에 대한 우려로 인해 혼란에 빠지고, 역설적으로 개인의 안전을 훼손하는 악순환으로 이어진다.

또 다른 주요 인지 패턴은 '재앙적(catastrophic) 예측'과 관련이 있다. 위협받는 사람은 최악의 방식으로 약점, 실수, 부정적인 피드백 등의 징후를 해석하여 문제를 악화시키는 경향이 있다. 또한 잘 지내더라도 미끄러져 넘어질 것으로 예상한다. 이러한 치명적인 예측은 반사 억제를 악화시키고 망설임, 경직성 및 서투름을 초래한다. 숙련된 행동에 대한 이러한 방해는 물론 취약성을 증가시켜 또 다른 악순환을 증가시킨다.

역기능적 행동의 '기능'

신체적 위험

신체적 또는 심리적 부상에 대한 두려움이 왜 그러한 부상의 위험을 증가시키는 수행 저하로 이어지는가? 역기능적 행동은 단순히 기능 부족으로 인한 것이 아니다. 관찰 결과에 의하면 역기능적 행동은 기능적 행위에 대한 **능동적인 방해**로 구성되어 있기 때문이다. 예를 들어, 우리는 종종 위협적인 상황에 있지 않을 때 상당히 능숙하다고 생각한다. 생존에 대한 요구와 부상으로부터의 보호는 '위험을 감수하는' 행동을 종결시키도록 고안된 원시 생존 메커니즘을 촉발한다. 음식을 구하거나 탐험하는 동안 원시인이 갑작스러운 위험(예: 매복)에 직면하면 모든 시스템이 다른 양식으로 전환된다. 탐사 행동이 해제되고 방어 행동이 활성화된다. 그의 전진

운동이 중단되고, 그가 자신의 억제를 무시하고 위험 지역으로 나아가려고 하면 불안이 심해짐을 경험한다. 자기보호를 지향하는 억제 메커니즘은 반사적으로 촉발되며 앞으로 나아가려는 그의 의식적 의도에 저항한다. 불안의 불쾌감과 그의 억제 때문에 요구되는 더 많은 노력이 그의 계획을 강제로 포기하게 할지도 모른다. 이 양식은 불안감을 느끼고 '위험한' 대결에 더 가까이 다가가는 모든 행동을 방해하도록 **설계**되었다

자기보호 메커니즘의 촉발은 부적절하게 수행하는 경우 발생할 수 있는 피해(예: 경미한 부상을 입거나 사망하는 것)의 양과 부적절한 수행 가능성에 대한 개인의 추정에 따라 결정된다. 예상되는 손상 정도와 예상되는 수행 저하 사이에는 흥미로운 관계가 있다. 즉, 수행 저하의 결과가 과도할수록 개인의 수행 능력이 떨어진다. 따라서 평범한 사람은 자신이 30센티미터의 높이에서 널빤지를 쉽게 걸을 수는 있지만, 30미터에서는 심각한 의구심을 가질 것이다. 어떤 연구자는 자신의 과학적 아이디어를 여러 친한 친구와 논의할 때 거리낌이 없지만, 명성을 심하게 손상시킬 힘을 가진 많은 청중 앞에서 아이디어를 발표할 때는 자신의 능력에 대한 자신감을 잃을 수 있다.

이것은 '당신의 발걸음에 주의하세요.' 현상이다. 즉, 잠재적 손상이 클수록 인지 및 신체적 시스템을 통해 작동하는 것으로 보이는 주의를 기울여야 할 필요성이 커진다. 인지 시스템은 일련의 자기의심, 부정적인 평가 및 부정적인 예측을 유발함으로써 주의를 불러일으킨다. 신체 증상은 종종 흔들림, 어지러움 그리고 약해짐과 균형을 잃고 있다는 느낌으로 구성된다.

위험이 증가할수록 자신감이 떨어지는 현상은 실험적으로 테스트할 수 있다. 가설적인 상황에 있는 사람들은 지상의 다양한 높이에 있는 널빤지를 가로질러 걸어보라는 요청을 받을 수 있다. 더 높은 높이에서 자신감 지수가 점진적으로 감소할 것으로 예상된다. 더욱이 지상에서 더 먼 거리에 있는 사람은 더 가까운 거리에 있는 사람보다 뻣뻣하고 어색하게 걸을 것이다.

이런 경직성은 실패로 이어질 추락을 방해하도록 설계된 원초적인 반응이다. '제동'은 각 단계마다 그대로 적용된다. 물론 개인이 자신의 두려움을 무릅쓰고 널빤지를 따라 나아가려 할 때 그를 보호하도록 설계된 경직성은 실제로 위험할 수 있다.

위협에 대한 개인의 반응은 자신감과 같은 포괄적 개념 측면에서 가장 잘 이해될 수 있다. 이 개념(construct)은 사람의 도구적 능력(instrumental capabilities)에 대한 긍정적인 평가와 능력 발휘의 효능감에 대한 신념을 포함하는 태도의 도식을 가리킨다. 자신감이 낮다는 것은 개인의 평가 능력이 낮고 성공에 대한 부정적인 기대가 있음을 의미한다.

자신감 문제는 다음과 같은 몇 가지 의문을 제기한다.

① 자신감을 낮추거나 높이는 요인은 무엇인가?
② 자신감이 줄어드는 것은 어떻게 방해받는 수행으로 해석되는가? 어떤 심리적 · 물리적 메커니즘이 저조한 수행을 낳는가?
③ 자신감이 떨어지고 결과적으로 수행이 저하되면 어떤 기능이 제공되는가?

생명이나 사지에 대한 위협이 있을 때 자신감에 영향을 미치는 요인들 중에서 나는 이미 가능한 신체 부상의 심각성과 가능성을 제안했다. 따라서 심각한 낙상 가능성은 경미한 부상 가능성보다 자신감을 떨어뜨릴 것이다. 반면에 미끄러질 때 잡을 수 있는 난간이 있으면 자신감이 높아진다. 이 안전 기능은 사람이 걸려 넘어지거나 균형을 잃을 경우 백업 시스템을 제공한다. 마찬가지로, 추락을 막기 위한 안전망은 균형을 유지하는 능력에 대한 자신감을 높일 수 있다.

다시 말해, 심각한 상해에 대한 안전망이 존재하면 사람은 자신의 성과에 대해 더 자신감을 갖게 되고 서투름으로 인해 넘어질 확률이 줄어든다. 우리는 개인이 다른 사람들로부터 호의적인 피드백을 이끌어 냄으로써 사회적 위협을 줄이려는 방식에서 유사한 특징을 본다. 예를 들어, 익숙하지 않은 사회적 상황에서 다른 사람들의 미소를 이끌어 낼 수 있다면 자신감이 높아지고, 더 능숙하고 유창하게 행동할 수 있다. 또한 그러한 상황에 대한 개인의 준비와 이전 경험이 많을수록 그의 자신감은 더욱 커질 것이다.

자기보호 메커니즘은 제한된 움직임과 수행(쓰기, 말하기, 걷기)의 억제, 경직성과 조심성 등으로 나타난다. 이러한 행동 구성요소는 원시 방어 시스템의 비자발적 표현이다. 위협 상황에서 적절하게 수행하지 못하여 표준 운영 절차를 통해 위험을 막을 수 없다는 믿음은 '특별한' 예방 조치를 자동으로 활성화한다.

심리사회적 위험

돌이킬 수 없거나 치명적인 실수에 대한 두려움은 많은 사람 앞에서 연설할 때나 높은 다리를 따라 걸을 때와 마찬가지로 강렬할 수 있다. 사람이 신체적 위험에 빠져들지 못하게 하는 동일한 장치(억제, 불안정성)는 또한 심리사회적 위험(예: 무능함이 공개적으로 드러나는 것)에 노출되는 것을 방해하는 것으로 보인다. 아이러니하게도, 사회적인 상황에서 억제, 불안정 및 차단은 숙련된 수행을 방해함으로써 개인을 보호하도록 설계된 기제가 위험을 증가시킨다.

물론 신체 억제(immobilization) 외에도 사회적 위험은 유창함과 자발성을 억제하는 메커니즘을 불러일으킨다. 수학 시험을 치르는 것에서부터 대중 앞에서 농담하는 것에 이르기까지 다양한 활동에서 사회적 위험의 공통분모는 다른 사람들에게 약점이나 부적절감이 드러나게 될 가능성이다. 약점이 드러나고 결과적으로 평가절하될 것이라는 두려움은 '사회공포증'과 '수행 불안'에서 현저하게 나타나며 범불안장애의 빈번한 구성요소이다.

심리사회적 위험에 대한 개인의 반응은 '무대공포증(stage fright)'의 예로 설명할 수 있다. 잠재적인 '재해(횡설수설, 실신, 대중의 거부)'의 규모가 클수록 자신감의 저하가 커진다. 사람이 생사의 위험에 처해 있다고 염려하고, 자신이 제대로 수행하지 못하고, 가혹하게 평가받을 거라 의심하면, 자신감이 떨어지고, 취약성과 불안감 그리고 수행장애에 더욱더 민감해진다. 자신의 성과에 대한 노력을 많이 했다면 성과에 대해 별 투자가 없었던 사람보다 '잃어버릴' 것이 더 많다. 개인의 자존심이 자신의 성과와 연결되어 있다면, 이 상황은 위협이 된다. 흥미롭게도, 학생들은 어떤 시험이 성적에 들어가지 않는다는 말을 들으면 자기모니터링, 자기비판, 부정적인 예측, 차단, 긴장 등의 영향을 거의 받지 않으며, 적어도 그 시험이 성적에 들어간 때만큼의 수행을 보인다(Sarason, 1972 참조).

자기보호 패턴의 핵심(keynote)은 다음과 같다. '이 위험에 대처할 수 없으므로 조심하고 실수하지 않도록 조심해야 한다.' 인지 도식은 위험에 대한 인식을 강화하는 규칙과 공식으로 구성된다(약점의 내부 징후 및 위협의 외부 징후에 대한 경계 강화). 결과적으로 개인은 자신의 사고와 행동을 점점 더 잘 인식하게 된다. 대중 연설에서 자신에 대한 이러한 강화된 초점은 청중의 면밀한 조사, 즉 자의식 현상에 대한 확대된 인식을 동반한다(Buss, 1980). 자신의 수행을 모니터링하면서, 그는 어떠한 실수에도 매우 민감해진다. 부적절한 수행이 주는 위험 때문에 완벽한 수행에 대한 요구가 증가한다. 모든 실수는 잠재적으로 '치명적인 것'으로 간주된다. 특정한 상황요소는 위협감을 강화시킨다. 잠재적인 치욕을 확대시키는 많은 청중, '허용 가능한' 행동의 범위를 제한하는 정형화된 설정 그리고 지지와 피드백의 부재로 인해 고립되고 인정받지 못하는 느낌을 강조하는 것 등이 그런 상황요소의 예이다.

따라서 자신이 안전하지 않은 구역으로 들어가는 것을 방지하고, 이미 그러한 상황에 처해 있는 경우 부상을 최소화하도록 고안된 자기 보호가 작동함으로써 자신감이 떨어지고 수행 능력이 저하된다(신체적 혹은 심리사회적 위험에 대처하여). 이러한 조직화(organization)는 자동적으로 그리고 종종 부적절하게 역기능적인 억제를 생성한다.

취약성의 영역

영역의 부문

이제 취약성의 개념이 개인의 중요한 목표, 애착 및 관계에 어떻게 영향을 끼칠 수 있는지 이해하기 위해 개인의 삶의 다양한 영역을 조사할 수 있다. 중요한 영역은 영역의 부문(sector of the domain)으로 개념화된다. 개인의 주요 목표는 사회성과 개별성이라는 성격의 두 가지 주요 차원으로 개념화될 수 있다(Beck, 1984b; Beck, Epstein, Harrison, & Emery, 1983).

사회성(sociality)은 만족을 위해 다른 사람들과의 친밀한 관계에 필연적으로 의존하는 노력과 목표를 포함한다. 이 개념(construct)에는 개인이 자신의 생존 또는 만족에 필수적인 것으로 간주하는 다양한 개인적 관계가 포함된다. 그러므로 이 개념에는 의존성이 포함되며, 이는 ① 생존에 필요한 기능 수행, ② 불편함 또는 고통 완화, ③ 목표 수행, 문제 해결, 숙련의 달성에 있어 도움과 지지를 요하는 열망 가운데 표현된다. 사회성의 다른 측면은 다른 사람들과의 가능한 상호작용을 통해 만족감을 가져오도록 의도된 행동을 포함한다. 이러한 상호작용에는 친밀감, 공유, 이해, 승인, 애정 등이 포함된다.

개별성(individuality)은 개인의 정체성, 숙달 및 독립성을 향상시키는 데 관련된 가치, 목표 및 태도의 표현이다. 이러한 기능에는 한 사람의 ① 자기정의(self-definition) 및 자신의 영역 경계에 대한 보호, ② 그의 지위, 권리 그리고 특권의 확립, ③ 신체 기능의 숙달 및 기술의 개발, ④ 대인관계 및 비인간적인 측면의 환경에 대한 힘과 통제의 획득을 포함한다. 이 개념은 자신의 역량과 관심사를 개발하기 위한 개인의 투자를 포함한다. 다른 사람들의 경우 개별 목표를 달성하기 위한 실질적인 수단 또는 표준으로 사용될 수 있지만, 주요 초점은 아니다. 이 개념의 특징(earmark)은 자기주장, 자기통제, 자기향상 및 자기의존이다. 이 개념은 '성숙 추동(maturation drive)' '분화' 및 '분리'와 같은 개념과 관련이 있다(Rank, 1932).

영역에 대한 위협

개인의 영역에 대한 (상징적 · 가상적 또는 실제적인) 어떠한 위협이라도 사회적 위계의 자신의 위치에서 자신의 감정을 통제하는 능력에 이르기까지 그의 '생사'에 대한 위협으로 간주된다. 영역에 영향을 미치는 모든 사건에는 이익 또는 손실이나 위협 측면에서 특별한 의미가 부여된다. 결과적으로 그러한 사건은 즐거움이나 고통, 분노 또는 불안을 유발할 수 있다.

영역은 투자 유형에 따라 두 가지 주요 범주로 나눌 수 있다. 주로 다른 사람들을 향한 목표나 노력은 사회성으로 분류된다. 개인 자신에게 주로 투자되는 목표 또는 노력은 개별성으로 분류된다. 이 각 범주는 이러한 노력과 목표가 나타나는 영역에 따라 세분화된다. 간결한 용어로, 이들은 공적인 혹은 사적인 관계성을 나타낸다. 따라서 사회성의 공적 및 사적 부분과 개별성의 공적 및 사적 부분의 네 가지 하위 범주가 있다(〈표 5-1〉 참조).

표 5-1 영역의 중요한 부문에 대한 위협

영역	사회성	개별성
공적 부문 (public sector)	불인정(disapproval)	패배(defeat)
	소외(exclusion)	감가상각(depreciation)
	분리(separation)	불이행(default)
	고립(isolation)	방해(thwarting)
사적 부문 (private sector)	박탈(deprivation)	무능(disability)
	불인정(disapproval)	기능장애(dysfunction)
	배제(rejection)	질병(disease)
	황폐(desertion)	죽음(death)

① 사회성의 공적 부문의 영역은 각 사람의 사회 단체와 관련하여 그의 노력을 다룬다. 이러한 노력에는 그룹 소속감, 지지, 인정 및 신체적 친밀감이 포함된다. 그 사람은 자신의 개인주의적 노력을 초월하여 자신을 단체의 일원으로 만들려고 한다(그룹 정신). 그는 자신의 관심을 그룹 관심사에 종속시킨다.

② 사회성의 사적 부문에서는 친밀감, 무조건적 수용, 양육, 도움, 애정, 공감 및 이해와 같은 다른 사람과의 상호작용을 만족시키기 위해 사회성이 표현된다.

③ 개별성은 공적 부문과 사적 부문 모두에서 비슷하게 표현된다. 자율성, 자급자족, 몸과 마음의 최적 기능, 건강 유지, 궁극적으로 생존을 위한 노력으로 표현되는 사적 부문에서 가장 쉽게 묘사된다. 자신에 대한 개인의 투자는 우리가 '심리생물학적 통합성(psychobiological integrity)'이라고 부르는 개념이며 자유, 효과, 숙달 및 건강의 목표를 포함한다. 따라서 이 분야의 핵심 단어는 독립성, 유능성(competence) 및 자기통제이다.

④ 공적 부문에서 개인의 노력은 다른 사람들을 개인의 욕구를 충족하기 위한 도구로 사용하고, 사람이 자신의 사회적 역할을 수행하는 데 있어 성공을 측정할 수 있는 기준으로 표현된다. 따라서 그는 다른 사람들과 비교하고 경쟁하여 자신의 효능이나 성공을 측정하는 데 도움을 준다. 개인이 개인 목표를 표현하는 특정 영역에는 학교, 직업 및 가족이 포함된다. 결과적으로 숙달, 통

제 및 성취를 위한 그의 노력은 학생, 근로자 또는 가족 구성원으로서의 사회적 역할에서 나타날 것이다. 예를 들어, 개인주의적 노력의 맥락에서 부모의 역할은 성취와 개인적 성숙과 같은 자신의 목표 측면에서와 같이 자녀와의 상호작용을 통해 만족을 얻는 데 별로 중요하지 않다. 사회조직 내에서 개인은 자신의 정체성을 확립하고, 계층에서 자신의 지위를 보존 및 보호하고, 권리를 주장하며, 더 많은 인정을 받기 위해 경쟁하고, 집단에 흡수되거나 집단에 자신의 이익을 종속시키는 것을 거부하고자 한다.

사회성에 대한 위협

이제 취약성 개념과 관련하여 다양한 하위범주를 검사할 수 있다. **공적** 부문의 사회성에 대한 위협은 집단 정체성, 집단 수용 및 유쾌함(conviviality)과 같은 사회적 만족감의 상실과 관련이 있다. 궁극적인 위협은 배제와 격리이다. 격리는 집단에서 완전히 분리됨을 의미한다. **사적** 부문에서 개인은 박탈, 불인정, 거절 및 축출을 포함하여 다양한 유형의 손실 또는 중요한 다른 사람과의 부정적인 상호작용에 취약하다.

개별성에 대한 위협

공적 부문에서 개인은 정체성에 대한 위협, 경쟁에서의 성공, 권리 및 업적의 인정, 계층에서의 자리 유지에 취약하다. 위협의 형태는 일반적으로 평가절하, 예를 들면 무시, 패배, 지배와 관련이 있다. 개인의 자존심은 특히 패배, 지위 상실 또는 방해의 위협에 취약하다. 자존심이 손상되면 종종 '수치심'으로 표현된다(제9장 참조).

사적 부문('심리생물학적 통합성')에서 **개별** 목표는 장애, 기능장애, 질병 또는 사망 가능성이 있는 사건에 의해 위협을 받는다. 장애의 개념은 개인의 가치가 높은 이동성, 기능 통합 및 성과 지향에 대한 특정 위협을 나타낸다. 기능장애(예: '감정에 대한 통제력 상실')는 이상적인 자기통제 개념에 대한 위협을 나타낸다. 통제력 상실에 대한 두려움은 종종 이분법적인 개념에 기초한다. 사고과정이나 행동에 대한 통제력의 저하는 (개인에게) 전체 붕괴의 시작을 나타낼 수 있고, 따라서 공황장애에서와 같이 상당한 불안을 유발할 수 있다. 마찬가지로, 질병이나 사망의 전망은 전반적인 정체성과 개인적 중요성을 위협한다.

특정 두려움

사람들이 불평하는 특정한 두려움은 그들을 특정 영역에 '처하게' 하면 이해될 수 있다. 예를 들어, 집단의 불인정 또는 배제에 대한 두려움은 일반적으로 대중의 수용에 대한 과도한 사회적 노력을 의미한다. 반면에 (의도적이거나 의도적이지 않은) 버려짐에 대한 두려움 또는 다른 사람들의 거부에 대한 두려움은 사적 부문의 취약성을 나타낸다. 관계에서의 실제 스트레스가 완전한 단절(rupture)에 대한 두려움을 불러일으킬 수 있다. 다른 사람에 의해 방해받는 것에 대한 우려는 공공장소에서 개인주의적(individualistic) 두려움을 나타낸다. 사람은 자신의 광범위한 목표를 방해하거나 지위 상실 또는 패배로 이어지게 만드는 다른 사람들의 행동을 두려워한다. 개인의 정체성, 기능 또는 건강을 침해할 가능성에 대한 두려움은 개인주의적 관심사이다. 따라서 사람은 자신이 질병이나 통제력 상실에 취약하거나 심리적 기능을 약화시키는 경험에 지나치게 반응할 수 있다.

제 6 장

범불안장애 및 공황장애

발생률

불안장애의 발생률 및 유병률에 관한 통계는 상당히 다양하다. 일부 보고서에 따르면, 불안장애가 있는 사람들은 모든 정신과 환자(Marks & Lader, 1973)의 상당한 비율(6~27%)을 구성한다. I. Marks와 M. Lader는 1943년에서 1946년 사이에 미국, 영국 및 스웨덴에서 실시된 5개의 인구 연구에서 상당한 합의를 발견했다. 그들은 인구 100명당 2~4.7% 유병률을 보고했으며, 특히 16~40세 여성에서 이 상태가 더 흔하다는 것을 발견했다. S. Agras, D. Sylvester와 D. Oliveau(1969)는 100명당 7~8%의 범위에서 공포증의 연간 지역사회 비율을 보고했다. C. G. Costello(1982)는 여성의 모든 유형의 공포증이 매우 비율이 높다고 보고했다(19.4%). 1975년 뉴헤이븐에서 실시된 설문 조사에서 M. M. Weissman, J. K. Myers와 P. S. Harding(1978)은 모든 유형의 불안장애 비율이 불안장애 그룹과 상당히 겹치는 4.3%라고 보고했다. 범불안장애(Generalized Anxiety Disorder: GAD)가 있는 사람들의 80% 이상이 공황장애(panic disorder) 및/또는 공포증(phobia)을 앓고 있었다. 공포증 환자의 30%는 공황장애가 있었다.

불안장애의 병인에 대한 일반적인 견해

가능한 다양한 소인이 있기 때문에 불안장애의 '원인'을 말하는 것이 비생산적일 수 있다. 그 원인은 다음의 것들을 포함한다. ① 유전적 소인, ② 지속적인 신경화학적 이상(갑상선 기능항진증)을 유발하거나 임박한 재난에 대한 지속적인 두려움 생성(승모판 탈출증), ③ 특정 취약성을 유발하는 발달성 외상, ④ 적절한 대처 메커니즘을 제공하기 위한 부적절한 개인의 경험 또는 식별, ⑤ 비생산적인 인지 패턴, 비현실적인 목표, 비합리적인 가치와 가정 또는 중요한 타인(양육자)들로부터 배운 명령이 해당된다.

이와 유사하게, 방대할 만큼의 가능한 **촉발요인**들이 있다. 그중 일부는 다음과 같다. ① 신체 질환 및/또는 독성 물질, ② 심한 외부 스트레스(예: 일련의 신체적 또는 정신적 위험에 대한 노출), ③ 만성적인 잠행성(insidious) 외부 스트레스(예: 지속적이면서 미묘한 중요한 타자들로부터의 불인정), ④ 특정 정서적 취약성에 영향을 미치는 특정 외부 스트레스(예: 자율적인 개인에 대한 엄격한 군대식 규율 부과).

불안장애의 특정 경우는 상기 요인들의 임의적 조합을 가질 수 있다. 예를 들어, 한 경우는 최소한의 환경 스트레스 가운데 극도의 유전적 소인을 보일 수 있고, 또 다른 경우는 유전적인 요인은 없지만 환경에 대한 과도한 수준의 위험을 보일 수 있다. 이러한 심리적 장애의 '원인'은 특별한 요인이 없는 것처럼 밝혀졌지만, 많은 상호작용 요인(유전적 · 발달적 · 환경적 · 심리적)의 복합으로 가장 잘 볼 수 있다.

생물학적 연구

불안장애의 가족 패턴에 대한 예비 증거는 많은 논문에서 발표되었다. R. R. Crowe와 동료들(1983)은 공황장애 환자의 친척들 사이에서 모든 유형의 불안장애의 높은 발병률을 발견했다. S. Torgersen(1983)은 불안장애가 있는 일란성 및 이란

성 쌍둥이를 연구했다. 그는 범불안장애의 경우 유전적 요인은 분명하지 않다고 결론지었다. 그러나 그것은 다른 불안장애, 특히 공황장애 및 공황 발작이 있는 광장공포증의 발병에 영향을 미치는 것으로 나타났다. 따라서 공황장애가 유전자 기전과 관련이 있다는 증거가 있는 것으로 보이지만, 범불안장애에서 유전의 역할은 여전히 밝혀질 필요가 있다.

일련의 연구에서 일단의 연구자들은 공황장애가 생화학적 주입에 의해 유발될 수 있고 약물 요법을 통해 완화될 수 있다는 증거를 제시했다. F. N. Pitts, Jr.와 J. N. McClure, Jr.(1967)는 젖산 나트륨을 주입한 후 불안이 촉발됨을 보고했다. H. J. Grosz와 B. B. Farmer(1972)는 다음과 같은 근거로써 그들의 결론에 이의를 제기했다. 첫째, 운동을 하지 않는 한, 불안 신경증은 일반적으로 급성 불안인 경우에도 혈중 젖산 수치를 높이지 않는다. 과호흡에 의해 혈중 젖산 수치가 어느 정도 상승할 수 있지만, 정상적인 개체도 그럴 수 있다. 둘째, 불안 신경증은 전형적으로 젖산혈증, 즉 매우 현저하고 만성적인 혈중 젖산 상승 환자에서 존재하지 않는다. 셋째, 젖산 나트륨이나 중탄산 나트륨의 주입 어느 것도 유의한 혈중 젖산 상승과 관련된 증상의 시작(onset)과 연관된 것은 아니다.

그 이후로 새로운 연구들은 Pitts와 McClure의 조사 결과에 약간의 지지를 제공하는 경향이 있다. 공황 발작이 젖산 나트륨의 주입을 통해 시작되었다(Appleby, Klein, Sachar, & Levitt, 1981). 유사하게, Klein과 동료들은 이미프라민(imipramine)과 다른 '항우울제'의 투여가 이 장애를 개선하는 역할을 한다는 것을 발견했다(Gorman, Levy, Liebowitz, McGrath, Appleby, Dillon, Davies, & Klein, 1983). 다른 기관에서 더 명확하게 밝혀지고 있는 이러한 발견은 이 장애에 대한 생화학적 기전에 약간의 설명을 제공한다. 그러나 이 장애의 인지 및 기타 심리적 요인과 그것을 완화시키는 행동 방법에 대한 강력한 증거를 고려할 때 지나치게 유기체 병인학에 몰두하는 것은 너무 이르다고 보인다.

촉발적인 심리요인

① **요구 증가**: 범불안장애(GAD)의 촉발에는 다양한 요인이 관여하는 것으로 보

인다. 중요한 가치에 대한 위협의 증가와 대처 자원의 고갈이 포함되는 것으로 보인다. 개인은 전형적으로 더 큰 기대, 책임 증가 및 전반적인 에너지 생산(energy output) 증가를 경험한다. 결과적으로 그는 실패에 대해 더 걱정하게 된다. 자신의 고유한 가치가 자신의 성과 수준에 기반한다고 믿으면 실패의 위협이 가중된다. 그 예는 자녀가 태어난 후 부모에게 부과되는 새로운 유형의 요구들이다. 마찬가지로, 책임, 기대 및 업무량을 증가시키는 승진(job promotion)은 이 장애를 촉발시킬 수 있다.

② **삶의 상황에서 위협의 증가**: 사람의 상황은 그에게 심각한 위협이 되는 방식으로 변할 수 있다. 예를 들어, 야심찬 젊은 의사가 적대적인 감독 의사의 감독하에 새로운 자리로 이동했다. 그는 지속적으로 '스트레스를 많이(under the gun)' 느꼈고, 언제든지 자신의 직업을 잃을 수 있는 치명적인 오류를 저지를 수 있다고 믿었다. 마찬가지로, 이제 막 엄마가 되어 다양한 감염에 걸리기 쉬운 유아를 키우게 되었다. 어머니는 아이를 제대로 돌볼 수 없다는 것에 대해 점점 더 걱정하게 되었다(예: 엄마가 아이 울음을 듣지 못한다면 아이는 질식할 것이다).

③ **자신감을 약화시키는 스트레스가 많은 사건**: 사람은 여러 가지 보통 수준의 좌절이나 심각한 좌절을 겪으면서 중요한 목표를 달성하지 못할 수도 있다고 믿을 수 있다. 예를 들어, 한 젊은 변호사가 변호 업무를 볼 수 있는 지역 시험에서 통과하지 못했다. 그는 그를 고용했던 회사가 자신을 받아들이지 않는 즉각적인 문제에 직면했다. 동시에 그의 여자 친구는 그에게 그녀가 그를 사랑하지 않는다고 알렸다. 전체적인 충격은 그가 자신의 직업에서 결코 행복하지 못할 것이며, 심지어는 사랑하는 아내와 가족을 가질 수 없을 것이라는 두려움을 갖게 하는 것이다. 이러한 문제들은 각각 만성적인 불안 상태에 기여했다. 그의 두 가지 주요 만족의 원천은 위협받았다.

이전 문제와 촉발요인의 상호작용

범불안장애의 경우, 우리는 종종 환자가 보고한 문제가 촉발 사건으로 시작된 것이 아니라 실제로 훨씬 전인 발달 기간으로 연장된 것을 알 수 있다. 스트레스 촉발 요인은 사람의 특정 취약성을 공격하는 경우에 한해서만 강력하다. 아이가 태어난 후에 만성적으로 불안했던 어머니는 오랫동안 '부적절감'을 경험했다. 그러나 문제는 이제 그녀의 부적절감이 아이의 생명을 위협할 수 있고, 따라서 위험의 근원이 되었다는 것이다. 자신의 경력에서 실패의 위협에 직면한 사람은 이제 처음으로 진지하게 생각한다. '나는 나의 직업에서 성공하지 못해서 결코 행복할 수 없을 거야.' 젊은 변호사는 항상 자신에게 개인적인 매력이 없다고 믿었지만, 이제는 그를 받아들일 만한 적절한 배우자를 결코 찾지 못할 수도 있다는 문제에 직면해 있다.

인지가 불안장애를 유발하는가

인지가 우울증이나 불안장애를 유발하는 지에 대해 문헌 및 기타 다른 곳에서 많은 언급이 있었다. 우리는 이 개념이 잘못된 것이라고 생각한다. 우리는 우울증 또는 불안장애를 겪는 중에 주요한 병리 또는 기능장애가 인지 장치(apparatus)에 있다고 생각한다. 그러나 그것은 인지가 이러한 증후군을 유발한다는 개념과는 매우 다르다. 환각이 조현병을 유발한다는 주장과 마찬가지로 비논리적인 개념이다.

그렇다면 인지와 불안장애의 관계는 무엇인가? 우리는 인지 시스템의 규제(regulatory) 기능의 혼란이 환경적 사건을 위험으로 무차별적으로 해석하도록 유도한다고 제안한다. 일반적으로 위험, 위협, 향상(enhancement) 및 손실과 관련된 양식 간에 적절한 균형이 유지되므로 해당 양식 중 하나가 오랫동안 과도할 때 반대 양식이 활성화된다. 따라서 의기양양한 기간 동안, 개인은 부정적인 피드백에 민감해지고, 자기수축 양식은 실망스러운 경험에 의해 활성화될 수 있다. 마찬가지로 적대감은 일반적으로 불안에 의해 균형을 맞춘다. 상황에 대한 인지적 평가는 정서와 행동에 영향을 미친다. 일반적인 평가가 현실에서 크게 벗어나지 않을 수도 있지만, 때로는 한 가지 양식이 너무 지배적이어서, 가령 자기고양(self-enhancement) 양식이 너무 지배적이 되어 교정하는 피드백의 통합이 차단되는 경우가 있다. 따라서 한동안 경험은 자기팽창 방식으로만 과하게 해석된다. 이 불균형은 일반적으로 결국 수정되며 개인은 의기양양하고 활동하지 않는 상태로 남아 있지 않다. 그러나 정신

병리에서는 지배적인 양식을 끄는 것에 대한 방해가 있는 것으로 보인다. 이 양식은 장기간 과잉 행동으로 진행된다. 결과는 긍정적인 정보(조증에서)와 위험(불안장애에서)에 대한 체계적으로 왜곡된 해석과 연이은 신체와 자율신경계의 과도한 동원이다. 이 과잉 동원 그 자체는 위장 기능장애와 같은 이차 증상을 유발할 수 있다.

과잉행동 인지(hyperactive cognitive) 시스템의 '끄기'에 실패하게 한 요인은 무엇인가? 만성적 피로가 보다 현실적인 해석을 생성함으로써 이성적 인지 시스템이 올바른 영향을 행사하는 활동을 방해할 수 있다. 그러나 반대 양식이 상대적으로 비활성 상태로 유지되어 현실에 대한 보다 균형 잡힌 견해에 기여할 수 없는 이유는 현재 명확하지 않다. 특정 신경화학장애는 위험 스키마의 과잉행동을 자극하고 위험에 대한 습관화를 방지하거나 '보안' 양식의 활성화를 방해한다고 추측할 수 있다.

본질적으로, 불안장애의 원인은 아니면서, 인지과정은 유기체가 환경에 적응하는 주요 메커니즘을 구성한다. 다양한 요인이 유기체의 원활한 작동을 방해할 때 불안장애 또는 기타 장애가 생성되는 메커니즘이 된다.

범불안장애

증상학

불안장애의 증상은 인지, 정서 및 행동 시스템의 과잉활동을 반영한다. 정서적 및 신체적 증상은 〈표 6-1〉에 나와 있고, 〈표 6-2〉에는 인지 및 행동 증상이 나와 있다. 100건 중 96.6%에서 나타나는 가장 흔한 증상—이완할 수 없는 무능력—은 모든 시스템의 과잉 동원을 나타내는 것으로 보이며, 불안한 감정과 마음의 조급함을 포함한다. 정서 및 신체 증상의 나머지 부분은 불안한 정서(무서움, 겁에 질린), 운동 동원(긴장, 조마조마함) 및 교감신경계의 활성화(손에 땀, 심장박동) 또는 부교감신경계의 활성화(몸 전체에 식은땀, 헐떡거리는 숨, 소변 마려움, 메스꺼움, 설사 또는 어지러움)이다. 또한 운동 시스템의 '붕괴'의 징후(전체적으로 흔들리고 약해진 느낌)가 있다.

표 6-1 범불안장애에서 정서적 · 신체적 증상의 빈도

증상	빈도(%)
긴장을 풀 수 없음	96.6
긴장된	86.2
겁먹은	79.3
놀란	72.4
불안정한	62.1
전체적으로 취약한	58.6
손만 땀을 흘리는	51.7
겁에 질린	51.7
가슴이 뛰는	48.3
얼굴이 붉어짐	48.3
줏대없는	44.8
땀 흘림	37.9
호흡 곤란	34.5
소변을 보려는 긴급한 욕망	34.5
구역질	31.0
설사	31.0
어지러움이나 현기증	27.6
얼굴이 창백함	24.1
질식 느낌	13.8
실신	3.4

인지장애의 가장 흔한 증상은 집중의 어려움(86.2%)이다. 혼동의 높은 빈도, 정신이 흐려지고 사고를 통제할 수 없는 능력은 '인지장애'가 범불안장애(GAD)의 중요한 측면임을 나타낸다. 위험의 주제와 관련이 있는 가장 일반적인 증상은 75.9%에서 발생하는 통제력 상실에 대한 두려움으로 예상하지 못한 중요한 범불안장애의 특징이다. 거부에 대한 두려움(72.4%)만큼 흔하다.

의사소통의 어려움(예: 문장의 블로킹, 깨진 문장)이 사례의 상당 부분에서 발생하므로 현저한 특징으로 간주되어야 한다. 마찬가지로 통제되지 않은 운동 활동(떨림, 흔듦, 흔들림)의 특정 증상이 현저한 소수를 구성한다. 요컨대, 전체적으로 보이는 증상은 다양한 시스템의 활동의 합성(composite)을 암시한다.

표 6-2 범불안장애에서의 인지 및 행동 증상의 빈도

증상	빈도(%)
집중의 어려움	86.2
통제력 상실에 대한 두려움	75.9
거부에 대한 두려움	72.4
사고를 통제할 수 없음	72.4
혼동	69.0
마음이 혼란된(mind blurred)	65.5
중요한 것들을 기억할 수 없음	55.2
문장이 깨지거나 연결이 끊어짐	44.8
연설 중단	44.8
공격에 대한 두려움	34.5
죽음에 대한 두려움	34.5
떨리는 손	31.0
몸을 흔드는	31.0
몸 떨림	27.0
말을 더듬는	24.1

범불안장애의 유형

범불안장애에는 두 가지 일반적인 유형의 인지적 내용이 있다. 첫째, 실제 부상이나 부상의 위협 또는 대인관계에 대한 위협과 관련된 외상성 사건이 있다. 이 유형의 장애의 가장 극적인 표현은 전투에서 치명적인 사건과 관련된 침투적인 생각을 특징으로 하는 '전투(combat) 신경증'이다. 비슷한 반응이 민간인의 삶에서 덜 극적인 방식으로 보이는데, 외과 수술이나 다른 사람의 부상을 목격하는 무서운 사건으로 인해 발생할 수 있다. 이러한 외상 반응은 급성 불안 상태에서 가장 흔하게 발견된다. 둘째, 형태의 범불안장애는 사람이 초기 발달과정에서 겪었던 두려움의 확장 및 악화로 보이며 더 만성적인 형태를 취한다.

급성 불안 상태 급성 불안 증후군은 개인의 신체적 또는 심리적 생존에 심각한 위협으로 여겨지는 상황에서 발생한다. 이 증후군은 일반적으로 실제로 위험 상황에 처해 있거나 위험한 이미지가 너무나 생생해서 개인이 적어도 부분적으로 그의 삶이 위협받았다고 믿는 것과 관련이 있다. 급성 불안 증후군은 즉각적인 행동을 취하기 위할 전적인 동원(total mobilization)으로 구성된다. 반사 행동(예: 도피, 얼어붙음), 주관적인 불안 경험 및 자율신경계의 활성화(심장박동, 빠른 호흡, 다량의 땀)가 있다. 격렬한 신체적 느낌과 정서적 감정 때문에 이 상태는 공황 발작으로 확대될 수 있다.

위험이 금방 다가오는 것으로 인식되지 않는 경우, 불안과 부분적인 운동 및 자율 동원이 발생할 수 있다. 이 시점에서 동원은 주로 교감신경 자극과 관련이 있다. 개인이 위험 상황에 들어서면, 행동 준비에서 일반화된 억제(자발적 활동 및 사고와 말의 유창함을 방해)로 전환할 수 있다. 더욱이 어떤 민감한 사람들(피 혹은 부상 공포증)은 교감 시스템의 동원에서 무긴장의(atonic) 반응(약해짐, 흔들림), 부교감신경(어지러움 또는 실신) 반응으로의 전환을 경험할 것이다.

급성 증후군은 이를 유발한 외상성 사건의 유형, 즉 생명이나 사지에 심각한 위협을 유발하는 사건(절단)과 중요한 대인관계에 심각한 위험을 초래하는 사건으로 논의될 것이다.

신체적 위험과 관련된 외상성 사건 범불안장애의 첫 번째 주요 분류는 '외상성 불안장애'로 명명할 수 있다. 이 상태는 '외상후 스트레스 장애'의 DSM 범주에 포함되어 있다. 이 장애의 주요 문제는 일반적으로 개인의 건강이나 삶에 대한 지각된 위협과 관련이 있다. 우리의 경험에서 외과적 수술이나 사고와 같이 놀라게 하는 사건들은 그 경험을 동화시킬 수 없는 사람에게 강력한 영향을 미칠 수 있음을 발견했다. 그것은 그의 생각의 배경에 남아 있으며, 관련 자극에 의해 쉽게 활성화된다. 그 경험의 특징, 예를 들어 생명을 위협하는 본질(nature)과 환자의 무력감은 그러한 상황에 대처할 수 있다는 그의 신념을 약화시켜 그 환상을 떨쳐낼 수가 없다. 도움을 요청하기 전에 며칠에서 몇 주 동안 지속되는 많은 급성 불안은 직간접적으로 위협이 된 경험 후에 급성 발병을 보인다.

자율적인 이미지 예를 들어, 한 버스 운전사는 버스를 운전하는 동안 사고를 당하는 환상을 반복했다. 각 환상은 불안을 일으켰고, 그 환상이 너무 강해져서 결근을 할 수밖에 없었다. 이 장애는 치명적인 버스 사고를 관찰한 후 발생했다. 그가 직장을 떠난 후에도 그의 불안은 계속되었다. 자동차 사고를 당하여 급성 불안을 갖게 된 또 다른 환자는 계속해서 그 사고를 환상 속에서 재현했다. 세 번째 환자는 자신의 가장 친한 친구가 암에 걸렸다는 사실을 알게 된 후 암으로 인한 죽음에 대한 이미지에 계속 시달리게 되었으며 지속적인 불안을 경험했다. 이들 각각의 경우에 이미지는 불쾌한 불안을 유발하는 것으로 보였다.

이 경우 자율적이거나 '제어되지 않은' 이미지가 활성화되며 환자가 이미지가 떠오르는 것을 중지시키지 못한 채 지속되는 경향이 있다(Beck, 1970). 우리는 이러한 급성 증후군의 환상이 다음과 같은 특징들을 갖고 있음을 발견하였다. 첫째, 그것은 의지의 통제하에 있지 않다. 그것을 막으려는 자신의 시도에도 불구하고 그것을 경험한다. 사고나 치명적인 질병을 앓고 있는 사람에 대해 듣는 것과 같은 관련 자극에 의해 정기적으로 유발될 수 있다. 그러나 종종 외부 자극 없이도 발생한다. 이미지가 시작되면 '해제'할 수 없다. 산만해지거나 잠이 들 때까지 계속되거나 반복된다. 둘째, 이미지 경험을 가지고 있는 사람은 현재에 외상성 에피소드가 실제로 일어나는 것처럼 그것을 경험한다. 즉, 그는 이미지와 현실을 구별할 수 없다. 마치 과거가 현재를 잠식한 것처럼 보인다. 마지막으로, 공포와 불안은 환상 속 사건의 순서에 따라 강해지거나 약해지는 것을 예측할 수 있다.

외상성 신경의 핵심 문제는 다음과 같이 설명할 수 있다. 정상적인 사람은 자극이 실제 위험의 신호인지를 상당히 빠르게 판단할 수 있다. 그는 자극이 위험 신호라기보다는 중요하지 않은 소리나 장면인지 등급을 매길 수 있기 때문에 불안이 해소된다. 대조적으로, 불안한 환자는 안전과 안전하지 않은 것을 구별하지 못하며 계속해서 소리를 위험 신호로 평가한다. 그의 생각은 위험 개념에 의해 지배된다. 일단 자극이 위험 신호로 지정되면, 자극과 '위험' 개념 사이의 연관성은 고정된다.

외상성 심리사회적 사건 이 장애는 일반적으로 외상성 사건(예: 관계의 붕괴 위협), 요구와 기대의 급격한 증가(예: 자녀의 출생 또는 더 까다로운 직업 등), 또는 상황에서 위협요소의 증가와 같은 식별 가능한 촉발 '원인'에 의해 시작된다. 이 사건의 영향은 관계 유지 혹은 집이나 직장에서의 적절한 수행과 같은 특정 가치 있는 기능을 위태롭게 하는 것이다.

이러한 위협에 대한 **자동적 반응**은 자기보호를 위한 동원이며 목표 지향적 성과에 일종의 경련성의(spastic) 간섭을 초래한다. 어떤 사람의 팔이 꽉 묶여서 중요한 기능을 수행하는 데 서투른 사람이 된다. 그는 연인이나 상사와 같이 자신을 거절하거나 평가절하할 수 있는 사람이 있을 때 긴장되고 혀가 굳는다. 위협이 되는 상황에 있지 않을 때는 다음 국면에서 일어날 수 있는 일을 두려워한다. 그는 버려지거나 해고되거나 치명적인 실수를 저지르는 이미지를 가지고 있다. 그는 지속적인 예기 불안을 가질 뿐만 아니라 자신의 능력이나 열망을 '테스트'한 후에 자신의 연인을 소외시키거나 직업에서 심각한 오류를 불러일으키는 중대한 실수를 할까 봐 우려하고 있다.

급성 불안 반응의 또 다른 결과는 두통, 위장장애, 가슴 통증, 심계항진과 같은 다양한 신체 증상이 발생하는 것이다. 이러한 신체 증상은 심각한 신체장애에 대한 두려움을 유발하고 증가하는 두려움의 거미줄에 사람을 묶어 두며, 취약감을 강화하고 효능을 약화시키는 증상을 심화시킨다. 악순환은 불안 상태가 가라앉는 대신에 오히려 증가하는 이유를 설명하는 데 도움이 된다.

만성 불안장애 예기 불안은 다음 예와 같이 만성 불안장애에서 가장 중요하다. ① 한 대학생은 (자신의 기준에 따라) 열악한 성과를 낼 것이라고 생각했기 때문에 학년 내내 걱정과 불안을 느꼈다. 그는 공부할 때, 수업에 가기 전에, 방과 후에, 시험 전에 시험 중간에 그리고 시험 후에, 간단히 말해 언제나 불안했다. ② 한 젊은 정신과 의사는 환자의 질환이 재발했거나 환자가 자살했다는 소식을 전할 수 있는 전화 벨소리를 들을 때마다 걱정했다. 다른 경우에는 그가 환자를 적절히 치료하지 않았을까 봐, 환자와 감독자가 환자의 호전을 승인하지 않을까 봐 그리고 환자의 상태가 악화될까 봐 걱정했다. ③ 한 신문 기자는 자신의 업무 상황에서 만성 불안을 겪었다. 그녀는 인터뷰한 사람들이 자신을 무능한 기자로 여길까 봐, 편집자가 타이핑된 기사를 거부할까 봐, 독자들이 인쇄된 기사를 좋아하지 않을까 봐 걱정했다. 뉴스룸에서 일할 때, 그녀는 다른 직원들이 자신이 하는 모든 행동을 판단하는 것에 대해 걱정했다.

이 모든 경우에, 불안은 환자가 대부분의 생애 동안 경험했던 문제의 연장인 것처럼 보였다. 이 만성 불안 환자의 가장 흔한 특징은 발달기에서 비롯된 두려움이 성인기에도 지속되는 것이다.

발달적 두려움과 관련된 영역은 ① 다른 사람들과의 관계(사회성)와 관련된 문제, ② 정체성, 숙달, 자율성 및 건강(개별성)과 관련된 문제로 요약될 수 있다. 개인의 생존, 만족 및 목표 달성은 어느 정도는 다른 사람들의 지지에 의존하고, 어느 정도는 다양한 위험으로부터 자신을 보호하고 그의 목표를 달성하는 데 있어 다른 사람들의 지원을 이끌어 내는 자신의 능력에 달려 있다. 따라서 심리사회적 두려움은 양육자(caregiver)를 상실하고 결과적으로 부상이나 사망에 취약한 위협, 또는 가족 밖에서 부적절하게 수행하고 조롱 또는 거부당하는 위협에 관한 것이다. 또한 그는 자신의 역량 부족으로 인해 문제가 있는 상황을 극복하거나 목표를 달성하지 못하게 될 것을 두려워한다. 발달 기간 동안, 잠재적인 두려움의 많은 근원은 아이의 친족(kin) 그룹이 아이를 보호하고 지원하기 때문에 상대적으로 조용한 상태에 있다. 나이가 들어 감에 따라 그는 '위험한' 상황 중 일부를 스스로 직면하도록 촉구받으며, 이를 해결하기 위해 점진적으로 발전하는 자신의 기술의 목록을 사용할 것을 기대받게 된다.

새로운 기술의 발달이 아직 새로운 요구를 따라가지 못했을 때 개인은 실패, 무능력을 사람들 앞에서 드러내는 것과 조롱을 받을 것을 두려워할 수 있다. 성숙한 행동에 대한 기대를 충족시키지 못하는 것에 대한 우려 외에도, 그는 주요 인물에 대한 친밀감과 의존성에 대한 위협에 계속 취약할 수 있으며, 따라서 유기와 거부에 대한 두려움에 처하게 된다. 자율성 확립과 문제 해결에 대한 그의 두려움 외에, 개인은 자신의 개성과 자유가 외부의 지배와 제한 때문에 빼앗길 수 있다고 우려한다.

흥미롭게도, 무능하게 행동하는 것에 대한 두려움은 그 사람이 광범위한 역량을 발전시킨 후에도 오랫동안 지속될 수 있다. 기술의 발달이 반드시 무능감이나 실패에 대한 두려움을 없애는 것은 아니다. 대화를 시작하고, 요청하고, 자신의 아이디어를 공개적으로 발표할 수 있는 능력을 개발한 후기 청소년은 어리석고 어색해 보이는 것에 대한 두려움이 강하게 남아 있을 수 있다. 따라서 이 발달 단계의 사람은 관련된 세 가지 종류의 문제를 가지고 있다. 무능한 것에 대한 두려움, 무능해 보이는 것에 대한 두려움 그리고 주요 인물의 지지 상실에 대한 두려움이 그것이다. 이러한 두려움은 많은 불안장애와 사회공포증의 발병에서 중심이 된다.

문제를 다루는 능력과 관련된 두려움 외에도 사고나 질병과 같은 외부적으로 부과된 사고에 대한 두려움이 있다. 이러한 부정적 사건들(adverse events)은 통제할 수 없을 뿐만 아니라 그것의 영향을 완화하기 위해 다양한 정도의 외부 지원이 필요하다. 가족이나 학교 상황에서 출혈을 막고, 진단을 내리고, 의료적 돌봄을 소환하는 도움이 자동으로 제공된다. 그러나 자율성을 높이는 것의 대가는 이런 종류의 도움에 대한 접근이 줄어드는 것이다. 압도적인 신체적 · 정신적 또는 행동적 혼란을 겪을 두려움을 가지는 사람들은 도움 제공자(caregiver)에게 접근하기 위해 그들의 '필요(need)'를 유지하며, 이러한 접근을 제한하는 상황에 위협을 받는다. 재난에 대한 두려움과 도움 제공자와의 거리를 두는 것에 대한 두려움의 결합은 광장공포증에서 극적으로 드러나지만 많은 불안 상태에서 더 적은 수준으로 나타난다.

사람은 도전을 관리하는 데서 입증된 성공의 정도에 바탕을 둔 자신감과 실제적인 역량이 부족했던 초기 단계에서 비롯된 취약성의 두 가지 반대 양식의 영향을 받는 것으로 보인다. 개인의 자신감 또는 '자기효능 평가'(Bandura, 1982)가 확고하게 확립되면, 그의 자기의심과 불확실성이 일시적으로 정지될 수 있다. 그러나 취약성 또는 불안전 양식이 활성화되면 자신의 자신감에 대한 의문이 생길 수 있다. 불안감은 위협, 도전 및 요구에 직면하려는 그의 시도에 대해 엄격한 한계를 부과한다. 이러한 제약은 심한 억제, 고통스러운 불안 및 일반화된 회피 패턴의 형태로 표현되며, 이로 인해 기능이 손상되고 무능한 수행에 대한 추가적 두려움과 잇따르는 실패 및 평가절하로 이어진다.

범불안장애는 개인이 문제를 극복할 수 있는 능력과 다른 사람들에게 수용받을 가능성에 관한 발달적 두려움의 재활성화 또는 확장에서 비롯될 수 있다. 그러므로 우리는 종종 (다음과 같은 경우에) 인생에서 요구와 기대가 증가할 때 중요한 타인으로부터 지지의 양이 감소한 경우, 또는 자신감과 수용되는 느낌이 심하게 약화되는 경험을 할 경우 장애가 촉발됨을 본다.

이런 의미에서 범불안장애는 사회공포증과 구별된다. 범불안장애의 경우 일반적으로 이전 수준에서 자신감이 감소한다. 사회공포증의 경우, 개인은 아직 사회적 상호작용에 필요한 기술을 습득하지 못했다. 예를 들어, 그는 낯선 사람에게 다가가거나, 이성과 사회적으로 대화하거나, 권위자와 협상할 때 무능함을 느낄 수 있다. 그러나 그는 친숙한 상황에서 여전히 편안하고, 심리적으로 더 성숙해지면서 사회적 기술과 자신감이 점진적으로 향상되는 것을 보여 준다.

범불안장애를 갖고 있는 개인의 사회적 수행에서 중요한 특징은 단순히 기술의 상대적 부족과 낮은 자신감에 의해서가 아니라 이미 습득한 기술의 활성화된 **억제**에 의해서 손상되며, 따라서 그는 앞서 설명했던 악순환(104~105쪽) 방식으로 모욕, 조롱 그리고 이용당하는 보다 취약한 상태가 된다는 것이다.

특정 두려움

불안의 근원이 알려지지 않은 장애로서 범불안장애의 널리 받아들여진 개념은 불행한 유의어 반복(tautology)을 만든다. 정의에 의하면, 환자가 불안의 근원을 알지 못하기 때문에 임상 연구자 또는 치료사는 환자의 현상적인 장면을 철저히 탐색할 가능성이 낮다. 환자의 자발적 설명은 관련 데이터가 아닌 합리화로 평가절하될 가능성이 높다(Marks, 1981). 범불안장애는 통상적으로 특정 상황과 관련없이 확산된 것으로 인식되어 왔지만, 연구자 또는 치료사는 불안을 발생시키거나 악화시키는 것으로 보이는 상황을 정확히 찾아낼 수 있다. 더욱이, 문제가 있는 상황(예기 불안)에 들어가기 **전**과 상황을 떠난 **후**(반추적 불안), 개인의 불안을 분석하면서 연구자는 그 불안 에피소드에 대해 적어도 부분적으로 설명할 수 있다.

'인지적 분석'을 사용하면, 치료사는 불안은 '확산'이 아니라 특정 두려움과 관련이 있다는 것을 더 정확히 확립할 수 있다. 두려움 중 일부는 특정 상황에 연루되어 있는 별도의 공포증과 같다. 범불안 상태는 이전의 두려움이 이질적인 상황들에도 영향을 미친다는 점에서 공포증과 다르다. 더욱이 이러한 두려움은 그 사람이 '위협적인' 상황에 있지 않은 경우에도 활성화될 수 있다. 그것들은 죽거나 거부당하거나 공격당하는 것과 같은 궁극적인 '결과' 측면에서 이해될 수 있다. 어떤 교차 상황적 두려움은 심리사회적 외상과 관련이 있다. 다른 두려움은 더 널리 퍼져 있으며 통제력 상실, 대처할 수 없거나 실패하거나 잠재적으로 치명적인 질병(예: 심장병)이 있을 가능성과 관련이 있다. 경우에 따라, 특히 재난의 일촉즉발 상황이나 실제 외상을 경험한 후, 외상과 관련된 사고의 압박감이 존재한다. 그러므로 그 사람은 외상을 입었다는 생각(죽음, 쓰러짐, 절단, 질식, 익사)을 자주 할 수 있다. 이 외상은 '외상후 스트레스 장애'로 분류된 것과 유사하지만, 불안 상태는 '일반적인 인간 경험의 범위를 벗어난' 스트레스가 아니기 때문에 진단에 적합하지 않다.

A. T. Beck, R. Laude와 M. Bohnert(1974), N. A. Fox와 Beck(1983), G. A. Hibbert(1984)의 체계적 연구에서 볼 수 있듯이, '사회적 불안' 또는 '대인 간 불안'은 대부분의 범불안장애(GAD)의 초석인 것으로 보인다. 이러한 개인은 지배, 평가절하, 거부 또는 유기의 위험이 있는 모든 상호작용을 염려한다. 따라서 직장과 놀이에서나 가정에서 그들은 지속적으로 두려움을 경험하며, 결과적으로 불안을 겪는다. 예를 들어, 인터뷰 전에 GAD 환자는 자신의 수행 방식에 대해 염려한다. 인터뷰 중에는 자신의 수행과 결과에 대해 염려한다. 그 후에는 자신이 수행한 방식, 부적절한 수행의 부정적인 결과에 대해 염려한다.

Beck, Laude와 Bohnert(1974)는 그들의 GAD 환자가 신체적 상해, 질병 또는 사망, 정신질환, 심리적 장애 또는 통제력 상실, 실패와 대처 불능, 거부, 무시, 지배와 같은 일반적인 두려움 중 하나 이상을 중심으로 한 생각(이미지 및 자동적 사고)을 갖고 있음을 발견하였다. 대부분의 환자(70%)가 이 영역들 중 적어도 세 가지 영역에서 두려움을 가지고 있음은 의미심장하다. 공황 발작이 없는 환자는 신체적 두려움보다는 심리사회적 문제에 중점을 두었다. 공황 발작이 있는 거의 모든 환자는 신체적 또는 정신적 손상에 대한 두려움이 있었다. Hibbert(1984)는 공황이 없는 그의 GAD 환자 대부분은 다른 사람들에게 대처할 수 없다는 두려움을 가지고 있지만, 공황 발작이 있는 사람들은 신체적 재난에 대한 두려움을 가지고 있음을 발견했다.

GAD 환자가 가진 두려움의 본질은 그것을 공포증의 두려움과 비교함으로써 묘사될 수 있다. GAD의 불안 유발 상황은 회피가 불가능한 상황들이다. GAD(특히 공황장애)의 주요 문제 중 하나는 통제력 상실 또는 심각한 병리학적 과정에 대한 두려움을 유발하는 고통스러운 내부 감각의 지속성 및 악화와 관련이 있다. 이것들은 피하기보다는 '주의를 기울여야 하는 위험'이다. 환자가 피를 흘리거나 심장마비가 있다고 생각되면 무기력하다고 느끼며 도움을 청하기 위해 생명을 구할 수 있을 것이다.

또 다른 위험의 근원은 대인관계 영역에 있다. 개인이 위협받는 상황에서 대인관계 기술에 대해 확신이 없다면, 이러한 기술을 개발하거나 연마하기 위한 박차를 가하기 위하여 불안감을 느끼는 것이 유리할 수 있다. 사회적 기술이 부족하고 자신의 미숙함으로 인해 사회적 상황에서 계속 거부되는 사람은 결국 사회 집단에서 격리되어 우울해질 수 있다. 따라서 그의 불안은 사회적 보복을 야기하는 행동을 저지하고 보다 적응적인 행동을 개발하라는 압력을 증가시킬 수 있다.

본질적으로 불안(수치심과 같은 다른 부정적인 행동과 함께)은 사회화와 성숙에 박차를 가한다. 불안 또한 피해야 할 위험한 상황(화재, 흔들리는 나뭇가지, 붕괴될 수 있는 터널, 깊은 물)에 빠지지 않도록 막고, 사회 상황에서 경솔한 행동을 억제한다. 사회적 유능성 발달과 적용에 의해 사회적 상황에서 어느 정도의 불안이 줄어들 수 있다(이 요소는 사회 기술 훈련이 범불안에서 종종 아주 효과적인 이유일 수 있다). 자기계발에 대한 대안으로서, 미성숙한 개인은 사회적 상황에서 자신의 관심을 증진시키기 위해 더 숙련된 친척 또는 동반자에게 의지하는 쪽을 선택할 수 있으며, 결과적으로 미성숙한 의존성을 유지하게 된다.

따라서 GAD 환자의 두려움은 사회화에 대한 노출의 과도한 충격의 관점에서 이해될 수 있다. 이 환자들의 가장 큰 두려움은 평가절하, 조롱 또는 거부당하는 것이다. 일반적으로 이러한 예상에 대한 촉발요인은 '미숙한 행동(inept behavior)'에 대한 인식이다. 따라서 미성숙하게 행동하는 사람은 "너는 아기야, 성장해라!"와 같은 말을 들을 소지가 있다. 그러한 제재에 대한 두려움은 불안을 불러일으키고 그의 행동을 모니터링하고 통제하도록 자극한다. 예를 들어, 울고 싶은 느낌이 들 때 그 표출을 억제한다. 불안은 과잉 모니터링 및 억제로 이어질 수 있으며, 따라서 환자가 비판받을 수 있는 어색한 행동을 야기할 수 있다. 결과적으로는 더 많은 불안이 발생한다.

특히 공황 발작의 또 다른 주요 두려움은 통제력 상실에 대한 두려움이다. 이 두려움은 또한 개인 기준의 경직성에 대해 알려 준다. 즉, 그는 통제 유지가 필수적이며 통제 상실에 대한 예측(prospect)은 재앙이라고 생각한다. GAD 환자의 두려움에 대한 인지치료센터(Center for Cognitive Therapy)의 연구에서는 약 75%가 통제력 상실에 대한 두려움을 주요 두려움으로 보고했다.

자신이나 타인에 의해 부과되는 요구와 기대에 대처하지 못하는 실패에 대한 두려움은 대부분의 GAD 사례에서 미묘하게 전개되는 주제이다. 이 두려움을 활성화시키는 한 가지 요소는 갑자기 직면하는(confrontation) 상황에서 나타날 수 있는 기능의 '마비'이다. 즉, 자발적 움직임의 억제 및 말하기, 사고 및 기억에 대한 방해이다. 효과적인 의사소통을 위한 장치가 작동하지 못하여 취약하고 무기력해질 수 있기 때문에 직면을 두려워한다. 또한 자신의 목표를 달성하기에 충분한 기술이나 능력을 갖추지 못한 자신에 대한 전반적인 개념은 중요한 과제를 수행하거나 어려운 문제를 해결하려고 시도할 때마다 그를 괴롭힌다.

근위의 두려움과 궁극의 두려움 상당한 수준에서 인간은 잠재적으로 유해한 장소와 사건을 두려워하도록 프로그램되어 있다. 특정 두려움은 세 가지 다른 수준 또는 포인트로 표현될 수 있다. 즉, 특정 장소, 상황, 대상 또는 사건에 대한 두려움, 불쾌한 정서나 감각(불안, 공황, 부끄러움, 신체적 고통, 질식 등)에 대한 두려움, 특정 장소에 있거나 불쾌감과 그것을 갖는 결과 또는 성과(outcome)에 대한 두려움이다. 처음의 두 두려움은 그들이 두려워하는 장소나 대상 그리고 사람이 접근함에 따라 활성화된 증상(불안)을 나타낸다는 의미에서 '근위(proximal)'로 표시된다. 따라서 환자는 상황에 대한 두려움과 예상되는 불안 및 기타 증상에 대한 두려움이 있다.

이 세 가지 두려움 '유형'은 분명히 동일한 과정의 구성요소 또는 양상이며 논리적 관계가 있다. 예를 들어, 한 젊은 여성은 상사가 자신을 보고자 한다는 알림을 받고 상담실에 들어간다는 생각('상황')에 불안감을 느낀다. 그녀는 이 불쾌한 경험[그 '정동(affect)']에 전율을 느끼며 그것을 없애고 싶어 한다. 그런 다음 그녀는 자신의 불안이 악화되고 매우 불편해질 것이라고 걱정한다. 마지막으로, 그녀는 일단 상황에 처하게 되면 특정한 결과를 두려워한다. 즉, 그녀는 해고될 것이다('결과'). 이 경우 상황에 대한 두려움과 예상 증상에 대한 두려움은 '근위의 두려움(proximal fears)'으로 나타낼 수 있다. 해고에 대한 두려움은 '궁극의 두려움(ultimate fears)'이다.

그 세 가지 측면은 생존 메커니즘에서 그들의 기능에 의하여 분석될 수 있다. 위험한 만남을 예방하는 가장 실용적인 방법은 구체적이고 식별 가능한 물체 또는 가능한 해로운 만남과 관련된 장소를 '위험한' 것으로 표시하는 것이다. 예를 들어, 아이들은 종종 어둡거나 이상한 장소를 두려워한다. 그러나 실제 위험은, 만약 있다면 대상 또는 장소 자체가 아니라 상황에서 발생할 수 있는 특정 상황이다(예: 유령이나 낯선 사람에 의해 공격받을 수 있음). 혐오스러운 장소는 형체가 있으므로 쉽게 식별할 수 있다. 사람은 위험으로 인식하면 접근할 때 불안을 경험하도록 프로그램되어 있다. 그는 왜 위험한지 '알지 못할' 수 있다. '위험한'의 전반적인(global) 의미는 불안과 회피 행동을 일으키기에 충분하다.

다음 단계의 두려움은 예기 불안과 관련이 있다. 신체적 고통에 대한 두려움으로 인해 신체적 손상의 위험에 노출되는 것을 피하는 것처럼 불안에 대한 두려움 때문에 심리적 외상에 노출되는 것을 피한다. 광장공포증 환자는 "공공장소에 대해 안전하지 않은 것이 없다는 것을 알고 있다. 그러나 그곳에 가면 매우 불편할 것이다."라고 말할 수 있다(이런 의미에서 두려움은 '현실적'이다. 그가 거기 가면 아마 불편함을 느낄 것이다).

마지막으로 궁극적인 단계는 위험한 상황에 처한 경우 유해한 결과에 대한 예상과 관련이 있다. 따라서 해를 입을 위험이 너무 크다고 판단하여 위험한 활동에 참여하지 않기로 결정할 수 있다. 그는 자신을 저지하기 위하여 불안할 필요가 없다. 왜냐하면 위험에 대한 인식으로 충분하기 때문이다. 불안 환자의 경우, 궁극적인 두려움의 정확한 본질은 실제로 상황에 처할 때까지 분명하지 않을 수 있다. 따라서 환자는 교실에 들어가자마자 긴장감을 느낄 수 있다. 일단 그곳에 가면, 그의 두려움은 그가 수행하라는 요청을 받을 때 어리석게 보일 것이라는 생각에 집중되어 있음을 인식할 것이다.

근위 공포의 구체적인 특성은 유기체의 자동 보호(원초적인) 기능의 관점에서 이해될 수 있다. 초기의 전반적인(global) 두려움은 위험한 상황의 물리적 · 지형적 분류에 철저하게 부착되어 있다는 점에서 상대적으로 원시적(primitive)이다. 물리적 특징에 초점을 두면 두려움 반응으로부터 판단을 제거하는 이점이 있다. '위험한' 장소에 관한 규칙은 간단하고 명백하며 절대적이다. 왜냐하면 일반적으로 규칙을 적용하는 데 있어 지연이나 혼동이 필요하지 않기 때문이다. 반면에 그 분류의 폭과 경직성은 지나치게 그것을 포괄적으로 만들고, 결과적으로 개인은 여러 가지 잘못된 경고를 경험할 가능성이 있다. 위험에 대한 개념이 만일 개인이 장소나 대상과 접촉하고 있다면 일어날수 있는 유해한 사건으로부터 대상 자체로 옮겨지면, 경고 시스템이 매우 효과적인 것으로 보인다. 위험의 라벨(label)을 구체적인 대상에 부착함으로써 그는 가장 빠른 시점에서 위험에 대한 경고를 받는다. 따라서 불안과 회피 동기의 경험은 위험이 현실화되는 것을 막도록 자극한다. 그러나 일단 그가 상황에 처하게 되면 자동 메커니즘은 도피하거나, 얼어붙거나 또는 도움을 구하도록 지시한다.

우리가 강조하듯이, 인지치료의 역할은 위험이라고 표시된 특정 상황이 실제로 위험한지 여부를 테스트하는 것이다. 따라서 위험 정도에 대한 질문, 위험하다고 여기는 자동적 사고를 평가하고, 실험적 노출을 통해 환자는 주어진 상황이나 대상에 잘못 부착된 두려움을 분리하고 '소멸'시킬 수 있다.

자동적 사고와 이미지의 체계적인 연구 32명의 GAD 환자(Beck, Laude, & Bohnert, 1974)의 사고(ideation) 내용에 대한 자세한 분석은 각 환자가 신체적으로나 심리적으로 또는 두 가지 모두에서 피해를 입을 것으로 예상했음을 나타냈다. 긴급하고 심각한(acute-severe) 상황에서 환자의 사고는 신체적 재앙 또는 일부 사회적 및 대인관계적 재앙 또는 둘 다에 대한 두려움을 중심으로 진행되었다. 보다 만성적이고 덜 심각한 상황에서, 이 두려운 사건이나 외상은 비난받거나 거부당하거나 또는 실패에 대한 예측이 덜 심각한 상태였다.

불안이 시작되거나 악화되기 직전에 일어난 인식은 임박한 위험이라는 공통 주제를 가졌다. 그들은 '나는 심장마비를 앓고 있어.' 또는 '나는 어리석게 보일 거야.'와 같은 개별적인 생각으로 경험되었다. 더 심한 경우에는 환자가 겁에 질린 사건의 발생 가능성을 더 높이 부과하였다. 덜 심한 경우에도 위험에 대한 자동적 사고는 환자에게 그럴듯해 보였으며 다칠 가능성이 높다고 여겨졌다. 반복적인 예상 불일치의 기록(disconfirmation history)에도 불구하고, 환자가 전형적인 '위험한' 상황에 노출되었을 때 위험에 대한 예상이 되풀이되었다.

32명의 환자 중 30명은 불쾌하거나 재앙적인 경험에 대한 의식적인 이미지를 경험했다고 보고했다. 이러한 시각적 경험은 언어 인식과 동일한 내용을 가졌다. 인터뷰 중에 환상을 경험한 것에 대하여 질문했을 때, 환자들은 불쾌한 사건을 시각화할 수 있었고, 시각화된 시나리오가 발전함에 따라 불안감을 느꼈다. 특정 환자가 보고한 생각과 이미지의 특정 기능은 종종 개념적 구성의 독특한 측면이나 과거 경험과 명확하게 관련되어 있었다. 따라서 이러한 개인적인 편차는 종종 환자의 경험을 통합하는 방식과 불안의 각성 간 관계를 아주 잘 설명해 주었다.

예를 들어, 30명의 환자 중 8명이 죽음에 대한 불안감과 관련된 사고를 반복적으로 가졌다. 그러나 두려운 사건의 본질, 죽음의 예상과 관련된 상황, 예상되는 재앙의 결과는 상당히 달랐다. 예를 들어, 한 여성 환자는 심장마비나 질식으로 갑작스럽게 사망하는 것을 두려워했다. 이 두려움은 그녀가 가슴 통증 및 호흡 곤란 관련 실신과 관련하여 심장마비로 잘못 진단되었던 두 번의 경험 후에 발전했다. 이는 병원에서 그녀를 관찰하던 의사의 분명한 염려에 의하여 강화된 잘못된 결론이다. 그러나 어떤 질병의 증거도 발견되지 않았다.

다른 여성은 만성 통증, 소모성 질환 및 신체 변형과 관련된 천천히 악화되는 질병으로 사망하는 것을 구체적으로 두려워했다. 그녀의 친한 친구는 만성 진행성 신경계 질환에 시달렸다. 그리고 그 당시에 우리의 GAD 환자는 설명할 수 없는 통증과 감각 이상을 경험했는데, 이는 그녀에 대한 연구가 실시되기 몇 년 전에 사라졌다. 그녀는 신체의 어느 부분에서나 거의 모든 비정상적인 감각을 진행성 질환의 징후로 해석하였다. 이러한 염려는 궁극적으로 그녀가 심한 불안 발작을 겪는 것으로 끝났다.

밤에 혼자 있는 동안 무장한 남자에게 강간당했던 세 번째 환자는 그때 일어났던 그 끔찍한 감정이 그녀의 마음을 영구적으로 손상시키기에 충분하다고 믿었다. 아파트에 혼자 있거나 도시에서 혼자 걷는 것은 공격받는 환상을 불러일으켰다. 그녀가 두려워하는 결정적인 대상이 다시 강간당할 위험 자체가 아니라, 오히려 그녀가 느끼는 공포에서 비롯된 것으로써 자신이 가정한 비참한 결과라는 사실을 인식하는 것이 중요했다. 그녀는 적어도 순간적으로 마비되어 공포 때문에 사망할 가능성이 있다고 믿었다.

네 번째 환자는 갑작스럽고 예기치 않게 사망하는 결과에 대해 주로 걱정을 했다. 강하고 정통적인 가톨릭 배경에서 그녀는 죽음에 대비하지 않으면 영원한 처벌을 받게 될 내세를 두려워했다. 그녀는 어린 시절의 인상적인 시기에 자신의 삶에서 게으르거나 죄가 많으면 잠을 자는 중에 준비되지 않은 상태로, 경고 없이, 지옥에서 깨어날 수 있다고 여러 번 경고를 받았다. 그 후 그녀는 자신의 죽음을 초래할 수 있는 예측 불가한 사건에 특히 취약하다고 믿었다.

죽음을 두려워하는 다른 모든 환자는 자신을 두려워하게 했던 실제 생활 경험에 대한 두려움을 추적했다. 심장마비를 두려워한 한 여성은 어머니가 협심증의 공격으로 고통이 배가되는 것을 목격했으며, 그로 인하여 죽는 것을 목격했다. 수술 중 마취를 받는 동안 심한 질식 경험을 한 환자는 질식으로 죽을 수 있다는 두려움에 지속적으로 사로잡혔다. 또 다른 환자는 페니실린에 심한 알레르기 반응을 보였으며 언제라도 겪을 수 있는 갑작스러운 치명적인 반응을 두려워하였다.

거절에 대한 두려움은 10명의 환자에서 불안의 전주곡(prelude)이었다. 그러나 예상되는 거절의 특정한 특성과 결과는 개별 사례마다 상당히 다르다. 한 환자는 자신의 행동이 그녀의 사회적 동료들에게 독특하고, 낯설고, 불쾌한 것으로 여겨질 것이어서, 그녀의 동료 집단에서 자신이 체계적으로 그리고 돌이킬 수 없게 소외될 것이라는 구체적인 두려움을 가지고 있었다. 그녀는 거절을 완전히 배척당하는 것으로 확대 해석하고, 자신이 견딜 수 없는 외로움의 삶을 살 것이라고 예상했다.

그러나 거절을 완전히 배척당하는 재앙적인 결과로 예상한 또 다른 환자는 그녀가 지혜와 지적 능력이 근본적으로 부족하다는 것이 알려져 동료 집단에 적합하지 않을까 우려했다. 이 두 환자 역시 다른 사람의 신체적 공격을 받을까 봐 두려워했던 것은 아마도 의미심장할 일일 것이다. 다른 환자들이 경험하는 거부에 대한 두려움은 사회 집단에 의한 집단 배척의 이미지와 관련이 있었지만, 예상되는 거부는 특정 상황, 즉 대규모 집단과 남성과의 상호작용으로 제한되었으며, 모든 사회적 맥락으로 확장되는 완전한 배척으로는 간주되지 않았다. 6명의 환자에서 불안과 관련된 사고와 이미지의 반복적인 주제 내용은 특정 상황에서의 부적절한 수행으로 인한 수치와 굴욕이었다. 환자들은 일반적으로 직장, 학교 또는 사회적 상황과 관련된 특정 상황에서, 다른 사람들과의 불리한 비교에서 기인한 거부를 예상했다. 그러나 그들은 전체 계층의 사람들에 완전히 배척당하거나 모든 사회적 상호작용에서 배제될 것이라고 기대하지 않았다.

GAD 환자에 대한 Fox와 Beck(1983)의 최근 연구는 위험과 관련된 자동적 사고의 발생과 경험된 불안 사이에 유사한 관계가 있음을 보여 주었다. 신체적 또는 심리적 취약성의 주제는 모든 경우에 존재했다. 심리사회적 위험과 관련된 주제는 부족한 대처 능력 개념, 관찰되고, 평가절하당하고, 고립되는 두려움, 마지막으로 실패에 대한 두려움에 중심을 두고 있다.

1984년 GAD 환자에 대한 Hibbert의 연구에서 유사한 주제가 보고되었다. Hibbert는 공황 발작이 있는 환자는 신체적 위험에 대한 두려움이 있고 공황 발작이 없는 환자는 주로 심리적 문제에 대처하지 못하는 것에 대한 두려움이 있음을 발견했다.

이러한 연구는 불안 신경증에서 인지적 요소(component)의 존재를 분명히 보여준다. 언어적 형태와 시각적 이미지 모두에서 발생하는 구체적인 인식은 개인적 위험의 주제를 중심으로 이루어졌다. 이러한 구체적인 인지는 불안 증후군의 정서적 및 생리학적 요소로서 일관되게 보고되었다.

심리치료를 받은 환자의 자기보고에서 매주 관찰되는 가장 규칙적인 순서는 위험에 대한 기대가 일반적으로 불안의 시작 또는 악화보다 우선한다는 것이었다. 치료사로부터의 정보 또는 설명에 의해 환자의 피해 확률에 대한 신념이 감소하고, 현실 검증에 대한 주의력이 증가하고, 환상과 사실 사이의 식별이 개선됨에 따라 그의 주관적 고통은 점차 사라졌다.

범불안장애에서 자기개념

문헌에서 자기개념(self-concept)의 일반적인 정의는 특정 국면에서 요구되는 고도로 전문화된 기술의 효율성에 관한 일련의 신념에서부터 자기 자신에 대한 일반화된 전반적 관점에 이르기까지 다양하다. 그 관점은 평범한 일상의 요구나 기대 및 문제에 대처할 수 없는 약하거나 부적절한 성격 혹은 슈퍼맨이거나 천재와 같다는 견해이다.

심하게 불안한 환자의 경우 '부적절한' 수행으로 인해 부정적인 평가 및 거부에 지속적으로 취약해지기 때문에 대부분의 생활 상황이 위협으로 여겨진다. 취약성이라는 개념은 희망 없는 비효율성이라는 개념으로 발전할 수 있으며, 이것이 그만두거나 또는 정상적인 목표와 보상 달성에 대한 전망을 포기하는 사고로 이어질 수 있다. 이 시점에서 자기개념은 불안에서 우울로 전환된다.

GAD에서 자기개념의 의미는 다음과 같은 즉각적인 대인 직면 상황에 대한 반응을 분석하여 설명할 수 있다. ① 권위자와의 대면(예: 교사, 상사), ② 그룹과의 대면(예: 대중 연설), ③ 수행 능력의 즉각적인 평가에 처함(예: 시험 응시, 운동 경기), ④ 사회적 평가에 처한 상황(예: 데이트 신청), 또는 ⑤ 낯선 사람과의 대면(예: 영업 직원).

이 각각의 대면은 개인 삶의 중요한 측면, 즉 문제가 있는 상황을 처리하는 데 있어 자신이 지각하는 유능성과 개별성에 대한 존경과 수용 그리고 사람으로서 그의 권리를 획득할 수 있는 능력을 포함한다. 개인은 평가적인 용어로 판단되고 있다. 설사 다른 사람의 판단을 받지 않더라도, 자신이 잃을게 많다고 생각하기 때문에 자신의 성과를 심각하게 판단할 수 있다. 자신감이 낮아지면 불안에 대해 민감해지며 실제로 낮은 수준의 불안감이 지속된다. 이러한 불안 배경으로 인해 만성 피로와 같은 요인에 의해 능률이 더 떨어지면 사고와 수행에 대한 통제력이 약화된다. 또한 갑작스러운 대면(acute confrontation)은 말과 행동을 억제하여 효능감을 더욱 제한하며 자신감을 줄인다.

GAD 환자는 자신의 성격의 긍정적인 측면을 볼 수 있고, 부적절한 행동의 결과를 자기 자신에 대한 내구력 있는 개념(durable concept)과 분리할 수 있다는 점에서 우울 환자와 다르다. 그는 자신이 성격적인 결함이 없지만 행동에 결함이 있다고 생각할 수 있다. 따라서 그는 '내 자신을 바보로 만들었어.'라고 생각할 수 있다. 이는 그가 그 수행 **전**에는 자신을 바보로 여기지 않았으며, 자신의 성격에 내재된 아둔함이나 내성 있는 성격으로 간주하지 않는다는 진술이다. 이에 반해 우울 환자는 부적절한 수행을 부적절한 성격의 표현으로 생각할 것이다.

불안 환자의 자기이미지는 그가 상황을 인지하는 위험 정도에 따라 요동한다. 따라서 그는 자신을 위협하지 않는 상황에서는 유능하고 효능적이라고 생각할 수 있지만, 권위자와의 대면과 같은 위협적인 상황에 직면했을 때 자신의 이미지를 어린

아이처럼 작고 부적절하게 전환할 수 있다.

'수축 현상'이라고 명명될 수 있는 이 관찰은 그러한 사람이 적어도 두 가지의 자기이미지를 가지고 있음을 제시한다. 하나는 유능하고 성숙하며 자신감 있는 자기이고, 다른 하나는 무능하고 미성숙하며 불안전한 자기이다. 이러한 상충되는 자기개념은 동기부여적 속성을 가지고 그것들과 일치하는 행동으로 이어질 수 있다. 또한 그것은 다소의 적응 기능을 수행하는 것이 가능하며, 부정적인 개념은 불안정한 활동에 대한 과도한 장기간의 모험에 대한 억제 역할을 한다. 어쨌든 사람이 억제하는 가운데 위협에 반응할 때 약하고, 혀가 굳어 버리며, 꼼짝 못하는 부정적인 이미지가 나타날 수 있다.

불안과 우울의 자기비판

부정적인 개념의 또 다른 측면은 자기비판(self-criticicm)이다. 시험을 치르거나 보고서를 작성하는 것과 같은 특정 위협 상황에서도 불안한 사람들은 더 잘 준비하지 않은 것과 집중을 잘하지 않은 것 그리고 다른 학생들이나 동료 직원들만큼 잘하지 못한 것에 대해 자신을 비난할 소지가 있다. 우리가 말했듯이, 불안한 사람은 수행 준비와 능력의 특정한 부족을 비판한다는 점에서 보다 전반적인 용어로 자신을 비판하는 우울한 사람과 다르다. 사실 비판은 개인이 자신의 결핍에 따른 심각한 결과에 대해 스스로 경고하는 것처럼 불안을 유발한다.

두 그룹의 차이점은 비판의 대상(target) 측면에서 요약될 수 있다. 즉, 불안한 사람은 적절하게 준비하지 않거나, 최적의 시간을 보내지 않거나, 질문을 오해하는 것과 같은 특정한 결함에 대해 자신을 책망하는('행동적 자책') 경향이 있다. 우울한 사람들은 어리석거나 게으르거나 일반적으로 부적합한 것과 같은 전반적인 결함에 대해 스스로를 비난한다('성격적 자기비난'; Beck, 1976; Peterson & Seligman, 1984).

불안과 우울 사이의 차이점

불안과 우울 사이에는 상당한 중복이 있다. GAD 환자는 종종 우울하고 우울 환자는 종종 불안하다. 더욱이 각 장애의 '순수한' 사례들조차도 (앞서 지적된) 평가절하된 자기개념, 부정적인 예측, 현재 경험을 평가할 때의 부정적인 편향의 측면에서 대략 비슷한 특성을 보인다. 그러나 두 그룹의 차이점이 드러나며 각 장애의 구체적인 특성을 조명한다.

① 우울에서 부정적인 평가는 만연되고, 전반적이고, 배타적이다. 불안에서는 평가가 선택적이고 구체적이며, 기능의 모든 측면을 포함하지 않으며, 긍정적인 요소의 고려를 배제하지 않는다.
② 불안한 환자는 미래에 대한 가능성을 본다. 그는 자발적으로 포기하지 않았다. 우울한 환자는 미래를 공백으로 본다. 그는 자신이 이미 '필수적' 관계를 잃었거나 패배했다고 믿고 자발적으로 포기하였다.
③ 불안한 환자는 자신의 결함이나 실수를 돌이킬 수 없는 것, 성격 가운데 썩은 것을 나타내는 것, 혹은 자기혐오를 정당화하는 것으로 간주하지 않는다. 우울한 환자는 자신의 실수가 자신이 '뿌리 깊은(through and through)' 결함이 있고 회복이 불가능하다는 것을 의미한다고 생각한다.
④ 불안한 환자는 그의 부정적인 평가를 잠정적이며 불확실한 것으로 여긴다. 우울한 환자는 절대적이다. 이 두 가지 증후군(syndrome)의 차이점은 구체적인 관점을 검사할 때 확연히 드러난다.
⑤ 불안한 환자는 다른 사람과 자신의 관계, 그의 목표와 목적, 문제에 대처하고 적절하게 수행할 수 있는 능력, 건강과 생존에 대한 가능한 손상을 예측한다. 우울한 환자는 만족의 근원을 잃어버렸고, 중요한 타자들을 박탈당했으며, 자신의 목표에서 패배했고, 그의 역경을 변화시키거나 수행을 개선하기 위해 어느 것도 할 수 없다는 사실에 대해 **후회**한다.
⑥ 우울한 환자는 아무것도 자신에게 적합한 것이 없다는 전반적인 견해를 가지고 있으며, 이 때문에 유감스러워하고 슬퍼한다. 그러나 상사나 청중과의 특정 대면 상황에서는 GAD 환자가 불안감을 느끼는 방식으로 반응한다. 불안한 환자는 구체적인 특정 사건, 예를 들어 대면할 것들이 잘못될 수 있을 것이라고만 예측한다.

GAD와 정동장애 간의 인지적-동기적-행동적 차이는 특정한 심리적 기능 또는 차원의 관점에서 논의될 수 있다.

회피 우울 환자는 일상적인 작업을 포기한다. 그 예는 전화를 걸고, 편지에 응답하고, 은행 계좌의 수지를 맞추고, 침대에서 일어나고, 집안일을 하고, 산책을 하고, 식사를 준비하는 것 등이다.

우리가 말한 것처럼 불안 환자는 그의 생사의 문제가 위험에 처하게 하거나 대면 또는 실패의 가능성을 보이는 구체적 과업(공개 석상에 서기, 사회적 교제를 위해 타인에게 전화하기, 또는 인상 요구)만을 회피한다. 그러한 상황에서 위험의 가능성이 줄어든다면, 환자는 그에 대처할 수 있다는 자신감을 갖게 되고 상황을 피할 가능성은 줄어든다. 실제로, 그는 그것들을 시작하도록 동기부여를 받을 수 있다. 이 경우, 불안 환자는 부정적인 대면의 변동에 훨씬 더 민감하고 변동에 따라 자신의 접근 회피 행동을 조정한다.

동기부여와 에너지 우울 환자는 작업을 수행하는 에너지가 '부족'하다. 그는 의지력 상실과 정신운동 지체에 의해 나타나는 동기-운동 장치(motivational-motor apparatus)가 떨어져 나가는 경험을 한다.

불안 환자는 종종 프로젝트(시험 준비 공부, 경연대회 참가)를 수행할 에너지를 가지고 있지만 억제될 수 있다(counter-cathexis). 그는 약간의 내적 힘에 대한 주관적인 감각을 가지고 있다. 그 힘은 자신의 소원에 대해 자동적으로 반대하거나 저항하는 것이며, 또한 행동과 효과적인 정신 활동의 효과적인 억제 방식으로 나타날 수 있다. 일부 환자는 이것을 일종의 딱딱한 운동 마비(신체의 모든 근육이 팽팽해짐)와 정신 마비라고 묘사했다. 억제가 해제되면 작업을 수행할 충분한 에너지를 갖게 된다. 예를 들어, 한 청년이 소녀에게 데이트를 신청할 때 심각한 억제(말하기 어려움, 막막한 마음)를 느꼈다. 청년이 그녀가 그로부터 소식을 듣고 싶어 하고 그와 함께 나가고 싶어 한다는 소식을 들었을 때 그 억제감은 사라지고, 그녀와 길고 즐거운 대화를 나눌 수 있었다. 그가 우울하였다면 이것을 할 수 없었을 것이다.

우울 환자는 목표의 전체 범주를 포기하며 노력해도 아무 소용이 없다고 여긴다.

불안한 환자는 이러한 목표를 추구하고 싶지만 취약성, 상처에 대한 두려움 및 자동 반사 억제에 의해 구속을 느낀다.

실패에 대한 예상 우울 환자는 실패를 예상한다. 그는 아직 과업을 수행하지 않았음에도 실패가 이미 발생한 것처럼 아쉬움을 느낀다. 그는 하루 동안 자신의 일정을 숙고할 때, '나는 그것을 할 수 없을 거야. 나는 무엇을 해야 할지 모르겠어. 나는 오늘 아무것도 이루지 못할 거야.'라고 생각한다. 그는 슬프고 낙담한 느낌이다. 더 심한 경우, 환자는 이미 과제의 부담이 너무 커서 노력조차 하지 않기로 결정했다. 따라서 이른 아침에도 그는 그날을 실패로 '기록했다'.

불안 환자는 실패와 그것의 결과를 적극적으로 두려워하지만, 그 사건은 여전히 미래에 있다고 생각한다. 예를 들어, 학생은 '보고서를 마치지 않으면 낙제할 것'이라고 생각할 수 있다. 그는 아마 낙제할지도 모르지만, 예상되는 실패를 **기정사실**로 취하지 않았다. 그럼에도 불구하고 그는 낙제의 결과를 미래에 겪게 될 고통의 원천으로 고려하기 때문에 불안을 경험한다(실패가 아직 발생하지 않았기 때문에 슬픔이 아님).

불안 환자는 생사가 걸린 문제가 아니라면 실패에 대해 걱정하지 않는다는 것을 주목해야 한다. 예를 들어, 일반적으로 불안한 한 의대생은 법학 학교 입학 시험을 치르면 자신이 얼마나 잘할 수 있는지 내기하기 위해 시험을 보기로 결정하였다. 과거에 의대 시험에서 염려를 많이 했지만 자신의 요구나 기대에 관해 위험에 처할 아무런 문제가 없었기 때문에 법대 시험에 실패하는 것에 대한 염려가 없었다. 그러나 좋은 점수는 만족의 원천이 되었기 때문에 잘 수행하려는 동기는 높았다. 대조적으로, 법에 관심이 있는 우울한 대학생은 시험을 회피하길 원하였다. 그는 자신이 과제를 수행할 능력이 전혀 없다고 믿었기 때문에 스스로를 실패에 빠뜨리는 시도를 하지 않았다.

자기개념 자기개념의 차이점은 해당 주제에 대한 절(154~156쪽)에서 이미 논의되었다. 요컨대, 불안한 환자는 그의 기술 레퍼토리, 대처 메커니즘 및 문제 해결을 위한 전략에서 취약성의 특정 영역에 주의를 기울인다. 그의 불확실성은 이러한 불확실성 영역이 스트레스 또는 직면 상황에서 약점을 보일 수 있다는 점과 관련이 있다. 우울한 환자는 자신에 대한 부정적인 일반화에서 전반적으로 비현실적이다.

또한 불안한 환자는 실패의 결과(자신을 경멸하는 것)를 발생 가능한 실패 **이후**에 일어나는 것으로 간주하고, 따라서 걱정할 것과 두려움이 있을 것으로 본다는 점에 유의해야 한다. 반면에 우울한 환자는 이미 실패와 '병합'되어서 '실패한' 자신에 대한 판단을 내리기 때문에 결과가 **지금 바로** 시작된다고 본다. 시험을 치르는지 여부는 그에게 관계가 없다. 어느 쪽이든 그는 실패인 것이다.

자동적 사고 불안이 뒤따르는 자동적 사고는 슬픔이 뒤따르는 사고와 다르며 우울과 불안 사이의 개념적인 내용의 차이를 반영한다. 체계적인 연구에서 외래 환자는 특정 상황에서 전형적인 생각을 확인하고 관련 느낌을 나타낼 것을 요청받았다. 다음과 같은 자동적인 사고는 사회 상황에 접할 때 자주 발생했으며 불안과 관련이 있었지만 슬픔과는 관련이 없었다.

- '나는 바보짓을 할 것이다.'
- '무슨 말을 해야 할지 모르겠다.'
- '사람들이 나를 비웃을 것이다.'

슬픔이 따르는 자동적 사고는 다음을 포함한다.

- '나는 사회적 실패자이다.'
- '나는 다른 사람들만큼 좋은 사람이 될 수 없을 것이다.'

환자가 프로젝트를 수행할 때 불안을 일으키는 생각은 다음과 같다.

- '실패하면 어떻게 하나?'
- '다른 것들이 방해가 될 수 있다.'

- ‘일을 잘 해내기 위한 충분한 시간이 없다.’
- ‘나는 뒤처지고 있다.’

슬픔과 관련된 일반적인 생각은 다음과 같다.

- ‘나는 내가 해야만 하는 일에 대한 능력이 없을 것이다.’
- ‘나는 전처럼 능력이 없다.’

신체 건강의 범주에서 불안은 특정 부상이나 질병의 가능성과 관련이 있고(‘아프고 쓸모없는 사람이 되면 어떡하지?’), 슬픔의 경우는 과잉일반화와 관련이 있는(‘나는 결함 있는 인간이다.’) 것으로 밝혀졌다.

공황장애

전반적 기술

Charles Darwin은 동물에서 급성 공포의 신체적 및 행동적 특성에 대한 생생한 설명을 다음과 같이 기술하였다.

> 조류를 포함한 모든 혹은 거의 모든 동물에서 공포는 몸을 떨게 한다. 피부가 창백해지고 땀이 나며 모발이 뻣뻣해진다. 소화관과 신장의 분비가 증가하고, 괄약근 근육의 이완으로 인해 인간의 경우와 같이 소, 개, 고양이, 원숭이도 그러함을 보았다. 심장은 빠르고 격렬하게 박동한다. 그러나 그것이 신체를 통해 혈액을 더 효율적으로 펌핑하는지 여부는 의심될 수 있다. 정신적 능력은 크게 방해받는다. 완전한 탈진이 곧 이어지고 심지어 기절한다. 겁에 질린 카나리아새는 새장 바닥에서 떨면서 흰색으로 변할 뿐만 아니라 실신한다. 나는 한때 방에서 울새를 잡았는데, 그것이 완전히 기절하여 한동안 나는 그것이 죽었다고 생각했다(1872, p. 77).

Darwin은 진화과정에서 수많은 부상으로 인한 두려움이 동물에게 가능한 부상에 대해 준비하고, 방어하기 위해 자동적으로 몸을 동원한다는 개념을 개발했다.

앞서 제시한 Darwin의 설명과 한 젊은 여성이 경험했던 공황에 대한 다음의 설명을 비교하면서, 그녀의 경험과 비슷한 증상—얕은 호흡, 빠른 심박수, 많이 나는 땀, 현기증, 사고의 어려움—에 주목해 보자.

> 호흡이 매우 얕아지기 시작한다. 호흡이 멈출 것 같다. 공기가 얇아지는 느낌이다. 공기가 코를 통해 나오지 않는다고 생각한다. 나는 짧은 숨을 몰아쉰다. **그러고 나서 숨을 뿜어내는 나의 이미지를 보며 병원에서 일어난 일을 기억한다.** 나는 헐떡거릴 것이라고 생각한다. 나는 현기증을 느끼며 방향 감각이 없어진다. 나는 아직도 앉아 있거나 설 수 없다. 몸을 흔들기 시작한다. 그런 다음 떨면서 땀을 흘리기 시작한다. 나는 정신없다는 느낌이 들며 자제력을 잃어 내 자신이나 다른 사람에게 상처를 줄 것이다. 심장이 빨리 뛰기 시작하고 가슴에 통증이 생긴다. 가슴 압박을 느낀다. 나는 매우 두려워한다. 나는 이러한 감정이 사라지지 않을까 봐 두려워한다. 그러자 정말 화가 난다. 나를 도울 수 있는 사람이 아무도 없다고 느껴진다. 죽을까 봐 매우 두렵다. 안전한 곳으로 달려가고 싶지만 그곳이 어디인지 모르겠다.

공황장애에 대한 환자의 설명은 정신장애의 가장 극적인 어려움을 묘사한다. D. V. Sheehan(1982)은 공황장애가 일반 인구의 2~5%, 심장학 치료에서 환자의 10~14%에서 발생한다고 보고했다. 가장 심각한 형태의 공황 발작은 다음과 같이 강렬하고 불쾌하고 이상한 다양한 경험으로 발현된다.

① 이러한 반응은 일반적으로 이전 경험과 질적으로 다르다. 일부 환자는 그 경험의 이상한 점을 약물에 대한 부작용 또는 악몽을 겪는 것과 비교한다. 익숙한 외부 물체는 독특하거나 왜곡되거나 비현실적으로 보인다. 환자 **내부의** 경험은 이상하고 특이한 것처럼 보인다. 그의 사지 또는 신체 내부에서 정상적인 감각이 상실될 수 있다. 그는 사지에서 특이한 감각이나 마비(마취)를 경험할 수 있다. 그의 몸은 매우 무겁거나 무게 없이 느껴질 수 있다.

② 공황 발작의 가장 무서운 측면은 아마도 개인이 언제나 당연한 것으로 간주했던 **통제의 실패**일 것이다. 그는 초점 두기, 집중, 주의 및 행동에 대한 자발적인 통제력을 유지하거나 회복하기 위해 노력해야 한다. 때때로 초점을 맞추기가 어려워서 의식을 잃어 가는 느낌이 들지만, 실제로 의식 상실은 드물다. 그는 자신의 생각을 구성하거나 일관된 논리적 사고 또는 추론을 하는 데 어려움을 겪게 된다. 주변 환경에 대한 인식이 바뀌어 멀리 떨어져 있거나 사건과 분리된 느낌이 들지도 모른다. 그러나 역설적으로 그는 특정 자극, 특히 무서운 성격의 자극에 절묘하게 민감할 수 있다. 그래서 다른 사람의 목소리가 울리고 공명하는 것처럼 보일 수 있다(Beck, 1976, p. 78).

③ 그는 종종 혼란스럽고 방향 감각을 잃은 느낌이 든다. 비록 자신이 누구이며 어디에 있는지 정확하게 식별할 수 있지만 '이것이 정말로 나'라는 확신이 들지 않는다. 이 장애의 극단적 형태는 '재앙적 반응'으로 명명된다. 섬뜩한 경험은 '내가 여기 있는 것 같지 않다, 다르게 느껴진다, 상황이 다르게 보인다'와 같은 용어로 설명될 수 있다. 섬뜩한 경험의 질은 다음과 같은 표현으로 포착된다. '기절할 것 같아.' '통제력을 잃어버릴 것 같아.' '정신을 잃을 것 같아.' '분해가 될 거 같다.' '나는 죽어 가고 있어.' '내가 미쳐 가고 있어.' 또는 '뇌졸중이 일어나고 있어.' 환자는 종종 '이상한 감정'을 광기의 표시로서 해석하지만, 그것은 정신증 반응이라기보다는 급성 신경증 반응의 특정 징후이다.

④ 물론 공황 발작의 두드러진 특징은 통제할 수 없는 불안에 휩싸인 느낌이다. 이 느낌은 '지속할 수 없는 고통'과 '내가 상상할 수 있는 최악의 경험'으로 묘사되었다. 공황 발작의 또 다른 본질적인 특성은 추론 능력의 자동 억제(suppression)이다. 개인은 공황 발작이 '거짓 경보'일 수 있다는 것을 알고 있을 수도 있으며, 무해한 것으로 판명된 이전 공황 발작을 기억할 수도 있다. 그러나 그는 이러한 추론으로 증상의 맹공격과 무서운 아이디어에 맞서 견딜 수 없다. 그는 '이번에는 실제로 벌어지는 일이야. **나는 정말로 죽어 가고 있어.**'라는 압도적인 생각을 그의 마음에서 떨쳐 낼 수 없다.

⑤ 또한 환자는 부교감 또는 콜린성(cholinergic) 활성화 및 운동 '붕괴', 어지러움과 만연한 허약감과 연관된 다양한 증상을 갖는다. 이러한 증상은 일반적으

로 급성 불안과 관련된 익숙한 심장박동과 일반화된 발한보다 더 무섭다. 또한 사지의 특이한 감각 의식을 잃는 느낌과 같은 많은 증상은 가빠른 얕은 호흡 또는 헐떡거림(과호흡 증후군)의 결과일 수 있다.

비록 공황 발작이 '자율적인(spontaneous)' 것으로 묘사되었지만, 우리는 자신의 불안을 감찰하도록 훈련받은 환자가 위협하는 자동적 사고에 뒤따르는 '불명확한' 생리적 감각(예: 기절 또는 '두근거림')을 발작에 대한 전조로 알아차릴 수 있다는 것을 알게 되었다. 또한 환자는 발작 중에 특정 두려움이 있다. 그들의 관점에서 볼 때 위험은 현실적이고 그럴듯하다. 환자에게 "발작 중에 무엇을 두려워합니까?"라고 물어보면 우리는 무엇을 알게 될까? 처음에 그의 주의는 그의 불안, 그의 독특한 감정 상태 그리고 통제력 상실에 너무 고착되어서 그 질문에 집중하기가 어려울 수 있다. 그러나 최소한의 조사만으로도 그는 대답할 수 있다. 항상 그런 것은 아니지만, 그는 종종 죽어 가고 있다는 생각에 압도된다. 죽음에 대한 두려움은 전혀 설명되지 않는 예상치 못한 신체적 감각에 의해 활성화될 수 있다. 그는 신체적 고통을 파괴적인 신체장애의 징후로 해석하고 더욱 불안해지고 그것이 증상으로 나타나면서 연쇄 반응이 설정된다.

공황 발작의 의미

공황 발작은 심각한 위험에 직면했을 때 무력감을 나타내는 것으로 보인다. 무력감은 사람이 위험한 상황에 갇혀 있거나 내부의 혼란에 압도되었다고 믿게 하는 내부 메커니즘의 결과인 것으로 보인다. 자신의 취약점에 대한 두려움은 심리적이고 정서적인 반응과 상호작용하여 악순환을 만든다. 증상이 시작되면 환자는 일련의 반응을 보인다.

예를 들어, 환자가 무분별한 식사를 하고 복통을 경험했다. 그의 다양한 시스템은 다음 순서로 활성화되었다.

① **인지**: '무서운 어떤 것이 일어날 수 있다.'

② **생리학**: 자율신경계의 활성화 - 빠른 심장박동, 기절, 복부 경련['불안한 마음(butterflies)'], 발한

정동: 불안

'정신': 차단, 산만, 혼란

③ **인지**: '무서운 어떤 것이 일어나고 있다. 나는 내 생각, 느낌, 행동을 통제할 수 없다. 이것은 내가 죽어 가고 있다는 신호(미치거나 통제력을 상실하는 등)일 수 있다.'

④ **인지적** 정교화가 확대된다. '감정을 멈출 수 없다면 이는 꽤 안 좋은 일에 틀림없다. 이것은 어떤 상황(예: 죽음, 광기, 살인)으로도 진행될 수 있다. 도움을 받지 못하면 나는 끝장날 것이다.'

인지-정서-생리학적 메커니즘은 다음과 같은 것들을 생산해 내도록 **고안된** 것처럼 보인다. ① 자신이 통제할 수 없는 내부 장애로 인해 위험에 처해 있다는 신념, ② 혼란이 궁극적인 재앙으로 진행될 것이라는 두려움, ③ 그가 돌보는 이에게 도움을 청해야 한다는 믿음.

이 메커니즘에 의해 야기되는 특정한 두려움은 사람마다 다르지만 특정 감각과 관련이 있는 것 같다.

- 복부 또는 흉통의 증상 + 기절 = 심장마비
- 사지의 독특한 감각, 얼어붙음, 떨림, 근육 약점 = 뇌졸중
- 정신 기능의 변화(주의집중의 어려움, 명함, 이인감 등)=초기 정신 이상 또는 뇌의 질병
- 실신 = 공공장소에서의 실신과 굴욕을 당하거나 혼수와 사망을 낳게 되는 의식 상실
- 숨쉬기 어려움 = '호흡을 멈추고 죽을 것이다.'
- 내부 감각에 대한 통제력 상실에 대한 일반화된 감각 = 통제 불가능하거나 기괴한 행동, 광기, 살인 또는 기타 반사회적 행동, 자살, 난잡한 섹스 '불량 행동'

결정적으로 파괴적인 증상은 정신적 · 신체적 · 정서적 증상을 통제할 수 없는 무능함이다. 불안이 너무 강해져서 스스로 통제할 수 없다고 생각하고 자연적으로 가라앉지 않을 것이라고 믿을 때, 그는 다음과 같이 재앙화하기 시작한다. '이것은 단순한 감정적 문제가 아니다. 심장마비(뇌졸중, 장파열)를 겪고 있다.' '나는 미쳐 가고 있다(혼수상태에 빠질 것이다).' 또는 '나는 기괴한 행동(자살, 파괴적인 행동, 성적인 행동)으로 빠져 들어가고 있다.'

'단순공포증'(동물, 고도, 폐쇄 공간에 대한 두려움)의 경우에 공포증 상황에서 탈출하면 안도하게 된다. 그러나 탈출이 불가능한 경우, 개인은 방금 설명한 것과 유사한 공황 발작을 가질 수 있다. 광장공포증에서 개인은 갇히게 되고 결과적으로 구조를 위해 도움이 '필요'하다. 그는 공황 상태를 피하기 위해 보호자와 함께 가거나 보호자가 접근할 수 있는지 확인한다.

통제력 상실의 중요성은 다음과 같은 관찰에 의해 뒷받침된다. 첫째, 수행 불안과 관련된 공황 발작은 교감신경계(베타 아드레날린 차단제)의 말초 작용을 차단하는 약물에 의해 제어될 수 있다고 보고되었다. 이 약물은 빈맥과 떨림을 줄인다(그러나 공황의 다른 증상은 줄이지 않는다). 따라서 개인은 증상의 확대(escalation)가 제한됨을 인식한다. (약물에 의해) 통제되고 있으며, 더 이상 수행할 수 없는 '재앙적' 결과를 두려워하지 않게 된다. '베타 차단제'는 범불안에 영향을 미치지 않는다(Sheehan, 1982). 환자의 문제가 주로 사전 감시(예기) 불안인 경우, 이 단계의 문제는 증상의 확대를 중심으로 하지 않기 때문에 그러한 확대를 방지하기 위한 약물은 요구되지 않는다. 발륨(Valium)은 범불안에 영향을 주지만 공황 발작에는 효력이 없다. 그것은 주로 불안의 주관적 경험에 작용하지만 행동적 또는 생리적 반응에는 작용하지 않기 때문에 응급 반응의 급성 증상(빈맥, 기절, 얼어붙음) 감소에는 도움이 안 된다.

공황 발작의 기능 분석

이러한 조건에서 매우 빠른 원초적(primal) 메커니즘이 접수된다. 이들 메커니즘은 의지의 통제하에 있지 않고 실제로는 역행적(contravolitional)이다. 특정 상황에 따라 개인의 원시 물리적 반응은 얼어붙음(모호한 위험에 대처하기 위해), 긴장을 돋우거나 완화하는 부동성(낙상을 방지하기 위해), 구역질 및 기침(기도의 막힘을 방지하기 위해), 머리 숙이기 또는 점프(움직이는 물체를 피하기 위해)를 일으킨다. 이러한 반사 작용은 사망이나 부상을 **예방**하도록 프로그램되었지만, 실제로는 자동반복적이고, 신체적 위험뿐만 아니라 심리적 위험에 의해 촉발되고 실제로 대처 능력을 약화시키기 때문에 취약성을 증가시킬 수 있다. 이 반사 작용은 불안의 표현이 아니다. 실제로 능숙한 수행을 방해함으로써 불안감을 증가시킬 수 있다. 이러한 원초적 메커니즘은 보다 성숙한 대처 기술을 발달시키기 전에 어린아이에게 있어서 약간의 생존 가치가 있을 수 있다. 성인이 되어서도 계속 지속되면 신생(neoteny) 현상(또는 유약화)의 행동적 징후일 수 있다.

공황 발작은 질적으로나 양적으로나 일반적으로 GAD에서 경험하는 불안의 느낌과는 다르다. 정서적 및 인지적 증상이 더 강할 뿐만 아니라, 자신과 외부 세계에 대한 인식 변화(비이인감 및 비현실화), 추론, 회상 및 타인 조망과 관련된 인지 기능의 억제와 같은 추가 증상을 경험한다. 추론 능력의 상실은 종종 주관적인 불안과 생리적 증상의 강도를 초과하는 가장 두드러진 증상이다. 어지러움 또는 실제의 실신 및 비자율적 배변 및 배뇨와 관련된 부교감 반응은 보다 익숙한 불안 경험보다 더 심오한 반응을 시사한다. 이 질적 차이는 공황과 관련된 위기 반응은 일반적인 불안 반응과는 **다른 프로그램**의 활성화를 나타낼 수 있다. 이 프로그램은 일반적인 방어전략이 부적절한 위기 상황을 처리하도록 설계되었을 수 있다. '공황 프로그램'은 다른 프로그램과 다를 수 있지만 더 넓은 시스템의 한 구성요소로 간주해야 한다. 그러나 경보(공황) 반응은 고유한 인지적 · 행동적 · 신경생리학적 상관관계 관점에서 조사되어야 한다. 공황 발작은 이미프라민과 같은 '항우울제' 약물의 투여에 의해 개선되는 것으로 보이지만, 별개 조직의 개념을 지지하는 벤조디아제팜과 같은 항불안제에 의해서는 그렇지 않은 것 같다.

공황 발작의 촉발요인

발작은 종종 '자율적인' 것으로 묘사되지만 일부 경험은 인지적 영향 및 생리학적 구성요소를 포함하는 사람의 '경보 시스템'을 활성화시키는 것으로 보인다. 선행 경험은 종종 사람의 생리적 상태의 변화로 구성된다. 예를 들어, 어떤 사람이 의자에서 빨리 일어나 현기증이 나거나, 에어컨이 설치된 방에서 더운 거리로 나갈 때 홍조(flushed feeling)가 되거나, 계단을 급히 오를 때 빠른 심장박동이나 숨가쁨을 경험할 수 있다. 그는 이러한 정상적인 생리학적 변화를 심각한 내부 장애의 징후로 해석한다. 이러한 증상의 심각성과 관련하여 자신의 '추론' 능력이 피로, 인지 긴장, 약물 사용 등에 의해 손상된다는 사실이 매우 중요하다. 그리고 악순환이 설정된다.

하지만 공황장애의 모든 사례가 내부 장애의 위협과 관련된 것은 아니다. 어떤 경우는 압도적인 외부 심리사회적 위협에 대한 공포에 중점을 둔다. 예를 들어, 사회복지사였던 한 환자는 그날 일찍 내담자와의 어려운 면담을 마쳤다. 그녀는 면담을 회상하면서 (그녀 자신의 말로) 다음과 같은 경험을 하기 시작했다. "강렬한 불안…… 메스꺼움이 올라오고, 열이 나고, 땀이 나고, 실재 현실에서 벗어나는 느낌이 들기 때문에 집으로 운전하는 것이 꺼려지고, 두려움과 축소감, 미래가 차단되는 느낌과 연결됩니다. 나중에는 추위를 느꼈습니다."

자동적 사고는 다음과 같다. '나는 상황을 엉망으로 만들었다. 그녀의 남편은 그들의 차와 돈을 가지고 그녀[내담자]를 떠날 것이다. 나는 그녀가 두려워하는 그것을 초래했을 것이다. …… 그녀의 인생은 망할 것이다. 그녀는 나를 고소하고 내 경력을 망칠 것이다. 난 집을 잃을 것이고 법률 서비스 비용과 해결 비용을 지불해야 할 것이다. 마틴[그녀의 약혼자]은 나와 함께 실패하고, 그의 사랑에 대해 의문을 갖게 될 것이다. 나는 직업에서 쫓겨날 것이다. 나는 무능한 자로 밝혀질 것이다. 내가 원하는 결혼 생활과 전문적인 지위를 갖지 못할 것이다.' 그녀는 또한 다음과 같은 이미지를 가지고 있었다. '마틴의 아파트에서 혼자 있고, 나는 직업도 없고, 존중받지도 못하고, 할 일도 없다. 그의 아이가 나를 멸시한다.'

몇 차례의 공황이 너무 심해지자 그녀는 동료인 짐의 가까운 상담실로 달려갔다. 그와 대화한 후, 그녀는 이성을 찾을 수 있었고, 공황은 즉시 가라앉았다. 그녀의 합리적인 반응은 다음과 같다. '사람들은 내가 상상하는 방식으로 돈을 갖고 급히 달아날 수 없다. 만일 그렇게 한다면 아내를 위한 법적 구제책이 있다. 어떤 경우든지 나는 그의 행동에 대해 책임이 없다. 짐에 따르면, 나는 내담자를 올바르게 대했다. 그는 또한 내가 부당한 치료로 고소당하는 것에 대한 왜곡된 개념을 가지고 있으며, 나는 이 일을 지나치게 과장하고 있다고 말해 준다. 결과적으로 나는 그 상황을 만들지 않았고, 그 부부가 20년에 걸쳐 그 상황을 초래하였다.'

이 사회복지사의 반응은 공황 발작의 필수 요소, 즉 신체적이든 대인관계적이든 문제에 대한 추론 능력의 상실을 보여 준다.

Beck, Laude와 Bohnert의 1974년 연구(129~132쪽)는 범불안 환자의 두 그룹을 포함한다. 첫째, 심리치료 그룹은 12명의 환자로 구성되었다. 둘째, 펜실베이니아 대학병원의 외래환자 진료소에 입원한 환자는 20명으로 구성되었다. 공황 발작은 각 표본에서 2명의 환자를 제외한 모든 환자, 즉 32명의 환자 중 28명에서 설명되었다. 급성 불안 발작은 **불안의 기본 수준에서 중첩**되었다. 급성 공황 발작이 빠르게 발생하여, 심한 고통을 주고 종종 완전히 무력화시켰다. 그것은 몇 분에서 몇 시간까지 지속되었으며, 환자마다 발생 빈도는 매일에서 한 달에 한 번씩까지 다양했다.

심리적 요인이 공황 발작을 촉발할 수 있다는 상당한 임상적 증거가 있다. M. Raskin, H. V. Peeke, W. Dickman과 H. Pinsker(1982)는 별거(separation) 후에 공황 발작을 경험한 10명의 환자를 설명했다. 일반적으로 첫 번째 일련의 공황 발작은 각 환자가 집을 떠난 직후에 발생했다. '사랑하는 사람'을 상실하거나 상실 가능성이 있고 나서 후속 발작이 일어났다. 이 주제의 변형은 처음의 공황 발작이 약혼자의 사망 직후에 발생한 환자에 의해 보고되었다. 이후의 발작은 그녀가 감정적으로 남자와의 관계가 충분히 깊어질 때마다 발생했다. 그녀가 애착관계를 포기했을 때 발작이 줄었다. 초기 공황 발작으로 이어지는 특정한 일련의 사건을 보고한 3명의 남성 환자의 경우 다소 유사한 갈등이 발생했다. 그들은 어린 시절과 청소년기에 아버지에게 자주 조롱당하거나 학대를 당했다. 첫 번째 공황 발작은 아버지에 대한 공개적인 반항 행위가 있었던 직후인 청소년기 후기에 발생했다. 몇 가지 후속 공황 발작은 권위자와의 갈등 후에 일어났다.

공황 발작으로 이어지는 갈등은 개인의 의존성 또는 자율성에 대한 위협을 나타내는 것으로 보인다. 예를 들어, 우리 관계에 깊이 관여했을 때만 발작을 경험한 환자는 자신이 독립성을 잃고 있다고 느낄 것이다. 권위에 대한 반항 이후 발작을 경험한 환자는 지원 체계에 대한 위협으로 인해 기분이 상하거나 보복을 두려워할 수 있다. 어쨌든 환자의 취약성에 영향을 미치는 특정 생활 상황에 의해 다양한 두려움이 발생하여 발작을 촉발하는 데 필요한 요소를 제공할 수 있다.

제7장

단순공포증

공포증의 정의

공포증의 'phobia'는 '달아남(flight)' '공황 공포(panic-fear)' '테러'를 의미하는 그리스어 phobos와 적에 대한 두려움과 공포를 유발할 수 있는 포보스 신에서 유래한 것이다(제1장). 그리스인들은 방패와 같은 무기에 포보스의 이미지를 두어 공포 마스크를 만들었다. 이러한 예는 꽃병 그림에 나타나 있다. 공포증이라는 용어는 1801년까지 자체적으로 사용되지 않았으며, 이후 70년 동안 오늘날의 의미로 천천히 받아들여졌다. 즉, 객관적으로 위험의 중요한 근원이 아닌 대상 혹은 상황에 대한 지속적인 과도한 두려움 또는 위험을 의미한다(Marks, 1969).

공포증은 특정한 종류의 두려움이다. 심리적 용어의 표준 사전은 '일부 특정 유형의 대상이나 상황에 대한 거의 항상 존재하는 과도한 두려움, 지속적이고 분명한 근거가 없거나 고통받는 사람이 합리적으로 받아들일 수 없는 두려움'으로 정의한다(English & English, 1958). 표준 사전은 공포증을 단순히 '과장되고 종종 무력하게 하는 두려움'으로 정의한다(*Webster's Third International Dictionary*, 1981).

첫 번째 특성은 개인이 강제로 대상이나 무서워하는 상황에 직면할 때 관찰된다. 그는 보통 (필연적인 것은 아니지만) 불쾌한 불안감을 경험한다. 그는 응급 의료 상황에서 일어나는 심장마비, 심장박동, 현기증, 메스꺼움 및 실신과 같은 증상을 경험할 수 있다. 입이 마르고 땀을 흘리기 시작한다. 두 번째 특성은 두려움의 대상이나 상황과의 접촉을 피하거나 벗어나려는 강력한 소망이다. 대처할 수 있는 상황에서도, 공포증 환자는 두려워하는 상황을 피하고 그의 일상생활 활동을 제한한다. 그가 상황을 피할 수 없다면, 공포증을 극복하거나 만성 불안을 갖게 된다. 세 번째 특징은 공포스러운 상황이 아닌 경우 두려움이 과장되었다는 것을 인식할 수 있지만 그러한 알아차림에도 불구하고 두려움을 제거하거나 회피할 수 없다는 것이다.

공포증을 이해하는 중요한 단서는 공포증 환자가 두려워하는 대상이나 상황을 공포증이 없는 사람들도 두려워할 수 있음을 이해하는 것이다. 두려움을 공포증으로 느끼게 하는 주요 특성 중 하나는 두려움에 처한 상황에서의 위험 정도와 그 상황에서 발생할 수 있는 피해 정도를 확대 과장하는 것이다. 공포증 환자는 위험한 상황이나 대상에 더 큰 위험을 전가하기 때문에 공포 상황에서 공포증이 없는 개인보다 훨씬 더 큰 불안감을 느끼고 그것을 피하려는 더 큰 소망을 느낀다. 이 관찰 결과는 사전적 정의에서 제시된 것보다 공포증에 대한 보다 포괄적인 정의를 유발한다. 그것은 '사회적 합의와 개인의 평가에 의해 상황에서 분리될 때, 그 상황에 내재된 확률과 피해의 정도에 비례하지 않는 대상이나 상황에 대한 두려움'이다. 공포증은 그러한 상황에서 비례하지 않는 불안을 경험하며, 그러한 상황을 피하는 경향이 있으며, 그렇게 함으로써 그의 삶을 실질적으로 제한한다.

이 정의는 공포증 환자와 범불안장애(GAD) 환자 사이의 구별을 명확히 하는 것처럼 보이지만, 그 구별이 항상 명확한 것은 아니다. 어떤 사람들은 하나 이상의 대상이나 상황에 대해 공포증이 있다. 다중 공포증이 있는 사람은 모든 두려움 상황을 피하기 어려울 수 있다. 그는 때때로 비현실적인 두려움이 있는 상황에 직면해야 하기 때문에 예기 불안을 경험한다. 이 불안은 '모든 것을 두려워하는' GAD를 가진 사람들이 경험하는 불안과 질적으로 구별할 수 없으며, 유해한 것으로 인식되는 모든 자극을 피하는 것이 불가능할 수도 있다. 따라서 다중 공포증을 앓고 있는 사람들은 때때로 GAD를 가진 사람들과 구별하기가 어렵다.

두려움과 공포증의 구별

임상 현장에서 공포증은 일반적으로 잘 정의되어 있어서 '정상적인 두려움'과 구별하기 어려운 경우가 드물다. 공포증 환자는 일반적으로 다른 사람에게는 문제가 되지 않는 상황에서 고통을 당하거나 그러한 상황을 피함으로써 자신의 삶에 제한을 가하는 것을 더 이상 견딜 수가 없어서 도움을 구한다. 많은 공포증 환자는 과거에 피할 수 있었던 상황에 강제로 처하게 하는 새로운 환경의 결과로 고통스러운 증상이 심해져서 치료를 찾는다. 예를 들어, 피를 보면 두려워하는 의대생은 수술 절차를 목격해야 하는 상황에서 불안 발작을 경험할 수 있다.

특정 상황에 대해 공포증이 있는 많은 사람은 다른 사람들에게 심각한 불안을 유발하는 상황에서 편안해한다. 예를 들어, 바퀴벌레와 다른 작은 곤충들이 기어 다니는 것을 두려워하는 한 환자는 항상 대중 연설에서 침착했고, 새로운 사람들을 만나는 것을 좋아했으며, 다양한 운동경기에서 두려움이 없었다. 그는 밤에 집에 혼자 있을 때마다 곤충의 공격을 받을 것에 대한 두려움 때문에 매우 염려했다. 이 공포증 때문에 그는 전문적인 도움을 찾았다.

공포증의 난치성

공포증의 또 다른 특징은 두려움의 비합리성에 대한 인식 또는 경험을 통한 교육이 그것을 변화시키지 않는다는 것이다. I. M. Marks(1969)가 지적한 바와 같이, 영국 작가 Robert Burton은 1621년 자신의 『우울의 해부학(Anatomy of Melancholy)』에서 공포증 극복에 대한 의지력의 역할에 대해 격렬한 논평을 했으며, 그의 조언은 오늘날 공포증 환자의 친지와 의사가 주의 깊게 고려할 필요가 있다. Burton은 공포증이 의지력이 부족한 결과가 아니라 환자가 통제할 수 없는 원인에 의한 것임을 관찰했다. "상담은 거의 도움이 안 된다. 학질에 걸린 사람에게 목마르지 말라고 하거나 상처받은 사람에게 아프지 말라고 제안하는 것이 더 낫다."(1927, p. 359)

공포증 환자는 대개 자신이 두려워하는 상황의 실제 위험을 거리를 두고 현실적으로 더 잘 평가할 수 있다. 자신이 두려워하는 상황에 접근함에 따라 그의 평가는 인지 왜곡으로 인해 현실성이 떨어진다. 공포증이 발생하는 이유는 불분명하다.

두려움과 공포의 내용

사람들이 두려워하는 종류의 대상과 상황은 역사과정에서 바뀌었지만, 공포증과 공포증을 겪는 개인의 특성은 변하지 않았다(Marks, 1969). 기술의 발전에 힘입어 방사선 노출에 대한 두려움과 같은 새로운 공포증이 나타났으며, 16세기에 만연했던 악마 공포증이나 사탄 공포증(사탄에 대한 두려움)과 같은 다른 두려움이 주로 사라졌다. 또한 다소 이상한 공포증이 보고되었다. 어떤 환자는 야채를 먹는 것을 두려워했고, 또 어떤 환자는 초콜릿을 먹는 것을 두려워했다(Rachman, 1978).

일반적으로 공포증을 가진 개인이 두려워하는 대상의 분포가 공포증이 없는 인구의 두려움의 분포를 따르는 것은 흥미롭다. R. P. Snaith(1968)의 연구에서 공포증 환자가 보고한 두려움의 종류는 일반 인구의 수많은 '정상적인' 사람들이 주로 경험한 두려움을 강조하는 것이었다. Snaith는 광장공포증 외에 뇌우, 동물, 질병, 심리사회적 외상 및 위험에 대한 가장 일반적인 두려움이 보고됨을 발견하였다. 이러한 두려움은 평범한 사람들로 구성된 그의 통제집단이 보인 두려움과 대체로 유사했다.

Burton은 특정 사물과 장소에 대한 두려움을 가진 사람들이 두려움에 대한 설명을 제공할 수 있다고 지적했다.

> 몬테너스는 기절하거나 죽을까 봐 집에서 감히 혼자 걷지 못하는 것에 대해 말한다. 두 번째 두려움은 그가 만나는 모든 사람이 그를 **강탈하거나**, 그와 다투거나, 그를 죽일 것을 두려워한다. 세 번째로는 도둑이나 악마를 만날 것을 두려워하기 때문에 감히 혼자 걸을 엄두를 내지 못한다. …… 다른 것으로는 자신이 목을 **매거나, 익사하거나, 급사하도록** 유혹받을까 두려워 감히 다리를 건너지 못하고, 풀장, 바위, 가파른 언덕 근처에 있지 못하며, 십자가 조명이 있는 방에 누워 지낸다. 만약 교회의 설교 시간처럼 조용한 청중 가운데 있다면, 그는 **예상치 못한, 아직 말할 수 없었던 어떤 것을 소리 내어 말할까 봐** 두려워한다. 닫힌 방에 틀어박혀 있으면 **산소 부족으로 숨이 막힐**

까 봐 두려워한다(1927, pp. 328-329, 고딕체 추가).

따라서 관찰자에게는 두려워하는 대상이나 상황이 비교적 무해한 것처럼 보일지라도 두려움의 특정 내용을 끌어내면, 그 두려움은 보다 쉽게 이해될 수 있다.

공포증을 겪는 개인이 두려워하는 결과는 주관적이고 객관적으로 둘 다 충분히 두려울 만한 것일 수 있다. 예를 들어, 한 여자 청소년은 단단한 음식을 먹지 않았다. 그녀의 부모와 주치의는 그녀의 행동에 대해 그녀를 책망하였다. 그러나 그녀가 무엇을 두려워하는지 알아내고자 했을 때, 그들은 그녀가 음식을 먹으면 질식할까 봐 두려워한다는 것을 알게 되었다. 그녀는 몇 주 전에 큰 고기 덩어리가 목에 걸려 질식되어 숨을 쉴 수 없었으며, 그 순간에 목숨을 잃게 될 것이라고 믿었다. 그 후 그녀는 특히 질식하는 사람들의 이야기에 민감해졌으며, 단단한 음식을 먹는 것에 대한 공포증이 심해졌다. 일단 두려운 이유를 찾게 되면 공포증에 대한 또 다른 설명을 더 이상 찾을 필요가 없다. 이 청소년의 불안의 근원은 단단한 음식을 먹는 것 자체에 대한 두려움이 아니라 단단한 음식을 먹음으로써 질식하는 것에 대한 두려움이었다.

분류

공포증을 분류하고 정리하고자 하는 많은 시도가 있었다. 역사적으로 그것은 두려워하는 대상의 이름으로 분류되었다. 학자들은 특정 공포증 자극에 따라 공포증 유형으로 107개 이상의 다른 이름을 만들어 냈다(Terhune, 1949). 좀 더 이국적인 이름에는 ailuro phobia(고양이 공포증), antho phobia(꽃 공포증), astra phobia(번개 공포증), bronto phobia(천둥 공포증), ophidia phobia(뱀 공포증) 등이 있다. 지나치게 또는 부적절하게 두려워하며 피하고자 하는 많은 대상과 상황으로 인해 공포증 유형을 분류하려는 많은 시도가 있었다.

공포증에서 개념적 연속성의 개념은 '공포의 확산'에 대한 사례에 의해 뒷받침된다. 구체적인 상황에 대한 초기 위험은 그가 직면할 수 있는 위험의 유형에 따라 이와 유사한 상황으로 확장된다. 예를 들어, 어떤 노동자는 도로에 흰 차선을 그리는 동안 트럭에 부딪히고 나서 도로에서 일하는 것에 대한 공포증을 갖게 되었다. 그 공포증은 오토바이나 자전거를 타는 것에 대한 두려움으로 퍼져 나갔다(Kraft & Al-Issa, 1965a). Kraft와 Al-Issa(1965b)는 불타는 집에서 검게 타버린 두 자녀를 꺼내는 것을 목격한 한 소녀의 사례를 기술했다. 그 후 그녀는 따뜻한 물로 씻거나, 뜨거운 음식을 먹거나, 뜨거운 물을 마시는 것에 대한 두려움이 생겼다. 공포증은 '온(on)' 또는 '오프(off)' 상태에 있는 전기 열판에 닿는 것으로도 확대되었다.

이 두 가지 경우에서 공포증이 **위험 유형의 유사성**, 즉 차량에 치거나 화상을 입음으로써 외상성 상황과 관련된 대상 또는 상황으로 퍼져 나간다는 것에 유의해야 한다. 첫 번째 경우, 공포증은 흰 선, 도로나 트럭, 또는 주택이나 아이에게 퍼지지는 않았다. 다시 말해, 공포증은 외상 중에 실재한 대상이나 상황(고전적 조건화에 기초하여 예상할 수 있는 것)이 아니라 동일한 유형의 손상을 일으킬 수 있는 상황으로 확대되었다. 이 예는 공포증의 확산에서 연결점(linkage)은 대상이나 등장인물이 아니라 결과나 위험의 유사성이라는 것을 보여 준다.

194명의 정신과 환자의 두려움에 대한 인지치료센터(Center for Cognitive Therapy)의 최근 요인 분석 연구에 따르면 공포증은 세 가지 주요 그룹으로 분류된다. 첫째 요인은 '사회적 거부'와 관련이 있었는데, 비판받는 것, 권위 있는 사람들에게 말하기, 요청을 거절당하는 것, 매력적이지 않은 것과 관련이 있었다. 둘째 요인은 광장공포증에 시달리는 것, 즉 혼자 여행하는 것, 높이, 다리 및 극장 내 관객에 대한 두려움으로 보인다. 셋째 요인은 절단 또는 피를 관찰하는 것과 관련이 있었다. 이러한 결과는 높이를 두려워하는 사람이 터널도 두려워할 가능성이 있지만 반드시 그렇지만은 않다는 것을 나타낸다. 이 연구는 두려움이 두려운 대상의 유사한 피상적 속성보다는 유사한 유형의 부상(injury, 예: 신체적 vs 심리적)을 공통분모로 가진다는 개념을 지지한다.

외상성 공포증

공포증이 발생하는 원인은 무엇인가? 고기 덩어리로 인해 질식을 경험했던 젊은 여성의 경우와 같이 성인 공포증은 외상 경험이나 극복하지 못한 어린 시절의 공포에 대한 고착의 결과로 발전한다는 개념을 꽤 많은 증거가 뒷받침하고 있다.

외상성 공포증은 불쾌하거나 해로운 경험들의 결과로 발달한다. 이 유형의 공포증의 다른 극적인 예에는 포탄 충격이 있거나 자동차 사고에 연루된 후 운전 공포증이 발생한 사람들이 포함된다. 객관적인 위험에 지속적으로 노출되면 불능화(disabling) 공포증이 발생할 수 있다. 예를 들어, 전투 비행 경험이 있는 조종사는 비교적 안전한 임무를 수행하기 전에 심각한 불안 증상을 보일 수 있다. 또는 베테랑 교량 작업자는 교량에 접근할 때 무능화(incapacitating) 불안을 일으킬 수 있다.

외상성 공포증을 가진 사람들은 보통 특정한 외상성 사건에서 공포증의 시작을 추정할 수 있다. 예를 들어, 개 공포증은 개에게 물렸던 것, 고소공포증은 계단에서 떨어졌던 것, 주사 공포증은 심한 약물 반응을 일으켰던 것 등으로 두려움을 추적할 수 있다.

고착 공포증

고착(fixation) 공포증은 대부분의 성인과 달리 환자가 벗어나지 못한 어린 시절의 흔한 초기 강렬한 두려움을 포함한다. 이 공포증의 주요 특성은 공포에 처한 사건에 대한 개인의 성숙이 그의 발달 초기 단계에서 고정되거나 '고착'되었다는 것이다.

사람들이 고착되는 물건이나 상황의 유형은 신체적 상해 또는 사망의 위험을 포함하곤 한다. 이러한 두려움의 전형적인 예는 물, 폭풍우, 의사 그리고 피에 대한 두려움이다. A. T. Jersild, F. V. Markey와 C. L. Jersild(1933)의 연구에서 398명의 5~12세 아동을 대상으로 특정 유형의 두려움에 대한 빈도를 조사했다. 그 결과는 두려움의 19.2%가 유령, 마녀, 시체, 또는 신비한 사건과 같은 초자연적인 주체(agents)에 대한 것임을 보여 주었다. 그리고 14.6%는 혼자 있거나 어둡거나 이상한 장소에 있거나 잃어버려지는 것에 대한 두려움, 13.7%는 다른 인간이나 동물의 공격에 대한 두려움, 12.8%는 신체 부상, 질병, 추락, 교통사고, 외과 수술 또는 통증에 대한 두려움이었다. 연구에 따르면 어린아이들의 두려움은 일반적으로 신체적

해악과 관련이 있지만, 보다 나이 든 아이들의 두려움은 심리사회적 해악과 관련이 있다(Miller et al., 1972; Angelino & Shedd, 1953; Berecz, 1968).

대부분의 아이는 그 두려움에서 벗어나는 반면에, 왜 일부 사람은 같은 두려움에 고착되는지에 대한 질문이 남아 있다. 한 가지 가능성은 공포증 환자가 부모의 회피 행동을 관찰함으로써 두려워하는 대상이나 상황을 피하는 법을 배우고, 그런 두려움과 회피 행동이 부모에 의해 강화될 수 있다는 것이다. 또 다른 설명은 정상적인 아동기 공포가 활성화되는 동안 특히 두려워하는 대상이나 상황과 관련된 불쾌한 사건이 발생하여 부모에 의해 강화되거나 스스로 강화하는 회피 행동으로 이어진다는 것이다. 아이는 두려워하는 상황을 성공적으로 피할 수 있었기 때문에 두려움을 이겨 내야만 하지 않았을 수 있었다. 이후에 회피할 때마다 공포증은 더욱 심화되었다. 마지막으로, 일부 공포증은 개체가 종이 진화하는 동안 위험한 상황에서 불안에 반응하기 위해 유전적으로 '준비된다[혹은 경향을 띤다(predisposed)]'는 생물학적 근거를 가질 수 있다(Seligman, 1971).

특정공포증

공포증 환자가 두려워하는 물건이나 상황의 수는 무제한일 수 있다. 따라서 오늘날 가장 흔한 공포증의 임상 양상을 고려하는 것이 유용하다. 공포증 상황에서 개인이 두려워하는 구체적인 결과는 유용한 정보를 제공하는데, 아마도 두려워하는 대상의 이름보다는 더 유용할 것이다. 임상 인구 집단에서 가장 흔한 공포증인 광장공포증은 제8장에서 별도로 고려된다.

고소공포증 또는 높이에 대한 두려움 흔한 공포증은 고소공포증 또는 높이에 대한 두려움이다. 고소공포증(acrophobics) 환자는 고층 건물이나 언덕 또는 산꼭대기에 있는 것을 두려워한다. 또한 이 공포증 환자의 대부분은 다리 또는 지하철 선로의 가장자리에 가까이 있는 것을 두려워한다. 고소공포증에 대한 두려움은 대개 떨어져서 중상을 입을 가능성과 관련이 있다. 고소공포증을 겪는 일부는 그들 스스로 뛰어내리게 만드는 통제 불능의 왜곡된 욕구를 가지고 있을지도 모른다고 두려워하며, 심지어 **어떤 외부의 힘이 그들을 높은 곳의 가장자리로 끌어당기는 것처럼** 느낄 수도 있다. 고소공포증 환자는 낙하에 대한 시각적 환상을 가질 수 있으며, 단단한 바닥에 단단히 놓여 있음에도 불구하고 육체적으로 떨어지는 느낌을 경험할 수 있다. 떨어지거나 미끄러지는 느낌은 **신체 이미지화**(somatic imaging)의 형태이며, 그 결과 그들은 현기증을 보고한다.

발코니, 계단 및 에스컬레이터에 대한 두려움은 고소공포증과 관련이 있다. 이 공포증 환자는 대개 어지럽거나 현기증이 나기 때문에 떨어질까 두려워한다. 어떤 환자들은 그들이 뛰어내려 다치거나 자살할까 봐 두려워한다. 이 두려움은 환자가 가드레일로 보호되고 있고, 떨어질 가능성을 없애기 위해 난간에서 멀리 떨어져 있음에도 불구하고 종종 활성화된다.

엘리베이터 공포증 엘리베이터를 타는 것을 두려워하는 사람들이 종종 임상에서 목격된다. 표면적으로는 특히 극심한 공포증으로 보이지는 않지만 사람의 생활 방식을 심각하게 방해할 수 있다. 이 공포증을 앓고 있는 사람들은 엘리베이터를 타야 하는지 여부에 따라 거주지 또는 근무지에 대한 결정을 내려야 한다. 대부분의 대도시 지역에서 고층 상담실 건물과 아파트가 우세한 것을 감안할 때 이러한 두려움은 개인의 직업 및 전체적인 삶을 바꿀 수 있다.

엘리베이터 공포증에 대한 가장 일반적인 두려움은 케이블이 끊어져서 엘리베이터가 떨어지는 것이다. 이 공포증 환자는 보통 지상으로부터 안전한 거리가 있다고 생각하며, 엘리베이터를 통해 이 거리를 기꺼이 이동한다(보통 2층 또는 3층). 이 층수나 높이가 넘으면 엘리베이터 공포증으로 인하여 매우 불안해진다. 엘리베이터 공포증을 가진 사람들 일부는 지상에서도 여행하는 것을 두려워한다. 그리고 일부는 엘리베이터가 가동 중 층 사이에서 고장 나서 문이 열리지 않고 갇히게 되는 것을 두려워한다. 또 다른 일부는 굶어 죽거나 질식할 것을 두려워한다. 엘리베이터에 대한 두려움은 산소 부족이 될 것이라는 두려움과 관련이 있다. 그래서 일반적으로 산소 부족의 위험을 보이는 많은 군중이나 터널과 같은 다른 폐쇄된 공간을 두려워한다. 엘리베이터에 갇히는 것에 대한 두려움은 종종 광장공포증에서 발생한다.

일부 엘리베이터 공포증은 엘리베이터에 대한 물리적 · 사회적 두려움의 복합으로 이루어진다. 엘리베이터가 추락하거나 멈출까 봐 걱정하는 것 외에도 엘리베이터 공포증이 있는 이들은 '미쳐 가는' 것이나 당황하다가 기절하는 것을 두려워할 수 있다. 말할 것도 없이, 이 두려움은 엘리베이터에 다른 사람이 있는 경우에만 발생한다.

폐소공포증(claustrophobia) 터널, 옷장 또는 기타 닫힌 공간에 있는 것을 두려워하는 일부 사람은 공기가 충분하지 않아 질식할 것이라고 걱정한다. 그들은 또한 터널이 무너져서 동굴에 산 채로 묻히게 되거나 떨어지는 구조물에 맞아 죽게 될 것을 두려워한다. 터널을 통과할 때 신체 이미지화(somatic imaging)를 경험하거나 가슴이 압박받는 것처럼 숨가쁨을 느낄 수 있다.

비행기 공포증 많은 사람이 비행기 여행 전이나 비행 중에 극심한 불안에 반응하며, 심지어 건강에 필수적인 경우에도 모든 대가를 치르며 그러한 여행을 피할 수 있다. 일부는 비행기의 산소 공급에 문제가 생겨서 산소 부족으로 비행기에서 질식하게 될 것을 두려워한다. 또 다른 사람들은 긴장이 고조되어 자기 통제력을 잃을 것을 두려워한다. 그러나 보다 일반적으로 비행기 공포증 환자는 비행기가 추락하여 죽게 될 것을 두려워한다.

항공 여행을 두려워하는 다른 사람들은 사회적 상황에서 통제력 상실에 대해 우려한다. 그들은 비행기에서 구토하거나 기절해서 굴욕을 당할까 두려워할 수 있다. 마지막으로, 비행기 공포증의 상당 부분은 광장공포증과 관련이 있으며, 폐쇄된 공간에 갇힐 염려와 심장마비와 같은 심각한 장애가 있을 때 보호자와 분리되는 두려움이 복합되어 있다.

혈액 공포증 피, 부상 또는 질병 노출에 예민한(susceptible) 사람들의 강력한 생리적 반응은 공포증의 기원과 구조에 대해 많은 해결책을 제시할 수 있는 문제를 제기한다. 예민한 개인은 자신이 피나 부상을 '무서워'한다고 보고하지 않으며, 오히려 자신이나 다른 사람의 피나 부상을 보고 놀라는 경향이 있을 때 압박감을 느끼게 된다. 눈을 감게 되면 감정이 실질적으로 줄어든다. 더욱이 이러한 종류의 공포증에서 행동-생리적 반응의 유형은 다른 공포증의 것과 다르다. 일단 반응이 시작되면, 그것은 교감신경 우세와 일반화된 근육 약화를 가진 '붕괴 유형'이다. 드문 경우지만 실제로 부상 또는 죽음의 위험이 있는 경우도 있다. 심각한 반응이 단순히 절단에 대한 설명을 듣거나, 영화에서 부상 장면이나, 누군가 피 흘리는 장면을 목격하면서도 발생할 수 있다. 마지막으로, 이 공포증 중 다수는 예를 들어 대중 연설과 같은 다른 '위협적인 상황'에서 유사한 붕괴 부교감 반응을 나타낸다. 이러한 상황에서 공통분모는 손상 가능성에 대비하는 수동성과 무력감인 것처럼 보인다.

혈액 공포증에서의 생리학적 반응은 L. G. Öst, U. Sterner와 I. L. Lindahl(1984)이 잘 설명했다. 영화의 신체적 상해 장면에 노출되었을 때, 혈액 공포증 환자들은 이상(diphasic) 반응을 보인다. 자극에 노출되기 전의 초기 반응은 심박수와 혈압의 증가다. 영화 직전과 도중에 심박수와 혈압이 급격히 떨어졌다. 이 연구에서 약 1/4의 혈액 공포증 환자들이 의식을 잃었거나 그 직전에 있었다.

다양한 연구자(Engel, 1962; Graham, 1961; Marks, 1969)는 이러한 유형의 대응을 위협에 대한 선천적 반응이라고 생각한다. 반응의 계통 발생적 가치가 너무나 심오해서 개인을 본질적으로 부동화시킬(immobilize) 수 있다는 추측이 가능하다. 한 가지 가설은 그 목적이 사람을 어떤 활동에서 벗어나게 하는 것이다. 그가 실제로 피를 흘리면 혈액 공급을 보존하는 데 도움이 되고, 혈액 손실을 증가시킬 수 있는 추가 활동에 참여하지 못하게 하는 자율 반응이 일어난다.

공포증의 의미

모든 공포증에서 개인이 공포증 상황에 억지로 직면할 때 두려워할 수 있는 결과들이 있음을 인식하는 것이 중요하다. 같은 대상이나 상황을 두려워하는 공포증 환자들은 종종 그 상황에 처한 결과로써 다른 영향을 두려워한다.

I. Stevenson과 J. D. Hain(1967)은 이발소 공포증에 대한 연구에서 같은 유형의 공포증에 부여된 다른 의미를 설명했다. 연구자들은 이발소 공포증을 공유한 사람

들 사이에서 여러 가지 두려움을 발견했다. 한 환자는 **대중적 관심**을 두려워하고 공공장소에서 창피하거나 굴욕을 느끼는 것을 두려워했다. 그의 기본적인 두려움은 이발소뿐만 아니라 다른 상황에도 있었다(예: 교회나 학교 강당 및 기타 공공장소에 있는 경우). 그 두려움의 결과로 이 남성은 자신의 순서 직전에 이발소에서 달아날 것이다.

같은 공포증을 가진 다른 환자는 이발사의 의자에 갇혀 있는 것을 견딜 수 없었다. 그는 이발소 방문 시의 대기 시간 동안 극도로 불안해했다. 이발사의 의자에 앉아 있는 것에 대한 두려움 외에도, 그는 교통체증과 그가 도망갈 수 없는 다른 상황들도 두려워하였다. 이 환자의 두려움의 본질은 그가 죄수처럼 느끼며, 탈출할 수 없는 상황을 두려워한다는 것이었다. 이발소 공포증을 겪고 있는 세 번째 환자는 이발사가 사용한 날카로운 도구로 인한 **절단**(mutilation)을 두려워했다.

이로써 동일한 사물이나 상황이 여러 가지 이유로 개인에게 두려움을 불러일으킬 수 있음을 알 수 있다. 모든 공포증에서 수많은 특유의 의미가 두려움의 대상이나 상황에 기인할 수 있다. 임상가는 공포증 환자가 두려워하는 대상이나 상황뿐만 아니라 공포증 상황에 직면할 때 환자가 두려워하는 발생 가능한 결과에 대해서도 알아야 한다. 일반적으로 공포증은 신체적 피해, 자연재해 또는 사회적 당혹감 주제에 초점을 맞추는 경향이 있다.

다중 공포증: 개념적 연속성

많은 공포증 환자는 하나 이상의 대상이나 상황을 두려워한다. 표면적으로, 다른 공포증 자극은 서로 간에 관련이 없는 것으로 보인다. 그러나 표면 아래를 살펴보면, 임상가는 보통 중심 주제 또는 공통분모를 찾을 수 있다. 환자는 일반적으로 유사하지 않은 상황에서 동일하거나 유사한 결과가 발생할 것을 두려워한다.

예를 들어, 한 여성은 비행기를 타는 것, 더운 날 해변에 누워 있는 것, 붐비는 곳에 서 있는 것, 바람이 부는 날에 승용차나 오픈카를 타는 것, 엘리베이터, 터널, 언덕을 두려워했다. 이 여성에게 이러한 각 상황에서 구체적으로 무엇을 두려워했는지 물어보아 겉보기에 무관한 그녀의 두려움 사이의 연관성을 결정할 수 있었다.

이 여성의 공포증은 박탈에 대한 두려움을 중심으로 한다. 그녀는 이 모든 상황에서 질식할까 봐 걱정했고 그 상황에 들어가길 회피하였다. 그녀는 바람이 자신의 입에서 산소를 다 날려 버릴 정도로 충분히 강할 수 있다고 들었기 때문에, 바람이 부는 날에 오픈카를 운전하는 것이 두려웠다. 그녀는 또한 사람들이 날씨가 너무 더워서 숨을 쉴 수 없다는 말을 들었기 때문에 해변에 누워 있는 것을 두려워했다. 그리고 언덕과 산꼭대기의 공기가 희박해서 호흡하는 데 어려움을 겪는 사람들에 대해 들었기 때문에 언덕 꼭대기에 있는 것을 두려워했다.

B. W. Feather(1971)는 공통의 주제로 연결된 다중 공포증의 다른 사례를 보고했다. 이 사람은 스윙도어를 열고, 차를 운전하고, 사업 비밀을 공개하는 것을 두려워했다. 게다가 그는 약을 복용할 때 정교한 의식을 가졌다. 이러한 상황에서 그가 두려워했던 결과에 대해 탐문하며 알게 된 그의 두려움의 공통분모는 직접적으로 또는 간접적으로 누군가를 해칠 우려가 있다는 것이었다. 예를 들어, 그는 운전하다가 보행자를 칠까 봐 두려워했고, 스윙 도어를 통과하면 누군가를 치거나 죽일 수 있다고 생각했다. 그는 자신의 사업에 관한 정보를 공개함으로써 간접적으로 비행기 사고를 일으킬 수 있다고 우려했다. 마지막으로, 그는 자신의 약을 잘못 놓거나 잃어버려서 그것을 복용한 다른 사람을 해칠 수 있다고 두려워했다.

Feather가 보고한 또 다른 다중 공포증 사례는 비행기 여행, 회의, 콘서트 및 강의에서 많은 청중 가운데 앉아 있는 것, 큰 그룹 앞에서 말하기, 칵테일 파티에 참석하는 것을 두려워한 의사였다. 이러한 상황은 명백히 이질적인 상황이었지만, 모든 경우에서 **어떤 일이 일어나는 것을 두려워하는지 구체적으로 질문함으로써** 그의 두려움 사이의 연관성을 쉽게 발견할 수 있었다. 면밀히 살펴본 후, 치료자는 이 의사가 이 모든 상황에서 통제력을 상실하여 다른 사람들에게 해를 끼칠까 봐 두려워한다는 것을 발견했다.

그는 자신의 통제력을 상실하여 다른 승객을 때릴까 봐 두려워했기 때문에 비행기 여행을 두려워했다. 공적 모임에서는 자신이 뛰어올라 팔을 흔들고는 청중에게 외설스러운 말을 외칠까 봐 두려워했다. 그는 콘서트에서 두 번째 줄에 앉아 그 앞에 앉은 사람에게 구토를 쏟아 내거나 좌석을 떠날 때 사람들의 발을 밟음으로써 공연을 완전히 방해하는 것에 대한 반복되는 환상을 가지고 있었다. 또한 청중의 음악 감상을 방해할까 봐 두려워 했다.

전문가 회의에서 연설을 하는 것에 대한 그의 두려움은 다른 사람의 이론을 무너뜨리는 두려움과 관련이 있었다. 칵테일 파티에 대한 그의 불안은 그가 음료수를 쏟을 것이라는 생각과 자신이 사람들에게 그들이 바보라고 충동적으로 말할 수 있다는 생각과 관련이 있었다.

다중 공포증을 앓고 있는 어떤 여성은 전화를 받고, 다른 사람들 앞에서 소리 내어 읽거나, 은행 계좌를 만들고, 모임에서 이야기를 나누고, 식당에서 음식을 주문하고, 상담실의 다른 비서가 타이핑한 서류를 교정하는 것을 두려워했다. 이 여성에게 질문을 함으로써 치료사는 그녀가 이 모든 상황에서 말할 때에 어려움을 겪을까 봐 두려워하는 것을 발견했다. 그리고 그녀는 어려움으로 인하여 다른 사람들에게 받게 될 굴욕과 거절을 감수하였다.

공포증 대상에 대해 갖고 있는 의미는 개인마다 다를 수 있으며, 개인의 다양한 두려움은 공통적인 주제를 중심에 둘 수 있지만, 항상 명백하지는 않다. 공포증에서 사고 내용에 대해 사전 판단을 하지 않는 것이 중요하다. 임상가는 공포증을 겪는 개인이 공포의 대상 또는 상황에 부여하는 특유의 의미를 평가할 필요가 있다.

두려움과 공포증의 관계

때로는 현실적인 두려움과 공포증을 구별하기가 어렵다. 이 문제에는 몇 가지 이유가 있다. 첫째, 외부 세계에는 공포증이 있는 사람뿐만 아니라 공포증이 없는 사람들도 회피하는 실제적인 위험이 있다. 사람들은 자동차 사고, 화재, 폭발 및 질병으로 인해 지속적으로 사망한다. 회피가 최선의 방책이 되는 상황이 있다. 예를 들어, 폭파 지역, 전염병이 있는 사람, 밤 늦게 범죄가 발생한 거리는 피하는 것이 현명하다. 또한 공포증이 있는 사람들이 두려워하는 상황에는 대개 약간의, 최소한일지라도 위험요소가 있다. 두려움의 내용이 자연스럽지 못하면 공포증으로 진단하는 것은 쉽지만 두려움이 합리적이라고 생각되는 경우는 덜 그러하다. 예를 들어, 갑작스러운 뇌우로 사망할 우려가 있어 모든 야외 활동을 피하거나 질식에 대한 두려움으로 지하철과 버스를 피하는 경우는 공포증인 것이 꽤 명백하다. 그러나 늦은 밤에 상점에 가기 위해 걷거나 지하철 타는 것을 피하는 사람의 경우 공포증이 있다는 것은 분명하지 않다. 상황을 피하는 **이유**를 확인하면 필요한 정보를 얻을 수 있다(예: 현실적인 습격에 대한 두려움 vs 통제력을 상실하거나 길을 잃을 것이라는 비합리적인 두려움).

어떤 사람들은 명백히 위험한 상황에서 두려움을 완화시키거나 소멸시킬 수 있다. 많은 사람이 위험하지만 불안을 느끼지 않는 직업에 종사하고 있다. 경찰, 소방관, 휘발유 트럭 운전자 및 전문 군인 모두가 객관적인 위험과 관련된 활동에 참여한다. 그러나 이 사람들은 공포증 환자에게 흔히 나타나는 불안이나 회피를 보이지 않는다. 따라서 한쪽 끝은 공포증에서 시작하여 현실적인 두려움을 거쳐 다른 쪽 끝은 '역공포증(counterphobic)'으로 확장되는 스펙트럼이 있는 것 같다.

자신감 대 취약성

왜 일부 사람은 비교적 위험한 상황에서 객관적으로 현실적인 두려움을 갖지 않을까? 답은 위협에 처한 상황에서 반복적으로 배치되거나 일하는 사람들이 무서운 자극에 적응할 수 있고 그에 따라 두려움을 덜 경험한다는 것이다.

실험적인 연구에서는 스포츠 낙하산 전문가들의 경우 경험이 많을수록 불안감이 줄어들었다(Epstein, 1972; Rachman, 1978). 초보 낙하자는 낙하 순간에 반응성(reactivity)이 증가하는 것을 보였고, 숙련된 낙하산 선수는 처음에는 반응성이 증가했지만 낙하 직전에 급격한 감소를 보였다. 위험에 반복적으로 노출된 후 **적응 메커니즘이 개발**되어, 위험 신호를 제공하는 활성화의 초기 증가에 대해 준비한다. 그런 후에 이는 결정적인 낙하 순간에 파괴적이 되는 것을 억제한다(Marks, 1969). 마찬가지로, 노련한 부대는 전투 지역에서 새로이 고용된 신병들보다 불안을 덜 느낀다. 아마도 위험한 상황에 반복적으로 노출되면 노련한 개인들은 상황의 결과에 대한 최악의 두려움이 실현되지 않을 것이라고 믿는다. 또한 이들은 일반적으로 불안을 완화시키는 기술을 개발한다(예: 수행할 작업에 중점을 두는 것). 결과적으로, 그들은 '위험이 높은' 상황에서 불안을 덜 경험한다.

이중 신념 체계

현실적 두려움과 공포증의 구분은 때때로 외부 관찰자에게는 불분명하지만, 공포증이 있는 사람에게는 훨씬 덜 명백하다. 공포증 환자는 자신이 두려워하는 상황에서 해가 발생할 확률에 대한 두 가지 모순적인 믿음을 동시에 가지고 있는 것으로 보인다. 두려운 상황에서 벗어나게 되면 그는 상황이 비교적 무해하다고 믿는다. 그가 경험하는 두려움은 그 상황에서 객관적인 위험의 양에 비례한다. 공포증 상황에 가까워질수록 그는 점점 더 불안해지고 상황을 점점 더 위험한 것으로 인식한다. 위협에 대한 생각이 상황에 대한 평가를 완전히 지배할 때까지 그가 두려워하는 대상이나 상황에 전가하는 '위험 가치'는 계속해서 증가한다. 그때까지 인지 왜곡, 시각적 이미지 및 신체화 이미지가 결합하여 실제 위험을 확대한다. 그의 믿음은 '무해하다'라는 개념에서 '위험하다'라는 개념으로 바뀐다.

공포증 환자들이 두려움에 처한 상황에 대한 모순된 신념을 가질 수 있다는 개념인 '이중 신념 체계'는 공포증에 관한 많은 기술 문헌에서 무시되어 왔다. 이 문헌의 대부분은 공포증 환자들이 자신이 두려워하는 상황에 위험이 없다는 것을 알고 있다고 주장한다. 예를 들어, P. Friedman(1959)은 공포증이 '객관적으로 위험의 원천이 아니거나 더 정확하게는 사람들이 위험의 원천이 아닌 것으로 알려진 대상이나 상황에 부착되는 두려움'이라고 말한다. 공포증 환자가 두려움에 처한 상황에서 객관적인 위험이 없음을 알고 있다는 주장은 오해의 소지가 있다. 왜냐하면 다리를 건너거나, 물속에 들어가거나, 터널을 통과하거나, 엘리베이터를 자주 타는 것과 같이 공포증이 있는 개인이 두려워하는 대상과 상황이 어떤 객관적인 위험을 포함하고 있기 때문이다.

공포증이 있는 개인이 상황에 접근함에 따라 피해 가능성에 대한 추정치가 증가한다는 관찰 결과는 여러 번 검증되었다. 예를 들어, 공포증 상황에서 멀리 떨어져 있는 개인은 그 상황에서 해를 입을 확률이 거의 0이라고 말할 수 있다. 그가 상황에 접근함에 따라 '가능성'은 일반적으로 변화한다. 즉, 사람들이 실제로 두려움에 처한 상황에 도달하면 그것들은 0%에서 10%로, 50%에서 100%로 증가할 수 있다.

가까운 시기에 비행기를 탈 계획이 없을 때 비행기 추락의 가능성을 10만 대 1 또는 심지어 100만 대 1로 추정하는 비행기 공포증 환자를 생각해 보자. 비행기 여행을 계획하자마자 그가 추정한 추락 확률은 크게 증가할 것으로 예상된다. 그리고 비행 시간이 다가옴에 따라 추락 가능성이 점차 높아졌다. 비행기가 이륙하기 시작했을 때, 그는 그 가능성을 50 대 50으로 생각했다. 비행기가 흔들린다면 추락 가능성은 100 대 1로 전환된다.

두려움에 처한 상황에 동반된 많은 환자는 그러한 상황에서 일어날 수 있는 모든 것에 대한 감각을 경험한다. 예를 들어, 고소공포증이 있는 여성이 언덕 꼭대기에 올랐을 때, 그녀는 현기증이 나기 시작하며 흔들리기 시작했고, 그녀를 가장자리로 끌어당기는 힘을 '느꼈다'. 마천루의 40층에서 그녀는 가파른 각도로 기울어진 바닥 경사를 '느꼈다'. 또는 물에 대한 두려움이 있는 여성은 해변으로 여행할 때 익사하는 모습을 시각적 이미지로 떠올리기 시작했다. 또는 의학적 도움이 없을 때 심장마비가 걱정되는 사람은 그러한 상황에 처했을 때 가슴에 통증을 느꼈다.

따라서, 공포증이 있는 사람들은 그들이 두려워하는 상황에 접근함에 따라 예상되는 피해 확률이 증가할 뿐만 아니라 실제로 그들이 두려워하는 재앙적인 결과를 환상 가운데 경험하기 시작할 수 있다.

시각적 이미지

다른 유형의 공포증은 시각적 환상의 자극과 관련이 있다. 예를 들어, 한 남성이 자동차 사고를 당한 도시의 한 구역을 피했다. 환자를 탐색하면서, 임상가들은 그가 그 지역에 접근할 때마다 사고의 플래시백을 경험하고 결과적으로 심각한 불안을 경험했다는 것을 알게 되었다. 또 다른 경우에, 물 공포증을 앓고 있는 한 여성은 물 가운데에 있다는 것을 상기시키는 자극에서 주춤(recoil)했다. 그러한 자극이 익사에 대한 생생한 환상을 주었기 때문이다. 여기서 다시 한번, 상황에 있을 때 또는 상황에 대해 생각할 때 개인이 경험한 불안은 상황에 대한 객관적인 평가와는 달랐다.

시각적 이미지는 특정 위험한 상황에 처한 결과를 사람에게 '경고'하는 역할을 하는 것으로 보인다. 따라서 자극의 본질에 따라, 그는 익사하거나 자동차에 부딪히거나 질식하는 것으로 자기 자신을 볼지도 모른다.

피해자 동일시

때로는 공포증 환자가 두려워하는 상황에서 명백한 위험이 존재하지 않는다. 예를 들어, 우리가 말했듯이 어떤 사람들은 다른 사람이 피를 흘리거나 수술을 받는 것을 보고 격렬한 불안을 경험한다. 이것은 의사나 간호사와 같은 병원 전문가들 사이에서 특히 흔하다. 객관적으로 위험하지 않은 상황에서 불안하기 때문에 그들의 두려움은 다소 수수께끼이다.

만일 상황을 높은 수준의 피해자 동일시를 경험하는 공포증 환자가 지각하는 식으로 시각화해 본다면 퍼즐이 풀릴 것이다. 일반적으로 의문의 여지가 있지만, 공포증 환자는 시각적 또는 감각적 심상이나 자신이 피해자 자신인 것처럼 사건에 반응하고 있음을 나타내는 어떤 생각을 떠올릴 수 있다. 이 현상의 몇 가지 예는 다음과 같다. ① 의대생이 수술을 집도하는 것을 보면서 수술대에 누워 있는 자신의 시각적 이미지를 가졌다. ② 인턴은 환자에게 흉골 천자를 수행하면서 자신의 가슴뼈에 통증을 느꼈다. ③ 간호사는 출혈 환자를 관찰하면서 현기증과 아찔한 느낌을 받았으며, '내가 출혈한다면 어떻게 될지 궁금하다.'라고 생각했다. 혈액 · 상해 공포증은 자신이 위험하지 않다는 것을 객관적으로 인식할 수 있지만, 두려워하는 상황을 관찰할 때 여전히 강한 불안을 경험한다.

진화, 규칙 및 공포증

두려움과 공포증의 성격을 명확히 하기 위해서 우리는 위협에 대한 유기체의 반응에 대한 광범위한 틀의 관점에서 그것들을 분석해야 한다. 주어진 상황에서 도피하거나 얼어붙거나 기절하게 하는 '결정'을 어떻게 내리는가? 당연히 외부 자극에 대한 초기 인식과 이 대상을 위협으로 평가하는 것이 필요하다. 위협하는 대상의 성격과 전체 상황에 따라 유기체는 보호 조치를 위해 동원된다. 그러나 행동 여부를 결정하는 것은 미리 정해진 계획에 기초하여 이루어져야 함을 유의해야 한다. 상황의 모든 측면을 분류하고 대안적인 전략을 검토하는 데 즉각적인 위험이 발생할 경우 시간이 부족하다. 관련 데이터를 선택하고 행동과정을 결정하는 메커니즘은 규칙의 활용에 달려 있다(Beck, 1976, pp. 95-101 참조).

즉각적인 생존을 촉진하기 위한 규칙은 모호하지 않고 포괄적이며 절대적인 형태로 쓰이고, 확률적이거나 상대적이지 않다. 이러한 규칙은 변하지 않는다. '항상' 또는 '절대로(never)'를 의미한다. 일반적으로 초기 평가는 한 쌍의 눈과 같은 '부분대상(part-object)'이나 비행 중인 매의 윤곽과 같은 모양을 기반으로 한다(Marks, 1969).

공포 및 공포증의 문제에 대한 이 공식의 관련성은 다음과 같다. 우리는 많은 두려움이 선천적이며 인간 발달 초기에 보호 기능을 수행한다고 가정한다. 예를 들어, 낯선 사람에 대한 두려움, 익숙하지 않은 상황 및 높이에 대한 두려움이 유전적으로 결정된 심리적 장치에 내장되어 있으며 아동의 발달과정에서 적절한 시기에 표현된다는 증거가 있다. 이러한 두려움은 '모든 낯선 사람은 위험하다.' 또는 '높은 곳에서 가장자리로 가는 것은 위험하다.'와 같은 규칙(실제로 말하지는 않더라도)에 기반할 것이다. 규칙은 지나치게 절대적이고 지나치게 포괄적이지만 아동이 덜 절대적인 시스템에 따라 작동할 수 있을 만큼 충분히 성숙할 때까지 일반적인 보호 기능을 제공한다.

규칙은 언어 전단계에 발생하기 때문에 시각적/운동학적 구성(configuration)으로 경험할 수 있다. 감각 입력이 이 내부 구성과 일치하면 불안, 회피 및 생리적 반응을 유발한다. 많은 공포증 환자는 공포증 상황에 노출될 때 매우 구체적인 시각적 이미지를 가지고 있다. 이러한 치명적인 결과에 대한 시각화가 자기보호를 위해 개인을 동원하는 데 도움이 되는 것 같다 (Beck & Rush, 1975).

미성숙한 두려움에서 보다 현실적인 패턴으로 넘어가는 데 있어 중요한 요소는 원시적 규칙이 너무 절대적이고 지나치게 일반적이며 두려움이 대부분 비현실적이라는 사실을 직접적으로 또는 대리적으로 학습하는 것이다(항상 그런 것은 아님). 따라서 성숙한 발달은 특정 상태 또는 활동에 기인한 과장된 결과를 찾아내고 더 적절한 규칙을 대체하는 것으로 구성된다. 낯선 사람에 관한 절대 규칙은 상황, 낯선 사람의 위협 또는 위협적이지 않은 외모, 개인과 낯선 사람의 상대적인 힘을 고려하여 완전히 변경될 것이다.

그러나 이러한 초기 규칙이나 미성숙한 두려움은 완전히 소멸되지 않는다. 우리는 상당한 긴장이나 질병의 조건하에서 이전의 끔찍한 두려움이 다시 활성화되기 시작하는 것을 드물지 않게 관찰한다. 따라서 장기간 수면 부족을 겪는 개인은 어린 시절의 소음, 낯선 사람, 대중 연설 등으로 인하여, 사라졌다고 생각하는 두려움을 경험하기 시작할 수 있다. 또한 심한 우울증은 종종 사람의 다양한 공포증을 재활성화할 수 있다. 게다가 일부 두려움은 평생 동안 지속되는 것처럼 보인다. 절단된 사지를 보는 것에 대한 두려움과 같은 것이 그러하다. 그러한 두려움과 공포증의 유지는 '유형 성숙(neoteny)'으로 알려진 진화 현상을 암시한다(Montague, 1981). 다른 두려움은 광장공포증과 같은 일반화된 공포증에 의해 촉발될 때까지 잠재되어 있다(제8장 참조).

이러한 관찰은 공포증 형성에서의 어떤 특징(features)을 제안한다.

첫째, 많은 공포증이 원시적 구조에서 유래한 것으로 보이며, 그 구조는 작은 동물, 높은 난간, 좁은 공간처럼 구체적일 수 있다. 두려움을 발달시키는 이 타고난 경향은 I. M. Marks(1969)에 의해 '우위성(prepotency)'으로 분류되었고, M. E. P. Seligman(1971)에 의해 '준비성(preparedness)'으로 분류되었다. 우위성 개념의 문제는 공포증의 초점이 되는 많은 대상이 자연적으로 발생하지 않기 때문에 알려진 진화과정에 의해 선택될 수 없다는 것이다. 인간이 만든 대상(칼, 자동차, 비행기)에 대한 이러한 두려움에 대한 가장 좋은 설명은 그 두려움이 특정 대상이 아니라 날카로운 물체에 찔리거나, 움직이는 물체에 맞거나, 높은 곳에서 떨어질 위험이라는 **일반적인 개념**에 집중된다는 것이다. 이러한 공포증은 절단되거나 부상당할 것이라는 선천적인 두려움에서 비롯된 것임을 알기가 어렵지 않다. 따라서 이 개념은 일반적으로 학습을 통해 특정 물체(칼) 또는 사건(자동차 충돌)에 적용된다.

둘째, 많은 공포증의 내용이 원래의 어린 시절 형태(form, 예: '모든 높이는 항상 위험하다.')에 포함된 것 같다. 이 공포증의 특징은 이 규칙의 일반적인 비활성화가 발생하지 않았음을 시사한다. 우리는 이 규칙이 유전의 이유로 지나치게 강력했거나 '과도하게 학습되었기'(또는 둘 다) 때문에 지속된다고 가정할 수 있다. 예를 들어, 사람이 심각한 추락을 경험했을 수 있으며, 그 결과 원래 형태의 규칙, 즉 고착된 공포증으로 규칙을 강화하는 경향이 있다(pp. 177-178쪽 참조).

다음 질문이 자연스럽게 올라온다. 두려움과 공포증이 어떤 식으로든 원시적인 유전 구조에서 파생된다면, 그것들의 생존 가치(survival value)는 무엇인가? 언뜻 보기에 많은 두려움이나 공포증이 생존을 방해하는 것처럼 보일 수 있다. 예를 들어, 의사 공포증으로 인해 의료 서비스를 피하거나, 적으로부터 탈출하기 위하여 좁은 다리를 건너야 할 때 '얼어붙는' 것이다. 더욱이 일부 공포증은 생존을 위협하지 않을지라도(예: 광장공포증, 다리에 대한 두려움, 대중 연설에 대한 두려움), 확실히 불쾌감을 유발하고 사람의 삶을 방해한다. 추가 분석에서 이러한 두려움은 아마도 야생에서 일부 생존 가치를 가졌을 것이며, 우리 종의 초기 진화에서 지나치게 일반화된 두려움이 생존을 도왔다고 제안될 수 있다. 다시 말해서, 거짓 긍정(false positive) 유형의 실수(즉, 존재하지 않는 위험을 보는 것)가 거짓 부정(false negative) 유형의 실수(존재하는 위험을 보지 않는 것)보다 낫다. 이런 의미에서 '진화는 불안한 유전자를 선호한다.'라는 속담이 유지되는 것 같다. 평가에 대한 두려움(시험 불안, 사회 불안, 대중 연설)의 개념을 포함하여 더 일반적이고 고통스러운 두려움은 진화의 틀 안에서는 이해하기가 더 어려울 수 있다. 이러한 두려움은 문화 유산의 부산물과 사회화의 부산물이며 포기의 위협과 포식자, 환경 또는 기아에 대한 결과적인 취약성을 다루기 위한 기본 생존 장치에 접목된다.

제8장

광장공포증

광장공포증의 수수께끼

광장공포증의 고유한 특징은 상식이나 이성을 무시하는 것 같다. 표면상으로는 심리적 문제가 거의 없이 20대로 성장한 여성이 왜 갑자기 공공장소에 가거나 자동차, 버스, 기차 및 엘리베이터를 타는 것에 대한 두려움이 생길까? 여러 면에서 유능한 이 사람이 직장이나 결혼을 위태롭게 하거나 집을 떠나기를 거부해야 하는 이유는 무엇인가? 과거에 스스로 수많은 활동을 한 여성이 동반자 없이 여행하지 못할 정도로 의존적이 된 이유는 무엇인가?

이 질문들은 심리장애를 이해하려고 노력하는 이론가들을 괴롭힌다. 최근 몇 년 동안 광장공포증 문제는 이 주제를 다룬 많은 책(예: Chambless & Goldstein, 1982; Dupont, 1982; Emmelkamp, 1982; Guidano & Liotti, 1983; Klein & Rabkin, 1981; Marks, 1969; Mathew, Gelder, & Johnston, 1981; Mavissakalian & Barlow, 1981; Thorpe & Burns, 1983)이 보여 주듯이 상당한 주목을 끌어 왔다. 임상적 · 행동적 · 약리학적 관점의 광범위한 연구 결과는 이 수수께끼에 대한 답을 내놓을 수 있었다.

광장공포증의 발달

성향과 예측

왜 공포증 증상은 20세 이후에 나타나는 경향이 있을까(특히 대부분의 공포증이 어린 시절에 기인하기 때문에)? 이러한 환자들은 상황 변화가 그것을 활성화할 때까지 발현되지 않았던 광장공포증 성향(disposition)을 갖고 있다는 것이 제안되었다. 예를 들어, M. R. Liebowitz와 D. F. Klein(1982)은 이 사람들이 분리와 관련된 공황 발작에 대한 임계값이 낮아 '삽화적(episodic) 자율 방출'에 취약하다고 가정한다. 또한 이들은 자신의 건강이나 정서적 격변을 관리하는 능력에 대해 평생 염려했지만 한 명 이상의 보호 인물(부모, 형제자매, 동료 집단)이 있는 한 균형을 유지할 수 있다고 제안했다. 이들 중 많은 사람이 어린 시절로 거슬러 올라간 분리 불안의 병력을 가지고 있다(Gittelman, 1983). 따라서 집에서 멀리 떨어지게 되면(예: 먼 대학에 다니는 것) 이 버팀목이 제거될 수 있어서 광장공포증에 걸리게 될 수 있다. 마찬가지로, 부부관계의 붕괴(Guidano & Liotti, 1982; Mathew, Gelder, & Johnston, 1981; Chambless & Goldstein, 1982)는 지지하는 사람의 가용성을 위태롭게 한다. 대부분의 광장공포증 환자 사이에서 만연해 보이는 일반적인 상황은 그들이 성인이나 부모됨 혹은 부모 역할 요구를 받아들이고 동시에 더 독립적으로 기능할 것이라는 기대가 높아지는 것이다. 아이의 출생, 별거 또는 사망으로 인한 돌보는 이의 상실, 가정이나 직장에서의 요구 증가 등은 모두 공포증 증상을 촉진할 수 있다. 환자가 부적절하게 수행하면 치명적인 결과를 초래할 수 있다고 믿기 때문에, 증가된 책임은 환자에 대한 위협으로 나타난다. 따라서 그녀의 자신감은 기대치의 증가 및/또는 사회적 지지의 제거로 인하여 위협받을 수 있다.

일반적인 시나리오에서 개인은 지지를 받기 위해 자신이 의존하는 다른 사람에게 억압받는 것으로 인식한다. 그녀는 자신의 자제력과 역량에 많은 투자를 하고 있지만 불안정한 편이다. 그러나 다른 사람의 지배는 독립적으로 적절하게 기능할 수 있는 능력에 대한 자신감을 약화시키는 경향이 있다. 새로운 요구와 책임이 중요한 것으로 여겨지기 때문에 그녀는 이전 단계의 의존성으로 되돌아갈 가능성이 높다. 그녀는 외부 및 내부 문제로 더욱 위협을 받고 있으며 이러한 위협에 대처하기 위하여 지지자에게 점점 더 의존하고 있다.

증상의 발현

광장공포증을 겪게 될 사람은 일반적으로 '외부 세계'에서 발생할 수 있는 다양한 위험을 인식하기 시작한다. 예를 들어, 자동차 통제력 상실, 교통체증, 회전문에 갇히는 것, 군중에 휩쓸리는 것 등이 있다(이러한 위험은 어린아이들의 상대적으로 현실적인 두려움과 유사하다). 이러한 두려움은 축적되고 확장되어 결국 집을 떠나 상점이나 다른 곳으로 가는 과정의 거의 모든 무대(stages)가 심각한 국면이 되어 간다. 결과적으로 개인은 다음 각 단계를 거치면서 자신을 점점 더 취약하다고 인식한다.

① 그녀는 수많은 상황(군중, 엘리베이터, 버스, 터널, 거리 등)에서 자신이 몸이 굳어지며, 굴욕을 당하고 짓밟히거나 공격을 받을 것이라고 인식한다. 그녀는 이러한 외부 '위험'에 대한 확실한 방어책이 없다.

② 자동 반사 반응은 심장마비, 뇌졸중, 실신, 발작과 같은 심각한 내부 장애를 암시하는 증상을 생성한다. 그녀는 이러한 '내부' 발작을 방어할 방법이 없다.

③ 환자는 '오작동' 및 능력의 감소를 경험한다. 그녀는 도로에 차를 세우고 가만히 서 있는 동안 평정심 유지하며 말이 막히거나 더듬거리지 않고 다른 사람들과 구두로 의사소통하는 것과 같은 작업을 할 수 없다고 생각한다.

④ 위협에 대응하는 통제력 상실은 자신이 통제할 수 없는 내부 및 외부 세력의 희생자라는 개념을 강화시킨다.

⑤ 이러한 능력의 상실과 '내부 장애'에 대한 두려움으로 인해 환자는 돌보는 사람에게 도움을 요청하게 된다.

⑥ 위협하는 상황(백화점, 슈퍼마켓)에서 불안은 공황 발작으로 확대될 수 있다. 어떤 경우에도 강한 불안은 상황에서 벗어나서 안전한 피난처(일반적으로 집)

로 돌아가려는 강한 소망을 유발한다.

⑦ 집 또는 이와 동등한 안식처는 외부 위험으로부터의 안전을 의미한다. 환자는 다시 외출하는 것에 대한 강한 저항을 경험하고, 그녀가 집을 떠난다면 다시 불안감을 느낀다.

⑧ 다중 억제, 복종 경향 및 자신에 대한 부정적인 평가는 자신감을 약화시키며, 따라서 관계 불균형, 부적절감, 궁극적으로 다른 사람들에 의해 갇히고 지배되는 느낌을 초래한다.

공황

일부 권위 있는 연구자들은 광장공포증이 집을 떠났을 때의 갑작스러운 공황 발작으로 인해 발생한다고 믿는다(Klein, 1981). 공황 발작은 환자가 이렇게 집을 떠나는 여행을 처리할 수 있다는 것에 대한 확신을 심하게 훼손하며, 집에 쉽게 접근할 수 있는 장소와 발작이 발생할 경우 그녀를 도울 수 있는 동료가 함께 있는 경우로 여행을 제한한다. 발작이 발생한 상황에 들어가기 전에 환자는 우선적으로(primarily) 발작이 일어나는 것 자체를 두려워할 수 있다. 그러나 그녀가 강렬한 불안을 느끼기 시작하면, 그녀는 더 이상 공황 그 자체를 두려워하기 보다는 기절하거나, 죽어 가거나, 통제력을 상실하거나, 미쳐 가는 것을 두려워한다(Doctor, Gaer, & Wright, 1983).

모든 광장공포증이 공황 발작으로 시작되는 것은 아니다. 실제로, 『정신장애의 진단 및 통계 편람』(American Psychiatric Association, 1980, p. 226)은 공황 발작이 없는 광장공포증을 별개의 진단으로 열거한다. 많은 사람이 첫 번째 공황 발작이 있기 오래전에 광장공포증을 경험할 수 있고, 많은 사람이 공황 발작을 겪지 않았다는 사실은 광장공포증의 발병과 유지를 위한 필수 조건으로서 공황 발작의 역할에 대해 의문을 제기한다. 또한 공황 발작을 겪은 많은 환자는 공포증 상황에 들어가기 전에 주된(primary) 두려움은 단순히 또 다른 공황 발작을 겪는 것이 아니라 심장마비나 통제력을 상실하는 것이라고 말한다. 또한 공포증 상황의 회피를 극복한 일부 환자는 이전 회피로 돌아가지 않고 공황 발작을 계속할 수 있다(Marks, 1981).

공황 발작의 인과관계

많은 경우에 공황 발작으로의 진행은 환자에게 새로운 삶의 문제(가정 또는 직장에서의 새로운 요구 또는 위험)에서 생길 수 있는 '긴장(tension)'으로 시작되며, 이에 대한 유용한 대처전략이 없다(Doctor, Gaer, & Wright, 1983). 해결되지 않은 문제는 무력감과 다양한 신체적 · 심리적 증상으로 이어진다.

이 증상의 기원과 본질은 환자에게 불가사의하다. 그녀는 그것들을 스스로 설명하는 데 어려움을 겪는다. 그녀는 증가된 긴장 수준을 특정 스트레스 요인이나 두려움과 연관시키기보다는 증상에 대해 설명할 수 없고, 통제할 수 없는 위험한 내부 과정의 표현으로 간주하는 것 같다. 그녀는 심각한 병리학적 과정의 관점에서 설명을 끌어내는 강한 '질병' 지향적인 태도를 보일 수 있다(Guidano & Liotti, 1983).

특정 공황 발작이 진행되는 어느 시점에서 증상은 이를 줄이거나 효과적으로 기능할 수 있는 능력을 넘어 심화된다. 갑작스럽고 통제할 수 없는 증상을 임박한 신체적 또는 정신적 재난의 징후로 해석할 경우, 본격적인 공황이 발생할 때까지 그 과정이 가속화된다.

증상으로는 현기증, 복통, 사고에 대한 통제력 부족, 비자발적 떨림, 감각 이상, 이인화 등이 있다. 이러한 감각 중 일부는 과호흡이 원인일 수 있으며, 이는 발작 중에 증가하기 시작할 수 있다. 증상이 시작되면서 그녀는 다음과 같은 증상들을 즉각적인 위험의 신호로 보기 시작한다. ① 정신적 · 신체적 붕괴, ② 심장마비 또는 뇌졸중, ③ '감정'의 통제력 상실(비명, 울음, 눈물 흘림), ④ 행동에 대한 통제력 상실(누군가를 해침, 자살 시도, 성적인 행동), ⑤ 미쳐 가는 것, ⑥ 다른 역경들(질식, 간질, 자율적인 호흡 종료).

표 8-1 두려운 결과

증상의 해석	결과
심장마비, 심장 발작	죽음
기절(passing out)	병원 입원
사고 조절의 상실	미쳐 감
감정 조절의 상실(소리 지르거나 절규)	공개적 망신
충동 조절의 상실	타인 살해나 자살
호흡 곤란	죽음

생명, 정신 건강 또는 기능을 위한 능력에 대한 위협으로서 증상을 해석하면 증상이 더 심화된다(자율적 흥분, 주관적 불안, 전반적인 쇠약함을 증가시킴). 환자가 증상의 진행을 막을 수 없다는 사실은 상황이 극도로 심각하다는 그녀의 믿음을 확인시켜 준다. 그녀는 증상을 부정적으로 해석할 뿐만 아니라 최악의 결과를 예측한다(〈표 8-1〉 참조).

최근 연구의 증거에 따르면 심상은 광장공포증의 정신병리학에서 중요한 역할을 한다. 인터뷰한 8명의 환자 중 7명은 공공장소로 들어가기 전에 고통스러운 이미지를 경험했다고 보고했으며, 4명은 공공장소에서 그러한 이미지를 가지고 있다고 보고했다. 심상에는 실신, 무너짐, 모욕 또는 폭행, 심각한 사고 및 기타 질병, 장애 및 치욕의 주제가 포함되었다.

광장공포증과 관련된 공황 발작은 범불안장애와 관련된 발작과 구별할 수 없다는 점에 유의해야 한다. 결과적으로, 예상대로 발작이 시작되기 직전에 주요한 증상이 두 질환에서 동일하다는 것을 발견했다. 일부 환자는 주의 산만 또는 인지 구조 조정과 같은 기술을 통해, 즉 증상을 재앙의 징후가 아닌 정서적 반응으로 간주함으로써 본격적인 발작을 저지하도록 스스로 훈련할 수 있다.

인지 도식: 취약성

광장공포증이 있는 사람은 공포증 상황에 가까워질 때 취약성 도식에 '고정되어 버린다'. 이는 곧 그녀에게 어떤 고통이 닥칠 것이라는 예상이다. 그녀는 통제할 수 없는 내부 장애에 대해 우려하고 있다. 상황에 들어가기 전에, 그녀는 이 장애 상태를 심각한 신체적 · 행동적 또는 정신적 장애를 나타내는 것으로 간주하지 않는다. 그러나 그 상황에 들어가면 그녀는 자신이 심각한 고통을 겪고 있다고 생각한다.

애초에 각성 상태의 '원인'은 무엇인가? 그것은 그녀가 (혼자일 때) 갑자기 심각한 의학적 · 정신적 또는 정서적 장애에 취약하다는 개인의 개념에 근거한 것으로 보인다. 그녀는 자신의 집, 의사 또는 병원과 같은 안전 장소에 빠르고 방해 없이 접근할 수 있으면 이 장애를 해결할 수 있다고 믿는다. 따라서 고통을 암시하는 상대적으로 사소한 신체적 감각은 도움을 받을 수 있는 경우 해소되거나 무시될 수 있다.

그녀가 그러한 도움으로부터 멀어지거나 차단된다면, 그녀는 내부 위협을 나타내는 것으로 간주되는 이러한 사소하거나 주요한 신체 증상을 무시할 수 없다. 임박한 재앙의 징후로서 신체화 증상(흉통 또는 복통, 질식, 기절하는 느낌 또는 전반적 근육 약화로 나타날 수 있음)을 해석하면 심각한 사고(mishap)에 대한 그녀의 두려움이 커진다. 두려움이 증가하면 불안과 그에 수반하는 신체적 증상(흉통 또는 복통, 호흡 곤란, 기절 등)을 더욱 증가시킬 수 있다. 악순환이 설정된다. 마지막으로, 사고력의 어려움으로 인해 그녀는 추론 능력을 사용하여 과장된 두려움을 무효화시키는 데 실패하게 된다.

광장공포증 상황에 들어가는 환자는 다음과 같은 원칙을 따르고 있다.

① '압도할 만한 재난이 언제든지 발생할 수 있다.'
② '그러므로 이 사건을 피하거나 완화하기 위해 할 수 있는 것은 아무것도 없다.'
③ '유용한 전문가(예: 의사) 또는 조력자(친구 또는 가족)에게 접근할 수 있다면 심각한 결과를 피하거나 줄일 수 있다.'
④ '모든 특정 감각(예: 가슴 또는 복통)이 파괴적인 과정의 표시일 수 있다.'
⑤ '과정이 저지되지 않으면 궁극적인 재앙(예: 질식으로 인한 사망)으로 가속화될 수 있다.'

특정 장소나 상황이 발작을 유발하는 것으로 보이는 이유는 무엇인가? 한 가지 요소는 집이나 도움이 되는 인물에 대한 쉬운 접근이 차단되는 것으로 볼 수 있다.

붐비는 상점은 이동성을 방해한다. 기차, 고속도로, 다리 위 또는 터널을 운전하면 비상시 지원 접근이 차단된다. 마찬가지로 혼잡한 식당이나 극장의 출구에서 막히면 안전한 피난처로 탈출하여 도움을 받을 수 없다. 이러한 상황에서 핵심 단어는 '갇힌'이다.

또 다른 중요한 요소는 이러한 각 상황 자체가 위험한 것으로 인식된다는 것이다. 따라서 폐쇄된 쇼핑몰이나 백화점과 같은 특정 '광장공포성' 상황으로 가는 사람은 도중에 많은 잠재적 위험에 직면하게 된다. 그녀는 길에서 차를 운전하다가 보행자를 치거나, 길을 잃거나, 길을 건널 때 차에 치거나, 지하철역에 들어가는 동안 습격을 받을 수 있다. 더욱이 지하철과 터널이 무너질 수 있고, 다리가 무너지고, 버스가 추락하고, 엘리베이터가 멈출 수 있다.

그녀가 광장공포증 상황에 들어갔을 때의 '위험'은 덜 분명하다. 붐비는 상점은 특정 부서 및 카운터로의 자유로운 이동을 방해할 뿐만 아니라 탈출 및 도움을 받을 가능성을 제한한다. 붐비는 층에서는 갇히고 질식할 것 같은 느낌을 유발할 수 있으며, 이로 인해 환자가 과호흡하여 공황 발작과 관련된 특정 증상(가벼운 현기증, 오싹함)을 경험할 수 있다. 다른 한편으로, 굴처럼 보이는 공간, 큰 창문의 넓은 공간, 익숙하지 않은 각도, 수렴하는 기하학적 선은 소위 '광운동 반사(opticokinetic reflex)'라고 하는 깊이 인식과 관련된 불안 증상을 유발할 수 있다(Marks, 1969). 일부 광장공포증 환자에게만 나타나는 이 반응은 강당과 같은 대형 돔형 건물과 공공 광장에서 가장 명확하게 관찰된다[원래 C. Westphal(1871-1872)에서 언급한 바와 같다]. 외부 경계에 과민 반응을 보이는 환자는 한편으로는 부적절한 방에 갇힌다는 두려움과 한편으로는 무제한의 공간에 휩싸일 것이라는 두려움에 사로잡힌다. 너무 넓거나 너무 좁은 공간 문제 외에도 그녀는 에스컬레이터에서 넘어져 떨어지거나, 계단에서 굴러 떨어지거나, 백화점 위층에 있는 큰 창문이 쓰러질까 봐 두려워할 수 있다.

광장공포증 환자는 일반적으로 자유로운 움직임과 도움받는 접근성에 관심이 있다. 그러나 역설적이게도 그녀의 특징적인 행동 반응 중 하나는 움직이지 못함(Doctor, 1982)과 실신(Thorpe & Burns, 1983)을 포함한다. 환자는 약하고 무력감을 느끼며 실신할까 봐 두려워한다. 그것이 일어날 때, 이러한 부교감-불가동성 반응은 행동적 반응이 활동의 자유를 더욱 방해하기 때문에 공포증 상황을 더욱 위협하게 만든다. 그러나 대부분의 경우에 탈출하고자 하는 충동이 너무나 강해서 이러한 약점을 무시한다.

이동성(mobility)은 탈출 메커니즘을 제공하고 기절(faintness)과 약점(weakness)에 대한 해독제를 제공하는 것 이상의 의미를 가지고 있다. 광장공포증이 있는 개인은 자유, 자기결정, 개성을 위해 이동성을 중시한다. 살아 있거나 또는 살아 있지 않은 대상에 의한 제한은 그에게 덫에 걸린, 갇혀 있고 꼼짝 못하는 느낌을 준다. 때때로 이 환자들은 하늘을 나는 것과 같은 완전한 자유에 대한 환상을 가지고 있다(Guidano & Liotti, 1983). 공포증이 있는 일부 여성은 그들이 묶여 있었던 명백한 성적 도피 행위에 대한 '비자발적(involuntary)' 환상을 보고한다. 우리는 광장공포증 환자들에게서 두드러진 통제력 상실에 대한 두려움이 부분적으로 고함치는 행동, 미친 행동, 파괴적인 행동을 함으로써 전통적인 행동 규칙에서 벗어나려는 충동을 인식하는 것에 기인한다고 가정할 수 있다.

그렇다면 광장공포증의 갈등은 의존성, 자율성 및 통제 문제와 관련이 있는 것으로 보인다. 한편으로, 그녀는 자신이 외부 세계의 위험을 스스로 해결할 수 없다고 믿기 때문에 '보호자(caretaker)'의 도움을 받아야 한다는 압박감을 가진다. 한편, 도움을 추구하면 다른 사람에게 자신의 주권을 포기할 수 있다. 그녀는 상대방을 '필요'로 하기 때문에, 자유, 개성을 행사하고 권리를 주장하는 일이 거의 없다.

드물지 않게, 광장공포증 환자들은 복잡한 결혼 상호작용에 빠진다. 그들은 배우자로부터 지원을 받으면서 자유롭고 자율적이기를 원한다(Guidano & Liotti, 1983). 그러한 어려운 관계는 여러 가지 영향을 미치는 경향이 있다. 첫째, 자율성의 표현이 제한된다. 왜냐하면 그것이 배우자를 멀어지게 할 수도 있고, 따라서 배우자에게 도움을 청하는 능력을 위협하기 때문에 금지된다. 또한 배우자는 공포증이 있는 자신의 아내를 지배하기 위해서, 자신의 목적을 성취하기 위해서, 그리고 그녀를 평가 절하하기 위해서 보호자(caretaker)로서 자신의 위치를 이용할 수 있다. 이 불평등한 관계의 결과는 그녀의 자신감을 줄이고 더 의존하게 만드는 것이다. 둘째, 환자의 복종전략은 그녀의 기분을 약화시킬 뿐만 아니라 무력한 반항심을 불러일으킨다. 그녀는 보호자를 기쁘게 하려는 것과 벗어나고자 하는 것 사이의 갈등에 사로잡힌다.

사회분열 자율성 척도(Sociotropy Autonomy Scale; Beck, 1983)에서의 응답을 비교하는 연구는 범불안장애 16사례, 광장공포증 39사례, 우울증 36사례 및 72 정상 사례로 구성되었다. 이 연구에서 광장공포증 환자는 다른 정신과 환자 및 정상 대조군보다 기동성 및 자기지시(self-direction) 그리고 억제 또는 통제당하는 것에 대한 민감성에 더 많은 에너지를 쏟는 것으로 밝혀졌다. 이러한 경향은 다음과 같은 태도에 대해 극단적인 점수로 나타났다.

① '언제든지 내가 원할 때 일어나서 갈 수 있는 것이 매우 중요하다.'
② '장기간 회의를 통해 앉아 있어야 할 때 감금된 느낌이 든다.'
③ '앉아서 이야기할 때 안절부절못하고 일어나서 무엇인가를 하는 것을 선호한다.'
④ '나 자신의 계획을 세우는 것을 선호하므로 다른 사람들의 통제를 받지 않는다.'
⑤ '사람들이 내 행동과 활동을 지시하려고 할 때 나는 짜증이 난다.'

이 장애의 발병에 취약하게 만드는 태도와 특성의 다양한 조합이 있는 것으로 보인다. 그중에는 자기결정에 대한 강조 및 통제 또는 간섭에 대한 과민성, 약하게 위협에 반응하는 경향성과 도망가려는 욕구, 집을 떠날 때의 안전감 부족, 신체적 증상을 즉각적인 신체적 또는 심리적 장애의 징후로 해석하는 패턴, 안전 확인과 의료 지원을 위해 도움을 줄 사람에게 의존하는 전략이 있다. 흥미롭게도, 광장공포증 환자가 도움을 주는 사람에게 지배당하지 않도록 너무 가까워지는 것을 꺼리거나, 그녀가 도움이 필요한 상황에 직면하지 않기 위해서 너무 멀리 떨어져 있는 것을 꺼리는 것은 공간 구성에 대한 민감성과 유사하다. 그녀는 너무나 좁거나(군중, 옷장, 엘리베이터) 너무나 넓은(슈퍼마켓, 쇼핑센터, 평평한 목초지, 원형 극장) 많은 공간을 피한다.

광장공포증의 발병은 앞에서 관찰했던 사례들의 조합인 다음과 같은 전형적인 예에서 설명된다. 자신의 자율성에 높은 수준의 에너지를 쓰는 한 여성은 어려운 결혼관계에 빠진 자신을 발견하게 된다. 그녀는 남편이 그녀를 정서적이고 실제적인 방법으로 도와주지만, 그 대신에 자신이 지배당하는 것에 순응해야 한다. 그런데 첫아이를 낳으면서 그녀는 아이의 올바른 양육, 보호 및 보살핌에 필요한 기능을 수행하는 능력에 의문을 갖기 시작한다. 남편의 계속적인 지배는 그녀의 역량, 외부 문제와 내부 갈등에 대처하는 능력, 자신의 자기통제 능력을 더욱 의심하게 만든다. 그녀는 자신이 아이에게 해를 끼칠 수 있는 일을 할까 봐 두려워하기 시작한다. 불안감이 커지면서 자신의 '주부 의무(domestic duties)' 수행에 대한 자신감이 떨어진다. 그녀는 남편에 대한 자신의 분노를 완전히 인식하지 못하지만 어떤 종류의 신체적 장애로 인한 긴장을 자각하고 있다.

그녀는 이제 집을 떠날 때 자동차 운전 능력을 의심하기 시작한다는 것을 알게 된다. 예를 들어, 쇼핑센터로 운전할 때, 그녀는 운전 관련 사항에 대한 지속적인 두려움을 가지고 있다. 그녀는 길을 잃거나, 차를 주차하지 못하게 되거나, 돌아왔을 때 주차한 차를 찾을 수 없거나, 자동차 기름이 다 떨어질 수 있다.

백화점에 들어서면 회전문에 걸리거나, 에스컬레이터에서 균형을 잃거나, 올바른 카운터를 찾을 수 없거나, 원하는 항목을 선택하지 못할까 봐 두려워하며, 판매직원에게 적절히 주장하지 못할까 봐 두려워한다. 조명의 불빛은 그녀를 괴롭히고, 물체들이 분리된 것처럼 보이게 하고, 전반적인 방향 감각을 상실하게 만든다. 엘리베이터를 타고 다음 층으로 갈 때, 그녀는 기절하고 넘어질까 봐 두려워한다. 다음 층에 내려서 큰 창문을 내다보며 허리 높이인데도 창문 밖으로 떨어질까 봐 두려워한다. 그녀는 엘리베이터에서 내리기로 결정했지만 도중에 멈출까 봐 걱정이 된다. 다시 1층에 도착했을 때, 그녀는 주변을 돌아다니는 사람들에 의해 혼잡함을 느끼며 점점 더 숨이 차기 시작한다. 그녀는 더 많은 산소를 얻기 위해 과호흡을 한 다음 그녀의 사지(extremities)에서 '손발이 저리다가 풀리면서 따끔따끔한 느낌(pins and needles)'을 느끼기 시작한다.

이 시점에서 여성은 숨가쁨, 기운 빠짐, 사지의 특이한 느낌을 끔찍한 파괴적인 장애의 신호로 해석한다. 그녀는 자신이 지금 죽어 가고 있다고 생각한다. 그녀는 도움을 줄 사람들이 멀리 있고 반응이 없을 것이라고 느끼기 때문에 누구에게도 도움을 요청하지 못하며, 그녀의 증상이 단지 '잘못된 경보'일 수 있다는 것을 막연하게 알고 있다. 그녀는 남편에게 간신히 전화를 걸어 그의 안심시키는 말을 들으며 집에 갈 수 있다. 그 후 그녀는 집을 떠날 때마다 나쁜 일이 발생할 경우를 대비하여 남편에게 연락할 수 있도록 어떤 종류의 길을 열어 두는 것에 대해 진지하게 생각한다. 또한 그녀는 슈퍼마켓이나 쇼핑센터로 운전하면서 직면하는 각 위험에 대해 더욱 두려워하게 된다. 불안이 심해지면서 그녀는 어떤 종류의 내부 재앙을 겪고 있을지 모른다는 것을 다시 한번 걱정하고 더욱 불안해하며 마침내 '자기 생명을 구하기 위해' 집으로 서둘러 돌아간다.

이 복합적인 예는 광장공포증을 가진 개인이 자립성(self-sufficiency)에 대한 기대와 도움에 대한 '필요' 사이의 바이스(vise, 고정시키는 공작 기구)에 어떻게 사로잡혀 있는지 보여 줄 수 있다. 그녀의 자립성이 좌절됨에 따라 그녀의 의존성은 증가한다. 동시에 그녀는 남편에게 지배받는 것을 점점 두려워하게 된다.

의존

다음 사례는 광장공포증으로 발전하는 이별에 대한 두려움과 의존의 **평생** 패턴을 보여 준다. 한 30세 여성은 항상 집을 떠나는 데 문제가 있어 왔다. 그녀는 학교에 가고 여름 캠프에 가는 데 어려움을 겪었다. 그녀는 철저히 그녀를 관리하지만 동시에 너그럽게 봐주면서 그녀가 행복한지를 염려하는 어머니의 지지를 항상 받고 있다. 그녀의 어머니 자신이 꽤 심한 신체화 증상을 겪고 있었고, 딸의 어떤 이상 신호도 질병으로 해석하는 경향이 있었다. 그녀는 다양한 종류의 약으로 가득 찬 서랍을 갖고 있었고 자식이 증상을 보일 때마다 그중 하나를 복용하게 했다. 그러면 아이는 안도감을 경험하곤 하였다.

이 여성은 다음과 같은 생각을 하며 성인의 삶에 들어갔다.

① '나는 연약한 사람이고 언제나 의료적 도움을 가까이에 필요로 한다.'
② '기댈 수 있는 강한 사람이 있다면 나는 성공적으로 관리할 수 있다.'

이 여성은 남편이 군복무 소집을 받을 때까지 성공적으로 항해했다. 그 시점에서 그녀는 처음으로 직업을 얻었지만 수행에 대한 엄청난 두려움과 불안을 경험했다. 불안이 커지면서 그녀는 첫 번째 공황 발작을 경험했다. 그 이후로 상담실에 가는 것이 점점 더 어려워지고 마침내 완전히 집에 갇혔다.

광장공포증 증후군의 수수께끼 중 하나는 공포증이 '위험 영역'에 들어갈 때 신뢰할 수 있는 사람을 절실히 필요로 한다는 것이다. 보호자가 달려올 수 있다면, 광장공포증은 외부 상황과 불안 증상에 위협을 덜 느낀다. 이 의존성의 상당 부분은 불안이나 공황 발작의 본질 때문일 수 있다. 발작이 설명될 수 없다는 사실, 광장공포증 환자가 그것을 끌 수 없다고 느끼고, 객관성과 추론 능력이 손상되었다는 사실이 그녀가 신체적 또는 정신적 생존을 위해 도움을 요청하게 만든다. 조력자(helper)와의 접촉은 광장공포증 환자가 실제로 정신적 또는 신체적 붕괴 직전에 있는 경우 즉각적인 치료 접근을 제공하기 때문에 안도감을 가져온다. 또한 보호자는 장애의 심각성을 평가하고 주의를 산만하게 하는 데 도움을 줄 수 있다. 현실 검증에서 보호자의 역할은 다음 대화에서 설명된다.

환자: 질식하고 있어요. 숨을 쉴 수 없어요. 죽을 거 같은 느낌이 들어요.
배우자: 진정해요. 심호흡을…… 지금 무슨 일이 일어나고 있습니까?
환자: 숨 쉬고 있어요. 좋아요. 나는 죽지 않을 것 같아요.

종합

광장공포증 환자의 성격, 갈등 및 환경 문제에 대한 체계적인 연구는 여전히 상대적으로 부족하지만, 임상 관찰을 기반으로 한 다음과 같은 제안이 이루어질 수 있다.

① 광장공포증 경향이 있는 개인은 유아기에 잠재적인 위험을 구성했을 수도 있지만 성인에게는 위험하지 않은 잠재된(latent) 두려움을 가지고 있다. 여기에

는 붐비는 상점 또는 개방 공간(아이가 길을 잃을 수 있는 곳), 폐쇄 공간(질식), 고정식 또는 움직이는 계단(균형감 상실), 창문(추락)이 포함된다. 이러한 두려움에 대한 감수성은 스트레스 상황에 연루되어 감정적 반응을 조절하고 현실에 대한 과장된 두려움을 검증하는 능력에 부담을 줄 때 증가한다. 따라서 광장공포증의 발달은 이러한 잠재적인 두려움의 활성화 및 통제에 기초할 수 있다.

② 내부 및 외부 자원이 줄어들면서, 안전한 피난처에서 멀어지는 것에 대한 특정한 두려움은 도시에서 운전 중 사고에 연루되거나 공공장소에서 누군가 심장마비를 겪는 것을 목격하는 등의 외상 경험에 의해 활성화될 수 있다. 그런 다음 광장공포증 환자는 운전 중 사고를 당하거나 의료 도움을 받을 수 없는 상태에서 심장마비를 당할 것을 두려워하기 시작한다. 두려움은 외상성 사건과 관련된 특정 상황과 활동에 초점을 맞출 수 있다. 따라서 그녀는 도시에서 자동차를 운전하거나 백화점에서 계단을 오르는 것을 두려워하고 피할 수 있다. 외상적 상황을 피하는 한 그녀는 위협받지 않는다. 경우에 따라 이 '외상성' 경험은 상당한 불안 발작을 일으킬 수 있으며, 광장공포증은 연상을 통해 어떤 유형의 장소나 활동(예: 교차로 또는 진입로)을 위험한 것으로 간주하기 시작한다. 그녀의 취약성에 대한 인식이 높아짐에 따라 집을 중심으로 한 안전 영역이 점차 줄어들고 위험 영역이 확장된다. 도시에서 운전하는 것이 안전하지 않으면 시골에서 운전하는 것도 안전하지 않게 된다. 보통 가벼운 불편함을 유발하는 상황(예: 엘리베이터, 높은 곳, 군중)이 본격적인 불안을 활성화하며 그 후 공황 상태를 유지하게 된다.

③ 공황 발작은 본질적으로 불안, 기절, 현기증, 전반적인 쇠약함 및 사고의 어려움으로 구성된 원시적인 반응이다. 광장공포증 환자에게 공황 발작이 발현하는 것은 공황장애 환자의 경우와 동일한 순서를 따른다. 환자는 신체적 또는 심리적 스트레스의 결과로 과호흡, 급격한 체위 변화, 또는 위험 예측의 결과로 일부 생리학적 변화를 경험한다. 생리학적 변화는 환자가 어떤 재앙적 결과로 확대될 것으로 예상되는 심각한 내부 장애로 인한 것이다. 환자는 추론 능력이 억제되어 결과적으로 자신의 증상을 객관적으로 볼 수 없다.

④ 신체적 · 정신적 감각 마비와 함께 재난에 대한 두려움으로 인해 광장공포증 환자는 보호자에게 도움을 요청한다. 보호자는 전문적인 도움(필요한 경우)을 받을 수 있도록 도우며, 환자가 자신의 두려움을 실제로 검증하고, 자신을 두려움에 고착되지 않도록 돕는 역할을 한다.

집이나 보호자와의 거리가 멀거나 접근이 차단되면 그 자체가 공포와 집으로 돌아오고자 하는 압도적인 소망을 불러일으킨다. 여행에 대한 제한은 특히 이동성 및 지배로부터의 자유에 높은 가치를 두는 경향이 있는 광장공포증 환자들의 사기를 꺾는다. 궁극적으로 이러한 의기소침은 우울증으로 이어질 수 있다.

환자가 특정 장소에서 공황 발작을 일으킨 경우, 또 다른 발작에 대한 두려움이 그 장소에 의해 활성화된 두려움에 추가된다.

⑤ 따라서 광장공포증 환자는 많은 상황을 위험 신호로 해석할 수 있다. 발작이 일어났거나, 일어났던 유사한 상황에 들어가는 것, 잠재적 공포증이 있는 상황으로 들어가는 것, 위험을 알리는 극적인 '내부' 상태를 경험하는 것, 보호자 또는 집으로부터 분리되는 것 등이 그러한 신호의 예이다.

⑥ 광장공포증 환자는 특정 공간 구성(너무 좁은 공간과 너무 넓은 공간)에 너무 민감하다. 좁은 경계와 넓은 경계에 대한 민감도는 개인적인 관계, 즉 보호자와 너무 가까이 있다는 두려움과 너무 멀리 떨어져 있다는 두려움과 유사하다.

제9장

평가 불안

평가 불안의 본질

추락 전에

사회적으로 위협적인 상황에 처한 사람은 줄을 타는 사람과 같다. 그는 자신의 성취가 **적절**하지 않으면 심각한 사고에 대해 **취약함**을 느낀다. **안전**을 위해, 그는 적절한 행동과 움직임에 관한 엄격한 **규칙**을 따라야 한다. 그의 기술에 대한 **자신감**이 클수록 잠재적으로 치명적인 **실수**를 저지를 가능성이 줄어든다. 신경**장애**가 있으면 원시 반사 반응 동결, 운동 **억제**로 인해 수행 성능이 저하될 수 있다. 따라서 이 연습은 그의 **능력**과 **성숙도**를 시험하는 것이다. 원만한 수행은 자신에 대한 **이미지**를 재확인하고 그의 **지위**를 유지한다. 실패하면 이 이미지가 깨질 것이다. 마지막으로, 모든 행동은 많은 **평가자**에 의해 **관찰**되고 어색하거나 숙련된 것으로 평가되며, 그의 자신감과 역량에 따라 **판단**된다. 이 일화에서 **고딕체**로 표시된 단어는 이 장에서 설명할 평가 불안에 대한 심리학의 중요한 측면을 나타낸다.

수행자의 잠재적 추락은 일상생활의 무수한 평가 상황에서 불안한 사람에 의해 예측되는 '명예의 실추'와 유사하다. 줄을 타는 사람의 경우와 같이, 오류, 실수, 부적절한 행동은 그의 명백한 행동의 일부일 뿐이지만, 피해는 그 사람 전체에게 영향을 미치기에 그는 두려워한다.

평가 위협의 일반적인 특징

개인이 '평가 불안'을 경험할 수 있는 다양한 상황 사이에는 특정한 공통점이 있다. 상황의 종류는 다음과 같이 분류될 수 있다. ① 개인 대 개인 관계를 시작하거나 유지하는 사회적 상황, 사교 모임(예: 파티) 참여, ② 교사, 감독자 또는 동료 그룹에 의해 평가된 학교 또는 직업 상황 수행, 시험 또는 검사, 이해 상충에 대한 상사와의 대결, 운동 경기, ③ 판매원, 웨이터 또는 웨이트리스, 택시 운전사, 낯선 사람과의 쇼핑 또는 여행 중 '외부 세계'에서의 거래.

이러한 상황에서 복잡한 요소의 그물망(web)은 두려움을 악화시키거나 완화시킬 수 있다. 이러한 요소에는 평가 및 취약성 문제가 포함되며 다음을 포함한다. ① 권력 또는 사회적 바람직성(desirability) 영역에서 개인과 평가자의 상대적 지위, ② 매력적이거나 효과적인 '전면(front)'을 제시하는 개인의 기술, ③ 주어진 위협 상황에서 적절하게 수행할 수 있는 능력에 대한 그의 확신, ④ 위협의 정도, 잠재적 손상의 심각성 및 발생 가능성에 대한 그의 평가, ⑤ 개인의 성과를 훼손할 수 있는 특정 자동 '방어(언어적 억제, 회상 차단, 자발성 억제)'의 임계값, ⑥ 수용 가능한 수행, 행동 및 관련 '규칙'의 경직성과 달성 가능성, ⑦ 규칙 또는 기준 이하의 성과 등을 준수하지 않은 경우 평가자의 예상되는 처벌.

취약성

평가 상황에 들어가는 것을 불안해하는 개인은 암묵적 질문망을 갖고 있다.

① '이 작업은 나의 능력이나 수용력을 어느 정도로 평가하는가? 나 또는 다른 사람들에게 얼마나 많은 것을 증명해야 하는가?'
② '평가자의 지위와 비교하여 나의 지위는 어떠한가?' 개인이 평가자와 동등하거나 우월하다고 느끼면 규칙이 느슨하고 유연해지며 실패에 대한 예측되는 '처벌'이 덜 중요하게 된다.
③ '(서비스직 종사자를 상대할 때와 같이) 상대적인 권력 지위에 대한 힘의 위치 또는 사회적 평가자(소개받는 자리나 청중 앞에서 이야기하는 것)를 다루는 데 있어 수용할 수 있는 위치를 설정하는 것은 얼마나 중요한가?'
④ '평가자의 태도는 어떠한가? 그가 수용적이며 공감적인가, 아니면 거부적이며 냉담한가? 그의 판단은 객관적인가, 아니면 거칠고 징벌적인가?'
⑤ '어려운 평가를 통과하기 위하여 내가 어느 정도까지 (언어 구사력과 같은) 나의 기술을 믿을 수 있을까?'
⑥ '마음을 산만하게 하는 불안과 억제로 인하여 나를 깍아내릴 가능성은 무엇인가?'

지위 및 순위 순서

잘 수행하려는 압력의 상당한 부분은 권력의 위계적 위치나 또는 사회적 바람직함에서의 상대적인 지위와 관련이 있다. 권위(교사, 감독자, 서비스 요원)와 대립하는 상황에서 개인의 상대적 권력 인식은 그의 자신감과 성과를 결정한다. 어떤 사람이 자신감과 유능성을 보인다면 권력 척도(power scale)에서 '열등감'을 줄이게 된다. 그가 자신이 더 낮다는 것을 인식한다면, 자신감이 떨어지고 능력이 떨어지기 때문에 권력이 훨씬 더 약해지는 경향이 있다. 지배-복종 차원도 일반적으로 관련된다. 개인이 평가자를 더 지배적으로 인식할수록 자신의 복종 성향이 더 많이 동원될 가능성이 높아진다. 서비스 요원(의사, 택시 운전사, 접수원, 출납원)은 그들의 자리에 따른 권위와 지배력에 힘을 받아서, 이를 개인을 위협하는 데 사용할 수 있다.

좋은 인상을 주고자 하는 사회적 국면의 경우, 사람들은 자신의 사회적 자산(복장, 유창함, 성숙, 자제, 우아함)을 극대화하려는 압력을 받고 있다. 이 자산들에 대한 높은 '점수'는 (평가자의 가치에 따라) 그 사람을 더 바람직하게 만들 수 있으며, 따라서 다른 만남에서 성공을 보장할 수 있다. '점수'가 낮으면 거부되도록 설정한다.

'실패'는 고통스럽기 때문에 이런 유형의 대결을 피하고 싶을 수 있다. 더욱이 회피는 그가 열등한지 아닌지에 대한 의문을 열린 채로 남겨 두는 반면에, 실패는 그의 열등성을 '확인한다'. 따라서 사회적 두려움은 고통스러운 불안의 경험과 혐오스러운 상황을 회피하거나 철회함으로써 불안을 줄이거나 피하려는 욕구에 의해 부분적으로 표현된다.

자신감

대결에서 적절하게 수행할 수 있는 능력에 대한 확신은 자신의 기대치, 어려움 및 부적절한 수행에 대한 예상 처벌과 관련이 있다. 평가자와 관련하여 개인의 힘 또는 호감도에 대한 불일치는 작업의 강도를 증가시킨다. 왜냐하면 수용 가능한 수행의 기준이 더 높아서 그에 대한 요구가 더 크기 때문이다. 자신이 '한 단계 아래' 입장에 있다고 생각할 때, 이러한 요구를 충족시킬 수 있을지 확신할 수 없다. 따라서 자신의 역량에 대한 그의 전반적 신뢰는 줄어든다. 더욱이 부적절한 성과(직업 상실, 학교 정학, 관계 종료)에 대한 극단적인 '처벌'을 예상한다면, 그의 자신감은 더욱 훼손될 수 있다. 다른 요인들이 변화가 없을 때, 자신감과 취약성 사이에는 상호 관계가 있다. 하나가 올라갈수록 다른 하나는 내려간다.

규칙 및 공식

명백히 평가적인 상황(예: 시험 응시, 공개 연설, 데이트)에서 '처벌'을 피하기 위해 임의적이고 엄격한 규칙을 준수해야 한다는 압력이 있다. 개인은 자신이 충분히 실력 있고 유창하고 침착하지 않을까 두려워하며 당황할 수 있다는 것을 두려워하여 불안과 목표 달성에 반하는 다른 증상을 경험한다. 수행 중에 이러한 규칙에서 벗어나면 '나는 겁이 나고 두려워하는 것으로 보여.' '내가 말하는 것이 어리석게 들린다.' '너무 어색해.' 또는 '내가 엉망으로 만들었나?'와 같은 부정적인 평가와 자기의심이 유발된다.

대중 연설에서 그는 자신의 목소리의 크기와 음색, 말의 표현과 속도, 말하기의 유창함과 조절에 관한 엄격한 규칙을 준수해야 한다고 믿는다. 따라서 개인은 규칙에서 벗어나면 비난과 평가절하에 취약해질 수 있다. 사회적 상황에서는 이미 세워진 규준에 어긋나면 거부될 수 있다.

다른 유형의 대인 거래(정보 요청, 인상 요청)에서 규칙을 위반하면 적대감과 명백한 평가절하가 초래될 수 있다. 그러한 만남에서 개인은 '당신은 사람들에게 강요해서는 안 된다.'라는 규칙에 직면하게 된다. 따라서 그가 합법적인 요청을 하거나 합리적인 방식으로 자신의 권리를 주장하는 경우 '이것은 강요(imposition)처럼 보일 거야.'라고 두려워할 수 있다.

자동 보호 반응

자동 억제 위험한 상황에서의 반사 반응에 대해서는 이전에 논의하였다. 많은 사람이 언어 흐름, 사고 및 기억의 흐름을 방해하는 자동 억제(automatic inhibition) 반응에 취약하다. 보다 원시적인 상황에서 이러한 반응의 '기능'은 공격을 유발하는 행동을 취하지 못하도록 보호하는 것일 수 있다. 오늘날 이 기능은 시대착오적(anachronistic)이며 실제로 기능장애로 이어진다. 그리고 결국 개인이 회피하고자 하는 바로 그 종류의 공격을 불러일으킬 수 있다. 이 얼어붙음 반응에는 의지적인 부분이 없는 것으로 보인다. 그것은 사람의 의도와 소망에 전적으로 반하여 동원된다.

불안 불안은 반사 억제와 다른 시스템의 산물인 것 같다. 불안은 사람을 자극하여 위험을 줄이기 위해 어떤 조치를 취하게 하는 기능을 한다. 그런 다음 그는 위협이 되는 상황에 빠지지 않도록 회피하거나, 상황에 따라 눈에 띄지 않게(예: 수업 시간에 말하지 않음) 위험을 피하거나 최소화하기 위한 동기부여를 받을 수 있다. 오히려 안전을 제공하는 것과는 거리가 멀게, 안전 또는 보호 패턴(금지 차단 및 불안-회피-탈출)이 수행에 부정적인 영향을 미친다는 것은 명백하다. 실제로 이러한 반응에 대한 예측은 그 자체로 종종 불안을 불러일으키고 수행을 손상시키기에 충분하다.

기절 평가 상황에 있는 사람들은 드물지 않게 기절할 것처럼 느끼며 종종 의식을 잃을까 봐 두려워한다. 이러한 유형의 반응은 평가 상황에서 명백히 부적절하며 혈액 · 손상 공포증과 마찬가지로 신체적 부상에 대한 원시적 두려움으로의 퇴행일 수 있다.

사회공포증과 사회 불안

사회공포증과 사회 불안은 다른 사람이나 사람들의 관심과 평가절하의 초점이 되는 과장된 두려움과 관련이 있다. 『정신장애 진단 및 통계 편람 제3판(DSM-III)』에 따르면, 사회공포증의 중요한 특징은 "개인이 다른 사람에 의해 탐색 될 수 있는 상황에 대한 지속적이고 비합리적 두려움과 피하고자 하는 욕구"이다(American Psychiatric Association, 1980, p. 228). 현재의 정의는 범불안장애로 진단받은 상당수의 환자뿐만 아니라 너무 과한 비율의 인구를 포함시킬 만큼 너무 광범위하다. 사회공포증의 정의와는 달리, 광장공포증의 공식적인 정의는 "두려움이나 회피 행위가 개인의 삶을 지배함에 따라 정상적인 활동이 점점 더 제한되고 있다."(p. 226)라고 명시하고 있다. 사회공포증의 정의에 적용되는 제한 기준은 공포증의 일반적인 개념에 더 부합할 것이다. 또한 DSM-III에서는 사회공포증의 예로 "공공 화장실을 사용하거나 대중 앞에서 식사를 하거나 다른 사람 앞에서 글을 쓰는 것에 대한 두려움"(p. 227)이 포함된다. 확실히 대중 연설의 두려움은 이 두려움을 갖고 있는 일반 인구의 비율이 매우 높기 때문에 여기에 포함되어서는 안 된다. 보다 제한적인 정의가 사용된다면 실제로 사회 불안이 있는 상대적으로 작은 비율의 사람들이 사회공포증으로 간주될 것이다.

사회 불안의 역설

이전 장에서 설명한 공포증과는 달리, 사회 불안의 주요 특징은 상황에 들어가기 전에 실제 두려움(불안하고 어색해질 것에 대한 예상)이 그럴듯해 보이고 실제로 일어날 수 있는 합리적인 가능성을 가지고 있다는 것이다. 고소공포증, 다리 또는 엘리베이터 공포증이 있는 사람은 넘어지거나 질식할 위험이 최소화되지만 소개팅에서 대화를 할 때 말이 막히는 것을 두려워하는 사람은 시험 또는 면담 중에 말을 못할 수 있으며 이러한 사건이 발생할 것으로 합리적인 예상을 할 수 있다. 가장 흥미로운 특징은 실제로 두려움을 갖는 것이 바람직하지 않은 결과를 가져오는 것처럼 보인다는 것이다. 절대적이고 극단적이며 돌이킬 수 없는 결과에 대한 예측 상황에 진입할 때, 사람을 더 두려워하게 하고, 방어적이게 하고, 기죽게 하는 악순환이 만들어진다. 반면에 특정 상황에서 부적절한 수행에 대한 두려움을 경험하지 않는 사람은 부적절하게 반응할 가능성이 상당히 낮다.

매우 부정확한 두려움이 있는 사회 불안의 중요한 측면은 사회적 상황에서 그의 부적절한 수행이 그의 사회적 열망에 치명적인 타격이 될 것이라는 개인의 예상이다. 특정한 거절이나 실패로 인해 자신의 삶이 망가질 것이라는 예상은 경험적으로 거의 증명되지 않는다. 그러한 심각한 결과의 내용과 가능성은 크게 과장되어 있다. 특정한 불안정한 경험 후에 극단적인 결과가 발생하지 않더라도, 개인은 나쁜 일이 '다음에' 발생할 것이라고 예상한다.

평가받는 것에 대한 두려움

소위 사회 불안의 중심에 있는 두려움은 다른 사람이나 집단에 의한 부정적인 평가에 대한 두려움이다. 즉, 사회와 분리되는 두려움과 광장공포증으로 인한 수행 불안이다. 후자의 증후군에서는 사람이 없는 넓게 펼쳐진 광장, 들판 또는 해변뿐만 아니라 폐쇄된 그룹 또는 군중을 두려워할 수 있다. 광장공포증에서는 사회적으로 인정받지 못하는 것에 대한 두려움이 통제력 상실, 기절, 미쳐 가는 것 등에 대한 두려움에 부수적인 것으로 보인다. 대조적으로, 사회 불안에서 중심적인 두려움은 관심의 중심이 되고, '약점'이 노출되고, 결과적으로 한 명 이상의 사람에 의해 불리한 판단을 받는 것이다.

사회 불안에는 개인이 전화로 낯선 사람에게 전화를 걸거나, 사회적 환경에서 대화를 시작하거나, 집단 앞에서 공연을 하는 것과 같은 상징적인 직면이 있다. 사회적으로 불안한 사람이 다른 사람이나 집단과 일대일로 만날 때, 그는 자신이 면밀히 조사되고, 시험되고, 판단되고 있다고 믿는다. 그의 수행, 연설의 유창함, 자신감과 불안으로부터 자유로운지가 관찰되고 있다.

임박한 정신적 또는 신체적 붕괴를 암시하는 내부 신호에 과민 반응을 보이는 광장공포증과는 달리, 사회공포증은 자신의 수용 가능성에 관한 다른 사람들의 신호에 과민 반응을 보인다. 긍정적인 반응을 받으면, 자신이 좋은 인상을 주고 있다는 신호로 해석하고, 덜 취약해지며 자신감이 더 커진다. 반면에 부정적인 반응을 전체로 받아들이면 그는 더 취약해지며 자신감이 떨어진다.

사회적으로 불안한 개인의 생리적 반응은 광장공포증을 가진 개인의 것과 유사할 수 있지만 그렇게 뚜렷하지는 않다. 논의할 바와 같이, 그는 광장공포증 환자와 같은 유형의 교감 증상(급속 맥박, 발한) 또는 부교감 증상(기절, 혈압 강하)을 느낄 수 있다. 그러나 이것은 그가 적절하게 수행하지 않을 것이라는 두려움을 불러일으키는 반면에(정확할 수 있음), 광장공포증 환자는 내부 재난에 대한 두려움을 가지고 있다(실제로 정확하지 않음). 대중 연설에 대한 불안을 가진 일부 환자는 실제로 공황 발작을 두려워하고, 일부는 실제로 공황 발작을 일으키는 것을 주목해야 한다. 그러나 그들은 소수일 뿐이다.

주요 '방어'

사회적으로 불안한 사람에게 가장 심각한 문제로 보이는 단일 요인은 불안 자체의 주관적인 경험이 아니라, 실제로 핸디캡이기도 하지만, 특히 그의 수행을 방해하는 다양한 억제(inhibition)이다. 따라서 언어 유창성, 사고력, 회상 및 장기 기억력에 대한 방해와 같은 다양한 유형의 억제가 이 장애의 가장 큰 장애요인이며 일단 악순환에 빠지면, 공포증 상황에 빠질 것에 대한 두려움이 영속화된다.

위협에 대한 이러한 역설적 반응은 더 효과적인 수행을 위해 개인을 점화시키기보다 실제로 그의 수행을 손상시킨다. 우리가 말했듯이, 개인이 사회적 상황에 들어감에 따라 원시적 방어 시스템이 동원되는 것으로 보인다. '얼어붙음'과 '무력한 부동성(atonic immobility)'을 연상시키는 이 시스템(Gallup, 1980)은 사람으로 하여금 신체적 공격에 대처할 수 있도록 준비시키지만, 효과적이고 성숙하게 수행하도록 준비시키지는 않는다. 더욱이 이러한 원시적으로 타고난 반응 패턴은 부동성과 벙어리 상태(muteness)를 생성하도록 설계되었다. 따라서 역설적이게도 특정 상황에 대해 발언하고 적극적으로 참여하려는 도전에 대한 방어는 요구되는 것과 정반대되는 것을 유발한다.

사회공포증과 광장공포증의 차별화

획기적인 논문에서 P. L. Amies, M. G. Gelder와 P. M. Shaw(1983)는 사회공포증과 광장공포증을 구별하고 각각의 이해를 명확하게 하는 데 도움이 되는 여러 가지 특징을 체계적으로 제시하였다. 증상이 구분되는 증상군의 일부가 되는지를 결정하기 위해서 사회공포증 증상이 있는 87명과 광장공포증 증상이 있는 57명을 비교하였다[저자들은 DSM-III(1980)에 따라 사회공포증의 비제한적 진단을 사용했다]. 공포증 상황의 패턴은 자율적 증상의 패턴과 마찬가지로 이 두 그룹에서 달랐다. 타인에 의해 관찰될 수 있는 증상은 사회공포증 환자에서 더 빈번한 반면, 실신할 것 같은 증상은 광장공포증 환자에서 더 빈번하였다.

공황 증상을 유발하는 상황

사회공포증 환자는 타인에게 소개되고, 권위 있는 사람을 만나고 전화를 사용하는 데 있어 더 심한 불안을 보고 했다. 반면에 광장공포증 환자는 혼자 있거나 낯선 곳에서, 교차로를 건너가거나 대중교통에서 더 심한 불안을 느낀다고 보고했다. 이 두 증후군의 공포증 상황의 목록은 〈표 9-1〉에 제시되어 있다.

이 두 가지 유형의 공포증을 구별하는 상황을 검토할 때, 사회공포증 환자는 대인관계 상황에 대해 구체적으로 걱정을 하고, 걱정의 핵심은 타인에 의해서 면밀히 조사당하는 것임이 분명해진다. 이와는 대조적으로, 광장공포증 환자는 여러 종류의 자극을 주면서 자신의 본거지(안전)로부터 다양하게 떨어진 거리 또는 차단을 나타내는 익숙하지 않거나 도전적인 장소에 혼자 있는 것에 대해 걱정한다. 그러므로 사회공포증 환자의 경우 성인에 의해 **평가받는 상태에 놓인 아이**의 모습을 포괄하는 것으로 보이지만, 광장공포증 환자의 경우는 처음으로 **이상한 곳에 놓인 아이**와 닮은 것처럼 보인다.

Amies, Gelder와 Shaw(1983)의 연구에서는 광장공포증 집단이 사회공포증 집단보다 작은 동물(마우스, 쥐, 박쥐), 뱀, 깊은 물, 비행기, 주사 등에 대한 두려움을 경험할 가능성이 훨씬 높다는 것을 발견함으로써 공격당한다는 개념을 뒷받침한다.

표 9-1 광장공포증과 사회공포증에서 주요 두려움의 비교

사회공포증의 주요 호소 문제	광장공포증의 주요 호소 문제
소개되는 것	혼자 있는 것
권위 있는 사람들 만나기	낯선 장소
전화 사용	교차로
집 방문객	대중교통
무언가를 하는 것을 관찰당하는 것	백화점
놀림받는 것	군중
지인과 함께 집에서 먹는 것	개방 공간
가족과 함께 집에서 식사하는 것	작은 상점
다른 사람 앞에서 글쓰기	생쥐, 쥐, 박쥐
사람들 앞에서 말하기	뱀
	날아다니는 곤충
	깊은 물
	비행기
	피, 부상

출처: P. L. Amies, M. G., Gelder, & P. L. Shaw, "Social Phobia: A comparative clinical study." *British Journal of Psychiatry* (1983): 176.

전형적인 광장공포증의 이러한 두려움에 대한 집합체는 이 집단이 기본적으로 일종의 물리적 손상이나 공격을 두려워한다는 것을 암시한다.

신체화 증상

특정 신체 증상은 사회공포증 환자보다 광장공포증 환자에서 훨씬 더 두드러지는 경향이 있다. 〈표 9-2〉에서 알 수 있듯이, 광장공포증 환자는 사지의 약화, 호흡 곤란, 현기증/실신 및 실제의 실신 에피소드와 같은 전형적인 '붕괴' 증상을 가질 가능성이 높다. 이러한 차이점은 광장공포증 환자에서 다른 원시 방어 반응이 동원되었음을 시사한다. 이 시스템(부교감)은 일반적으로 혈액 공포증과 관련이 있지만 광장공포증에서도 역할을 한다.

표 9-2 사회공포증과 광장공포증의 주요 증상 비교

항목	사회공포증(%)	광장공포증(%)	유의 수준 $p \leq$
홍조	51	21	.001
근육 경련	37	21	(.07)
사지의 힘빠짐	41	77	.001
호흡 곤란	30	60	.001
현기증/실신	39	68	.01
실제 실신 에피소드	10	25	.05
귀에 윙윙거리는 소리/울림	13	30	.05
심장박동	79	77	NS *
긴장된 근육	64	67	NS
인후염/입	61	65	NS
위장에 가라앉는 느낌	63	54	NS
아픈 느낌	40	40	NS
떨림	75	75	NS

출처: P. L. Amies, M. G., Gelder, & P. L. Shaw, "Social Phobia: A comparative clinical study." *British Journal of Psychiatry* (1983): 176.

* NS = 유의미하지 않음(not significant)

사회 불안의 현상

임상 연구에서 K. A. Nichols(1974)는 3년 동안 관찰된 35건의 사회 불안의 특징에 대해 논의했다. 치료과정의 여러 단계에서 다음과 같은 임상 관찰이 이루어졌으며 각 항목은 최소한 50%의 사례에서 관찰되었다.

① 타인의 거절 또는 비판에 대한 **인식**
② 다른 사람들의 거절 또는 비판적 **예상**
③ 존재하지 않는 다른 사람들의 비판을 인식하고 그에 대응하려는 강한 성향
④ 다른 사람들보다 능력이 떨어지고 힘이 약하다는 느낌 – 낮은 자아존중감
⑤ 적절한 사회적 행동에 대한 경직된 사고를 갖고 어려움을 다루기 위해 행동을 변화시킬 수 없는 것
⑥ 예기 불안을 일으키는 부정적인 환상/상상력
⑦ 다른 사람에 의한 평가 및 판단에 대한 강화된 인식과 두려움
⑧ 감시받는 느낌
⑨ 예상치 못한 갑작스러운 철수 상황과 관심을 끌 것에 대한 차별과 두려움
⑩ 그러한 상황에서 갇힌/감금된 느낌(즉, 사회적 폐쇄)
⑪ 긴장 또는 당황과 관련된 감각 피드백에 대한 과장된 해석
⑫ 사회적 상황에서 신체 감각의 감지(detection)
⑬ 아프게 보이거나 통제 상실의 두려움(즉, 신체적인 공황의 징후)
⑭ 불편함이 점진적으로 축적된 경험
⑮ 불안 반응의 예측 불가능성, 이전의 환상과 그날의 기분에 유용한 시간이 중요한 결정요인인 것처럼 보임

Nichols는 사회 불안의 발생이 특정 발달 단계와 관련이 있다고 제안한다. 그는 10대 후반을 가능한 출발점으로 제공한다. 마지막으로, 그는 사회 불안의 발달에서 성격 특성의 역할과 그와 관련된 인지 측면이 중요해진다고 덧붙인다.

수치심과 '사회 이미지'

사회적으로 불안한 사람은 여러 상황에서 수치당하는 것을 두려워하기 때문에 수치심의 경험은 사회 불안에 대한 논의에서 중요하다. 수치심은 관찰되거나 관찰되고 있다고 믿는 당시의 공적(public) 이미지에 대한 개인의 개념과 관련된 감정이다. 그의 사회적 이미지에 대한 그의 개념은 정확하거나 부정확할 수 있다. 그러나 만약 그가 자신의 이미지가 더러워졌다고 믿고 관찰자의 의견에 신경을 쓴다면 그는 수치심을 느낄 것이다. 약하거나 열등하거나 부적절하다고 여겨질 가능성은 이러한 평가를 실제로 듣게되는 것만큼이나 위협적일 수 있다는 사실에 주목해야 한다. 다시 말해서, 다른 사람들이 그에 대해 어떻게 생각하는지는 그들이 그 의견을 전달하는지 여부에 관계없이 수치심을 유도하는 핵심 요소이다.

수치심이 활성화되는 핵심 요소는 한 명 이상의 사람이 관찰하는 데 **노출**되는 것이다. 이 감정은 특히 적절한 외모 및 행동과 관련하여 특정 사회적 규범, 기대 또는 요구를 위반하는 것이 관찰되었다고 인식할 때 촉발된다. 그의 '비정상적인(deviant)' 외모나 행동은 그의 약점, 열등함, 무능함, 성격 결함 또는 미성숙을 반영한 것으로 판단된다. 일반적으로 적절하지 못함에 대한 대중의 제재는 대체로 개인이 열등하고 가치가 떨어지며 미숙하다고 느끼게 만드는 형태를 취한다. 실제 사회적 결과는 은밀한 비하나 경미한 흉내에서 명백한 조롱에 이르기까지 공개적인 비난의 표현으로 구성될 수 있다. 사람이 자신의 '표준 이하' 행동을 성공적으로 감추거나 은밀하게 부끄러운 활동을 한다면 수치심을 느끼지 않는다는 것을 주목해야 한다.

수치심을 느끼는 사람은 훼손된 자신의 대중적 이미지를 바꾸려는 시도에서 상대적으로 무력감을 느낀다. 그는 자신이 공개적 굴욕과 조롱과 같은 고통스러운 집단 보복을 당하고 있다고 믿으며 이러한 공격을 막기에는 **무력**하다고 생각한다. 사회적 의견은 절대적이고 최종적이며 돌이킬 수 없다. 그에게 집단 평결을 수정하거나 항소하려고 시도하는 것은 쓸데없는 일이며, 자신의 비용으로 그들을 즐겁게 하기 위하여 집단 구성원의 권리에 따라야 한다. 그가 어떠한 항의를 해도 그의 당혹감에 대한 그들의 즐거움을 증가시킬 뿐이다. 개인은 "나는 내 자신을 공개적으로 드러냈다."와 같은 말을 통해 자신의 '부적절한' 행동을 인정하고 고개를 숙이거나 시선을 피하기 위해 숨으려고 시도한다.

그의 마음속에서 수치심의 해독제는 수치스러운 상황에서 사라지는 것이다. 예를 들어, 그는 "나는 사라지고 싶다." 또는 "사라지는 느낌이 들었다."와 같이 말할 것이다. 대조적으로, 불안은 일반적으로 도망치려는 경향이나 수동적 부동성을 동반한다.

홍보(public relation)는 감탄이나 평가절하와 같은 대중의 평가 성향을 다룬다. 특정 사회 집단은 수용 가능한 외모, 부드러운 수행 능력, 적절한 태도와 복장, 성숙도, 표면적 가치(그 집단에 특유한)를 강조하고 대중의 보상(감탄, 존중, 특별한 특권)을 제공한다. 집단 규범에서 벗어난 사람은 경멸, 조롱, 고립을 통해 '처벌'을 받을 수 있다. 집단 구성원의 의견이 그에게 중요하지 않거나 관련이 없다면 그가 수치심을 느끼지 않을 것임을 강조해야 한다.

특정 시간에 공개 이미지에 대해 이야기할 때, 우리는 '용납할 수 없는' 행동이 반드시 집단에 의해 관찰되는 것은 아니라는 것을 암시한다. 상호작용은 개인적인 관계는 없지만 사회 집단을 대표하는 사람, 즉 거리의 낯선 사람, 전화 교환원과 같은 다른 사람과 일어날 수도 있다. 같은 맥락에서 낯선 사람은 친밀한 사람보다 수치심을 더 쉽게 느끼도록 만들 수 있다. 따라서 부모가 가정 규칙을 위반했다고 해서 자녀를 부끄럽게 만드는 것은 사실상 불가능할 수 있다. 그러나 아동은 집단 규범에서 조금만 벗어나면 자신의 또래 집단이나 낯선 사람에 의하여 촉진되는 수치심에 매우 민감할 수 있다.

수치심은 **사회적 영향**의 한 형태이다. 다른 사람들은 현재와 미래에 우리의 행동을 통제하기 위해 수치심을 일으키려고 한다. 보통 사람은 수치심을 유발하는 어떤 상황에 노출된다. 이것이 그가 이런 유형의 상황을 이 불쾌한 감정과 연결시키는 첫 경험일 수 있지만, 기억은 저장되며 그가 미래의 유사한 상황에 접근하는 방식에 영향을 미친다. 어떤 의미에서 특정 규칙은 그 개인에 의해 설정된다. '내가 그런 식으로 행동하면 조롱당하고 수치심을 느낄 것이다.' 규칙을 따르게 되는 것은 수치심의 영향이다. 따라서 개인은 규칙을 따르고 위반으로 인한 수치심을 피하는 경향이 있다.

불안과 수치심은 여러 면에서 다르다. 우선 불안은 일반적으로 스트레스가 많거나 위협적인 상황에 들어가기 전에 발생하며 상황 동안 계속될 수 있다. 그러나 상황이 끝나면 안심하게 된다. 수치심은 수치스러운 경험에 '노출'하는 동안 시작되며 그 경험이 끝난 후에도 한동안 계속될 수 있다.

사랑의 상실 또는 유기에 대한 두려움

친밀한 관계에서의 요구는 '공공관계'에서의 요구보다 더 '개인적'이며, 이미지를 유지하기보다는 특정 사람의 구체적 요구와 기대를 충족시켜야만 한다. 기대는 일반적으로 고려, 이해 및 배려와 같은 무형의 특성에 중점을 둔다. 사람이 중요한 상대방의 기대를 충족시키지 못할 때, 제재(sanctions)는 거부 또는 애정의 철회 형태를 취한다. 이런 종류의 제재로 인한 영향은 슬픔이다. 친밀한 관계에서 평가되는 자질(친절, 공감, 따뜻함)은 '인격 특성'과 더 관련이 있는 반면, 집단에서 감탄하는 자질은 외모 및 수행과 더 관련이 있다. 친밀한 관계에서 사람은 집단 규범에 대해 걱정할 가능성이 적다. 그리고 어느 정도까지는 그의 허울(facade)을 떨어뜨릴 수 있다. 친밀한 관계에 대한 관심은 일반적으로 외모를 중시할 필요 없이 무조건적이고 완전한 수용에 있다.

사랑의 상실 또는 유기에 대한 두려움은 때때로 다른 평가 불안과 마찬가지로 수행에 대한 우려와 얽히게 될 수 있다. 이 경우 개인은 자신이 사랑하는 사람의 기대나 요구에 부응하지 않을까 두려워한다. 그런 다음 그는 사회적으로 불안한 사람과 같은 틀에 빠질 수 있다. ① 상대방이 관계를 종료할 수 있는 권한이 있기 때문에 취약하다는 느낌(그는 자신이 할 수 있는 일이 충분하지 않다고 두려워할 수 있다). ② 지속적으로 판단되고 비난받는 느낌, ③ 방어적인 억제(그래서 그의 실제 행동은 부자연스럽고 인위적이 된다), ④ 거절의 결과에 대해 재앙화하기가 포함된다. 예를 들어, 한 여성은 연인에게 거절당할 가능성에 대해 계속 '높은 불안' 상태에 있었다. 그녀는 그가 자신에 대해 '모든 것'을 판단한다고 믿었다. 자신이 어떻게 옷을 입고, 말하고, 식사를 준비하며, 사회생활을 하는지를 판단받고 있다고 믿었다. 그녀는 한 번의 실수만으로도 관계가 깨질 것이라고 걱정했다. 그녀는 그가 그녀로 인하여 불쾌하지 않다는 것을 계속해서 확인하고자 노력했다. 결국 그는 그녀의 수행에 결함이 있어서가 아니라 그녀의 끊임없는 확인 요청을 견딜 수 없었기 때문에 그녀를 떠났다.

대중 연설 불안

심각한 대중 연설 불안과 관련된 다양한 장애와 증상은 평가 불안의 다양한 측면—조사의 중심이 되거나 심하게 판단되는 것에 대한 취약성, 부정적인 예측, 자신감 저하, 무능감, 비자발적 억제에 의한 장애, 사고와 말하기의 통제력 손상, 엄격한 규칙 준수, 규칙 위반에 대한 '처벌' 예상—을 포괄한다.

기능할 수 있음에 대하여 대중 연설을 시도하는 사람의 첫 번째 희망은 '기능'을 하는 것이다. 화자는 똑바른 자세를 유지하고 균형을 유지하며 입을 열고 말을 할 수 있어야 한다. 그렇게 할 수 없다면, 그는 '자신의 정신과 신체의 기능을 통제할 수 없다'는 것을 의미한다. '마음과 몸'에 대한 통제는 궁극적으로 생존에 필수적이기 때문에, 원시 메커니즘에 의한 그의 기능 저하는 상징적 위협을 나타낸다. 흔들림, 떨림, 목소리, 희미한 느낌, 유창함의 상실, 경직된 자세 조절과 같은 특정한 증상은 모두 그에게 '나 자신을 통제할 수 없다! 제대로 수행할 수 없다.'라는 의미가 된다. 내적 과정에 의해 피해자가 되는 느낌은 생명을 위협하거나 붕괴하는 장애가 있음을 의미하지 않는다는 점을 제외하고는 공포증의 경험과 유사하다.

이러한 통제력 부족에 대한 시연은 청중에 의해 인식된다(아니면 화자가 그렇게 믿는다). 그 사람은 기능할 수 없을 것에 대한 두려움뿐만 아니라 이 기능 부족이 청중에 의해 그의 '병, 긴장, 미성숙, 신경증, 부적절함'의 표시로 판단될 것이라는 더 큰 두려움을 경험한다.

불안의 역할 불안의 주관적인 측면은 설명하기 어렵지만, 평가 상황에서의 위협에 대한 반응으로 보편적으로 경험되는 것처럼 보인다. 생리학적 증상은 처음에는 교감 유형, 즉 혈압과 맥박 및 땀 증가이다. 그러나 이러한 증상이 혼미하거나 어지럽거나 흔들리는 느낌(부교감)으로 이어지지는 것은 아니다. 어지러운 느낌은 때때로 혈압 강하의 결과이며 하지의 혈액 풀림과 관련이 있을 수 있다. 마찬가지로, 구강 건조 및/또는 발한은 자율 반응이다.

불안 그 자체는 추가적인 부정적인 개념화에 대한 '자극'으로 작용한다. 첫째, 불쾌한 경험 자체는 갑작스러운 예리한 고통과 마찬가지로 당면 과제에서 사람을 산만하게 하는 역할을 한다. 둘째, 그는 불안을 그가 잘 기능하지 못한다는(그리고 잘 기능하지 못할 것이라는) 극적인 신호로 해석한다. 그의 능력에 대한 집중적이고 체계적인 평가보다는 불안 자체가 기능장애의 지표로 간주된다. 그는 '이것은 내가 성공적으로 수행하지 못한다는 신호이다.'와 같은 개념을 가지고 있다. 다음으로, 그의 전반적인 자신감이 약화된다. 개인의 주의가 불안으로 전환되고 그의 인지운동 장치가 위험으로 바뀌면서 그의 명백한 '신경증'이 증가할 뿐 아니라 수행의 어려움도 증가할 수 있다.

수행 피드백 대중 연설을 하는 전형적인 개인은 청중의 피드백을 사용하여 자신이 효과적인지 알 수 있다. 반응이 부정적이면 그의 기능이 저하될 수 있다. 청중이 자신을 부적절하다고 판단한 경우, 이 판단은 그의 부적절감을 활성화하고 비적응적 '보호' 반응을 유발할 수 있다. 그는 기능할 수 없게 되거나, 장애가 생기거나, 심지어 벙어리 상태가 될 수 있다. 실제로 그는 이러한 상황에서 자신이 기능을 수행할 수 있다고 믿으면 기능을 수행할 수 있다. 청중의 부정적인 반응은 그가 좋은 수준에서 기능을 할 수 없다고 믿기 때문에 악순환을 일으킨다.

'상호작용하는' 역기능적인 태도는 종종 청중의 부정적인 반응에 의해 강조되고 부정적인 생각을 불러일으키는 경우가 많다('그들은 내가 긴장하고 있다고 말할 수 있어. 그들은 내가 약하다고 믿어. 그들은 나를 무시하고 있어.'). 결과적으로, 개인은 청중에게 영향을 줄 수 있다는 느낌이 주관적으로 줄어들고, 그의 능력이 빠져나가는 것을 느낀다. 점점 더 '약하고 힘이 없는' 사람이 되면서, 그는 큰 위험을 느끼고 청중의 공격이나 비난에 취약하다고 느낀다. 순 효과(net effect)는 위기를 극복하기 위하여 그가 자신의 수행 능력에 의존할 수 있다는 자신감의 치명적인 하락이다.

연설 중 인식 도식 연설을 하기 전에 개인의 인지 도식은 다양한 부정적인 태도를 포함하며 불쾌한 인식을 불러일으킨다. 전체적인 도식은 청중 자체를 어떤 실수라도 짚어 낼 준비가 되어 있는 위협하는 대상으로 인식하는 것이다. 청중의 기대에 대한 그의 견해는 그는 명확하고 명료하게 말해야 하며, 그의 내용은 적절하고 흥미롭고, 그의 매너는 자유롭고 자신감이 있어야 하지만 너무 캐주얼하거나 비공식적이지 않아야 한다는 것이다. 그는 이러한 규칙에서 벗어나면 비판적인 반응이 일어날 것이라고 믿는다. 그의 자기인식은 그가 벌거벗어질 것이며, 노출되며, 부적절하다는 것이다. 더욱이 그는 자신의 수행을 손상시키고 비판이나 조롱에 빠지게 할 심각한 억제와 고통스러운 불안에 시달릴 것이다. 이 인지 도식은 다음과 같은 자동적인 사고로 나타난다. '나는 할 수 없어.' '그들은 나에게 실망할 거야.' 또는 '나는 내 자신을 바보로 만들 거야.'

연설이 시작될 때, 인지 도식은 자기모니터링 및 청중 반응의 평가로 구성된다. 이 도식은 부정적인 평가와 끔찍한 예측으로 표현된다. '나는 어리석게 보인다.' '내 자신을 잘 표현하지 못하고 있다.' '내가 말하고 싶은 것을 잊을 것이다.' '나는 유치하게 들릴 것이다.' '나는 지속할 수 없다.' '나는 강제로 멈출 것이다.' '나는 수치를 당할 것이다.' 청중의 반응에 대한 해석은 선택적 초점에 기초하며 다음과 같은 생각으로 표현된다. '지루하다.' '그들에게 내가 한심해 보일 것이다.' '그들은 이걸 끝내기를 바란다.'

따라서 인지 도식은 사람을 위협에 직면하도록 준비시킨다. 대중 연설자는 자신보다 더 강력하다고 인식되며 자신을 공격하거나 버릴 의향이 있는 적을 상대할 준비가 되어 있다. 연사는 취약하고 노출되어 있다고 느끼기 때문에 예상되는 공격을 막을 수 있는 효과적인 무기가 있다는 것을 인식하지 못한다. 따라서 경직됨이나 표현의 억제와 같은 원시 방어적 반응이 일어난다. 문제는 청중이 그를 공격하는 적이 아니기 때문에 방어적 보호가 그를 전혀 보호하지 못한다는 것이다. 실제로 그것은 그의 기능을 손상시키고 그가 필사적으로 피하길 원하는 상태에 처하게 한다. 그 상태란 그의 인지적 · 신체적 기능에 대한 통제력 감소와 청중에게 약하고 무능하게 보이는 모습이다.

시험 불안

시험 불안은 '위험'을 처리하고 위협에 대한 원시 '방어'를 동원하는 데 사용할 수 있는 자원에 대한 평가적 상황 인식과 특정한 직면을 예상하는 과정의 삽화로 간주할 수 있다. 쉽게 불안에 빠지는 훌륭한 학생의 경우를 생각해 보자. 시험 몇 달 전에 그는 자신이 잘할 것이라고 확신하며, 적절하게 준비할 수 있는 능력을 평가하는 데 합리적으로 현실적일 것이다. 그는 성공 가능성을 과대평가할 수도 있다['자기고양적 편향(self service bias')].

어느 시점에서, 시험 날짜가 다가옴에 따라 시험에 대한 그의 생각 속으로 잘하지 못할 가능성이 들어온다. 시험이 심각한 위협의 성격을 지니고 있을 때, 시험에 대한 그의 생각의 방향은 실패의 결과, 즉 자존심에 대한 타격, 미래 계획에 대한 장애, 개인적인 패배, 친구들에게 보일 불명예, 그의 가족에게 줄 실망 등으로 향하기 시작한다.

실패 가능성과 그 결과뿐만 아니라 그의 성과가 평가될 전망에 초점을 맞추는 것은 그의 자신감에 영향을 미친다. 위협에 대한 생각이 자리 잡으면서 그의 인지조직은 '취약성 도식'으로 자동 전환된다. 학생의 관심은 그의 여러 가능한 약점—자료 점검 누락, 이해력 부족, 배운 내용을 수집하고 표현하는 데서의 어려움 등—으로 쏠리게 된다. 이러한 결함은 점진적으로 더 부각되며, 그의 긍정적인 업적과 능력을 어둡게 하는 경향이 있다. 실제로 그는 자신이 배운 것과 시험에 필요한 추가 자료를 처리하는 능력에 대해 심각하게 의문을 가질 수 있다. 그러한 의문을 제기하는 것은 그가 시험을 얼마나 성공적으로 수행할지에 대한 의심을 낳는다.

(그의 기준에 의하면) 실패할 위협이 증가함에 따라 그의 불안은 더 심화되며 자료를 다루려는 더 큰 노력을 기울일 수 있다. 그가 공부할 때, 각각의 어려움, 지연 또는 장애는 그 자체로 위협이 되고 '너는 결코 제시간에 준비하지 못할 것이다.'와 같은 경고를 이끌어 낸다.

이제 시험 당일이 되었다고 가정해 보자. 취약성 도식이 지배적이 된다. 학생은 자신의 약점과 자신의 부족한 지식이나 이해를 위협하는 시험 문제 또는 요구의 가능성에 대해 우려하고 있다. 학생이 시험을 볼 때, 그의 인지 도식은 요구 사항을 막대한 것으로 보게 하며 자신의 자원을 최소한으로 여기도록 영향을 미친다. 문제가 실제로 어렵다면, 요구와 자신의 자원 사이의 불일치가 클 수 있다. 이러한 불일치는 위협으로 해석된다. '나는 이 문제를 처리하지 못할 수 있다. 날려 버릴 수 있다.'

이 시점에서 시험 불안과 관련된 가장 무력화하게 하는 흥미로운 현상 중 하나가 발생할 수 있다. 그의 뇌는 '텅 비게 되고', 그는 자신이 잘 알고 있는 자료에 접근하는 데 어려움을 겪으며, 그의 추론 능력은 마비된 것으로 보인다. 꽉 막힌 느낌(blocking)은 설명하기 어려운 다른 평가 불안뿐만 아니라 시험 불안의 구성요소이다. 한 가지 가능한 설명은 개인이 그 시험을 자신의 가용 자원을 압도하는 것으로 인식한다는 것이다. 예를 들어, 문제들이 자신의 이해력이나 지식 또는 능력을 훨씬 넘어서는 것처럼 보일 수 있다. 시험이 압도적이라는 인식(또는 오해)은 그 과제가 실제로 압도적일 때와 동일한 영향을 미칠 수 있다. 역량을 과도하게 요하는 요구에 직면할 때, 비슷한 상황에서 전기 회사가 용량의 일부를 자동으로 차단하는 것처럼 인지 장치는 용량의 일부를 차단하는 것으로 추정할 수 있다. 회상, 추론 및 언어 표현의 대규모 억제에 대한 또 다른 가능한 설명은 원시 억제 반사가 이 국면에서 활성화되어 위험에 대한 모든 주의를 전환시키는 원시반응적인 기능을 제공한다는 것이다.

인지적 요소는 진행성 시험 불안의 경우 분명하다. 학생이 계속해서 문제나 지시문으로 씨름하는 동안, 그는 지식과 이해 및 답변에 있어 결함을 과장하는 경향이 있다. 각 결함은 위험스러운 형태를 취하며 실패 가능성을 높인다.

물론 대부분의 학생은 실제 시험을 보게 될 때 자원을 동원할 수 있는 것처럼 보인다. 그리고 일단 글을 쓰기 시작하면, 그들의 생각이 흐르기 시작하고 취약성이 약화된다. 그러나 심각한 시험 불안(text-anxious) 주제는 취약성 도식을 해제하거나 끌 수 없다. 그는 계속 두 가지 수준으로 작동한다. 하나는 시험의 실제 문제를 다루는 것이고, 다른 하나는 지속적인 경고, 예측 및 자체 평가를 다루는 것이다. '너는 어리석어.' '너는 결코 제시간에 끝내지 못할 거야.' '너는 이해할 수 없어.'와 같은 생각은 그의 인지 능력에 큰 부담을 초래하여 효율성과 수행을 떨어뜨린다(Sarason & Stoops, 1978). 학생들은 방어적 단계(신체가 뻣뻣해짐, 주먹을 움켜쥠 등)

에서 무력한 단계(기절, 축 처짐 등)로 넘어간다. 이는 부교감 반응을 암시하는 반응이다. 또 다른 사람들은 공황 발작과 같은 압도하는 불안과 통제할 수 없는 탈출 욕망으로 반응할 수 있다.

종합

민감한 사람에게, 평가를 받는 것(예: 시험 응시, 공개 연설, 데이트 외출)은 고통스러운 조사를 받는 것과 유사하다. 이것은 충치 부위나 충치에 대한 치과 의사의 치아 검사에 비유될 수 있다. 평가 상황은 평가받는 사람을 방어하게 만드는 직면 또는 도전으로 간주된다. 그는 평가자에게 자신을 증명하는 것과 추정되는 결함, 부적합, 무지를 **숨기는 것**이 전적으로 자신의 책임이라고 생각한다. 반면에 그의 무지, 어리석음 및 무능함을 **드러내는 것**이 그들의 역할이라 생각한다. 그는 다른 사람들(시험 평가자, 데이트 상대)이 자신의 약점을 찾는다고 보기 때문에 그들이 모든 실수, 결함 또는 긴장의 징후를 찾아서 그를 낮추어 볼 것이라고 가정한다. 따라서 그는 실수를 할 때마다 경직되어 평가자의 즉각적인 부정적 반응과 장기적인 부정적 영향을 상상한다.

그는 자신을 취약하다고 생각하기 때문에 자기보호적인 반응을 보인다. 즉, 그는 자신의 연약한 부분을 숨기기 위해 자동적으로 껍질 안으로 들어간다. 실제로 이러한 철회는 억제의 한 형태로 표현된다. 불행히도, 그 억제는 약점을 숨길 뿐만 아니라 ('어리석게' 보이는 어떤 것도 말하거나 쓰지 못하기 때문에) 효과적인 자기표현을 방해한다. 결과적으로 자신을 보호하기 위해 설계된 매우 원시적인 (반사) 메커니즘에 의해 망치게 된다.

두려움에 대한 앞선 염려는 직면 **전에** 경직으로 이어진다. 평가받는 주체는 평가자가 공격적으로 조사하는 충격을 흡수하기 위해 자신을 보호한다. 그러나 이러한 유형의 억제는 자발적인 자기표현을 방해한다. 따라서 만남이 시작될 때 그의 마음은 멍해지고, 말을 더듬으며, 말하거나 쓰는 것에 집중할 수 없다. 또한 시험 문제는 실제보다 더 어렵고, 청중은 비우호적이며, 데이트 상대는 더 무례하다고 인식한다. 또한 자신의 대처 능력을 과소평가한다. 문제를 해결하는 방법은 자신이 후퇴할 필요가 없고 보복(reprisal) 없이 자신의 성격이나 기술을 자유롭게 구사할 수 있음을 발견함으로써 행동을 통해 억제를 해제하는 것으로 구성된다.

제 2 부

인지치료: 기법과 적용

제10장

인지치료의 원칙

인지치료는 기술들을 모아 둔 것 이상으로써, 하나의 심리치료 체계이다. 이 장에서 논의되는 열 가지의 원칙에 기반을 둔 치료 접근들 속에는 전략과 기술들이 담겨 있다.[1)]

① 인지치료는 정서장애의 인지 모델에 기반을 둔다.
② 인지치료는 단기적이고 시간 제한적이다.
③ 견고한 치료관계가 효과적인 인지치료의 필수 조건이다.
④ 치료는 치료자와 내담자 간의 협력이다.
⑤ 인지치료는 주로 소크라테스식 방법을 사용한다.
⑥ 인지치료는 구조적이고 지시적이다.
⑦ 인지치료는 문제 지향적이다.
⑧ 인지치료는 교육 모델에 기반을 둔다.

1) 이 원리들에 대한 더 자세한 설명은 Beck(1976)과 Beck 등(1979)을 참고한다.

⑨ 인지치료의 이론과 기술은 귀납적 방법에 의존한다.
⑩ 과제는 인지치료의 핵심적인 특징이다.

원칙 1: 인지치료는 정서장애의 인지 모델에 기반을 둔다

불안에 대한 인지 모델은 개입의 토대이자 치료에 대한 명백한 근거를 제공한다. 내담자에게 접근하는 것에 어려움이 있는 치료자들은 이 모델을 참고하여 전략을 개발할 수 있다. 예를 들어, "불안을 느끼는 충분히 타당한 이유가 있어요."라고 말하는 환자를 마주하는 치료자는 "이 환자의 표현(formulation)에 왜곡이 있나?"라고 자문한다. 이 치료자는 상황에 대한 즉각적인 평가에서든, 장기적 결과에 대한 인지에서든, 또는 그 외 다른 것과 관련하여서든 환자의 인지적 왜곡이 있을 수도 있다는 것을 유념해야 한다. 치료자가 새로운 형태의 불안에 직면했을 때 인지 모델은 특히 도움이 된다.

치료자들은 인지, 감정, 행동과 신체적 반응 사이의 차이를 완전히 이해하면서, 불안에 관한 인지 모델에 능통해야 한다. 불안은 상황에 대한 잘못된 이해나 역기능적인 평가로 유지된다는 것을 명확하게 전달할 수 있어야 한다. 치료자는 첫 회기에서 이처럼 불안에 관한 설명을 하고, 또 치료 전반에 걸쳐 반복하여 말한다. 종종 이런 설명은 치료적이다.

환자들은 불안에 대하여 혼란스러워하고 걱정한다. 많은 사람이 자신의 심리적 장애에 대한 오해와 두려움을 가중시키는 생각을 한다. 어떤 사람들은 불안을 정신증에 선행하는 것으로 생각하고, 또 어떤 사람들은 자신의 의지와 상관없이 일어나는 어떤 것으로 생각한다. 인지 모델은 대부분 환자에게 신뢰성을 준다. 불안을 과장되고 자동적인 사고의 결과로 여기는 것은 환자에게 종종 안도감을 주게 된다.

사람들은 자신의 감정을 이해하길 바라고, 이런 정서적 문제들을 불안, 분노, 우울과 기쁨이라는 네 가지 일반적인 범주에 들어가는 것으로 바라보는 것이 도움이 된다. 환자들이 하는 호소 문제의 대부분은 보통 이 범주 중 하나에 속한다. 예를 들어, 질투, 외로움, 수치심, 죄책감, 부끄러움, 꾸물거림, 거짓말, 반추(rumination)

또는 우유부단함에 관한 불평은 아마 불안 관리의 문제일 것이다.

첫 면담에서 한 환자는 동료들과의 관계, 잠을 자는 것, 결정을 내리는 것, 여성과의 관계 그리고 진실을 말하는 것에 어려움이 있다고 했다. 자세한 내용을 듣고 난 뒤, 치료자는 이 환자의 문제는 일차적으로 불안을, 이차적으로는 분노를 어떻게 다스리느냐의 문제임을 깨달았다. 그의 문제를 이렇게 축소(reduction)하는 것은 그 자체로 환자에게 도움이 된다.

일단 환자가 자신의 문제가 불안 관리와 관련이 있음을 이해하고 나면, 그는 이미 불안에 대한 인지적 해석을 받아들일 준비가 된 것이다. 환자가 자신의 경험에 대한 오해가 불안을 초래한다는 개념을 이해하고 나면, 그는 자신의 사고와 불안을 발견하고 바로잡는 마음가짐(mental set)을 발전시킬 힘을 얻게 될 수 있다.

교육적인 제시

불가피하게, 불안한 환자들은 불안을 오해하고 있는데, 이를 바로잡도록 도와주는 것이 치료의 첫 과업 중 하나이다. 환자는 자신의 불안을 비정상적인 것으로 생각하고, 흔히 자신이 현실과의 접촉을 잃게 될지 모른다고 생각한다. 불안 증상들이 두려움을 과장하기 때문에 치료자들은 환자의 특정 증상군에 대해 논의하는 데에 더 많은 시간을 써야 할 수 있다. 치료자들은 이 환자들에게 불안에 대한 인지치료를 개괄적으로 설명하는 오디오테이프를 제시할 수 있다.[2)]

환자의 문제를 평가한 후, 치료자는 호소 문제에 대한 초기 면담을 구조화한다. 불안에 대한 환자의 과도한 염려를 줄이기 위해 환자에게 불안의 증상에 관하여 자세히 설명한다. 효과적으로 환자를 재교육할 수 있도록 하기 위해 치료자들은 반드시 불안 증상을 명확히 이해하고 있어야 한다.

아마도 신체적인 성향 또는 모델 학습된 가족 규칙들(예를 들어, 어떤 가족은 위장 장애로 불안을 나타내기도 한다)의 다양성의 결과로, 구체적인 증상은 사람마다 다

2) G. Emery, "Overcoming Anxiety." 이 테이프 시리즈는 BMA Audio Cassettes, 200 Park Avenue South, New York, Ny 1003에서 구매할 수 있다.

르다. 치료자는 일반적이지 않은 불안의 신호들을 살펴야 한다. 예를 들어, 어떤 불안 환자는 불안 발작을 경험하는 동안에 불빛이 번쩍이는 것 같은 느낌을 보고했다.

치료자는 이런 증상을 위협에 대한 자연스러운 신체 반응으로 설명하므로, 환자의 고통을 경감시키도록 도울 수 있다. 많은 환자가 투쟁—도피—얼어붙음 반응에 대한 설명에 잘 부응한다. 유사하게, 많은 사례에서 교감신경계 증상과 부교감신경계 증상을 비교하여 논의하는 것이 도움이 된다는 것을 발견했다. 발표 불안과 범불안장애로 힘들어하던 한 환자의 경우는 청중 앞에서 말하는 동안 느끼는 얼어붙는 것 같은 기분은 부교감신경계 때문이라는 정보가 도움이 된다는 것을 발견했다. 그녀는 "내가 느끼는 것이 무엇인지를 이해하는 것만으로도 그것에 대처할 수 있어요."라고 말했다.

치료자는 증상에 덧붙여진 많은 오해를 정상화하도록 도울 수 있다. 많은 환자가 불안에 대한 진화론적 설명이 도움이 된다는 것을 발견한다. 이런 증상과 반응들은 본래의 적응적 유용성이 더 이상 필요하지 않은(요구되지 않는) 방어기제로 해석될 수 있다.

치료자는 환자의 증상들에 대해 배제되어 온 의학적 원인을 확인해야 한다. 한 환자는 불안 발작으로 나타나는 증상이 있었다. 그러나 신체 검사를 통해 그에게 쓸개 질환이 있는 것이 드러났다. 이 질환이 치료되자 증상도 사라졌다.

같은 맥락에서 불안장애 환자에게 신체 질환으로 인해 증상이 일어날 수도 있지만, 불안으로 오해받을 수 있다. 주기적인 불안이 있었던 한 환자는 실제로는 바이러스 감염 때문이었던 것을 불안 증상이라고 잘못 명시하였다. 그는 '나는 몸이 나빠지고 있어. 침대에 눕는 것이 좋을 것 같아.'라고 생각하는 대신 '나는 불안해지고 있어.'라고 생각했고, 이는 결국 실제 불안을 야기했다. 실제로는 감기에 걸렸다는 것을 발견하자, 그의 불안은 줄어들었다.

인지치료 소개하기

첫 회기에서 치료자는 인지 모델에 대해 간략하게 설명하고 치료과정에 대해 말한다. 치료의 성공이 환자가 생각을 검토하는 능력에 달려 있다는 것을 강조한다. 만일 환자가 이해하는 것을 어려워한다면, 치료자는 바꾸어 설명해 준다. 지적 수준이 높은 환자의 질문에는 의구심을 낮추기 위해 일찍 답해야 한다. 치료자는 "이 치료를 받는 환자들은 약물이 필요하지 않다는 것을 발견하였고, 약물을 사용하지 않는 데에는 훌륭한 근거가 있음을 발견하였습니다."라고 말할 수도 있다.

불안한 환자들에게 개념 자체가 종종 어렵기에, 치료자는 도표를 그리는 것이나 칠판을 사용하는 것이 불안을 설명하는 데 도움이 될 수 있다. 치료자는 어떤 상황을 평가하는 방식이 개인이 느끼는 감정을 결정한다는 것과 이러한 인지적인 평가가 초기의 학습 경험들과 어떻게 관련이 있는지를 설명하기 위해 예시들을 사용할 수 있다. 예를 들어, 특정 독초를 이전에 본 적이 없던 사람은 그것에 대해 두려워하지 않을 것이다. 하지만 이 독초가 위험하다는 것을 알고 나면 그것을 두려워하게 될 것이다.

공포의 차원

치료자는 환자가 정말로 두려워하는 것은 감정과 느낌이라는 사실을 짚어 줄 수 있다. 치료자는 공포의 두 차원을 설명해야 한다. 첫 번째 차원은 1차 위험(primary danger)에 대한 공포이다. 예를 들어, 암이나 심장 발작과 같은 무서운 질병에 대한 공포, 사고에 대한 공포, 공개적 굴욕에 대한 공포, 질식 공포, 익사 공포 등이다. 두 번째 차원은 불안 증상에 대한 공포이다. 첫 번째 차원의 공포를 극복할 수 없을 때 두 번째 차원을 과장하게 되어 공황 사이클(panic cycle)을 일으킨다. 공포의 두 차원은 제6장에서 언급한 첫 두 단계와 대략 일치한다.

첫 번째 차원의 공포는 항상 즉각적으로 극복할 수 없지만, 환자는 불안 자체에 대해 두려워하는 자신의 감정을 멈출 수 있다. 첫 회기에서 치료자는 환자에게 두 번째 차원의 공포를 다룰 수 있는 몇 가지 구체적인 방법을 제공한다(이 방법들은 제13장에서 자세히 다룰 것이다).

원칙 2: 인지치료는 단기적이고 시간 제한적이다

불안의 인지치료 과정은 전형적으로 5~12회기이다. 구체적인 수행 불안(performance anxiety) 또는 가벼운 불안 상태는 몇 번의 회기를 통해 완화될 수 있다. 중간 정도에서부터 심각한 정도의 불안의 경우 치료는 수개월에 걸쳐 대략 20회기 정도 걸릴 것이다. 치료의 초기 단계에는 환자가 회기 사이에 개선 상태를 유지할 수 있도록 일주일에 두 차례 정도 만날 수 있다. 환자는 또한 진전(progress) 상황을 알리기 위해 회기 사이에 치료자와 전화 통화를 할 수도 있다. 때로 20회기 이상을 만나야 할 환자도 있을 것이다. 이런 장기치료는 추후 회기를 점점 줄여 가면서 일정 기간에 걸쳐서 치료가 이루어져야 한다.

불안에 대한 장기치료는 불필요하고, 많은 경우 그리 바람직하지 않다. 단기치료는 치료자에 대한 환자의 의존(불안장애에서 만연하다)을 막고 환자의 자립성(self-sufficiency)을 고무한다. 치료자가 빈번하게 안심시키는 것은 환자가 스스로에 대해 생각하지 못하게 만든다. 치료가 단기적일 것이라고 여길 때, 환자는 불안이 빨리 극복할 수 있다고 치료자가 믿고 있는 문제라고 인식하기 시작한다. 구체적으로 회기의 횟수를 명시하는 것은 환자를 '일에 착수하기 위한' 과제 지향의 구조에 두는 것이다.

인지치료는 단기적이기 때문에 상대적으로 치료의 속도가 빠르다. 배경 정보를 얻는 것, 불안의 근원을 탐색하는 것, 또는 환자와의 대화에 참여하는 것에는 최소한의 시간만 할애한다. 치료는 과제 지향적이고 문제 해결에 초점을 맞추기 때문에 다른 심리치료 훈련을 받은 치료자들은 종종 빠른 속도에 반대한다. 시간은 제한된 자원이고, 각 개입에는 목적과 근거가 있어야 한다. 치료자는 '천천히 돌진'한다. 즉, 중요한 내용을 다루지만 빠르게 움직인다.

다음은 치료가 단기적이기 위한 몇 가지의 일반적인 전략을 설명한다.

① **단순함을 유지하기**: 정서장애에 관한 많은 심리 및 정신 이론은 문제를 복잡하게 하는 인간의 경향성을 고조시킨다. 환자의 문제를 복잡하게 하기는 쉽고,

간단히 하는 것은 어렵다. 유념해 두어야 할 규칙은 '환자의 문제가 얼마나 복잡하든 간에 치료자가 심지어 그것을 더 복잡하게 하는 힘을 가지고 있다.'라는 것이다. 개념화와 치료과정을 복잡하게 하는 것은 치료 기간을 연장시키고, 종종 치료의 효율성을 떨어뜨린다.

② **치료를 구체적이고 확실하게 만들기**: 개념과 개입법이 추상적일수록 치료는 길어진다. 용어에서 추상적인 개념을 상대적으로 줄이는 것이 치료를 진전시킨다. '불안, 우울, 분노 그리고 행복감'의 네 가지 기본 감정을 언급하는 대신, 치료자는 이 감정들을 '놀란, 슬픈, 화난, 기쁜'이라고 부를 수 있고, 가장 낮은 수준의 추상 개념들을 사용하는 것을 목표로 해야 한다.

③ **과제 강조하기**: 과제는 환자에게 빨리 더 좋아질 수 있는 최고의 기회를 주는데, 과제의 중요성을 전달하는 사람은 바로 치료자이다(과제는 이 장의 후반부에서 논의할 것이다).

④ **지속적인 평가하기**: 적절한 개입을 위해 치료자에게 필요한 대부분의 정보는 치료 전반에 걸쳐 얻게 될 것이다. 대부분 불안장애의 경우 정교한 평가는 불필요하다.

⑤ **과제 관련성 유지하기**: 불안한 환자는 보통 두려운 내용에 대해 논의하기를 피하기 때문에 이와 함께 치료 경로에서 이탈하기 쉽다. 종교, 영성이나 철학적 신념을 논의하는 것은 그것이 환자의 주요 관심사와 관련된 것이 아닌 이상 치료를 연장시킨다. 만일 환자가 이에 대한 논의를 주장한다면, 치료자는 그것이 어떻게 치료의 주요 작업에 집중하지 못하도록 주의를 산만하게 하는지를 짚어 줄 수 있다.

⑥ **시간 관리 절차 사용하기**: 치료자는 치료 시간을 효과적으로 사용할 수 있는 방법들을 찾아야 한다. 효과적인 방법들은 각 회기에 대한 안건을 설정하고 고수하는 것, 표준화된 유인물과 오디오테이프를 제공하는 것, 또는 전략과 기법들을 보여 주는 소책자를 사용하는 것이다.

⑦ **단기 개입의 마음가짐 개발하기**: 치료자는 환자가 자신의 불안을 관리하는 법을 빨리 배울 수 있다고 가정함으로써 자기충족적 예언(self-fulfilling prophecy)을 불러일으킬 수 있다. 치료자는 단기치료가 장기치료 못지않게 효과적이라

고 증명하는 연구들을 반드시 유념해야 한다.

⑧ **관리 가능한 문제에 초점 유지하기**: 인지치료는 시간 제한적이기 때문에 치료의 끝에 환자의 많은 문제가 해결되지 않은 채 남아 있게 될 것이다. 치료가 끝나는 시점에, 환자는 필요하다면 치료자와 함께 촉진 회기(booster session)를 할 수 있다는 것을 알고 있으므로 스스로 문제를 해결하고 접근할 수 있는 충분한 심리적 도구를 가지고 있게 될 것이다.

회기의 길이와 시간은 유연하게 유지한다. 일반적으로 한 회기는 한 시간이지만, 때로는 더 오랜 시간 진행되는 회기들이 도움이 된다. 한 가지 치료전략은 회기 동안 치료자가 환자의 불안을 일어나게 하고, 그런 다음 불안을 어떻게 낮추는지 보여 주는 것이다. 어떤 환자에게는 이 절차가 두 시간이 걸릴 수도 있다. 또는 회기에서 논의하고 싶은 것에 대해 생각해 볼 시간을 가질 수 있도록 환자가 회기 30분 전에 오는 것이 도움이 될 수도 있다. 이는 준비되지 않은 상태로 오거나 치료의 흐름에 들어가는 데에 어려움이 있는 환자에게 도움이 된다. 다수의 환자가 이런 예비 시간(preview period)이 불안 뒤에 있는 생각과 태도를 알 수 있게 하는 데에 도움이 된다고 보고하였다.

비슷하게, 일주일에 한 번 환자를 만나는 것이 일반적이지만, 이 일정을 달리하는 것도 종종 유익하다. 몇몇 환자는 지리적인 제약 때문에 1주, 2주 또는 3주에 한 번씩 온다. 간격이 짧게 연이어서 진행하는 회기(back-to-back session)는 불안 관리를 위한 매일의 연습을 관리받는 것과 대처 전략과 기법의 습득 속도를 높이는 것에서 확실히 이점이 있다.

일부 환자의 경우 치료자가 치료를 무기한 유지하길 원할 것이라는 두려움을 줄여 주기 위해 구체적인 회기 횟수를 계약하는 것이 도움이 된다. 이런 계약은 또한 환자에게 치료자가 그 불안 문제를 다룰 수 있는 것으로 생각한다는 메시지를 전달한다. 특정 횟수의 회기를 계약하는 것은 또한 조기 종결을 막을 수 있다. 조기 종결이 되는 것은 보통 불안이 완화되지 못했거나 중증의 불안이 사라져서 치료를 그만두고자 하는 마음이 생기기 때문이다. 두 경우 모두 초반에 명시된 회기의 횟수는 기법이 작용할 수 있는 시간 그리고 환자가 불안하게 만드는 태도를 탐색하고 수정할 시간을 허용하기 위한 것이라는 점을 강조할 수 있다.

원칙 3: 견고한 치료관계가 효과적인 인지치료의 필수 조건이다

불안한 환자는 두려운 생각에 너무나 눌려 있어서 종종 자신의 문제를 다른 방식으로 보지 못한다. 이런 불안을 줄이는 효과적인 방법은 신뢰와 수용을 기반으로 하는 따뜻한 치료관계를 만드는 것이다. 이런 관계가 없다면 인지치료의 기법과 절차는 효과가 없을 수 있다.

환자는 치료과정이 일어날 수 있도록 자신의 두려움에 대해 개방적으로 말해야 한다. 그러나 환자는 종종 자신의 두려움에 대해 말하는 것을 회피한다. 한 환자는 "만일 내가 미쳐 가고 있다는 것을 말하게 되면 결국 그 일이 일어나게 될 거예요. 너무 두려워서 그런 가능성을 만들고 싶지 않아요."라고 설명했다. 치료의 주된 부분은 환자가 두려운 상황에 직면할 수 있도록 격려하고 그것을 현실적으로 볼 수 있게 하는 것을 포함하는데, 두려움에 대해 말하는 것은 이 목적을 양성하는 방법 중 하나이다.

자신의 불안을 관리하는 법을 배운 환자들은 종종 이런 성공의 큰 요인이 치료관계라고 본다. 일반적인 절차로서 치료 후에 환자들에게 어떤 것이 도움이 되었는지 질문한다. 몇 가지의 공통된 응답은 다음과 같다.

- "치료자의 관심과 따뜻함이요."
- "다른 사람들에게 말하기 꺼려 왔던 것들을 자유롭게 말할 수 있었던 거요."

인지적 방법의 개입법을 배우는 초보 치료자들은 좋은 치료관계를 맺는 것에 좀처럼 높은 우선순위를 두지 않는다. 효과적인 인지치료를 위해 치료자는 진정성(seriousness, sincerity), 정확한 공감(환자가 말하고 있는 것에 대해 바르게 이해하고 이해한 것을 환자에게 전달하는 것), 그리고 무조건적인 따뜻함의 표현과 같은 방법들을 통해 라포를 형성해야 한다. 인지치료는 이런 접근법들을 사용하는 데 있어서 중도

입장을 취한다. 치료자는 인간애(humanity)나 진정성을 가지고, 환자를 압도하는 것을 피한다.

인지치료는 라포를 강화할 수 있는 내재된 특징들이 있다. 치료자는 환자가 세상을 바라보는 방법에 초점을 맞추므로(생각과 심상에 관해 묻고 이를 다시 환자에게 전달하는 것) 정확한 공감을 전달한다. 몇 가지 불안 증상이 빠르게 완화되는 것도 라포를 형성한다. 인지치료자는 환자에게 계속 피드백을 구한다. 치료나 치료자에 대한 왜곡이 있는 경우에는 이 관계에 심각한 해를 입히기 전에 표면에 드러난다.

치료자는 불안한 환자가 종종 치료자의 의도를 잘못 해석하고 오해한다는 것을 잘 인식하고 있어야 한다. 한 회기에서 치료자는 환자에게 도움이 될 것 같은 접근법인 유머와 '그러면 어떤 일이 일어날 것 같은가(so what if)?' 기법(즉, 그는 최악의 가능성에 대해 가정함)을 사용했다. 그 회기의 마지막에 치료자는 일반적인 피드백 질문을 던졌다. "이 회기 중에 당신에게 불편하게 한 것이 있었나요?" 그 환자는 "당신이 나를 놀리는 것 같았고 내 걱정들을 가볍게 만드는 것처럼 보였어요."라고 대답했다. 이 피드백은 치료자가 이런 오해를 즉각 바로잡을 수 있게 하였다.

치료자는 각 환자의 전반적인 스타일에 맞게 자신의 치료 태도를 일치시켜야 한다. 진지하고 보수적인 환자는 격식이 없는 것을 선호하는 환자에게 하는 것과는 다른 접근법을 요구할 것이다. 같은 맥락에서 **자율성과 의존성**의 측면에서 환자의 스타일을 살피는 것이 치료자에게 도움이 된다(Emery & Lesher, 1982).

이 두 차원이 모두 낮은 환자의 경우에는 작업관계를 형성하는 것은 좀처럼 문제가 되지 않는다. 이런 사람은 친밀감이나 자기 자신에 대해 노력하는 것을 견딜 수 있다. 이런 환자는 다른 사람과 잘 기능하고 구체적인 불안 문제를 가지고 온다. 관계를 발전시키는 것은 거의 문제가 되지 않는다.

특히 자율적이지 않고 매우 의존적인 환자의 경우, 치료자는 더 따뜻해야 하고 그의 감정을 강조해야 한다. 이런 환자는 더욱 관계 지향적이고 종종 가장 총애받는 환자가 되길 원한다. 이런 환자에게 치료자의 자기노출은 도움이 되고 치료자와 환자를 연결 짓는 역할을 한다. 이러한 환자는 치료자의 공감 결여에 매우 민감하고 치료자에게 과도하게 의존하기 쉽다. 이런 환자의 경우, 치료자는 생각하는 바를 그대로 말하고 아이디어가 떠오를 때 자신의 몇 가지 아이디어를 공유함으로써 잘 작업할 수 있다. 예를 들면, "당신의 문제는 친목 모임을 그만두는 것이라고 여겨집니다. 이제 우리가 이에 대해 무엇을 할 수 있다고 생각하나요?"

매우 자율적이지만 그리 의존적이지는 않은 환자는 이전 유형의 환자와 여러 방면에서 반대로 반응한다. 우리라는 대명사를 사용하는 것은 역효과를 가져온다. 그는 누군가 "우리 오늘 기분이 어떤가요?"라거나 "우리가 이 문제를 어떻게 해결할 수 있을까요?"라고 물을 때 발끈한다. 그는 공감하려는 치료자의 의도를 침입적(intrusive)이거나 건방진 것으로 느낄지도 모른다. 치료자의 자기노출은 쉽게 실패하거나 오해받을 수 있다. 치료자는 문제를 해결하는 것에서 환자가 주도하도록(take the lead) 반복하여 청해야 한다.

자율적이지 않고 매우 의존적인 환자에게서 우리라는 대명사를 사용한 것과는 다르게, 이 환자의 경우에는 당신이라는 대명사를 강조한다. "당신에게 문제가 있는 것처럼 보이는군요. 벗어날 방법을 어떻게 찾아볼지 생각해 보았나요?"

대부분 치료에서 나타나는 관계 문제는 자율적이면서 의존적인 환자에게서 나타난다. 이런 사람들은 친밀성을 원하지만, 치료자에게 거절당하거나, 통제받거나 또는 굴욕을 당할 것을 두려워하기 때문에 이를 견디지 못한다. 이런 사람들은 종종 치료자에게 엇갈리는 메시지를 전달한다. 한 환자는 치료자에게 치료자 자신에 대해 더 노출하기를 원한다고 말했지만, 치료자가 자신에 대해 노출하자 그가 자신에 대해 너무 많이 말한다고 했다. 이런 환자 집단의 경우, 치료자는 더 많은 관용, 수용 그리고 유연성을 가져야 한다. 치료자는 어떤 특정 순간에 환자가 보여 주는 그 특정한 양식(자율성, 의존성)으로 반응할 수 있다.

원칙 4: 치료는 치료자와 환자 간의 협력이다

인지치료자는 환자의 문제 해결에 대한 팀 접근법이 있다는 것을 암시한다. 즉, 환자가 원자료를 공급하고(불안과 관련된 생각과 행동에 대한 보고) 치료자는 문제를 어떻게 해결할 것인가에 대한 구조와 전문성을 제공하는 치료 동맹관계이다. 결점을 수정하거나 성격을 변화시키는 것보다는 문제를 작업하는 것에 중점을 둔다.

치료자는 개인적인 문제에 접근하는 데 있어 '백지장도 맞들면 낫다(two heads are better than one).'라는 자세를 조장한다. 환자가 문제 해결에 참여하지 못할 만큼 증상에 너무 얽매여 있으면, 치료자가 이끄는 역할(leading role)을 취해야 할지도 모른다. 치료를 진행해 나가면서 환자가 더 적극적인 태도를 보이도록 격려한다.

어떤 환자와 치료자가 협력하기 위해 분투하는가? 환자의 불안한 자기(self)와 힘을 모으는 것은 '신경증적 동의(neurotic agreement)'에 참여하는 것일지도 모른다. "맞아요. 당신은 정말로 이걸 다룰 수 없어요." 환자의 불안하지 않은 자기는 종종 치료 장면에 있지 않을 수 있고, 치료 장면에 있을 때는 종종 지나치게 자신만만하다. "나는 그냥 나 자신이 불안하지 않게 할 거야."

Deikman(1982)의 '관찰하는 자기(observing self)'에 대한 생각이 이 질문에 답할 수 있게 도와준다. 그는 생각하는 자기, 감정적 자기, 그리고 기능적이거나 행동하는 자기를 구분한다. 그는 네 번째 차원인 관찰하는 자기를 다른 세 가지와는 엄격하게 다른 것으로 여긴다.

관찰하는 자기는 사람이 인식하고 있는 부분이고, 모든 것보다 가장 개인적이며, 생각과 감정 그리고 행동의 기능들을 경험하기 때문에 나머지 자기에 앞선다. Deikman은 "비록 어떤 일이 발생하고 우리가 무엇을 경험하든지, 관찰하는 자기만큼 중심적인 것은 없다. 이 현상에 직면하여 '나는 생각한다. 고로 존재한다.'라는 Descartes의 시작점은 그보다 더 기본적인 입장, 즉 '나는 인식한다. 고로 존재한다.'를 따라야 한다."(p. 94)라고 말하였다.

관찰하는 자기는 사람의 삶 전반에 걸쳐 변하지 않는 한 부분이다. 이는 거울과 같이 특색이 없으며, 어떤 가치 판단도 하지 않는다. 환자는 자신의 관찰하는 자기를 관찰할 수 없고, 오직 경험할 수만 있다. 관찰하는 자기(인식)가 더욱 확고할수록 그 사람이 할 수 있는 선택의 범위는 더 커진다.

치료 상호작용의 협력적 본질은 다음의 방법을 통해 강화될 수 있다.

① **상호기반에서 관계 발전시키기:** 치료자나 환자 모두 우월한 역할을 취하지 않는다. 치료자는 환자가 회기에서 더 많은 것을 배울 수 있는지 또는 치료자가 유용한 피드백을 제공할 수 있는지 확인하기 위해 회기의 녹음 테이프를 들을

것을 환자에게 요청할 수 있다. 여기에서 치료자는 환자의 관찰하는 자기에게 자신의, 즉 치료자의 관찰하는 자기를 도와달라고 요청한다.

② **숨은 의도 피하기**: 모든 절차는 환자에게 개방되고 명확하게 설명되어야 한다. 환자가 치료의 전략들에 대해 더욱 잘 알 수 있는 참고 자료로써 치료 안내서나 그 일부분을 종종 환자에게 제공한다.

몇몇 기법은 역설적으로 보일지도 모르지만(예: 누군가 불안을 두려워한다면, 이를 경험해 보도록 요청하는 것), 일반적으로 인지치료는 역설적인 기법을 피한다. 치료자는 직접적인 방법으로 근거가 명확하게 설명되지 않는 한, 증상을 진단하거나 변화를 억제하는(restraint-from-change) 절차를 취하지 않는다. 예를 들어, 우리는 불안에 대응하는 방법으로써 환자들을 의도적으로 더 불안하게 하려고 시도했다. 이는 환자가 선택할 수 있는 대처 기법으로써 제시되는 것이지, 치료자가 환자의 불안과 싸우려고 은밀하게 사용하는 전략이 아니다.

③ **협력하여 과제 계획하기**: 각 회기의 안건뿐 아니라 과제도 치료자와 환자 간의 공동 노력의 결과이다. 환자는 이 과제가 효과가 있을 것인지와 이를 수정할 방법들을 논의한다.

④ **실수 인정하기**: 치료자들은 치료 중에 한 실수들을 인정하므로 협력을 향상할 수 있다. 치료자가 부적절한 것을 말하거나 심하게 초점을 놓친 경우, 이를 즉각 인정한다. 치료자는 거의 언제나 모델의 역할을 한다. 대처 모델(coping model, 자기관찰에 자기수정을 더한)은 일반적으로 숙달 모델(mastery model)보다 훨씬 효과적이다.

5. **협력 환경 유지하기**: 치료자의 품행과 상담실의 준비는 협력관계를 높이거나 훼손할 수 있다. 환자들은 종종 이런 환경에서 하대받는다고 말한다. 많은 치료상담실에서 환자들은 치료자들보다 4~5인치 낮은 의자에 앉는다.

회기들의 녹음 테이프를 들음으로써 치료자는 자신이 협력 정신을 달성했는지 여부를 확인하고 볼 수 있다. 치료자는 쉽게 환자를 깔보고 거들먹거리는 태도를 보일 수 있고, 이를 스스로 인식하지 못할 수 있다.

원칙 5: 인지치료는 주로 소크라테스식 방법을 사용한다

인지치료자는 회기 진행에서 가능한 한 **질문**을 사용하는 데 힘쓴다. 종결에 도달하기 위해 치료자가 직접적인 정보를 제공해야 하는 경우처럼 시간 제약이 있지 않은 한 이 규칙이 일반적으로 적용된다.

직접적인 제시와 설명이 사람들의 불안을 유발하는 생각을 수정하는 데에 도움이 될 수도 있지만, 소크라테스식 대화법보다는 강력하지 않다. 질문은 환자가 ① 자신의 생각이 무엇인지 인식하게 하고, ② 인지 왜곡들을 검토하고, ③ 더욱 균형 잡힌 사고로 대체하며, ④ 새로운 사고 패턴을 발전시키기 위한 계획을 만들도록 유도한다.

좋은 질문들은 구조를 만들고, 협력을 발전시키며, 환자의 말을 명료하게 하고, 환자의 관심을 불러일으킬 뿐 아니라, 치료관계를 형성하며 치료자에게 중요한 정보들을 제공하고, 환자의 이전의 폐쇄적 논리 체계를 개방하고, 새로운 행동을 시도할 동기를 발전시키며, 문제에 대해 새로운 방식으로 생각하도록 돕고, 또 환자의 관찰하는 자기를 향상시킨다.

치료자는 환자의 제한된 사고를 확장하는 질문을 하면서 대처전략을 모델링한다. 종종 환자는 불안을 유발하는 새로운 환경에 직면할 때 치료자에게 들었던 것과 같은 질문을 자신에게 하면서 시작할 것이라고 말한다. "증거가 어디 있지?" "타당한 점이 있나?" "내가 잃을 수 있는 게 무엇이지?" "얻을 수 있는 것은 무엇이지?" "그 일이 일어난다면 최악의 상황은 무엇일까?" "이 경험에서 나는 어떤 것을 배울 수 있을까?"

원칙 6: 인지치료는 구조적이고 지시적이다

불안한 사람은 스스로에 대해 혼란스러워하고 확신하지 못한다. 그의 마음은 질주하고, 두려운 생각과 심상들에 압도되며 자신이 미쳐 가고 있는지 아닌지 확신하지 못한다. 간략히 말하자면, 그는 장애 상태에 있는 것이다. 인지치료는 문제에 접근하기 위한 고도의 구조화된 형식을 제공함으로써 어느 정도의 질서를 준다. 구조화는 환자를 안심시키고 학습을 촉진한다. 치료자는 환자의 반응과 피드백뿐만 아니라 환자의 성격과 각 치료 단계의 조건에 따라 구조화의 정도를 다르게 할 필요가 있다. 사회적으로 의존적인 사람은 보통 더 많은 구조화가 필요하고, 자율적인 사람은 덜 필요하다.

치료를 구조화하는 데에 표준 절차들이 사용된다. 치료자들이 표준 절차에서 이탈할 때, 일반적으로 치료의 질은 떨어진다.

1. 각 회기의 안건 설정하기 치료자와 환자는 각 회기의 안건을 설정한다. 치료자는 이 회기에서 환자가 다루기 원하는 구체적인 문제들이 무엇인지 묻는다. 그런 다음 그가 논의하기 원하는 항목에 이전의 회기 안건에서 남겨진 항목들을 더한다. 지난 회기의 과제는 항상 처음에 다루고 마지막에는 다음 회기의 과제를 언급한다(회기 전반에 환자는 앞 회기에서 제시된 과제를 보고하고, 마지막에는 새로운 과제를 제시한다).

치료자는 숨겨진 문제들을 확인하는 데에 노력을 기울여야 한다. 만일 숨겨진 문제들이 있다고 의심된다면, "이야기하고 싶은 또 다른 것이 있나요? 꺼내기 꺼려지는 것들이 있을까요?"라고 물을 수 있다. 종종 환자들이 말하는 첫 단어가 그의 주요 염려들과 관련이 있다. 안건을 설정하는 것은 5~15분 정도 걸린다.

치료자는 안건을 파악하는 데 상당한 시간을 쏟아야 할 수도 있다. 치료자는 환자가 의미하는 것과 치료자가 이해한 것이 잘 맞을 때까지, 그가 주요 문제라고 생각하는 것을 말해 준다. 전형적인 한 시간의 회기에서 하나에서 두세 가지의 문제를 효과적으로 다룰 수 있다.

치료자와 환자가 안건 항목을 논의할 때 동일하게 참여하는 것이 목표이다. 침묵은 일반적으로 환자를 더 불안하게 만든다. 초반에는 치료자가 대화 대부분을 이끌 수 있을지 몰라도, 치료자와 환자가 치료 시간을 동일하게 공유하는 것이 목표이다. 불균형은 치료가 재구조화될 필요가 있다는 신호이다. 일반적으로 문제는 치료자와 환자가 두 사람 모두가 중요하다고 생각하는 문제를 논의 주제로 잡지 못하는 것이다.

2. 구체적인 목표에 집중하기 각 환자에 따라 치료 계획을 세운다. 첫 단계는 환자에게 증상 경감을 제공하는 것에 초점을 둔다. 두 번째 초점은 왜곡된 자동적 사고를 어떻게 인식하는지 가르치는 것이다. 세 번째 초점은 타당성, 근거 그리고 경험적 실험을 통해 왜곡된 사고에 어떻게 반응하는지 환자를 훈련하는 것이다. 네 번째 단계에서 환자는 주요 문제의 기저에 있는 오랫동안 가지고 있었던 역기능적 가설들을 확인하고 수정한다.

불안한 환자들은 샛길로 빠지는 경향이 있는데, 치료자는 당면한 문제에 대한 논의를 유지함으로써 과업 지향적인 행동의 본보기가 될 수 있다. 치료자는 치료에 적절한 속도를 설정해야 한다. 만일 속도가 너무 빠르면, 환자는 논의되고 있는 것들의 많은 부분을 놓칠 수 있고, 너무 느리다면 치료에 대한 신뢰를 잃을 수도 있다.

치료자는 환자의 문제를 공통점이나 이전의 인과관계(causal link)로 축소한다. 만일 어떤 사람이 낯선 사람, 자신의 상사 그리고 자신의 부모를 두려워한다면, 공통점은 거절에 대한 두려움일지도 모른다. 이런 축소가 문제를 더욱 다루기 쉽게 만들어 준다. 한 여성은 구직에 방해가 되는 엘리베이터에 대한 공포가 있었고, 무직 상태는 그녀에게 더 큰 어려움을 가져왔다. 첫 번째 문제인 엘리베이터 공포증을 다룸으로써 다른 문제들을 해결하였다. 다른 환자는 새로운 일을 시작하는 것에 대한 많은 두려움이 있었고("사람들이 날 좋아하지 않을 거예요. 나는 그 일을 할 수 없을 거예요. 나는 그 사람들을 좋아하게 될 것 같지 않아요."), 이 모든 것은 이력서를 과장되게 썼다는 것을 그녀의 사장들이 발견하게 될 것이라는 근본적인 두려움으로 거슬러 올라갈 수 있었다.

치료자가 안건(agenda)을 설정하는 데에서 가장 빈번하게 마주하는 어려움은 ① 모호하거나 불완전한 안건을 설정하는 것, ② 우선순위를 설정하여 치료 시간을 효과적으로 사용하지 않아서 중요하지 않은 문제에 너무나 많은 시간을 할애하는 것, ③ 안건에 무엇을 넣을 것인지에 관해 환자의 충분한 정보를 얻지 못한 것, ④ 환자의 명료하고 암시적인 문제들을 오해하는 것이다.

때로 환자는 (타당한 치료적 이유로) 회기 동안 자신들의 문제를 해결하는 것보다는 단순히 그에 대해 말하는 것으로 시간을 보내길 더 좋아할 수 있다. 때로 환자는 '감정을 과하게 드러내거나' 또는 치료자로부터 공감을 촉발하면서 회기를 보내는 것에 대한 설득력 있는 근거를 제시할 수 있다. 드문 경우, 환자는 단순히 '사소한 대화'에 참여하는 것을 더 좋아할 수도 있고, 이것으로부터 이득을 얻을 수도 있다.

어느 정도 논의한 후, 치료자는 환자가 언어로 대화한 것에서 자신이 이해한 바를 요약해야 한다. "당신이 말하는 것은 ~인 것처럼 보입니다." 또는 "이 문제가 ~한 것 같습니까?"와 같은 말들로 서두를 뗀다. 치료자는 이 요약에서 잘못 언급된 것이 있다면 환자가 바로잡게끔 해야 한다[환자가 강박적이거나, 꼼꼼한 검증자(qualifier)가 아닌 한, 치료자는 단순히 일반적인 개념을 전달하는 것으로 만족해야 한다]. 치료자는 또한 자신의 언어적 대화를 압축해서 요약을 주기적으로 제공해야 할 필요가 있다. 많은 불안한 환자는 구조화된 논의에서 치료자가 자신의 문제를 설명하는 것을 단순히 들음으로써 안도한다.

치료자는 회기에 대한 피드백을 구해야 한다. 특히 처음과 초반의 회기에서 지금까지의 회기에 대한 환자의 반응을 평가해야 할 필요가 있다. 예를 들어, 회기 중반즈음에 "제가 잘 이해하고 있나요?"라고 물을 수 있다. 치료자는 또한 회기가 끝나기 전에 피드백을 받아야 한다. 치료에 문제가 있었다면, 물어보았을 때 보통 환자는 그에 대해 말하게 된다.

일부 환자는 치료자에 대한 부정적인 반응을 꺼내기를 주저한다. 이런 경우가 의심된다면, 치료자의 상담실을 나간 뒤 대기실에서 치료 피드백 설문지를 완성하도록 할 수 있다.

최선의 방책은 치료자가 회기 동안에 단순한 표준 기법들을 고수하고 상대적으로 단순한 과제를 제시하는 것이다. 치료자는 이전 점수에 대한 자신의 행동을 평가해 볼 수 있도록 회기 사이에 잠시의 시간을 갖는 것이 도움이 될 것이다.

원칙 7: 인지치료는 문제 지향적이다

인지치료 초반의 중점은 현재의 문제를 해결하는 것인데, 이는 주로 크게는 환자가 현재의 문제들에 대해 더 정확한 정보들을 제공할 수 있고 문제를 해결할 수 있는 위치에 있기 때문이다. 이후 치료는 과거의 자료들을 재구조화하고 미래에 대한 계획을 세우는 데에 도움이 될 수 있다. 환자가 작업할 현재의 문제들을 확인하도록 기대하고 격려한다. 치료자는 환자의 모호한 호소를 구체적인 문제로 해석할 수 있도록 도와야 할 필요가 있다. 치료자와 환자는 함께 문제를 지속시키며 해결을 막는 부적응적 사고와 행동들을 확인하고 교정하는 작업을 한다.

치료자는 회기 동안 종결에 도달할 수 없는 문제는 피해야 한다. 어느 정도의 종결이 없다면, 논의는 환자의 고통을 증가시킬 수 있다. 한 회기의 끝 무렵에 치료자가 한 환자의 문란한 성생활에 대한 두려움을 다뤘다. 이 주제를 깊이 다룰 충분한 시간이 없었기 때문에 그 환자는 다음 회기까지 극도로 불안했다.

때로 불안 증상이 빠르게 사라지게 될 것이고, 환자는 자신의 문제가 해결됐다고 생각할 것이다. 이런 경우 치료자들은 환자의 증상들이 완전히 사라진 것인지를 보기 위해 몇 번의 회기를 더 하면서 치료에 남아 있도록 격려해야 한다. 이 시기에 환자를 불안하게 만드는 근본적인 신념을 탐색하고, 환자가 자신의 미래를 계획하게끔 도울 수 있다. 치료자는 또한 환자가 다루기 원할 수 있는 잠재적인 불안 유발 상황에 대해 물어볼 수 있다.

문제 해결 방식을 적용할 때, 치료자는 4단계 과정을 지나야 한다. 첫째, 환자의 문제 **개념화하기**, 둘째와 셋째, **전략 선택하기**와 이 전략을 시행할 **전술과 전략 선택하기**, 마지막으로 이 전술의 **효과성 평가하기**이다.

개념화하기

인지치료 초심자에게 미루기(procrastination)와 같은 구체적인 임상적 문제를 어떻게 다룰 것인지 물어보면 보통 다양한 기법을 제시할 것이다. 단계별 과제, 참여

모델링(participatory modeling), 문제 재정의하기(relabeling the problem) 등이 그 예이다. 일부는 '환자의 완벽주의 작업하기'와 같은 전략을 제안할지도 모른다. 그러나 초심자들은 가장 중요한 단계인 **개념화하기**를 거의 다루지 않는다.

환자의 문제를 개념화하기는 이를 맥락 가운데 이해하는 것을 포함한다. 자율적인 사람이 미루는 이유는 보통 사회적으로 의존적인 사람이 미루는 것과는 다르다. 과제의 본질과 배정되는 방식이 요인일 수 있다. 자율적인 환자들은 반사적인 반응(reactive response)을 보일 수 있지만('어느 누구도 나에게 무엇을 하라고 지시해서는 안 돼.'), 의존적인 환자들은 거절을 두려워할 수 있다('일을 형편없이 해서 다른 사람들이 실망하게 할 수 없어.').

환자의 문제를 개념화할 때, 치료자는 환자에게 그 문제가 어떤 의미인지를 끌어내야 한다. 수동-공격적인 사람은 미루는 것이 다른 사람들에게 통제받는 것을 피하는 방법이라고 생각하기 때문에 미룰 수 있다. 불안한 환자, 우울한 환자 그리고 분노한 환자와 조증 환자는 미루는 것에 대해 모두 다른 이유가 있을 것이다. 미루기는 환자가 완전히 받아들이지 못한 우선순위의 이동을 나타내거나, 또는 관심을 얻거나 합리화('나는 훌륭한 화가가 될 수 있을 거야. 그러나 나는 자기절제 능력이 없어.')와 같은 이차적인 이득 때문일 수 있다.

요점은 환자가 미루는 데에는 많은 이유가 있다는 것이다. 치료자와 환자는 적절한 전략을 선택하기 전에 함께 문제를 개념화해야 한다. 개념화하기, 전략 선택과 기법 실행은 서로 간에 영향을 미치고 충족시킨다. 일반적으로 이 과정은 전략이 변화하는 것에 따라 개념화와 재개념화를 거치며 진화한다.

일반적인 전략

인지치료는 명확한 전략이나 계획을 염두에 둔 치료자의 지시가 없다면 목적이 없고 산만해진다. 전략은 인간의 행동을 체계화하는 법칙이고, 덜 중요한 전술과 기법들은 특정 전략들 속에 담겨 있다. 전술(tactic)이 명확하고 구체적인 것이라면, 전략(strategy)은 전반적인 것이다.

시행착오 방법은 치료를 이끄는 힘이라기보다는 전략과 전술을 점검하는 것으로 사용된다. 치료자는 전략의 목표를 가장 성공시킬 것으로 생각하는 전술을 선택한다. 예를 들어, 한 환자의 문제를 통제받는 것에 대한 두려움으로 개념화하였다. 치료에서 사용된 한 전략은 환자에게 '통제를 포기함으로써 통제력을 얻는 것'이었다. 사용된 전술들은 ① 긴장 이완(근거: '근육의 통제를 내려놓으면 더 통제 가운데 있다고 느끼게 된다.'), ② 불안 수용하기(근거: '불안과 싸우고 통제하려고 노력하지 않으면 더 통제할 수 있다고 느끼게 된다.'), ③ 다른 사람들의 요구에 빠르게 동의하기(근거: '다른 사람이 통제할 수 있도록 선택하면 당신을 통제할 수 있다.'), ④ 다른 사람들을 있는 그대로 받아들이기(근거: '다른 사람을 통제하려고 하면 통제 불능 상태가 된다.').

인지치료의 기술은 어떤 전략을 언제 사용할지를 아는 것이다. 숙련된 인지치료자들은 전술과 기법보다는 개념화와 전략에 더욱 관심을 둔다. 전략은 치료자가 무턱대고 기법에 의존하기보다는 치료하는 동안 어디로 향하고 있는지를 알게 한다. 훈련을 통해 우리는 세 유형의 치료자가 있음을 발견하였다. 치료를 안내하는 사람, 환자가 말하는 것에 반응하는 사람, 그리고 어떤 일이 일어나고 있는지 모르는 것처럼 보이는 사람이다. 목표는 첫 번째 유형의 사람이 되는 것이다.

치료자는 환자가 치료에 시간, 에너지와 돈을 들일수록 자원이 대폭 감소할 수 있기에 가능한 한 빨리 환자가 불안을 관리할 수 있도록 돕는 것이 치료의 목표라는 점을 염두에 두어야 한다. 목표는 종종 수단을 결정한다. 만일 치료의 목표가 환자가 가능한 한 빨리 자신과 세상을 신뢰하게 되는 것이라면 수단은 더 명확해진다.

인지치료자들은 다양한 표준 전략을 사용할 뿐 아니라 특정 환자를 위해 특별한 전략을 고안하기도 한다. 인지치료의 일반적인 전략들은 다음과 같다.

① **'간소화하기, 간소화하기, 간소화하기'**: 간소화하기(simplify) 전략은 치료 전체에 걸쳐 사용된다. 한 환자는 정신분석 지향의 치료를 6년간 받았는데, 이 치료는 그녀에게 많은 통찰력을 주었으나 불안을 관리하는 데에는 그리 큰 도움이 되지 않았다. 그녀도 이에 대해 알고 있었지만, 여전히 자신의 문제를 불필요하게 복잡하게 만드는 경향이 있었다. 치료 전반에 걸쳐 간소화하기 전략이 사용되었다. 그녀에게 가장 효과가 있는 불안 감소 전술 중의 하나는 "불안할 때 건설적인 행동을 취해라."와 같은 단순한 자기지시(self-instruction)였다.

관련된 전략들로는 '모호한 것보다 구체적인 것이 낫다' 그리고 '구체적인 것이 추상적인 것보다 낫다'가 있다. 많은 치료자와 환자는 환자에게 거의 도움이 되지 않는, 별로 관계가 없고 과도하게 추상적인 논의 속에서 갈피를 잃게 되는 경향이 있다. 간소화하기 전략은 이런 경향성에 대응할 수 있게 돕는다.

② **'현재와 같은 시간은 없다'**: 일반적으로 치료자는 그 회기 동안 문제가 다뤄질 수 있게 하는 전략을 고안할 수 있다. 전략은 또한 환자가 지금껏 피해 온 문제에 지금-여기에서 접근하는 것이 포함된다. 발표 불안이 있는 환자는 회기 동안 발표의 개요를 짜 보고 몇 분 동안 연습해 볼 수 있다. 환자의 인지, 즉 환자가 회기에서 가지고 있는 생각들을 '뜨거울 때' 끌어내고 재구조화하는 것이 항상 더 좋다. 과거나 미래에 관해 이야기하는 것이 현재에 초점을 두는 것보다 생산적인 경우는 드물다.

치료자는 회기에서 환자의 문제와 관련이 있는 다양한 과제를 하게 할 수 있고, 이런 목적을 위해 소품을 쓸 수 있다. 예를 들어, 나는 상담실에 전자디지털 계기판(electronic digital reading)이 있는 연습용 자전거를 가지고 있다. 불안한 환자들에게 이 디지털 계기판이 어떻게 작동하는지 알려 주지 않고 1마일 정도 자전거를 타 보라고 요청할 수 있다. 만일 환자가 그것이 어떻게 작동하는지 알아낼 수 없다면, 나는 그에게 큰 소리로 생각하라고 요청하고 불안한 생각이 문제 해결 능력을 어떻게 방해하고 있는지 보게 한다. 한 환자의 생각은 '이것을 전에는 한 번도 해 본 적이 없는데. 치료사가 어떻게 내가 이것을 알 거라고 기대하지? 난 멍청해, 정말 하고 싶지 않아.'였다.

이런 생각을 수정함으로써, 이 환자는 과제에 집중할 수 있다. 따라서 치료자는 환자에게 숙달을 경험하게 하고, 과제에 집중함으로써 환자가 어떻게 그것을 완료할 수 있는지 보도록 할 수 있다. 실제로 1마일 정도 자전거를 타는 것은 치료자와 환자가 과제에 참여하는 동안 환자가 어떻게 사고하는지를 인식할 수 있게 해 준다. 치료 동안 소개될 수 있는 과제는 거의 무한하다. H. L. Weinerg(1973)은 200여 가지의 유사한 과업을 개발하고 사용하였다.

③ **'시도해 보지 않는 한 알 수 없다'**: 일반적인 전략은 환자가 참여하여 실수해 볼

수 있도록 격려하는 것이다. 한 가지 기준은 '가 보고 배울 수 있는 것과 가 보지 않고 배울 수 있는 것'으로, 이는 다양한 상황에서 적용해 볼 수 있다. 자신의 예전 여자 친구와 만나게 될지도 모르는 어떤 결혼식에 가기를 꺼리는 한 환자는 식에 참석하는 것을 지나치게 염려하면서도 가 보았다. 거기에서 그는 그녀를 보았고, 더는 그녀를 보는 것이 감정적으로 압도되지 않는다는 것을 발견했다.

④ **'경로에서 벗어났을 때, 반대 경로를 취하라'**: 만일 치료자가 어떤 이유로든 환자가 상황을 바꾸는 것을 도울 수 없는 경우, 도움이 되는 전략은 방향을 바꾸어서 상황을 받아들이도록 돕는 것이다. 예를 들어, 암에 걸릴 것이라는 환자의 예상을 수정하는 데에 약간의 진전을 보였던 치료자는 그의 접근법을 바꾸어, "좋아요. 당신이 암에 걸린다고 해 봅시다. 그러면 당신은 무엇을 할 것입니까?"라고 질문할 수 있다. 이 전략은 '만일 쳐부술 수 없다면 합류하라'로 다르게 말할 수 있다.

⑤ **'인내하는 지속성(patient persistence)'**: 불안 환자에 대한 일반적인 전략은 그의 두려움을 극복할 수 있도록 집요하게 돕는 것이다. 환자는 종종 새로운 방식의 생각과 행동을 배우기 위해 이런 지속성이 필요하다. 절망하지 않고 포기하지 않음으로써 치료자는 환자에게 중요한 전략의 본보기를 제공할 수 있다. 이런 인내심은 특히 강박적으로 불안한 환자와 불신하는 환자들을 다루는 데에 특히 필요하다.

⑥ **'나누고 정복하라'**: 치료자는 환자의 가장 저항이 적은 불안요소들에 초점을 맞추고 환자에게 그의 불안은 생각, 감정과 행동이라는 세 가지 부분으로 이뤄져 있다고 말한다. 가장 합리적인 접근법은 가장 수정 가능한 부분을 작업하는 것이다. 만일 환자에게 행동 문제가 있다면, 치료는 생각과 감정에 초점을 둔다. 만약 생각에 문제가 있다면, 치료는 감정과 행동에 초점을 맞춘다. 불안은 주로 감정의 문제이고 치료는 사고와 행동에 초점을 두기 때문이다.

⑦ **'예상 밖의 것을 하라'**: 인지치료는 환자가 예상하지 못한 것을 하고, 자신을 놀라게 하며, 성격과는 다른 것을 하도록 격려하는 것을 강조한다. 이 전략은 불안을 이기는 최고의 방법 중 한 가지로 제시된다. 많은 환자는 '자신을 놀라게

하는' 과제가 주어지면, 분명한 위험을 무릅쓰고 자신을 놀라게 했던 몇 가지의 경우(occasions)를 가지고 올 것이다.

⑧ **'흐름을 따르라'**: 환자와 함께 사용하는 구체적인 전술은 환자의 불안의 힘과 강도에 달려있다. 환자에게 갑자기 무서운 상황에 접근할 것을 권장하지 말라. 환자의 불안 표현 중 어떤 부분이 가장 약한지 파악하고 그 부분을 공략한다. 환자가 새로운 내용을 배우는 것에 고도로 방어적이라면, 정보를 제공하고 이야기와 비유를 사용하므로 비지시적인 접근을 사용해야 할 수 있다. Rush와 Watkins(1981)는 인지적 왜곡을 수정하는 몇 가지 다른 비지시적인 방법을 기술하고 있다. 예를 들어, 환자는 치료받으러 가는 것을 수치스러워 했다. 치료자는 치료에 대해 직접 말하지 않고, 교육의 중요성 그리고 자신을 더 낫게 하는 것에 대해 말했다. 이런 접근법은 지시적인 접근법이 효과가 없을 때 환자의 염려를 완화하는 것처럼 보인다.

일부 사례에서 개념화하기와 전략의 선택 그리고 전술들은 치료의 초기에 개발하지만, 다른 사례에서는 이 세 가지가 시간에 따라 진화한다. 다음 사례들에서 환자에 대한 개념화하기는 전략과 구체적인 전술로 이어졌다.

사례 A: 급성 불안을 경험하는 57세의 남성. 20년 동안 단 한 번의 중증 발작을 경험한 병력

- **개념화**: 주요한 심리적 문제 없음. 불안은 피드백 고리(불안에 대한 불안)와 불안에 대한 잘못된 정보('나는 신경쇠약에 걸리고 말 거야.')로 유지됨
- **전략**: 성공 경험이 성공을 보장한다.
- **전술**: 회기 동안 환자를 불안하게 하고 나서, 증상들을 완화하는 방법들을 보여주기

사례 B: 30세의 매우 언어적인 남성

- **개념화**: 문제를 과도하게 지적으로 처리하고 분석하려는 경향
- **전략**: 단순한 것이 더 좋다.

• **전술**: 두려운 상황에 접근할 수 있도록 단계별로 과제 제시하기

사례 C : 많은 강박적 규칙을 가지고 있는 23세의 남성

• **개념화**: 불완전한 것에 대한 두려움
• **전략**: 경로에서 벗어나면 반대 경로를 취하라.
• **전술**: 수치심 대항(anti-shame) 연습. 실수했을 때 다른 사람들에게 그에 대해 말하기

사례 D : 만성적인 문제를 가지고 있는 33세의 여성

• **개념화**: 잘 방어하며, 비판에 과하게 민감함
• **전략**: 비지시적 접근법의 기술 연습하기
• **기술**: 치료자 자신이 비판을 다루는 방법을 자기노출하기. 치료 동안 생각하는 바를 그대로 말하기(think aloud)

사례 E : 45세의 성공적인 사업가

• **개념화**: 도전을 좋아하는 매우 자율적인 사람
• **전략**: 환자의 강점 사용하기
• **전술**: 개인적인 도전으로써 가장 피하고 싶은 영역에 환자가 접근하도록 하기

사례 F : 장기적인 문제를 가지고 있는 29세의 여성

• **개념화**: 낮은 자존감
• **전략**: 지금-여기서 시작하기
• **전술**: 역할 바꾸기. 회기 동안 환자가 치료자의 역할 하기

사례 G : 이전에 장기치료를 했던 70세의 남성

• **개념화**: 완화와 더불어 지적인 자극을 원함
• **전략**: 환자의 선택 지지하기
• **전술**: 요점을 이해시키기 위해 교훈을 주는 이야기와 다른 유형의 지적인 자극

들을 사용하기

사례 H : 48세의 여성

- **개념화**: 이분법적인 사고
- **전략**: 처부술 수 없다면 합류하라.
- **전술**: 불안을 모두 없애 버리는 방법은 절대로 없지만, 불안 대부분을 통제하는 법을 배울 수 있음을 강조하기

사례 J : 44세 여교수

- **개념화**: 논리적 · 이성적 선호
- **전략**: 가장 약한 부분을 공략하기
- **전술**: 논리를 통해서 환자의 어느 부분이 비이성적인지를 보여 주기

원칙 8: 인지치료는 교육 모델에 기반을 둔다

인지치료는 무의식적인 동기 때문이 아니라 삶의 경험을 다루는 법을 부적절하게 배웠기 때문에 불안이 발생한다고 전제한다. 이런 전제는 연습을 통해 효과적으로 삶을 영위하는 방법을 학습할 수 있다는 것을 시사한다.

치료자의 역할 중의 하나는 교육하는 것이다. J. Singer는 이와 유사한 관점으로 심리치료를 표현했다. "어떤 면에서 심리치료자는 전문가일 뿐 아니라 교사로 볼 수 있다. 이는 그가 격식을 차리는 강의를 한다는 의미가 아니다. 왜냐하면 심지어 훌륭한 교사조차도 제자들에게 영향을 미치는 데에 있어서 그들이 항상 최고의 방법이 아님을 알고 있기 때문이다."(1974, p. 23) 치료자들은 자기 자신을 불안 관리 기술의 교사로 보는 것이 도움이 된다.

인지치료는 환자에게 교정적 경험을 제공하는 것에 더하여, 정보 제공하기, 읽기 과제 부여, 오디오테이프 듣기, 쓰기 과제 그리고 환자에게 강의 세미나에 참석할 것을 제안하는 것과 같은 교육적인 기법들도 포함한다.

배우기 위한 학습

교육적인 접근법에는 배우기 위한 학습(learning to learn) 개념이 내포되어 있다. 치료의 목표는 환자에게 대처 기법들을 가르치는 것뿐 아니라 자신의 경험으로부터 어떻게 이득을 얻는지를 가르치는 것이다. 학습과정은 치료가 끝난 후에도 연습과 실험, 개선된 정보 수집 방법을 통해 지속될 것이라 기대한다.

배우기 위한 학습은 '신경증적 역설(neurotic paradox)'이라고 불리는 것을 강조한다(Raimy, 1975). 즉, 사람이 경험으로부터 이익을 얻지 못하면 같은 실수를 반복한다는 것이다. 이는 모든 유형의 치료에서 주요 문제가 되는데, 인간은 똑같은 자기 파괴적인 양상을 반복하는 경향이 있기 때문이다. Raimy에 따르면, "방어적 오해(defensive misconception)는 사람들이 이보다 더 위협적인 대안적 오해(alternative misconception)를 인식하는 것을 막아 준다"(1975, p. 74). 예를 들어, 실패할 것에 대해 불안해하는 한 환자는 자신이 너무나 느긋해서 도전을 받아들일 수가 없다고 여겼다. 하지만 이러한 생각은 자신이 부적절하다는 생각보다는 더 수용 가능한 이유가 된다.

Guidano와 Liotti(1983)는 사람들이 단단한 핵심 신념을 지키는 '보호 벨트(protective belt)'로 둘러싸인 기본 가정으로 이루어진 '형이상학적 핵심(metaphysical hard core)'을 갖고 있다고 생각했다. 사람들은 다양한 방법으로 자신에 대한 기본 가정을 재확인한다. 이 방법들은 유형과 문제를 만들어 내는 방식들('어떻게 사람들이 나를 받아들이도록 하게 할까?'), 반복적인 문제 해결('나는 그들에게 인상을 남겨야 해.'), 그리고 자기충족적 예언('나는 늘 나를 거절하는 사람을 선택해.')을 포함한다. 환자들은 자기이미지(self-image)와 일치하는 상황을 만들 때까지 주변 상황을 조작한다. 사람들은 자신의 영역을 줄여서 자신의 이미지에 맞춘다.

자신을 향한 태도가 고정될 때 문제는 심각해진다. Guidano와 Liotti는 자신에 대한 경직된 태도는 재구조화를 막고 세상을 효과적으로 다루지 못하게 방해한다고 말한다. 이런 사람의 행동은 정형화되고 반복된다. 이런 문제 대부분은 폐쇄적인 마음을 가진 것에 대한 인식이 부족한 것이다.

치료를 통해 배우는 환자의 저항 치료가 진전하기 전에 환자는 배우는 데에 동의해야 한다. 주저하는 환자는 치료자와 언쟁하거나 치료자가 말하는 것을 무시할지도 모른다. 치료자가 이 문제를 발견할 때 그것을 다룰 필요가 있다. 치료자는 환자에게 교사가 자신에게 어떤 것도 가르치지 못하게 할 것이라고 마음을 먹었던 수업에 참여해 본 적이 있는지 물어볼 수 있다. 그러고 나서 환자에게 그 경험을 교사가 자신에게 가르칠 수 있도록 허락했던 수업과 비교해 보라고 요청한다.

이 문제의 일부는 환자가 치료자에게 가지고 있는 신뢰의 정도와 관련이 있다. 치료 작업의 첫 순서는 환자에게 피드백을 받기 위한 체계를 설정하고, 지나치다 싶을 정도로 계속해서 솔직하게 대함으로써 환자와의 신뢰를 발전시키는 것일 수 있다. 두 번째 단계는 환자가 스스로 배울 수 있게 허용하여 이로부터 어떤 이익을 얻을 수 있는지 묻는 것이다.

느린 학습자 환자들의 학습 능력은 다양하고, 어떤 환자들은 다른 환자들보다 더 준비되어 있을 수 있다. 수년간의 절망 후, 한 사업가는 자신의 역기능적 신념을 포기할 준비가 되었다. 그는 앞서가기 위해서는 다른 사람들을 길에서 밀어내야 한다고 믿었다. 이 신념은 연속된 실패를 이끌었고, 결국 불안과 우울 삽화가 발생했다. 비록 이 지점에 이르는 데에 수년이 걸렸지만, 그는 자신의 가치를 재조정하기를 정말 원했고, 기꺼이 치료자에게 배우려 했다.

또 다른 집단의 사람들은 사회적으로 그리고 정서적으로 느린 학습자들이다. 비록 성인일지라도 그들은 마치 청소년처럼 대답한다. 주요 문제가 사회 불안인 경우가 자주 있고, 데이트나 여타 대인관계상의 행동 경험이 적다.

이런 환자들의 경우, 치료자는 왜곡을 수정하는 위해 주요 학습의 첫 순서를 다루기 전에 배우기 위한 학습에 초점을 두어야 할 필요가 있다. 환자의 두 번째 순서인 관념은 덜 저항적이고 관련된 불안도 덜하며, 이 영역에서의 선택에도 더 나은 감각을 지니고 있다. 예를 들어, 자신의 어머니와 함께 살고 있던 35세 남성은 살면서 단 몇 번의 데이트만을 해 보았다. 그는 이성을 대하는 방법을 배워야 했지만, 치료자는 우선 어떻게 배우는지를 학습하는 것에 초점을 두었다. 이 환자는 여성을 만날 수 있는 장소로 가야 했지만, 가능한 한 자신의 반응에 대해 배우는 것에 목표를 두었다. 그는 먼저 그 경험으로부터 배우는 것을 자신이 어떻게 방해하고 있는지 알아야 했다.

치료자는 환자가 자신의 경험으로부터 배우는 것을 막고 있었던 장애물을 어떻게 제거하거나 뛰어넘을 수 있는지 배우도록 도와야 할 필요가 있다.

원칙 9: 인지치료의 이론과 기술은 귀납적 방법에 의존한다

인지 모델의 발달은 귀납적 추론과 경험적 연구(empirical research)에 기반을 두었다. 같은 맥락에서 환자에게 자신들의 문제를 과학적으로 사고하는 방법을 훈련한다. 환자들은 신념을 가설로 간주하는 것, 모든 가능한 사실에 주의를 기울이는 것, 그리고 입수되는 정보들에 따라 이 가설을 수정하는 것을 배운다. 이들은 또한 가설을 시험해 볼 실험을 진행하는 것을 배운다. 치료 전반에 걸쳐 환자에게 '사실을 얻는 것(getting the facts)'을 강조한다.

귀납적 방법은 또한 치료자가 환자에 대한 정보를 처리하는 방법에서도 드러난다. 치료자는 가설을 세우고 검증하며, 치료 장면에서 나온 정보에 따라 자신의 가설을 수정하도록 훈련받는다. 예를 들어, 한 환자는 이성을 만날 때 불편감을 느낀다고 보고할 수 있다. 이 환자의 치료자는 사회성 기술의 부족이나 성 선호에 대한 혼란스러움이 문제라고 가정할 수 있다. 어느 경우에서든 이 가설은 검증된다. 이 상황에서 환자가 자신의 구체적인 생각이나 행동을 감찰하도록 하면서 검증해 볼 수 있다.

치료는 실험적인 방법에 기반을 둔다. 모든 기법이 모든 환자에게 효과가 있는 것은 아니므로 실험적 방법이 사용된다. 효과가 있는 것을 찾아내기까지 많은 기법을 실험하게 될지도 모른다. 치료자들은 충분히 시도하지 않고 기법을 포기하는 것에 주의를 해야 한다.

원칙 10: 과제는 인지치료의 핵심적인 특징이다

인지치료는 환자가 치료에서 배운 기술을 치료실 밖 그들이 만나는 일상 상황에서 적용하는 법을 가르쳐 주도록 구성되어 있다. 환자들이 과제를 반드시 하게 하는 기본적인 방법은 환자에게 부여하는 과제에 적극적인 관심을 두는 것이다. 과제는 인지치료의 교육적 측면들을 강화하고 보충한다.

치료자는 환자에게 과제 수행에 대한 실제적인 이유를 설명해야 한다. 즉, 일주일에 한 번 방문하는 것은 오랜 불안을 극복하는 데에 충분하지 않다. 더 나아가 환자가 과제의 잠재적인 유용성에 대해 어떠한 의심이 있을 때 과제를 하지 않을 가능성이 있으므로 특정 과제에 대한 근거를 설명해야 한다. 예를 들어, 치료자들은 두려운 상황에 직면하면 외상 경험이 발생하게 될 것이라는 환자의 신념과 같은 가설을 증명 또는 반증하기 위한 실험으로 과제를 제시해야 한다.

치료자는 과제를 제시하는 과정에서도 치료의 다른 측면에서와 마찬가지로 협력적이며 문제 해결식의 접근법을 취해야 한다. 환자는 과제가 타당하고, 너무 어렵거나 너무 쉽지 않다는 것에 동의해야 한다. "쓸데없어요." "일이 너무 많아요." "너무 성가셔요." 또는 "그야말로 효과가 없는 거예요."와 같은 반응들은 검증될 수 있다.

치료자는 환자의 과제 수행을 방해할 수 있는 다른 장애요소를 살펴본다. 그런 다음 이런 장애물들을 극복하는 방법들을 계획한다. 이후의 장들에서는 여러 가지 불안 문제에 대한 구체적인 과제들을 제시한다.

지금까지 인지치료의 기본 원칙들에 대해 간략히 살펴보았다. 이제 구체적인 전략과 기법들에 대해 살펴보자.

제11장

인지 재구조화를 위한 전략과 기법

자기인식 발전시키기

치료의 초기 목표는 환자가 먼저 자신의 사고과정을 더욱 잘 인지할 수 있게 하여 생각을 재구조화하도록 돕는 것이다. 치료자는 왜곡을 교정하는 데에 있어서 생각을 파악하도록 배우는 것이 필요한 과정임을 강조한다. 환자는 자기인식(self-awareness)이 증가하면, 사고의 오류를 교정하기 시작하기에 충분하다는 것을 발견하게 된다. 자기인식은 환자 자신을 잘못된 생각에 관여하지 않게 하고 상황에 대해 더욱 객관적인 관점을 발전시키도록 한다. 환자가 자동적 사고를 모으기 시작함에 따라, 치료자는 환자의 취약성과 두려운 상황에 대한 인식을 통제하는 구체적인 도식(schemas)을 더 잘 이해할 수 있다.

우울감을 상담실에 가져오는 우울한 환자와는 다르게, 불안한 환자들은 종종 상담실에서는 불안으로부터 자유롭다. 이런 이유로 치료자는 불안 뒤에 숨겨진 생각을 환자가 파악할 수 있도록 돕는 데에 창의적이어야 할 필요가 있다.

치료자가 자동적 사고를 끌어내는 일반적인 방법은 화이트보드나 칠판을 사용하는 것이다. 환자는 두려움에 대해 직접적인 질문을 받을 때 보통 두려운 생각 두세 가지를 제시한다. 치료자가 이를 칠판에 적으면, 이런 시각적 알람은 환자가 덜 분명한 생각들을 찾아보도록 촉발한다. 치료자들은 이전 초반의 반응 몇 가지를 계속 탐색해야 보아야 할 필요가 있다. 환자에게 그의 생각에 대해 반복적으로 묻고 그 생각들을 환자가 찾아내도록 기다리면, 더욱 의미 있는 것들이 드러나기 시작할 것이다. 그런 다음 환자가 그 각각을 얼마나 두려워하는지에 따라 이 생각들에 등급을 매길 수 있다. 환자가 가장 두려워하는 것은 종종 가장 늦게 꺼내는 것들이다. 환자가 뒤에 감추고 있는 것은 보통 인지적 회피 때문이다. 환자 대부분은 칠판 위에 나열한 생각을 보는 것이 예상한 것보다 덜 두렵고, 따라서 회피를 극복하는 데 자극을 받아 다른 두려운 사고들에 대해 찾아보게 된다. 칠판 위에 적힌 자신의 두려움 몇 가지를 본 한 환자는, "내가 정말로 두려워하는 것은 늙는 거예요. 내가 나이가 들면 누구도 나를 원하지 않을 것이고 홀로 있게 될 거예요. 그게 내가 정말로 두려워하는 거예요."라고 말했다. 사람들은 두려움을 사진의 형태로 경험하기 때문에, 두려움을 막대 그림이나 상징 도형들로 나타낼 때 잘 반응한다.

칠판의 주요 기능은 환자의 관찰하는 자기를 향상시키도록 돕는 것이다. 이런 관점을 통해 환자 자신은 자기의 생각과 행동으로부터 거리를 둘 수 있다. 환자들은 칠판 사용에 대해 "나 자신의 문제에 대한 어떤 관점을 얻을 수 있었어요." "내가 직면하지 않기 원하는 것을 볼 수 있었고 덜 두렵게 해 주었어요." "칠판에 문제들을 나열했더니 그것들이 분명해졌어요." 또는 "내가 해 온 선택들이 내가 가진 최선의 관심사가 아니었다는 것을 볼 수 있었어요."와 같이 말했다. 치료자는 또한 환자의 문제를 개념화하고 가능한 전략들을 선택하기 위해서도 칠판을 사용할 수 있다.

치료자의 상담실에 거울을 두는 것도 환자가 생각을 인식하는 데에 도움이 될 수 있다. 바닥까지 닿는 것이든 작은 거울이든 사용할 수 있다. 거울은 환자가 자신의 사회적 자기(social self)의 모습을 보는 '사회적 창(social window)'이 될 수 있다. 거울을 들여다보면서, 환자는 이전에는 자신이 갖고 있었지만 자각하지 못했던 불안을 유발하는 사고들을 확인할 수 있다.

거울을 보고 있는 동안 마음속에 떠오르는 생각들에 대해 빠른 속도로 자유연상을 하도록 환자에게 요청해 볼 수 있다. 사회 불안이 심했던 한 여성은 '굵은 허벅지'에서 시작하여 '이상한 체형의 몸'에 이르는, 못생기고 매력이 없는 것에 대한 연속적인 생각을 하고 있었다.

치료자는 환자에게 문장을 완성하게 함으로써 연상을 확인해 보도록 할 수 있다. '거절당한다는 것은 ~ 의미일 것이다.' 또는 '나 자신을 우습게 만드는 것은 ~ 의미일 것이다.'가 그런 문장의 예이다. 유사하게, 치료자는 불안에 대한 기억 연상을 요청하고, 따라서 치료자와 내담자가 기저의 신념과 주요 걱정들을 확인하도록 도울 수 있다. 이는 제15장에서 논의할 것이다.

치료자는 환자의 사고가 '뜨거울 때' 이를 파악하는 것을 돕기 위해 다른 방법들을 사용할 수 있다. 그중 한 가지는 상담실에서 크게 읽기와 같은 행동 과제들을 하는 것이다.

치료자는 또한 실제(in vivo) 연습을 위해 상담실과 가까운 장소를 사용할 수 있다. 환자와 함께 레스토랑이나 가게에 가서 생각을 자각하도록 도울 수 있다. 대중 앞에서의 무능함(public incompetence)에 대한 두려움이 있었던 한 환자는 치료자와 함께 가까운 패스트푸드점에서 비디오 게임을 하였다. 이런 연습은 인지가 실제로 발생할 때 치료자가 그것을 파악할 수 있게 하였다.

운전에 대한 두려움이 있는 환자는 치료자와 함께 운전해 볼 수 있다. 치료 회기는 체육관, 해변, 사람이 많은 장소 또는 불안이 유발됨을 발견할 수 있는 그 밖의 상황과 같은 다양한 장소에서 열릴 수 있다.

일반적인 규칙은 환자가 불안을 유발하는 활동들을 회기 동안 가능한 한 많이 해 보도록 하는 것이다. 편지 쓰기, 지원서 작성하기 그리고 발표 개요 작성하기와 같은 활동들이 포함될 수 있을 것이다. 많은 환자가 전화를 거는 것을 두려워하기 때문에, 전화를 걸어 보는 것은 불안을 유발하는 생각에 대한 풍부한 자료를 제공한다. 전화 통화는 녹음할 수 있고, 환자는 이를 재생해 보면서 자동적 사고를 확인할 수 있다. 예를 들어, 한 사업가는 채권자와의 약속을 잡는 전화를 계속 미루고 있었다. 그는 상담실에서 건 통화를 검토하면서 '다른 사람들을 성가시게 하고 싶지 않다.'와 같은 두려운 생각들과 '작고 무력한 아이'가 되는 자신에 대한 심상(imagery)을 확인할 수 있었다.

치료자는 환자가 불안한 상태에 있을 때 전화를 받아 주는 것을 포함해서, 다른 기술적인 도구(aids)를 사용할 수 있다. 운전 공포증이 있는 환자에게는 CB 무선기를 사용하는 것도 가능하다. 다른 특정한 유용한 도구는 워키토키(walkie-talkie)이다. 환자가 치료자와 있는 것을 안전하다고 느낀다면, 치료자와 함께 갈 때 상당한 불안을 느끼지 않을 수 있을 것이다. 이런 이유로 환자가 밖에 혼자 있는 것을 두려워할 때는 워키토키를 사용하여 치료자와의 접촉을 유지하고 자동적 사고를 보고할 수 있게 한다.

환자 안내하기

그저 환자에게 그들의 사고에 대해 더 자각하라고 말하는 것만으로도 충분할 수 있다. 이는 꿈을 기억하기 위하여 의식적으로 선택하는 것과 유사한 제안이다. 환자는 생각을 중요하지 않은 것으로 여겨 왔기 때문에 자각하지 못하고 있을지도 모른다. 치료자는 생각이 사람의 삶에 미치는 영향을 강조해야 할 필요가 있다. 자동적 사고는 잠재의식 광고(subliminal advertisement)와 비슷한 것으로 제시될 수 있고, 환자는 이를 탐지하는 것을 배움으로써 그 영향으로부터 자신을 자유롭게 할 수 있다.

앞서 말한 바와 같이 불안한 사람은 자신의 감정을 정말로 '소유하지' 않고, 종종 이에 대해 다른 사람들이나 외적 사건 탓으로 돌린다. 이런 수동적인 역할은 그가 자신의 감정을 어떻게 만들고 있는지 볼 수 없게 만든다. 전형적인 환자는 '그 남자' '그 여자' 또는 '그것'이 자신을 불안하게 만든다고 말할 것이다. 이런 정서적 문장을 수동적인 목소리("그것이 날 불안하게 만들었어.")보다는 능동적인 목소리("내가 나를 불안하게 만들었어.")로 만들도록 환자를 격려한다. 치료자는 치료 전체에 걸쳐 이것을 구분하여 지적한다(감정을 소유하는 것에 대해서는 제13장에서 다룰 것이다).

환자는 '왜' 질문을 '어떻게' 질문으로 바꾸는 것을 배운다. 환자들이 자신에게 왜 불안한지 또는 왜 불안을 통제할 수 없는지 질문할 때, 그들은 더 많은 생각을 끄집어내고 더 적은 자각을 하게 된다. 어떻게 자신을 불안하게 만들고 있는지에 초점을 맞춤으로써 생각하는 자기에서 관찰하는 자기로 전환한다.

우선전략(overriding strategy)은 환자가 자신이 두려워하는 것에 접근하게 하는 것이다. 한 가지 이유는 자신이 두려워하는 것을 발견할 기회를 환자에게 제공하는 것이다. 환자 대부분은 상담실에서는 자동적 사고와 구체적인 두려움을 확인할 수 없고, 불안한 상황에 있어야만 확인할 수 있다.

꽤 자주 치료자들은 환자가 생각을 찾을 수 있도록 불안을 경험하게 할 방법을 세우기 위해 환자와 함께 작업해야 한다. 두려운 자극을 피할 수 있는 공포증 환자의 경우는 종종 그렇다. 예를 들어, 발표 불안이 있으나 당장 발표할 일이 없는 환자의 경우, 같거나 비슷한 불안 반응을 만들어 낼 방법으로 그가 참석하는 회의에서 질문해 볼 수 있다. 한 환자는 다른 사람이 발표하는 모습을 보면서 "내가 지금 저 위에 있다면, 나는 무엇을 두려워했을까?"라고 자문해 보면서 자동적 사고를 확인할 수 있었다.

환자는 종종 두려운 생각을 막으려고 시도함에 따라 일시적인 억제에 성공하지만, 두려운 생각은 이후에 더 두렵게 다시 나타난다. 이런 이유로 환자에게 머릿속에서 막으려고 노력하는 불쾌한 시나리오를 생각해 보도록 한다. 사람들 앞에서 통제력을 잃는 것을 두려워하는 사람은 궁극적인 두려움을 확인할 수 있을 때까지 이 감정에 머물러 있도록 한다. 이에 대한 근거는 '무언가에 대해 더 생각하지 않으려고 할수록 그것을 더 생각하게 된다'는 것이다. 이 환자에게 코에 대해 생각하지 말라고 요청했고, 그런 다음 마음속에 어떤 생각이 가득 차 있는지 관찰해 보도록 할 수 있다.

환자에게 '몸서리치게' 만드는 심상과 생각이 자동적 사고와 두려움을 만드는 신념의 풍부한 원천이라는 것을 말한다. 한 환자는 암이 생길 것이라는 생각에 몸서리쳤다. 이에 대해 곰곰이 생각하면서 그는 자신이 죽는 것에 대한 두려움뿐만 아니라 사회적 반감에 대한 두려움도 정확히 집어낼 수 있었다.

같은 맥락에서 한 환자에게 차단하려고 노력하는 감정을 경험해 보게 한다. 불안한 환자는 종종 고통스러운 감정을 느끼지 않고 피하려고 한다. 결과적으로 그는 무엇이 부정적인 기분을 유발하게 하는지 이해할 수 없다. 한 환자는 불안을 느끼려고 시작할 때마다 자신이 흥얼거린다는 것을 발견하였다. 흥얼거림이 일시적인 대처 장치를 제공하지만, 불안 뒤에 있는 생각을 자각하지 못하게 막는다. 그가 이 전략을 사용하는 것을 멈추자 자동적 사고를 자각하게 되었다. 그전까지는 어떤 생각이 불안한 감정에 선행한다고 믿지 않았다.

치료자는 환자들이 삶에 반사적으로 행동하기보다는 능동적으로 접근할 것을 제안한다. 불안 치료를 받는 환자들에게는 피하기보다는 '지나칠 정도로' 참여할 것을 권장한다. 한 환자는 고등학교 동창회에 가는 것을 두려워해서 가지 않기로 했다. 치료자는 그녀에게 그 상황의 무엇이 두려움을 촉발하는지 볼 수 있도록 동창회에 가 보라고 격려했다. 그녀는 많은 초대장에 '아니요'라고 답하고 자신에 대해 알아볼 기회를 박탈하곤 했다. 그녀가 고등학교 동창회에 성공적으로 참석한 후에 과제는 그녀에게 오는 모든 친목 초청에 '예'라고 답하는 것이었다. 이 과제를 통해 그녀가 보통 거절했을 친목 모임 초청이 얼마나 많은지, 그리고 사회 불안에 선행하는 사고들은 무엇인지를 배울 수 있었다.

어떤 환자는 불안 경험을 피하려고 종종 숨기고 거짓말을 한다. 이런 부정직함은 그가 자신의 두려움을 정확히 찾아내지 못하게 할 뿐 아니라 수치심과 죄책감을 겪게 할 수도 있다. 이 환자에게 도덕성과 무관한 방식으로 다른 사람들에게 조금 더 정직해지도록 격려하였다. 치료자는 환자가 거짓말하는 순간을 더 자각함으로써 자신에 대해 더 배우게 되고 귀중한 정보를 얻을 수 있다는 '절대 실패하지 않는' 명제(no lose proposition)를 제시했다.

환자에게 그의 생각, 감정과 행동이 다른 방향으로 가는 경우와 때에 초점을 두면서 그의 불일치(inconsistency)에 대해 질문해 보도록 한다. 한 여성은 사람들에게 자신이 어떤 사교 모임에 참석할 것이라고 말하지만 결국은 가지 않는다는 것을 발견하였다. 자신의 불일치를 보면서 그녀는 자신이 얼마나 두려워하는지 더욱 자각할 수 있었고, 또한 왜 많은 사람이 자신이 말하는 의도를 무시하는지 이해하게 되었다.

환자는 자발적으로 불안과 거리를 두면서 자기인식을 증대시킬 수 있다. 환자는 자기 자신을 '그것'으로 부르거나 자신의 이름으로 부르면서 불안과 거리 두기를 할 수 있다. 이런 연습 중에 환자는 자기 자신을 온종일 분리된 독립체로서 언급하고, 거리를 둔 채 불안에 대해 언급한다. "빌은 두려운 것처럼 보입니다. 그의 심장이 뛰고 있어요. 그는 다른 사람들이 자신을 좋지 않게 생각할까 봐 걱정하는 것 같습니다. 빌은 자신이 남에게 주는 인상에 초점을 두고 있습니다." 환자는 불안한 반응에서 떨어져 자신을 바라보면서 자신에 대한 더욱 객관적인 모습을 가질 수 있게 된다.

환자가 회기 사이의 생각에 대해 자각할 수 있게 하는 가장 일반적인 방법은 사고 기록(thought record)이다. 환자에게 역기능적 사고기록지(dysfunctional thought forms; 부록 참조)나 노트에 자신이 불안했던 상황을 기록하고 치료 회기에 가져오게 할 수 있다. 환자는 불안을 두려운 생각들에 대해 적을 수 있는 신호로 사용할 수 있다. 환자는 생각을 정확히 알아내고 난 뒤 자신에게 '고맙다'고 말했고, 그런 다음 자신을 두렵게 하는 다른 것은 무엇인지 자신에게 계속 물었다. '고맙다'라는 말이 생각들을 확인할 수 있게 그 자신을 강화해 주었다.

환자들에게 불안에 대한 최초의 자극을 역추적하도록 가르친다. 한 환자는 자신이 알코올 중독자가 될 수도 있다는 가능성 때문에 불안해지기 시작했다고 말했다. 그는 "이런 생각이 갑자기 튀어나왔고, 두려워할 이유가 없었어요."라고 했다. 주의 깊게 질문을 해 본 뒤, 그는 자신의 불안이 텔레비전 영화 속에서 알코올 중독자를 본 것 때문임을 발견하였다. 그의 불안은 '이런 일이 나에게도 일어날 수 있다.'라는 생각 그리고 '우리 아버지처럼 술꾼이 될 것이다.'라는 심상에서 기인했다. 이 경험에서 그는 두려움의 최초 자극을 역추적하고 그런 다음 자신이 스스로를 어떻게 두렵게 하였는지에 대해 발견하는 법을 배웠다.

전략과 기법

자신의 잘못된 사고를 확인하는 것을 배우고 난 후, 환자는 자신의 왜곡된 사고를 어떻게 수정하고 생각을 재구조화하는지를 배운다. 환자가 더욱 현실적이고 적응적인 생각을 배울 수 있도록 인지적·행동적·정서적 전략과 기법들이 사용된다. 치료자는 환자에게 가장 효과적인 접근법이라고 느끼는 것을 선택하고, 그런 다음 실험 기반으로 이를 시도해 본다. 실패하면 다른 것을 시도한다. 이 장에서 많은 전략과 기법을 언급하고 있지만, 치료적 목표는 가장 효과적인 한두 가지를 찾아내는 것이다.

자동적 사고 세어 보기

환자가 생각을 재구조화할 수 없는 때가 있다. 생각을 수정할 수 있을 만큼 충분히 마음을 느긋하게 할 수 없거나 생각들을 적을 수 없는 상황에 있을 때 단순히 생각을 세어 보는 방법이 있다. 생각을 세는 것은 환자가 자신을 생각으로부터 거리 두게 하고, 생각에 대한 통제감을 가지게 하며, 자동적 사고의 질(automatic quality)을 식별할 수 있게 해 준다. 자동적 사고를 세어 보기는 환자가 어떻게 생각이 불안을 생산 · 유지하고 또 심화시키는지 볼 수 있게 해 준다.

기술 장비를 사용해서 환자의 부정적 사고의 전형적이고 반복적인 특성에 대해 자각하도록 도울 수 있다. 환자가 올바르게 자동적 사고를 식별하는 것에 대해 만족하는 치료자는 이런 기술 장비 가운데 한 가지를 예로 보여 줄 수 있다. 환자에게 3×5인치 카드에 자동적 사고를 자각할 때마다 표시하도록 할 수 있다. 또는 환자가 ① 스포츠 용품점에서 살 수 있는 골프 손목 카운터(golf wrist counter), ② 저렴한 플라스틱 카운터 또는 ③ 뜨개질 용품점에서 판매하는 바느질 카운터를 사용하여 세어 볼 수 있을 것이다.

환자는 이런 장비들을 가지고 연습함으로써 심리적 거리 두기를 하는 법을 배운다. 환자는 '또 다른 두려운 생각이 있군. 그냥 세어 보고 내버려 둘 거야.'라고 생각할 수 있다. 환자에게 이런 생각과 싸우기보다는 받아들이라고 말한다. 그냥 생각을 관찰하고 내버려 둘 수 있다. 환자에게 다음 회기 때 모두 몇 번을 생각했는지 보고하도록 한다.

이런 방법을 변형하여 사용할 수도 있다. ① 불안을 유발하는 구체적인 유형의 생각 세기(예: 자기회의감이나 재앙화 사고), ② 불안 발작 중에 드는 생각 세기(수 세는 것이 환자가 상황에 대한 통제감을 가지는 데에 도움이 될 수 있기 때문이다), ③ 시간 구간 동안 세기(예: 저녁 5시부터 7시까지), ④ 기계적 타이머를 사용하여 10분의 무작위 시간 단위 동안 세기가 그 예이다.

한 환자는 특정 시간에 자신이 하는 행동을 멈추고, 떠오르는 위협적인 생각을 셀 수 있도록 알람이 울리는 디지털 시계를 사용하였다. 그는 이런 방법이 자신을 불안한 생각으로부터 분리할 수 있게 한다는 것을 발견하였다. 그는 "내 생각은 그것들만의 수명을 가지고 있고 그 생각들에 대해 과도하게 걱정해야 할 필요가 없다는 것을 인식했습니다."라고 말했다.

자동적 사고를 세거나 기록하는 것에는 부작용이 있을 수도 있다. 한 환자의 경우 불안을 유발하는 생각에 너무 몰입하여 그 생각에서 거리 두기를 할 수가 없었다. 그는 당면한 과업에 초점을 맞추고 집중하기 위한 다른 방법을 사용하여 그 영향을 줄이는 훈련을 받았다. 다시 말하자면, 치료자는 기법이나 전략을 적용하는 데에 있어서 실험적인 접근을 도입한다.

질문

치료자는 주로 질문을 통해 환자가 오류 사고와 타당성을 수정하도록 돕는다. 결국 환자는 치료자의 질문을 자신에게 제시하는 법을 배운다. 다음에서 전형적인 질문들을 살펴보도록 한다.

① **'이 발상의 증거 또는 반증은 무엇인가?'**: 치료 중에 가장 자주 제시되는 질문 중 하나이고, 환자가 쉽게 배워 사용할 수 있는 것 중의 하나이다. 치료자와 환자는 함께 받아들일 수 있을 만한 증거에 대한 합의에 이른다.

② **'그에 대한 타당성은 어디에 있는가?'**: 불안한 환자는 타당성(logic)에 대해 생각하지 않고 쉽게 결론에 이른다. 건강 공포증이 있는 한 환자는 주치의가 자신에게 문제가 있는 무언가에 대한 정보를 완전히 제공하지 않고 있다고 생각했다. 그는 그 상황에 대한 타당성을 찾아보면서 주치의가 자신에게 거짓말을 하고 있을 가능성이 적다는 것을 발견하였다.

③ **'인과관계를 지나치게 단순화하고 있는가?'**: 한 변호사는 그가 법정에서 단 하나의 실수라도 한다면 자신이 맡은 사건이 실패하게 될 것이라고 가정하였다. 그는 다른 변호사들을 관찰하기 시작했고, 그들이 많은 실수를 하는 것을 보았으며, 그 실수들이 자동으로 패소로 이끄는 것이 아님을 발견하였다.

④ **'습관과 사실을 혼동하고 있는가?'**: 사회 불안이 있던 한 여성은 낯선 사람들이 '그녀는 웃기게 생겼고 뭔가 이상한 점이 있다.'라는 인상을 받을 것으로 생각

했다. 그녀는 치료자에게 낯선 사람들이 자신을 그런 식으로 대한다는 어떤 증거들을 제시할 수는 없지만, 여전히 그렇게 믿고 있었다. 치료자는 그녀가 많은 다양한 상황 속에서 이런 생각을 가지고 있으며 아마도 이런 방식으로 생각하는 강력한 습관이 있기에 이런 생각이 단순히 사실인 것처럼 보일 수 있다는 점을 지적하였다. 이 여성은 자신에게 "이 생각들은 현실에서 오는 것인가, 아니면 나의 생각 습관에서 오는 것인가?"라고 질문하는 법을 배웠다.

⑤ **'상황을 현실과 너무 동떨어지게 해석하고 있는가?'**: 치료자는 다음과 같이 말할 수 있다.

오감으로 인지할 수 있는 것과 너무 멀리 동떨어지게 될 때, 환상과 비현실의 세계에 빠지기 쉽습니다. 인지할 수 있는 것에 머물면, 보통 훨씬 더 안전한 기반에 있게 됩니다.

⑥ **'실제 사실인 것과 당신이 사실이라고 생각하는 것을 혼동하고 있는가?'**: 환자에게 전체로서의 사실은 결코 알 수 없다는 것과, 알려진 사실과 그것에 우리가 덧붙인 해석을 구분해야 한다고 말한다. 사실은 동일하지만 의견은 다양하다.

⑦ **"모 아니면 도(전체냐 아니냐)로 생각하고 있는가?'**: 불안한 환자는 종종 자신의 경험을 흑백으로 보고 실제로 양자택일(either/or)인 것은 거의 없다는 것을 간과한다. 한 환자는 다른 사람들에게 완전히 사랑받거나 아니면 완전히 거절당할 것이라고 믿었다. 한 회기에서 치료자는 다음과 같이 설명하였다.

일반적으로, 우리가 아는 모든 것은 대조를 통해 알고 있습니다. 영어는 이런 식으로 되어 있지요. '아래'를 이해하기 위해서는 '위'를 알아야 합니다. 당신은 불안할 때 종종 절대적이고 날카로운 대조를 만듭니다. 불안에 유용한 전략은 가능한 최악의 예상들('저기 있는 모든 사람이 나를 조롱할 것이다.')과 최상의 예상들('저기 있는 모든 사람이 나를 보는 것을 매우 기뻐할 것이다.')을 고려하여 극단의 것들을 쳐내는 것입니다. 보통 두 가지의 극단을 버리고 중간을 기대하게 됩니다('가서 무슨 일이 일어나는지 볼 것이다.').

보통 치료자들이 두 가지 극단의 상황을 제시하고 나면, 환자들은 훨씬 더 쉽게 중간의 가능성을 받아들인다.

⑧ **'극단적이거나 과장된 단어나 문구를 사용하는가?'**: '항상' '영원히' '절대로' '꼭' '반드시' '할 수 없다' '매번'과 같은 단어는 거의 현실에 일치하지 않는다. '존재'를 가리키는 to be 동사도 마찬가지이다. '나는 불안하다(I am anxious)'. vs. '나는 약간의 불안을 느낀다(I have some anxiety).' 다시 말해서, 내가 불안을 느끼지만 나 자신이 불안과 동일한 존재는 아니다.

⑨ **'맥락 밖에서 선택된 예시들을 취하는가?'**: 환자들은 종종 불안한 사건에 너무 사로잡혀서 사건이 발생하는 더 큰 맥락을 인지하지 못한다. 불안이 미치는 영향 중 하나는 그 상황의 일반적 맥락을 잃게 한다는 것이다.

⑩ **'인지적 방어기제를 사용하고 있는가?'**: 이런 기제들은 합리화, 부인이나 투사일 수 있다. '나는 두렵지 않아. 그냥 밖에 나가고 싶지 않을 뿐이야.' '다른 사람들은 내가 완벽하길 기대해.' 또는 '시간이 없어서 전화를 걸고 싶지 않은 거야.'

⑪ **'당신이 가진 정보의 출처는 믿을 만한가?'**: 상황에 대한 조지 아저씨의 의견은 관심사, 경험의 부족, 편견이나 이외 다른 요인들의 영향을 받을 가능성이 있는가? 환자들은 믿을 수 없는 정보에 신빙성을 부여할 것이다. 파산을 두려워하던 한 환자는 자료를 고려해 보지 않고 자신이 읽거나 들은 모든 끔찍한 재정적 예측을 믿었다.

⑫ **'가능성보다는 확실성의 면에서 생각하는가?'**: 환자들은 종종 도달할 수 없는 정도의 확실성을 요구한다. 많은 불안한 환자가 그들이 두려워하는 일이 일어나지 않을 것이라는 100%의 보장을 받길 원한다. 환자에게 모든 사람이 10%의 불확실성 요소를 가지고 살아야 한다는 것을 지적해 주는 것이 도움이 된다. 따라서 애매한 상황을 직면한 환자들은 그것을 불확실한 10%의 일부로 바라볼 수 있다.

⑬ **'낮은 개연성과 높은 개연성을 혼동하는가?'**: 치료자가 환자들에게 개연성과 가능성이 다른 것임을 보여 주는 것이 도움이 될 수 있다. 미칠 수도 있다는 가능성이 그 사람이 그렇게 될 개연성이 높다는 것을 필연적으로 암시하지는 않는다.

⑭ **'당신의 판단은 사실보다는 감정에 기반을 두는가?'**: 많은 불안한 환자는 자기의 생각을 입증하는 데에 감정을 사용하고, 따라서 다음과 같은 악순환이 시작

된다. '데이트 신청을 할 때 나는 불안해질 것이기에 데이트에는 분명히 무언가 두려워할 만한 것이 있어.'

⑮ **'상관없는 요인에 과도하게 초점을 맞추고 있는가?'**: 어떤 사람은 '내가 아는 3명이 심장마비로 죽었으니까 나도 그럴 것이라는 걸 알아.'라고 생각했다.

이상과 같은 질문을 할 때 치료자는 우쭐대거나 빈정대는 것을 피해야 한다. 민감한 부분을 조사할 때에는 호기심을 보이고 위협을 최소화하는 태도를 보여야 한다. 환자들이 회기 사이에 자동적 사고들을 수정할 때 사용하도록 유사한 질문 목록지를 제공할 수 있다. 그들이 가장 유용하다고 생각하는 질문들을 목록에 넣을 수 있다.

질문하기의 안내 지침은 다음과 같다.

① **환자를 대신해 질문에 답하려는 경향에 저항한다.** 환자가 질문의 목적에 대해 혼란스러워하는 것처럼 보인다면 질문을 바꾸어 말한다.

치료자: 시간을 변경하는 것에 대해 상사에게 맞선다면 어떤 일이 일어날 것으로 생각하나요?

환자: 아, 아마도 아무 일도 안 일어나겠지요.

치료자: 더 구체적으로 말해 볼 수 있나요? 정확히 어떤 일이 일어날 것으로 생각하나요?

환자: 글쎄요, 그는 아마도 대수롭지 않게 여기고 "그냥 원래 그런 겁니다."라고 말하겠지요.

치료자: 조금 더 구체적으로 말할 수 있나요? 잠깐 생각해 보면 어떨까요? 눈을 감고 상상해 볼 수 있나요?

환자: 음. 처음에 그는 깜짝 놀랄 것 같아요. 그러나 그런 다음에 나에게 왜 이 말을 꺼냈는지 물어볼 것이고, 그러면 저는 그가 이 일을 더는 끌고 가지 않으리라고 생각하지요.

치료자: 다시 한번 상상해 볼래요?

환자: 다르게 행동하는 그를 볼 수 있어요. 저에게 매우 화나 있어요.

치료자: 당신은 그에게 어떻게 반응합니까?

환자: 글쎄요, 저는 초조해하고 말을 하지 못해요. 그 자리를 나오고 싶어요.

치료자: 제가 궁금해하던 부분이 바로 그겁니다. 조금 더 구체적으로, 그 상황에서 최악은 무엇일까요? 당신의 감정? 당신이 행동하는 방식? 아니면 상사의 반응입니까?

치료자는 그 상황에서 환자가 정확히 무엇을 두려워하는지 명시할 수 있게 하려고 질문을 사용하였다.

② **구체적이고, 직접적이며, 분명하게 질문한다.** "지금까지 기분이 어떠셨어요?"와 같은 개방형 질문이 일반적인 정보를 얻는 데에는 도움을 주긴 하지만, 특정 유형의 정보를 끌어내는 질문이 보통 더 유용하다. 예를 들면, "데이트 신청을 할 때 얼마나 불안하셨나요?" 이와 같은 질문은 회기 중 환자의 관찰하는 자기를 향상시킨다. 따라서 의사소통을 개선하고 구조화를 제공하며, 증상에 대한 완화를 촉진한다. 환자가 불안이 '삶의 의미'에 관한 것이라고 말하면, 치료자는 이를 '구체화'할 수 있도록 묻는다. "삶의 의미에 대해 구체적으로 무엇이 걱정인가요?" 처음에는 환자의 실존적 불안이나 모호한 철학적 개념에 사로잡혀 있는 것처럼 보이는 것들이 거의 모든 사례에서 구체적인 두려움으로 거슬러 올라간다.

③ **각 질문은 이론적 근거에 기반을 둔다.** 많은 초심 치료자가 어떤 분명한 의도 없이 질문하긴 하지만, 각 질문의 목적은 확고한 치료적 기능을 수행하는 것이다. 질문은 반드시 환자 문제에 대한 치료자의 개념화에서 만들어져야 한다. 예를 들어, 환자에게 상황을 반격하는 구조요인(rescue factor)을 보도록 하는 것("경찰에 전화할 수 있을 거야.")이 치료의 전략이라면, 질문은 환자가 적응적인 대안적 사고를 도출하도록 준비되어야 한다("당신은 무엇을 할 수 있을까요?").

④ **질문들은 라포와 문제 해결을 촉진하기에 시기적절해야 한다.** 시기가 적절하지 못한 질문들은 환자의 불안을 증가시킬지도 모른다(예: 환자가 치료자와의 신뢰

를 구축하기 전에 환자에게 두려운 상황을 인지적으로 '시연'해 보도록 질문하는 것). 신뢰를 높이기 위한 질문들("아무것도 일어나지 않을 것이라고 느끼나요?")은 치료의 초반에 제시되어야 한다.

⑤ **속사포 같은 연속된 질문들을 피한다.** 반대심문(cross-examination)은 환자를 더욱 방어적으로 만든다. 치료자는 다음 질문을 하기 전에 자신이 끌어낸 정보에 대해 생각할 시간을 가져야 한다. 치료자가 하는 일반적인 실수는 환자의 답변을 듣기보다는 새로운 질문을 하는 것이다.

⑥ **심도 있는 질문을 사용한다.** 환자는 보통 자신이 자각하는 것보다 더 많은 정보를 가지고 있다. 치료자들은 환자가 고갈되기 전 질문하는 것을 멈춰야 할 수 있는데, "그 외의 다른 것이 있는지 생각해 볼 수 있나요?"와 같은 질문은 환자로부터 더 풍성한 반응을 유도할 수 있다. 보통 환자에 대한 가장 도움이 되는 재개념화는 즉각적인 반응 뒤에 나온다. 치료자는 "몇 분 동안 쉬면서 이외 다른 것을 더 생각해 볼 수 있는지 봅시다."와 같이 말함으로써 더 깊은 답을 끌어낼 수 있다. 단순히 질문을 반복하는 것도 종종 새로운 정보를 불러낸다.

다음의 임상 사례에서 치료자는 정보를 끌어내고 환자의 폐쇄된 논리를 열기 위해 질문을 사용한다.

환자: 취직이 될 거라 생각하지 않아요.

치료자: 이런 생각을 얼마나 자주 하나요?

환자: 꽤 자주요.

치료자: 그리고 그 생각은 무엇에 기반을 두고 있나요?

환자: 그냥 느낌이 그래요. 소용이 없어요.

치료자: 감정이 언제나 타당하다고 생각하나요?

환자: 아니요. 항상은 아니겠지요.

치료자: 당신의 감정은 종종 틀리기도 하고, 생각하고 있는 것들을 그저 반영하는 거예요. 이런 유형의 생각들은 어떤 이점이 있나요?

환자: 글쎄요. 면접에 갈 필요가 없어요. 그 점에 대해 생각해 볼 필요가 없어요.

치료자: 현실적인 이점이네요. 단점은 어떤 것들이 있나요?

환자: 아마 내가 원하는 것을 결코 얻지 못하겠지요. 아마 사소한 일을 큰 문제처럼 다루고 있겠지요.

치료자: 이런 것들을 참작할 때, 이 생각이 당신에게 도움이 되나요?

환자: 아닌 것 같군요.

치료자: 이런 유형의 생각이 당신에게 방해가 된다면, 이런 것들을 어떻게 할 수 있을지 생각해 볼 수 있나요?

환자: 아마 조금 더 자세히 살펴볼 수 있을 것 같아요.

세 가지 기본 접근법

불안한 환자들은 가장 간단한 말로 하자면, '내가 처리할 수 없는 무언가 나쁜 일이 생길 것이다.'라고 믿는다. 인지치료자는 이런 생각을 환자가 재구조화할 수 있도록 세 가지 기본 전략 또는 질문을 사용한다. 인지치료자들이 하는 거의 모든 질문은 다음의 질문 중 하나로 분류될 수 있다. ① '증거는 무엇인가?' ② '그것을 바라보는 다른 방법은 무엇인가?' 그리고 ③ '만일 그러한 일이 일어나면 어떻다는 말인가?' 일부 환자는 한 질문보다는 다른 질문에 더 잘 반응한다. 그러나 각 환자는 이 세 가지 접근법 모두를 사용하는 것에서 기량을 높여야 한다.

증거는 무엇인가

잘못된 논리 분석 표준적인 방법은 환자의 경험을 구성하는 논리를 검토하는 것이다. 예를 들어, 67세의 한 여성은 이전에 한 번 합격했음에도 불구하고 운전면허 필기시험에 관하여 극도로 불안해하고 낙방하게 될 것으로 생각했다. 치료자는 그녀가 낙방하게 될 것이라는 증거가 없다는 점(첫 번째 시험보다 두 번째 시험이 더 어려울 것이라는 그녀의 생각 이외에)과 그녀가 운전면허 매뉴얼(license manual)를 읽을 수 있다는 점을 인정하도록 이끌었다. 환자가 '섣불리 결론에 도달했다는 것'을 인정하게 되자 그녀의 불안은 시험공부를 할 수 있을 만큼 충분히 진정되었고, 그 결과 심지어 불안이 더 낮아졌다. 결국 그녀는 시험을 통과했고, 치료자는 이 성공을 비논리적인 결론이 헛되다는 이후의 증거로 사용하였다.

3칸 기법 환자는 3칸 기법으로 사고 오류를 확인해 볼 수 있다. 환자는 처음 칸에 불안을 유발하는 상황에 대한 설명을 적고, 두 번째 칸에는 자동적 사고, 그리고 세 번째 칸에는 이런 사고에서 발견한 오류의 유형을 적는다.

정보	해석	오류
길을 걷고 있을 때, 낯선 사람이 차에서 내리면서 나를 바라보았다.	나는 취약하다. 그는 나에게 문제를 일으키려고 한다. 내가 어디를 가든지 위험이 있다.	자기초점 임의 추론 과잉일반화

이를 변형하여, 세 번째 칸에 치료자나 친구와 같은 '객관적인' 관찰자로서 상황을 언급하도록 해 볼 수 있다.

정보	해석	관찰자의 해석
가게에 갔고 사이렌 소리를 들었다.	나는 죽게 될 것이다. 다음은 내가 될 것이다.	이 사람은 사이렌 소리를 들었다. 그가 현실적으로 이에 대해 말할 수 있는 것은 그것뿐이다. 이런 예측은 이 상황에 적절하지 않다.

이렇게 함으로써 환자는 파국적인 예측 관점에서 바라보지 않고, 중립적인 협력자의 이점을 통해 자신의 경험을 바라보는 연습을 한다. 처음에는 '지적(intellectual)' 연습으로 경험한 것일지라도, 이 활동 연습은 보통 환자에게 개인적인 의미가 있다.

정보 제공하기 정보의 부족이나 잘못된 정보는 환자의 불안을 악화시킬 수도 있다. 미쳐 버릴 것을 무서워하는 환자는 보통 조현병의 증상을 알지 못하는데, 이 불안은 치료자가 환각과 망상 그리고 불안의 증상 간의 차이를 설명한다면 경감될 수 있다.

환자가 두려운 사건을 경험할 실제 확률을 과장할 때, 치료자는 잠재적 위험에 대해 안심시킬 수 있도록 현실적인 정보를 제공할 수 있다. 따라서 치료자는 만일 한 사람이 비행기 충돌로만 죽을 수 있다면 그는 아마 백만 년은 살게 될 것이라거나, 자동차 사고로만 죽을 수 있다면 그는 아마 3,000년 이상은 살게 될 것이라는 점을 지적할 수 있을 것이다(Marquis, 1976).

가설 시험하기 회기 사이에 제공되는 많은 과제에는 가설을 시험하는 것이 포함된다. 치료자는 환자의 비극적 예측을 반증하는 기록된 정보들이 축적될 수 있도록 하기 위해, 이후 평가를 위해 환자가 비참한 결과에 대한 예측을 적을 수 있게 격려해야 한다. 하나의 부정적인 결과 후에 또 다른 것이 일어나지 않게 되면서, 곧 닥칠 재앙에 대한 확고한 환자의 신념은 약화되기 시작한다.

환자는 회기 동안 부적응적 가설들을 시험할 수 있다.

① 나는 너무나 불안해서 읽을 수가 없다.
② 나는 너무나 불안해서 발표의 개요를 서술할 수 없다.
③ 나는 너무나 긴장해서 정보를 물을 수 없다.
④ 나는 낯선 사람에게 말을 걸 수 없다.
⑤ 나는 이 증상이 나타날 때는 어떤 것도 할 수 없다.
⑥ 나는 어떤 결정도 내릴 수 없다.
⑦ 나는 이에 대해 생각하거나 말할 수 없다. 너무 두렵다.
⑧ 나는 불안을 통제하기 위한 그 어떤 것도 할 수 없다.

치료자는 상담실에서 다른 실험들을 준비할 수 있다. 그러나 전형적으로 환자와 치료자는 환자가 회기 밖에서 할 수 있는 실험을 준비한다. 이 실험들은 항상 '잃을 것 없는(no lose)' 상황으로 설정되어야 한다. 실험이 그 결과가 어떠하든 관계없이 유용한 정보를 제공하기 때문이다.

그것을 바라보는 다른 방법은 무엇인가

대안적 해석 만들기 불안한 사람의 폐쇄되고 제한된 현실 관점은 보다 중립적이고 현실적인 해석을 배제한다. 치료의 주된 목적은 환자가 불길한 예측 이외의 가능성을 고려할 수 있게 가르치는 것이다. 치료자가 이런 목적을 달성하기 위해 다른 방법들을 사용하기는 하지만, 환자가 불안을 일으키는 생각을 적고, 그 후 대안적 해석을 찾는 것(2칸 기록)이 기본 절차이다. 이 전략에서는 먼저 회기에서 예를 보여 주고, 종종 칠판에 적기도 한다.

어떤 환자의 불안은 자신이 해고될 것이라는 두려움에 집중되어 있었다. 그의 상사가 냉담할 때마다, '그가 나를 피하고 있어. 나를 해고할 거야. 그래서 이렇게 냉담한 거야.'라고 생각하곤 했다. 그가 생각해 낼 수 있었던 대안적 해석은 다음과 같다.

① '그[상사]는 나뿐만이 아니라 다른 사람들에게도 냉담하다.'
② '우리의 역할 사이에는 실제 입장의 차이가 있다.'
③ '그가 나의 능력을 어떻게 생각하는지와는 상관없이 나를 싫어할 수도 있다.'
④ '그가 내가 능력이 없다고 생각할지라도 다른 상사들은 내가 그렇지 않다는 것을 안다.'

이 환자는 대안적 해석을 반복적으로 고려함으로써 불안을 결국 낮출 수 있게 되었다. 그는 이 대안들이 상황에 대한 자신의 본래 판단보다 거의 항상 더 정확하고, 확실히 더 기능적이라는 것을 발견하였다.

환자에게 이상적인 것은 믿을 만한 대안적 관점을 만들어 내는 것이지만, 환자는 종종 위협에 너무 집중되어 있어서 그렇게 하는 데에 어려움을 겪는다. 다르게 생각하는 것에 있어서 탁월한 치료자들이 가장 도움이 될 수 있다. 환자는 대안 목록의 많은 내용 중에서 하나 또는 두 가지의 유용한 것을 찾아낸다. 치료자는 환자에게 어떤 대안적 사고방식이 가장 도움이 되는지 반복하여 물을 필요가 있다.

역기능적 사고 기록 주요 전략은 회기 밖에서 환자가 자동적 사고를 인식할 수 있게 가르치고, 더욱 균형 잡힌 대안적인 관점을 얻도록 노력하게 하는 것이다. 환자가 불안을 유발하는 사고들을 분석할 수 있도록 돕는 데에 구체적인 서식(역기능적 사고에 대한 일상 기록, Daily Record of Dysfunctional Thoughts)이 사용된다(〈표 11-1〉 참조). 이것은 앞서 제시한 2칸 기록보다 조금 더 정교한 형식이고, 환자가 치료 회기로 가져오게 된다. 역기능적 사고에 대한 기록은 치료에 필수적인 부분이므로, 치료자는 환자에게 그것을 어떻게 잘 사용할 수 있는지를 보여 주는 데에 시간을 할애해야 한다.

환자는 불안해지고 난 다음 가능한 한 빨리 이 서식을 채워 넣는다. 먼저 기록지의 첫 세 칸을 완성한다. ① 불안을 이끈 상황, ② 느낀 감정과 감정의 정도 그리고 ③ 자동적 사고와 사고 속의 신념의 정도. 이 과정은 환자가 불안 정도의 변화를 감시하고, 자동적 사고를 인식하며, 불안과 그 관계를 이해하게 도와준다. 이 기술에 숙달되면, 환자는 이후 칸에서 요구되는 '합리적인 반응(rational response)'과 '결과 평정(outcome ratings)'을 제시할 준비가 된 것이다.

인쇄된 서식을 대신하여 환자가 가지고 다닐 수 있는 노트를 활용할 수 있다(환자에게 단순히 노트를 주는 것만으로도 과제를 하게 할 가능성이 커진다). 환자는 종종 생각만을 기록하고 위협 부분에만 집중하려고 할지도 모른다. 치료자는 쓰기 과제를 적어도 불안을 유발하는 사고와 과장의 수정(corrections of exaggeration)이라는 두 부분으로 나누는 것이 중요하다는 점을 강조해야 한다. 환자는 이렇게 적는 것이 자신을 더욱 불안하게 하거나 '바보'나 '어린아이'처럼 보이게 할 것이라고 두려워하기 때문에 생각을 적는 것을 원하지 않을지도 모른다. 과제를 회피하게 하는 이유는 종종 불안을 유지하는 이유와 같다. 환자가 쓰기 과제를 가져오지 않을 때, 치료자는 그 회피 뒤에 있는 생각들을 조사해 보아야 한다. 한 환자는 자신의 '과제를 망칠까 봐' 과제하는 것을 피했다. 또 다른 사람은 치료자가 무능하다고 믿었다. 회피 사고들을 끌어내는 것은 첫 번째 환자('나 자신의 무결한 이미지를 모두에게 보여

표 11-1 자동적 사고에 대한 일상적 기록

날짜	상황	자동적 사고	증거 질문하기	대안 치료	재귀인화하기 (re-attribution)	탈재앙화하기 (de-catastrophizing)
	불쾌한 감정을 이끈 실제 사건들에 대해 기술	1. 감정에 앞선 자동적 사고, 백일몽 또는 회고에 대해 적기 2. 자동적 사고의 신념 평정하기(0~100%)	증거는 무엇인가?	대안적 관점은 무엇인가?	나는 어떤 방식으로 개인화, 과잉일반화, 이분법적 사고, 잘못된 비교, 또는 성급한 결론짓기를 하는가?	1. 일어날 수 있는 최악의 일은 무엇인가? 2. 만약 그런 일이 일어난다면, 나는 무엇을 할 수 있는가?
	감정					결과
	1. 슬픔, 분노 등 구체화하기 2. 감정의 정도 평정하기(0~100%)					1. 자동적 사고에 대한 믿음 재평가하기(0~100%) 2. 이후 감정을 구체화하고 재평정하기(0~100%)

주어야만 해.')와 두 번째 환자의 타인에 대한 전반적 불신('나는 그 누구도 믿을 수 없다.')의 기저에 있는 가정들을 확인하도록 도와주었다.

급성 불안이 있는 환자들은 치료를 받고 있는 중에만 쓰기 과제를 해야 할 수 있다. 만성 불안이 있는 환자들에게는 적어도 1년 동안 또는 필요하다면 그 이후로도 생각에 대해 체계적으로 적어야만 한다고 권한다.

분산시키기 분산시키기는 환자가 자신이 모든 사건의 중심이라고 믿는 기본 신념에 도전하는 과정이다. 사회 불안이 있는 많은 환자는 모두가 자신을 바라보고 있다거나, 다른 사람들이 그들의 불안이나 수줍음을 예리하게 알아차리고 있다는 생각을 보고한다. 이런 환자는 종종 다른 사람들이 자신의 마음을 읽을 수 있다고 믿는다. 주변 세상이 환자 자신을 중심으로 돌아가지 않는다는 점을 볼 수 있도록 하기 위해 치료자는 다양한 전략을 사용할 수 있다. 치료자는 환자가 관심의 중심일 때(또는 그렇지 않을 때) 그의 이목을 끄는 행동이나 태도는 무엇인지 판단할 수 있는 구체적인 근거들을 세우는 작업을 할 수 있다.

환자에게 다른 사람의 관점을 취해 보도록 요구하기 때문에 이 과제에 참여하는 데는 환자 측에서의 초점 전환이 필요하다. 한 젊은 남성은 자의식에 심각한 장애가 있었고 자신의 내적 반응에 너무 매몰되어 있어서 자신에 대한 타인의 반응을 거의 알아채지 못했다. 그러나 역설적으로 그는 그것이 자신을 둘러싼 사람들에 대한 온전한 객관성과 예리한 관찰력 덕이라고 말했다("나 자신을 아주 철저히 살피기 때문에, 다른 사람들도 나를 틀림없이 같은 방식으로 볼 겁니다."). 이 환자는 자신이 다른 사람들에게 면밀하게 주의를 기울이는 경우가 얼마나 드물었는지 그리고 자신의 관찰이 얼마나 제한적이었는지를 자각하게 되면서 사람들의 주목 대부분도 이와 비슷하게 제한적이라는 것을 깨달았고 사회적 상황에 조금 더 편안해지게 되었다.

관점 확대하기 불안한 환자들은 보통 자신의 상황에 '벌레의 눈 관점(충점도)'을 취하는데, 치료의 기능 중 하나는 상황에 대한 '긴' 또는 '새의 눈'의 관점(조감도)과 같은 더 넓은 관점을 제공하는 것이다. 예를 들어, 한 대학생은 향수(homesick)를 느끼고 자신의 고통이 평생 지속될 것을 두려워하였다. 치료자는 그녀가 향수에 대한 긍정적인 속성을 바라보게 하여 관점을 넓힐 수 있게 도왔다. 그들이 만들어 낸 목록은 다음과 같다.

① 그녀의 향수는 일종의 성장통이다.
② 그녀의 향수는 변화를 어떻게 받아들일지 가르쳐 준다.
③ 그녀는 자신이 이후에 다루어야만 할지도 모르는 미래의 상실에 대해 예방접종을 하는 것이다.
④ 그녀는 자신의 가정에 충실함을 보여 주고 있다.
⑤ 집에 가는 대신 고통을 견디면서, '기분이 단지 나아지는 것보다는 실제로 좋

아지는 것'의 원칙을 연습한다.

⑥ 이 경험은 좌절에 대한 내성을 높이도록 도와준다.

⑦ 그녀의 향수는 두렵고 우울한 많은 감정을 표현하는 사회적으로 용인된 방식이다.

⑧ 그녀는 집에 있을 때보다 가족에 대한 감사를 배운다.

⑨ 기쁨은 고통 뒤에 오기 때문에 고통이 지나가고 난 뒤에는 아마도 굉장히 기분이 좋을 것이다.

그녀는 다소 빠르게 향수에서 회복할 수 있었고, 그녀의 긍정적인 예측 대부분은 사실로 증명되었다.

재귀인하기(re-attribution) 불안하기 쉬운(anxiety-prone) 환자의 자동적 사고를 검토할 때, 치료자는 종종 환자가 잠재적인 부정적 결과에 대한 과도한 통제를 자신에게 귀속시키는 것을 발견하곤 한다. 치료자는 환자가 상황에 대한 몇몇 요소—아마도 결정적인 요소—는 통제할 수 없는 불가피한 것임을 인식하도록 도울 수 있다.

첫째, 환자는 두려운 결과에 대해 그가 느끼는 책임의 정도를 평가해야 한다. 100%로 평정하는 것은 환자에게는 흔한 일이다. 그렇다면 치료자는 질문을 통해 통제에 대한 평가 수준을 보다 현실적인 수준으로 줄이도록 시도한다. 한 가지 방법은 결과에 영향을 미칠 수 있는 모든 상상할 수 있는 요소를 나열하고, 각 요소에 대해 미치는 상대적인 영향을 평가하고(다이어그램을 사용), 마지막으로 각 요소에 대해 그가 가지고 있는 통제력의 정도를 평가하는 것이다.

치료자는 환자가 더 객관적인 평가에 도달할 수 있도록 계속 질문한다. 이 과정의 마지막에 환자는 자신의 통제력 정도에 대한 2차 평가를 하게 되고, 이를 항상 (더 높은) 초기 평가와 비교한다. 이 방법을 통하여 특정 상황에서 자신이 모든 것을 통제할 수 있어야 한다고 믿는 경향을 인식하게 된다. 예를 들어, 판매 부서 중역의 한 여성은 구매자들과의 최종 마감 경매를 예측할 때 극단적인 불안을 경험하였다. 그녀는 '만일 내가 주요 판매를 잘 소화해 내지 못한다면 무능하고 충분히 적극적이지 않다는 것을 보이는 거야.'라고 생각했다. 지금 막 설명한 것과 같이 점검한 후, 그녀는 주요 문제에 의해 자신의 노력이 방해받고 있음을 인식하였다. 경쟁사의 상품이 그녀의 회사의 것보다 명백히 우수했다! 그녀의 설득력이 의심할 여지 없이 결과의 한 부분을 차지했을지라도, 그것 때문이라고 보기에는 힘들었다. 이것을 인지하는 것이 그녀가 불안을 최소화하고 현실적인 문제를 다룰 수 있게 하였다.

다른 환자는 아는 사람이 적은 파티에 가는 것을 불안해했다. 그녀는 모든 것이 잘되도록 하는 것에 전적인 책임이 있다고 느꼈다. 자신은 그곳에 있게 될 스무 명의 사람 중 단 한 명일 뿐이라는 것과 다른 사람들이 어떻게 반응할 것인지를 통제할 수 없다는 사실을 반영하자, 그녀가 인지하는 책임감은 낮아졌고 불안의 정도가 떨어지게 되었다.

종종 환자들은 사건에 대한 더 많은 통제력을 갖지 못하는 것을 싫어하는 경향도 있다. 치료자는 책임과 의무(accountability)의 차이를 지적할 수 있다. 큰 부서의 운영자는 자기 밑에서 일하는 사람들에 대한 직접적인 책임은 없으나 자신의 상사에 대한 의무가 있으며, 그가 성공적인 운영자라면 자신의 담당에서 벌어지는 일에 대하여 스스로 의무를 지운다. 치료자는 환자에 대한 책임이 없지만 의무가 있다. 유사하게, 환자는 자신이 상호작용하는 사람들에 대한 책임은 없는 반면 그들과의 관계에 스스로 의무를 지우는 것을 선택할 수 있는데, 이는 곧 관계가 어떻게 발전될지에 대해 그가 어느 정도의 직간접적 통제력을 가진다는 것이다.

만약 그러한 일이 일어난다면 어떻다는 말인가

탈재앙화하기(de-catastrophizing) 끔찍한 결과를 예측할 때, 불안한 환자는 자신이 사용할 수 있는 모든 정보를 활용하지 않으며, 과거의 끔찍한 예측들이 실제 일어나지 않았다는 것을 거의 고려하지 않는다. 치료자는 환자가 예측에 기반을 두는 정보의 범위를 넓히고, 시간 조망을 넓히도록 시도한다. 이 방법은 제12장에서 더 자세히 다룰 것이다.

대처 계획 때때로 환자들은 자신이 대처할 수 없을 것을 두려워한다. 치료자와 환자는 불안을 다루는 데에 사용할 수 있는 다양한 전략을 함께 개발한다. 중점은 상황에 대처하는 것이지, 완전히 숙달하는 것이 아니다.

집단의 사람들과 어울리는 것을 두려워하는 한 여성은 다음의 계획을 세웠다. ① 자기 주의분산(self-distraction, 다른 사람의 몸 자세에 초점을 두는 것), ② 적절하게 대화하고 행동하는 '작업(task)'에 집중하기, ③ 심상을 사용하는 대처 기술 사용하기(부정적 이미지를 긍정적 이미지로 전환하는 것), ④ 간략한 긴장 이완 기술 사용하기(깊은숨 쉬기), ⑤ 생각에 대한 증거를 모으기 위해 사건들 사용하기. 그녀는 이 계획을 실제 상황에서 시도하기 전에 치료자의 상담실에서 연습하였다.

요점/대조점 치료자는 앞서 언급된 모든 전략을 요점/대조점(point/counterpoint)의 일반 전략에서 사용할 수 있다.

> **치료자**: 왜 이 두려운 사건이 발생할 것인지, 왜 그것이 그렇게 끔찍한지, 그리고 왜 당신이 이를 처리할 수 없을 것이라고 믿는지에는 많은 이유가 있는 것처럼 보이네요. 지금껏 이런 논의를 잘해 왔으니, 다른 가능성을 가지고 함께 논박해 봅시다. 제가 두려운 생각을 제시하면 당신은 저에게 그 생각에 대한 대조점을 말하는 것입니다. 긍정적인 대조점을 다 말하고 나면, 우리는 역할을 바꾸고 제가 대조점을 제시할 것입니다.

환자와 치료자는 이 역할들을 왔다 갔다 하며 전환하고 대조점을 더 잘 세울 수 있게 서로를 돕는다. 환자는 종종 자신과 치료자가 놀랄 만큼 대조점을 잘 끌어낸다.

이 전략에서는 일반적으로 ① 두려운 사건이 일어날 가능성, ② 그 사건이 끔찍한 정도, ③ 그것이 발생하는 것을 막을 수 있는 환자의 능력, ④ 최악의 가능한 결과를 환자가 수용하고 다룰 수 있는 능력의 네 영역을 다룬다. 치료자는 힘과 자신감을 가지고 대조점(반불안)을 제시해야 한다.

제12장

심상 수정하기

대부분의 불안한 환자는 불안을 느끼기 전과 느끼는 동안에 위험에 관한 시각적 심상을 갖는다(제6장 참조). 환상에 대해 구체적으로 질문하면, 불안한 환자들은 언어적 인지, 즉 심리사회적 혹은 신체적 외상을 예견하는 것과 같은 일반적인 내용이 담긴 시각적 심상을 보고한다. 언어적 인지와 마찬가지로, 이런 환상들은 종종 현실의 왜곡을 나타낸다.

36세의 한 여성은 고소공포증으로 고통받고 있었다. 고층 건물 꼭대기 층에서 자신의 남편과 함께 있었을 때, 자신이 창문 밖으로 떨어지는 심상을 가졌다. 이 환상이 너무 생생해서 그녀는 도와달라고 소리쳤다. 남편이 그녀에게 질문했을 때, 그녀는 떨어지는 것이 순전히 자신의 상상이었다는 것을 깨달았다. 다른 불안한 환자의 경우와 마찬가지로 그녀의 감정은 현실보다는 환상과 더 일치했다.

수많은 임상적 관찰을 통해 살펴보면, 장면을 시각화한 사람은 실제로 그것이 일어나는 것처럼 반응할 수 있다. 환상이 현실과 같다는 신념은 완전한 확신에서 완전한 불신까지의 범위에 이르는 연속선상에 있을 수 있다. 비현실적인 심상이 너무나 강력하기 때문에 그에 모순되는 증거가 있다 해도 그것이 진짜라고 완전히 믿을 때, 이는 시각적 환영으로 여겨질 수도 있다. 환상 속의 믿음은 보통 시시각각 달라진다. 정신 질환이 없는 사람은 현실성을 실험할 기회를 얻기 전까지 환상과 현실을 부분적으로 또는 완전히 혼동할지도 모른다. 백일몽(daydream)이 일시적으로 현실로서 경험될 수 있지만(잠자며 꿈꾸는 사람이 꿈을 경험하는 것처럼), 불안한 환자들은 그들의 객관성을 되찾고 그 현상을 환상으로 보게 될 수 있다. 잠시 후에 이 환상이 재발하고 현실에 대해 다시 실험되어야 할지도 모른다. 환상의 생생함과 신뢰성에 있어서 이런 종류의 변동(fluctuation)은 불안, 공포증 그리고 우울증의 반응에서 관찰될 수 있다. 그러나 환자들이 치료자의 분명하고 때로는 반복적인 질문 없이, 두렵게 하는 시각적 심상을 드러내는 경우는 드물다.

유도된 심상

유도된 환상들이 행동에 깊은 영향을 미친다는 것을 보여 주는 연구가 늘어나고 있다. 출산과 최면 유도를 위한 준비에서 사용되는 긴장 이완과 같은 이런 절차들은 그림 이미지(pictorial image)를 사용한다. 1895년 Freud와 Breuer(1966)에 의해 사용된 유도된 심상(induced image)은 체계적 둔감화의 기본 특징이다(Wolpe, 1969). Ahsen(1965)과 A. A. Lazarus(1971)는 환자의 문제를 명확하게 하려고 유도된 심상을 사용한 것으로 발표하였다.

행동수정에서 시각화의 유용성은 운동 기능의 학습이나 개선에 대한 환상 기법(fantasy techniques)의 효과성에 의해 나타났다. 유도된 심상은 다트 던지기, 농구의 자유투 그리고 다른 스포츠의 성과 향상에도 효과적임이 드러났다. 또한 많은 사람이 연설이나 상황에 관한 반복적인 환상 때문에 스트레스가 발생하는 이외의 상황에서 불안을 줄이고 성과를 개선할 수 있다는 것을 발견하였다. 이런 논평들은 환상이 정신병리적인 경우뿐 아니라 정상 생활의 상황에서도 기술을 습득하고 불안을 극복하는 데에 이바지한다는 것을 보여 준다.

인지치료에서는 심상과 관련된 개입법이 종종 사용된다. 자발적(spontaneous) 심상의 내용은 특정 문제에 대한 인지적 왜곡을 나타낸다. 유도된 심상과 같은 심상

절차들은 환자가 저절로 일어나는 환상을 변경하고, 현실을 검증하며, 불안을 멀리 할 수 있도록 돕는다.

부적응적 패턴 묘사하기

분석가에게 꿈에 대해 말하는 것이 상징과 심상에 대하여 해석하도록 허용하는 것과 마찬가지로, 자발적인 환상과 관련한 세부 사항을 논의하는 것도 특정 문제의 내용을 더 밝힐 수 있다. 환상은 서술이나 연상, 탐색, 조사 또는 반영을 통해 정의하려는 노력이 있었음에도 문제가 모호하게 남아 있을 때 유용하다. 26세의 한 환자는 약혼녀에게 거절감을 느끼고 있었는데, 그의 반응을 타당화할 만한 어떤 행동도 약혼녀는 하지 않았다. 그는 그녀와 자신의 가장 친한 친구와 소풍을 가기 전날부터 그런 감정이 시작되었다고 말했다. 그의 약혼녀와 친구가 그에게 집중했음에도 불구하고 그는 불편감을 느꼈다. 그런 다음 소풍 장면을 회상했고, 다음과 같은 백일몽을 가졌다.

"제인과 밥은 서로를 사랑스러운 눈길로 바라보기 시작했어요. 그들은 나를 없애기 위해 서로 신호를 주고받았어요. 그들은 그날 밤 늦게 다시 만날 약속을 했어요. 나는 거절당하는 기분을 느꼈어요. 함께 있고 싶었지만 배제되었죠. 그들은 그날 몰래 빠져나와 껴안고 섹스를 했어요. 그런 다음 저에게 그 일에 대해 말했고, 저는 그녀를 포기했지만 동시에 깊은 상실감을 느꼈어요." 이런 환상을 경험하고 난 뒤, 그는 현실에서 약혼녀가 여전히 자신에게 애정을 보임에도 불구하고 거절감을 느꼈다.

치료 시간에 이 환상에 대해 다시 이야기한 뒤, 이 환자는 일련의 연상을 경험했다. "밥은 나와 늘 경쟁하던 형을 상기시켜요. 저는 늘 형의 그늘에 있었죠. 형은 항상 저보다 나았어요. 모든 사람이 나보다는 형을 좋아했지요." 이 환자는 그런 다음 소풍에서의 불쾌한 반응을 형에 의해 늘 한쪽으로 내몰려 있을 것이라 예측했던 어린 시절의 패턴과 유사한 것으로 볼 수 있었다. 그는 어린 시절 형의 승리와 유사하게 밥이 자신을 대체할 것이라고 시각화했다. 그는 현재의 질투 반응과 상처받기 쉬운 취약성은 주어진 사실로 보아 정당하지 않은 것임을 발견했다.

인지 왜곡 찾아내기

심상의 사용은 문제를 명확하게 하는 또 다른 도구이다. 환자의 심상에서 현실에 관한 중대한 왜곡은 과하거나 부적절한 반응의 중요한 단서를 제공하곤 한다.

자녀들에 대한 만성 불안을 겪는 48세의 한 여성은 그 불안이 거의 공황까지 확대되었다. 어느 날, 그녀는 아들이 시작한 국토 횡단 여행에 대해 극심한 불안을 느꼈다. 자동적 사고에 대한 일반적인 질문하기, 즉 기계적 고장이나 사고에 대한 가능성 계산하기는 거의 효과가 없었다. 그러나 치료자가 그녀에게 아들이 여행 중인 모습을 그려 보고 그 심상을 가능한 한 자세히 이야기해 보도록 했을 때 불안의 내용에 대한 많은 정보를 제시하였다.

그녀는 아들이 적대적인 사람들이 많은 작은 동네에서 무엇을 해야 할지, 어디에 도움을 청해야 할지 전혀 알지 못한 채로 고장 난 차 안에 앉아 있는 모습을 상상했다. 그녀는 일어날지도 모르는 여러 끔찍한 장면을 기술하고 아들이 느낄 무력함과 절망감을 상상했다. 마치 두려운 사건이 일어나는 영화 장면을 보는 것과 같았다. 이런 기법을 통해 치료자와 환자는 그녀의 많은 두려움과 다뤄야 할 필요가 있는 구체적인 왜곡들을 자각하게 되었다.

환상 유도를 통해 환자는 두려운 상황에 대한 구체적인 내용을 인식하고, 그런 다음 현실을 검증하고 왜곡을 수정할 수 있다. 표준 기법이나 직접 토론은 환자의 두려움을 묘사하는 데에 실패할지도 모른다. 그러나 환상 표현(fantasy expression)을 통해서 상담자와 내담자는 어디에 초점을 둘지가 드러난다. 불안을 유발하는 상황에서 환자가 자신에 대해 상상해 보는 방법은 그냥 말하는 것보다 자신의 생각과 감정을 경험할 수 있게 해 준다.

환자가 말하는 자신의 두려움은 그의 진짜 두려움이나 걱정과는 다른 경우가 종종 있다. 내면적 성찰 능력이 있는 많은 환자는 자신에게 특정 불안이 있다는 것을 예상한다. 구직 중인 한 환자는 자신은 '성공에 대한 두려움'이 있다고 말했다. 이는 결국 실제로는 그가 면접에서 모욕을 당하게 될 것을 두려워하는 것으로 나타났다.

심상을 끌어내기 위해 치료자는 다음의 질문들을 환자에게 제시할 수 있다.

- “당신이 말하는 동안 어떤 심상을 보나요?”
- “그것을 설명해 주시겠습니까?”
- “색채도 있나요?”
- “소리가 있나요?”
- “당신이 움직이고 있나요?”
- “그 밖에 누가 움직이고 있나요?”
- “어떤 냄새가 나나요?”
- “소리를 듣나요?”
- “어떤 촉감을 느끼나요?”
- “이 심상은 얼마나 생생한가요?”
- “영화의 장면과 같나요?”
- “감정적인 활동이 많이 있나요?”

환자에게 불안에 선행하는 시각적 심상이나 백일몽을 찾아보라고 하고 이를 회기에서 꺼내 보도록 한다. 환자들이 그것들이 있다는 정보를 자발적으로 알리는 경우는 드물기에, 치료자는 이 심상들에 대해 구체적으로 물어야 한다는 것을 기억해야 한다.

유도된 심상의 수정

왜곡된 심상이 완전히 인식되고 나면 수정될 수 있다. 그런 다음에 환자는 일반적으로 기분이 나아지고 상황을 더 성공적으로 다룰 수 있다. 한 예로, 35세의 한 기혼 남성은 지역 상점에서 구매한 방풍창이 자신이 주문한 것과 달라서 며칠을 불안해했다. 그는 매니저에게 올바른 창을 주문해 달라고 요청하기 위해 전화하는 것을 몹시 두려워했다. 그러나 그는 자신이 왜 그런 식으로 느끼는지 설명할 수 없었다. 치료자는 이 대화가 어떻게 흘러갈 것인지를 상상해 보라고 제안했다. 환자는 다음과 같은 환상을 말하였다.

“저는 매니저의 상담실에 앉아서 그에게 말하고 있어요. 저의 모습이긴 하지만,

비록 제가 어른이지만 더 어려 보입니다. 저는 계속 작아지고 어려져서 일곱 살이 되어요. 작은 아이입니다. 저의 상황에 대해 말하지 않고 애원하고 우는 소리를 해요. 매니저는 계속 커지고, 비대해지고, 얼굴이 붉어지고, 그의 손등으로 저를 위협하기 시작해요. 저는 그를 마주하고 움츠러들어요. 그는 분노하고 저에게 소리를 지르고 제 이야기는 듣지 않아요." 환자는 이 환상과 관련하여 즉각적으로 회상했다. "이 일은 아버지가 저에게 화가 났을 때를 상기시켜요. 저는 엄마 뒤에 숨어서 '아빠가 너무 무서워서요.'라고 말하곤 했어요. 목을 너무 내밀게 되면 아버지가 저를 확 낚아챌 거 같았죠."

치료자는 그런 다음 환자에게 이 환상을 '반복'해 보라고 말했다. 그의 두 번째 환상은 다음과 같다.

"이번에 저는 매니저와 전화 통화를 하고 있어요. 그는 이 방풍창이 제가 주문한 것과 근본적으로 같은 것이라고 말해요. 저는 그렇지 않다고 말했어요. 그는 제가 본 견본보다 사실은 더 개선된 것이고, 이전의 것은 생산이 중단되었다고 말했어요. 저는 제가 보았던 창이 더 나았다고 말했어요. 저는 그가 더 질이 좋지 않은 방풍창을 보냈고, 그것을 받을 수 없다고 말했어요."

이 환자는 두 번째 공상에서 불안이 덜했고, 자신감은 더 컸다. 그는 자신의 권리를 주장할 수 있다고 낙관했다. 전화를 거는 것에 대한 두려움은 줄어들었고, 그는 이후 이 문제를 효과적으로 다루었다.

이 환자는 처음에 자기 자신과 다른 사람의 변화를 상상하였다. 즉, 그는 작아지고 다른 사람은 커졌다. 흔히 있는 일이지만, 그는 유사한 장면의 어린 시절 기억이 자발적으로 떠올랐고, 그 장면에서 대상은 아버지였다. 그의 첫 시각화는 대부분 매우 어린 시절의 패턴으로 형성되었다. 그의 두 번째 시각화는 좀 더 자신과 타인에게 현실적이었다. **종종 이런 심상에서 환자들은 어른 세계에 있는 아이이다.**

심상 수정의 기법

다음의 기술은 먼저 상담실에서 사용되어야 하고, 그런 다음 상담실 밖에서 환자가 연습할 수 있어야 한다.

끄기 기술

끄기(turn-off) 기술은 주로 자동차 사고와 같은 외상 사건을 재경험하는 환자들에게 효과적이다. 치료전략은 감각적 입력을 증가시키므로 자동적(autonomous) 공상을 끄도록 훈련하는 것으로 구성된다. 공상을 중단시키는 방법에는 호각 불기, 소 방울 울리기, 손뼉 치기, 또는 단순히 어떤 건설적인 활동을 하는 것이 있다.

공상에 잠겼을 때, 환자에게 주변 환경에 집중하고 자신을 둘러싼 사물들의 세부적인 부분들을 꼼꼼하게 큰 소리로 설명하라고 가르친다. 공상이 이런 방법으로 중단되면, 환자의 불안은 보통 줄어든다. 환자는 이 시점에서 불안을 촉발하는 공상을 즐거운 공상으로 대체하는 법을 배울 수 있다.

한 예로, 어떤 환자는 죽는 것에 대한 시각적 심상을 반복했다. 치료자는 그에게 손뼉을 치는 기술을 통해 이 공상을 어떻게 중단하는지 가르쳤다. 이런 조치의 목표는 환자가 반복적인 공상에 대한 통제력을 가지도록 하는 것이다. 그런 다음 환자에게 이 공상을 해 보라고 지시했다. 그는 심상을 생각해 냈고, 다시 불안이 동반되었다. 치료자는 자신의 손으로 손뼉을 세 번 쳤고, 환자는 공상을 방해했더니 사라졌다고 말했다. 이 절차는 공상과 손뼉 치기 사이에 몇 분간의 간격을 두고 여러 번 반복되었다. 공상이 중단될 때마다 관련된 불안은 약해졌다. 이 환자는 스스로 손뼉을 침으로써 공상을 줄이는 이 기술을 연습했다.

이 환자는 그다음 주 동안 세 번을 더 만났고, 매번 불안과 공상이 현저히 줄었다고 했다. 그는 아내가 손뼉을 치게 하거나, 스스로 손뼉을 치거나, 텔레비전을 시청하는 것 등을 통해 자신의 주의를 전환함으로써 공상을(그리고 따라서 불안도) 멈출 수 있음을 발견했다. 또한 불쾌한 공상을 경험하기 시작하자마자 긍정적인 공상으로 대체하는 훈련도 받았다. 한 달 후에 이루어진 방문에서 그는 중간 정도의 불안을 동반한 주 1회의 짧은 공상 외에는 증상이 없었다고 했다.

이 사례는 불안이 강도와 지속기간에서 얼마나 감소할 수 있는지, 그리고 심지어는 환자가 불안을 유발하는 공상을 통제하는 것을 배워서 제거할 수 있다는 것을 보여 준다.

반복하기

환자가 자신이 경험하는 심상을 충분히 반복할 때, 반복될 때마다 내용이 변화하여 종종 현실과 조화되는 내용으로 바뀐다. 일반적으로 내용의 변화와 함께 지속적인 태도의 변화가 일어난다.

24세의 한 환자는 여자 친구를 위해 선물을 샀다. 얼마 뒤 그는 그 선물이 부적절하다고 생각하기 시작했고, 그녀가 부정적인 방식으로 반응하는 심상이 저절로 일어났다. 그 심상 후에는 여자 친구에게 그 선물을 주기를 두려워했다. 회기 동안, 그 환자에게 심상을 반복해 보도록 하였다. "그녀가 포장을 뜯어요. 그녀는 놀라고 전혀 믿질 못해요. 그러고는 경멸과 고통의 눈빛을 보내요. 그녀는 완전히 실망했어요. 다시 포장을 닫고는 좋아하는 척해요. 저는 이것을 생각하는 것만으로도 절망을 느껴요."

여러 차례 이 심상을 반복하라고 했을 때, 그 환자는 다음과 같이 말했다. "그녀가 포장을 열어요. 그녀는 기뻐하며 놀랐어요. 그녀는 이렇게 좋은 선물을 예상치 못했기 때문에 놀라운 눈빛으로 봐요. 그녀가 정말로 좋아해요. 그녀는 저의 배려에 감동했어요. 그녀는 선물을 바라보고 제게 키스해 주어요."

마지막 심상은 그가 알고 있는 그녀의 선호도와 과거에 보인 그녀의 반응에 더 일치했다. 이후 그가 선물을 주었을 때, 실제 사건은 그의 마지막 심상에서 상상한 것과 꽤 근접하게 이어졌다.

성공적인 심상을 의도적으로 반복함으로써 그 내용은 종종 더 현실에 가까워진다. 예측된 사건들을 걱정하는 경우, 심상은 일어날 가능성이 적은 것에서 가능성이 더 높은 결과를 갖는 것으로 변화한다. 심상을 반복하는 동안에 환자는 자동적으로 처음의 심상을 검증하고, 심상이 현실에 대한 보다 정확한 반영이 되게끔 만들어 가게 된다. 우리는 심상의 내용이 변화하지 않음에도 불구하고 성공적인 심상의 의도적인 반복을 통해 불안이 제거되거나 줄어들 수 있음을 발견하였다.

반복을 통한 심상의 자발적인 수정은 오직 의도적이고 의식적인 반복에서만 일어나는 것처럼 보인다. 심상이 자동적으로 반복되는 경향이 있는 자연스러운 상황에서는 동일한 심상이 반복적으로 재현되고, 불안은 계속 발생한다. 환자가 이런 절차를 연습한 후에, 불안의 감소는 보통 현실 상황으로 이어진다.

37세의 한 남성 환자는 승진을 위해 다수의 경영진과 만나 진행하게 될 면접을 불안해했다. 그의 심상은 단순했다. "제가 방 한가운데 앉아 있고, 그들이 저에게 질문을 쏟아부어요." 그가 이 심상을 할 때, 그의 불안은 증가했다. 그러나 심상을 반복할 때마다 불안은 덜해졌다. 네 번째 반복했을 때는 불안이 아주 적었다.

이 사례에서는 심상의 내용 면에서는 변화가 없었음에도 불안이 현저히 줄어들었다. 이 환자는 특정 경험에 대한 태도를 바꾸었다. 그는 이 상황을 더는 비극적인 것으로 간주하지 않았다. 각 사례에서 불안의 완화는 치료 회기가 끝나고 난 뒤에도 계속되었다.

시간 투사

환자가 특정 상황에 대하여 마음이 불편할 때, 그는 자신의 모습을 미래로 투사하고 수개월 또는 수년이 지난 그 상황을 상상해 볼 수 있다. 이렇게 하면 현재 환자를 불안하게 하는 사건으로부터 스스로 거리를 두고, 그것에 대한 균형적인 시각을 얻을 수 있다.

Beck(1967)은 미래에 대한 더 현실적인 심상을 하도록 유도함으로써 우울한 환자에게서 비관적인 생각을 완화하는 기술에 관해 앞서 설명했다. A. A. Lazarus(1968)도 '시간 투사(time projection)'라고 명명한 유사한 기술을 기술하였다. 다음의 사례들에서, 일어난 사건에 대한 환자의 불합리한 반응을 반박하는 데에 이 기술을 사용하였다.

30세의 한 환자는 새로 태어난 자신의 아이가 가벼운 수술이 필요할지도 모르는 탈장이 있다는 것을 알게 된 것에 대해 불안해했다. 그는 다른 그 어떤 것에도 집중할 수 없을 만큼 이 문제에 사로잡혔다. 면담에서 그는 수술이 아이에게 가져올지도 모르는 심리적 외상뿐 아니라 수술의 결과로 생겨날지도 모르는 신체적인 비극으로 최악의 상황을 상상하기 시작했다. 치료자는 그에게 6개월 후의 상황이 어떨지에 대해 상상해 보라고 하였다. 그는 다음과 같은 공상을 가졌다. "아이는 가족과 함께 앉아 있어요. 사타구니 즈음에 붕대를 감고 있지만 다른 곳은 괜찮아 보여요. 때로 그는 찌릿한 통증이 있는 것처럼 보여요."

치료자는 그런 다음 환자에게 3년 후의 상황을 상상해 보라고 제안했고, 그는 다음과 같은 공상에 대해 말했다. "아이는 이제 완전히 건강하고, 저는 그 애가 다른 아이들과 노는 모습을 그릴 수 있어요." 그의 공상에 대해 논의한 후에 수술 가능성에 대한 그의 불안이 사라졌다.

매력적인 36세의 한 여성은 자신의 남편이 바람을 피울지도 모른다는 생각에 사로잡혀 있었다. 그녀는 이것을 재앙적인 상황으로 보았다. "저는 남편이 바람을 피우는 것을 발견한다면, 관계를 더 지속할 수 없을 것 같아요." 그리고 치료자는 "당신의 남편이 바람 피우는 것을 발견했다고 가정해 봅시다. 즉각적인 당신의 반응과 1주일 후 및 6개월 후의 당신의 반응은 무엇이었을지 상상해 봅시다."라고 말했다. 그녀는 다음의 공상에 대해 말했다.

- **즉각적인 반응**: "끔찍스럽고 그에게 매우 화가 나요. 비열한 사람이라는 생각이 들어요. 저는 이것보다 더 나은 대접을 받을 가치가 있고 그에게 그렇게 말해요."
- **일주일 후**: "여전히 그에게 분노하고 있지만, 미래에 대한 어떤 계획들을 세우기 시작해요."
- **6개월 후**: "저 자신이 매력적인 여성이라는 것과 새로운 결혼생활을 시작할 수 있다는 것을 인지할 수 있어요. 많은 남성이 제게 관심을 가져요. 저는 매력적이고 다른 남자들이 저를 주목하죠. 남편은 자신이 한 일에 대해 미안해하고 다시 돌아오길 원해요. 그렇지만 저는 그를 다시 받아들이고 싶은지 확신하지 못해요. 저는 시간을 두고 결혼을 지속하길 원하는지 판단할 것으로 생각해요."

그녀는 공상을 경험하고 말하고 난 뒤 기분이 훨씬 나아졌다. 그녀는 자신의 남편이 할 수도 있는 외도에 대한 강박적인 걱정이 줄어드는 것을 발견했다. 그녀는 또한 그에게 더 친밀한 사랑의 마음을 느꼈다.

상징적 심상

치료자는 상징적 심상을 사용하여 더 설득력 있는 방법으로 적응적 행동을 제시할 수 있다. 한 환자는 지난 3년간 글을 쓸 수 없었다. 이전에는 글쓰기가 그녀에게 큰 기쁨을 가져다주었다. 그러나 이제는 글을 쓰려고 시작하면 자신의 재능이 완전히 사라져 버렸다는 생각을 가지곤 했다.

상담실에서 치료자는 환자에게 마음속에 떠오르는 것은 무엇이든지 써 보라고 제안하였다. 여러 줄의 글을 쓰고 난 뒤, 그녀는 펜을 내려놓았다.

환자: 할 수 없어요. 정말로 못하겠어요. 제가 쓴 것은 모두 별로예요.

치료자: 중요한 것은 그냥 무엇이든 써 내려가는 것입니다. 그것이 좋든 나쁘든 상관없어요. 그냥 쓰세요.

환자: [몇 줄을 더 쓰고 난 뒤] 엉망이에요. 정말로 별로라고요. 저는 정말 쓸 수가 없어요.

치료자: 글의 질은 신경 쓰지 말고 양에 주목해요. 스무 줄을 쓸 때까지 계속 쓰세요.

환자: 그렇지만 글이 좋지 않으면 왜 써야 하나요? 아무 일도 일어나지 않을 텐데.

치료자: 글을 쓰는 것은 물을 펌프질하는 것과 비슷해요. 펌프를 3년 동안 사용하지 않았다면, 엄청난 녹과 먼지가 쌓입니다. 당신은 더러운 물이 다 나올 때까지 당분간 펌프질을 해야 합니다. 당신이 지금껏 해 온 것은 그저 3년이 지난 후 펌프질을 시작해서 갈색 물이 나오는 것을 보고, 깨끗한 물이 나오지 않고 좋지 않다고 결론을 내려 물을 잠가 버린 거예요. 그렇지만 지금 당신이 해야 할 일은 다시 펌프를 틀어서 깨끗해질 때까지 물을 흘려보내는 거예요. 몇 줄 정도 더 쓸 수 있게 자신에게 허락하고 평가는 다음에 해요. 많은 전문 작가가 실제 글을 쓰기 시작하고 일정한 시간이 지나기 전까지는 자신의 글을 평가하지 못해요. 글을 쓰기 시작할 때 물을 펌프질하는 심상을 가져 보는 게 좋을지도 몰라요.

이 환자는 글을 쓰기 시작할 때 펌프에서 쏟아져 나오는 물을 시각화하는 것이 정말로 도움이 되었다고 했다.

환자는 오래된 심상을 수정하기 위해 다양한 시각적 상징을 사용할 수 있다. 한 환자는 다른 사람에게 공격당하는 심상을 가졌을 때 자신을 보호하는 방패를 상징적 심상으로 사용하였다. 또 다른 사람은 모든 악마를 물리치는 메달을 시각화했다.

심상 탈재앙화하기

치료자는 환자에게 두려운 심상의 최악의 측면을 말하도록 밀어붙이고, 그런 다음 논의를 통해 그가 상상했던 것보다 덜 재앙적인 결과를 볼 수 있도록 안내할 수 있다.

환자: 저는 자꾸 심장마비에 걸리는 심상을 가져요.

치료자: 심장마비가 일어난 후 어떤 일이 일어납니까?

환자: 제가 속수무책으로 죽는 모습을 봐요. 제가 볼 수 있는 건 그것뿐이에요. 이것이 초능력이나 예감으로 느껴져요. 뭐 그런 거요.

치료자: 이런 심상을 가지고 아무것도 안 일어나나요?

환자: 네, 이런 심상은 항상 가지고 있고, 아무 일도 일어나지 않아요.

치료자: 이런 심상을 가진 사람을 많이 만났지만, 상상한 사건이 일어난 사람은 거의 없습니다. 당신의 심상을 파악해 보고 어떤 일이 일어나는지 보세요.

환자: 그렇지만 그런 일이 실제 일어나면요?

치료자: 이런 공상은 항상 현실보다 나쁩니다. 수년 전에 아주 흥미로운 상황이 있었어요. 한 환자가 두려운 심상을 회상해 보고 있었어요. 그는 사업을 하고 있지요. 그의 공상에서 자신의 중요한 고용인 중 한 명이 죽습니다. 그는 사업이 곤두박질치는 것과 그가 할 수 없는 일을 강요당하는 것을 봅니다. 그런 다음 건강이 나빠지고 입원해야 합니다. 그 공상에서 그는 사업과 자유를 잃어요. 6개월 정도의 치료 후, 믿거나 말거나 정말 그런 일이

일어났어요. 주 매니저 한 명이 목숨을 잃었어요. 그러나 그가 보았던 심상 중 거의 대부분의 일은 일어나지 않았어요. 다른 고용인들이 그 사람을 대신해 업무를 잘 처리했고 그도 자신이 할 수 있을 거라 믿었던 것보다 일을 더 잘 다뤘기 때문에 그런 일은 일어나지 않았지요. 그는 공상에서 잠재하는 긍정적인 측면들, 구조요인들을 간과했어요. 그 사건이 일어났을 때의 현실보다 공상의 상황이 거의 항상 더 나쁩니다. 요점은 공상들을 현실적 정보로 취급하지 말라는 것이지요.

환자: 그러면 어쩌다가 제가 심장마비를 겪는다고 해도, 그것이 반드시 제가 죽을 것이라는 뜻은 아니라는 거군요.

치료자: 네. 그렇습니다.

보통 불안한 사람의 심상은 그 두려운 사건이 일어난 시점에서 멈춘다. 이 사건에 대한 자연스러운 결과를 예측하지 않고, 그 부분을 과장하고 그 고통이 영원히 남을 것이라고 믿는다.

한 의대생은 동기들 앞에서 말하는 것과 바보처럼 보일 것에 대한 두려움이 있었는데, "나는 이 경험을 결코 만회할 수 없을 것이에요."라고 말했다. 환자의 두려움을 액면가(face value) 그대로 받아들이기보다, 치료자는 그 사람의 최악의 두려움이 사실이 되고 동기들 앞에서 웃음거리가 된다면 정확히 어떤 일이 일어날 것인지 물어보기 시작했다. 그의 경력을 망치게 될까? 그의 가족과 의절하게 될 것인가? 그는 비탄을 느끼게 될 것인가? 얼마나? 그리고 그런 다음에는? 이러한 질문을 하는 중에 그 학생은 자신이 사람들 앞에서 말하는 상황에 대해 과도한 의미를 부여하고 있었음을 인식하였다.

치료자는 이 학생을 설득해서 발표가 좋지 않은 방향으로 흘러갈 수도 있다는 추측을 하지 말도록 시도하지 않았다. 만일 그렇게 했다면 환자의 눈으로 보는 미래에 대한 신뢰성을 불필요하게 훼손하는 위험이 있었을 것이다. 반면, 질문하는 형식을 통해 치료자는 환자의 불편과 부끄러움이 강렬할지라도 계속되지는 않을 것이며 견딜 수 있는 것이라는 믿음을 전달하였다.

이 학생의 그다음 번 수업 발표는 그리 좋지 않았고(아마도 불안 때문에), 그 이후로 그는 며칠간 낙담해 있긴 했지만 이 사건을 비극적인 것으로 인지하지 않았다. 다음 발표 전에, 이 학생은 예기 불안을 덜 경험했고 실제 발표 동안에도 더 편안하게 느꼈다고 말했다.

Bertrand Russell을 포함한 다수의 작가가 불안을 완화하기 위해 집중하고 가능한 최악의 결과를 받아들여야 한다고 제안한다. 환자는 보통 두려운 사건을 말하면 불안이 증가할 것이라고 믿기 때문에 최악의 것에 대해 고려하기를 꺼린다. 처음에는 환자의 불안이 커질 수도 있지만, 최악의 것을 논의하고 나면 거의 항상 기분이 나아진다.

환자가 최악을 직면하지 못하도록 하는 한 가지는 두려운 사건에 대해 말하거나 상상하는 것은 결국 그것을 일으킬 것이라는 신념이다. 그러나 이 문제가 일단 논의되고 나면 그런 신념은 급속하게 사라진다.

사고로 죽게 될 것을 두려워하는 한 환자에게 그의 두려움에 대해 생각하지 않도록 노력하라고 제안했다. 그러나 그는 단지 몇 분 동안만 자신의 불안을 잊을 수 있었다. 이로써 왜 그런 생각을 차단하는 것보다는 마주하는 것이 중요한지에 대한 논의를 끌어냈다.

문제를 회피하는 중요한 또 다른 생각은 '이것에 대해 더 이상 최악의 상황을 상상하지 않는다면 두려운 사건이 일어날 것이다.'라는 것이다. 최악을 직면하고 난 뒤 그 사람의 불안이 줄어들게 될 것이고, 결국 두려운 상황이 일어나는 것을 막을 수 있게 더 잘 준비가 될 것이라고 말할 수 있다.

환자는 두려운 시나리오에 대한 생각이나 상상을 자세하게 들여다보지 않기 위한 개인적인 전략들을 자주 사용한다. 그러나 이런 '생각 중단(thought stoppage)'의 시도는 보통 성공하지 못한다. 문제를 해결하기보다는 단지 조기 종결을 하게 되고, 생각들이 더 강하게 다시 나타나게 된다. 조기 종결을 하기 위해 환자들은 종종 자신에게 "이건 바보 같은 짓이야."라고 말한다. 이런 포괄적이고 유치한 말은 사고 과정을 멈추게 한다. 하지만 단지 일시적일 뿐이다. 환자가 자신의 걱정을 '바보 같은' '어리석은' '멍청한' '중요하지 않은' 것으로 기술하거나 혹은 다른 유사한 표현들을 사용한다면, 치료자는 반드시 이것을 문제에 대해 더 자세히 들여다보아야 하는 신호로 여겨야 한다.

유년기에 발생했던 사람들의 불안을 경감시키는 하나의 방법은 '그래서 어떻다는 말인가(so what if)' 기법으로, 탈재앙화 심상을 사용하는 것이다. 치료자는 여기에서 자식의 죽음, 미치는 것, 사회의 밑바닥으로 가는 것, 또는 끔찍하게 흉하게 되는 것과 같은, 환자의 최악의 두려움의 결과를 충분히 논의해야 한다. 치료자는 이 전략을 사용하기 전 협력적 관계가 형성될 때까지 기다려야 한다. 그렇지 않으면 역효과가 날 수 있기 때문이다. 한 예로, 어떤 환자는 자신이 동성애자가 될 것에 대한 두려움이 있었다. '만일 당신이 동성애자라면 그게 어떻다는 말인가' 전략을 사용하기 위한 시도는 역효과를 가져왔다. 환자는 치료자가 자신이 동성애자라고 확신하고 있다는 생각에 다시 치료를 받으러 오지 않았다.

'그래서 어떻다는 말인가' 전략은 거의 인지적 홍수법(cognitive-flooding) 기술이다. 이런 이유로 치료자는 환자가 정보를 논의하고 어느 정도 불안의 감소를 경험할 수 있는 충분한 시간을 주어야 한다. 이를 위한 연장 회기 일정을 잡는 것이 치료자에게 좋은 방침이 될 수 있다. 이러한 절차에서 강조할 사항은 환자가 자신이 두려워하는 경험을 수용하고 견뎌 낼 수 있을지 없을지에 대해 식별하는 것이다. 치료자는 두려운 결과가 일어날 가능성이 작고 이 상황이 어떻게 될 것인지에 대한 어느 정도의 선택권이 여전히 환자에게 있음을 강조한다. 예를 들어, 사회의 밑바닥으로 떨어지게 될 것이라는 두려움을 가진 환자의 예에서, 치료자는 심지어 환자가 그런 상황에 놓이게 된다고 하더라도(낮은 가능성) 거기에서 스스로 빠져나오기 위해 노력할 수 있을 것(높은 가능성)이라는 점을 지적했다.

환자에게 정보가 필요한 재난(catastrophe) 가능성의 또 다른 측면은 구조요인(rescue factor)이다. 환자는 모든 위험에 그 잠재력을 상쇄시킬 수 있는 요인들이 있음을 인식하지 못한다. 예를 들어, 암에 걸릴 것을 두려워하는 사람들은 많은 유형의 암을 치료하고 막을 수 있는 의료 및 외과적 방법이 있다는 것을 인식하거나 받아들이지 않는다. 공격당하는 것을 두려워하는 사람들은 행인이 그들을 도와줄 수도 있고 경찰이 구해 주러 올 수도 있다는 생각은 무시한다.

때로 환자들은 구조요인을 공급받을 수 있다. 한 여성은 공황 발작을 겪게 되고 무력해지는 것에 대해 두려워했는데, 행여나 발작이 정말 일어날 경우를 대비하여 증상이 사라질 때까지 수면을 유도하는 진정제의 처방전을 받았다. 하지만 그녀는 이 치료법을 사용할 필요가 없었다.

심상과 생각

원치 않는 시각적 심상은 종종 언어적 인지를 자극한다. 예를 들어, 자동차 사고에 대한 심상은 일련의 여러 자동적 사고에 뒤따라올 수 있다. 즉, '이런 일이 나한테도 일어나면 어떻게 하지? 만일 내가 계속해서 사고에 대해 조심하지 않으면 그게 실제 일어날 수 있어. 또 설령 조심하더라도 타이어 펑크나 브레이크 고장과 같은 기계적인 고장이 일어날 수 있을 거야.' 이런 유형의 반추적(reflective) 생각은 결국 그 사람의 불안을 증가시키고, 더 두려운 심상들이 일어나게 만든다.

이런 인지적 과정을 확인하는 것은 숙달을 향한 긍정적인 단계이다. 환자는 심상에 둔감해지기 위해 이 장에서 제시한 다양한 기법을 사용할 수 있다. 환자는 또한 상황에 대한 사실들을 검토하고, 미리 시연을 해 두었을 긍정적 심상으로 대체하며, 최종적으로 마음에 들고 나는 많은 무해한 생각과 심상처럼 이 심상도 서서히 사라지도록 내버려 둠으로써 심상에 대한 인지적 반응을 의식적으로 조성할 수 있다.

유도된 심상의 변화 촉진하기

환자는 점차 불안한 환상을 중립적이거나 긍정적인 심상으로 형성하도록 심상화 유도(imagery induction)를 할 수 있다. 환자가 심상 작업을 스스로 하는 것이 흔히 어렵기 때문에, 치료자는 심상의 특정 부정적인 측면(환자에 대한 누군가의 부정적인 반응과 같은)들을 수정하면서 시작할 수 있고, 그런 다음 더 많은 요소를 서서히 재조정하면 된다. 다음에 나오는 비유에 기반을 둔 어떠한 방법도 환상을 바꾸는 것에 대한 개념을 소통하는 데에 사용될 수 있을 것이다.

① **텔레비전**: 환자가 환상의 특정 측면들을 켜고 끔으로써 채널을 바꾼다.
② **영화**: 환자는 영화 현장을 인계받아서 연기를 재연출하고, 소품을 바꾸거나

대사를 끊을 수 있다.

③ **그림 그리기**: 환자는 심상을 그림으로 보고, 특정한 부분을 완전히 덮고 다른 부분을 더욱 두드러지게 초점화한다.

치료자는 환자의 환상보다(또는 어떤 경우에는 그의 실제 행동보다) 더 적응적인 환상을 제시할 수 있다. 자신의 돈을 모두 잃게 될 것이라고 상상하던 환자에게 그의 노력을 통해 불행한 결과를 재설정(redirect)할 수 있는 구체적인 과정의 행동을 공상해 보라고 하였다. 그는 이런 공상이 자신에게 안도감을 준다는 것을 발견하였다.

다른 사례에서 유도된 심상은 자기주장 행동을 더욱 촉진하기 위해 사용되었다. 십 대 자식을 둔 35세의 한 여성은 여전히 자신의 아버지에게 자기주장을 하지 못했다. 그녀는 아버지가 장황하게 자신을 비판했던 1주 전의 이야기에 대해 말했다. 그는 "너는 왜 너의 아이들이 너를 더 존중하도록 양육하지 않는 거냐?"라고 말하며 비난을 마무리 지었다. 다음 상담 회기에 올 때까지, 그녀는 이 언쟁으로 상처를 받았다. 치료자는 그녀가 이 주제로 논의하길 거절한다는 것을 아버지에게 분명하게 말하는 장면을 포함해서, 같은 사건을 공상해 보도록 제안했다.

그녀는 그렇게 했고 그 후에 기분이 나아졌다. 그러나 그녀의 공상은 더 많은 죄책감과 불안을 일으켰는데, 이는 성숙한 수준에서 아버지를 어떻게 대해야 하는지에 대한 더 진지한 논의의 초점이 되었다. 나중에 그녀는 아버지가 비난할 때 훨씬 더 효과적으로 그를 대할 수 있었다.

긍정적인 심상화로 대체하기

치료자는 각각의 환자와 긴밀하게 작업하면서 환자가 어떤 종류의 심상을 아주 즐거워하고 편안해하는지, 어떤 심상이 긴장 이완을 주는지를 찾는다. 시골이나 숲속, 해변가 혹은 특별한 방의 장면 등이 그런 심상의 예이다. 또한 환자가 대처 방식으로 사용할 수 있는 긍정적인 심상을 개발한다. 환자가 불안을 일으키는 심상을 경험할 때, 그는 먼저 '멈춤' 기법을 사용하고 그런 다음 그가 개발하고 연습했던 긍정적인 심상을 회상할 수 있다. 긍정적인 심상은 또한 환자에게 수면 문제가 있을 때도 사용되었다. 강조 사항은 리듬을 타고 안정감을 주는 심상화에 초점을 두는 것이다.

긍정적인 심상을 개발하는 데에 있어서 치료자는 맛, 냄새, 소리와 감촉, 생생한 시각적인 내용을 포함하는 모든 감각적 양상(sensual modality)에 초점을 맞춘다. 다음은 치료자가 사용할 수 있는 심상화 유형의 예이다.

> 상쾌한 봄날을 상상해 보세요. 당신은 이전에 가 보았던 숲속으로 걸어갑니다. 하늘은 파랗습니다. 높게 뻗은 나뭇가지 위로 구름이 몇 조각 걸려 있습니다. 당신은 길을 찾습니다. 기분이 좋고 매우 느긋합니다. 당신이 길을 따라 걸을 때 잔가지와 나뭇가지들이 바스락거립니다. 당신은 앞의 작은 시내를 바라봅니다. 신발과 양말을 벗고 시냇가에 발을 담가 봅니다. 당신 발 사이로 차가운 물이 세차게 흐르는 것을 느끼고, 당신이 돌 위로 걸으며 시내를 건널 때 발은 얼얼합니다. 시내 건너편은 무성한 초록색의 목초지입니다. 짧고 리듬감 있는 순수한 휘파람 소리로 새가 노래하는 것을 들으며 당신은 흉내를 내 봅니다. 달콤한 초록 내음이 공기에 가득합니다. 봄의 생생함을 거의 맛볼 수 있을 것 같습니다. 앞에 큰 참나무를 바라보고 그리로 걸어갑니다. 나무 기둥의 거친 껍질에 기대어 섭니다. 당신의 맨발에 닿아 있는 부드러운 이끼를 느낍니다. 위를 바라보며 나뭇잎들이 바스락거리는 모습, 파란 하늘에 하얀 구름이 떠가는 모습을 봅니다. 천천히, 깊게 숨을 쉽니다. 당신은 완전히 평온하고 안전함을 느낍니다. 그냥 잠시 이 장면을 누려 봅니다.

집에서 이 장면을 상상하면서, 환자는 보통 연습을 통해 점점 긴장이 완화되고 생생해지는 것을 알게 된다.

상반되는 심상화로 대체하기

환자는 상반되는 결과를 만들어 내기 위해 두려운 이미지의 맥락을 사용할 수 있다. 자신의 아이가 죽는 심상을 가진 여성은 자신의 아이가 자라서 대학을 졸업하는 것을 보는 대체 심상을 만들었고, 아이가 요람에서 죽는 심상에 대체하는 심상

기법을 배웠다.

환자의 심상이 보통은 당면한 미래에 숨어 있는 어떤 위험에 대한 것이기 때문에, 두려운 사건이 일어나지 않는 것을 상상할 수 있다. 비행을 무서워하는 여성은 공항으로 가는 동안 자신이 목적지에 안전하게 도착하는 모습을 상상하였다. 심장 발작을 두려워하는 남성은 아주 건강한 상태로 마라톤 경주를 마치는 자신의 모습을 상상하였다. 그리고 상사와 대화할 때 얼어붙는 것을 두려워한 남성은 자신이 회의를 마친 후 그에게 차분하고 친근하게 말하는 모습을 상상하였다.

과장하기

또 다른 기술은 심상을 과장하는 것이다. 한 환자는 자신이 발표하는 워크숍에서 자신이 어떻게 발표 내용을 전달할지에 대해 두려워했다. 그녀의 과장된 심상에서는 그 분야의 모든 중요한 사람이 워크숍에 있었다. 그녀는 청중이 적대적이 되고, 그녀에게 고함치고 물건을 집어 던지는 상상을 했다. 사업에서 돈을 잃게 될 것을 두려워하는 환자는 이 거래에서 파산하게 되어 길거리에서 구걸하는 자신을 상상하였다. 그리고 자신이 자격시험에서 떨어진 것을 다른 사람들이 발견하게 될 것을 두려워하는 한 환자는 뉴스의 1면에 자신의 이야기가 기사화되고 텔레비전과 라디오 프로그램에 등장하는 상상을 하였다. 이 세 사례 모두에서 두려움의 한계를 넘도록 밀어붙인 것은 환자가 자신의 두려움을 올바르게 바라보고 결국 두려움을 낮추게 만들었다.

이런 절차는 또한 환자가 자신이나 타인을 해치는 심상을 가진 환자에게 효과가 있다. 치료자는 생각이 즉각적인 행동을 일으키지 않는다는 것을 강조한다. 그리고 생각과 심상을 과장함으로써 올바른 관점으로 보도록 하고 그 내용과 어떤 행동을 취할지에 대해 선택할 수 있다는 사실을 보게 한다.

한 여성은 자신의 아이들을 칼로 찌르는 심상을 갖고 있었다. 이런 심상들을 멈추려는 그녀의 시도는 효과가 없었고 더 많은 불안을 일으켰다. 상담실에서 치료자는 그녀가 자신의 아이들, 남편, 친구, 이웃 그리고 결국 도시 전체의 모든 사람을 칼로 찌르는 심상을 가지게 했다. 아이들에 대한 심상에서 멈추지 말고, 이 공상을 극단으로 해 보도록 한 것이 심상을 멈추는 데에 효과적이었다. 그녀의 두려운 심상은 여러 차례 재발생했는데, 그녀가 자기 생각을 멈추는 것으로 되돌아갔기 때문이다. 과장하기 기법을 사용하는 것에 더하여, 치료는 또한 분노를 표현하는 것에 대한 두려움에도 초점을 두었다.

환자의 심상은 종종 결국에 발생하는 것을 보여 주는 것이 아니라 두려워하는 결과 바로 전에 무엇이 발생할 것인지를 보여 준다. 이런 사례의 경우, 환자가 두려운 사건을 억지로 결말나게 하도록(push through) 도울 수 있다. 한 환자는 정면 충돌하는 차 사고를 두려워했다. 공상 속에서 그는 이 심상을 그가 죽는 결말로 몰아붙였고 그것이 어떨 것인지 상상했다. 그는 차분하고 평온함을 느꼈다고 말했다. 이 절차는 그가 자신의 불안을 감소시키도록 도왔고, 그는 되풀이되는 불안한 꿈을 멈추었다.

대처 모델

대처 심상의 또 다른 버전은 환자가 자신이 알고 있는 사람이 불안을 일으키는 상황을 어떻게 대처하는지 상상해 보는 것이다. 대중 앞에서 피아노를 치는 것을 두려워하는 한 환자는 자신의 선생님이 연주하고 관객의 부정적인 반응에 대처하는 모습을 상상할 수 있다. 더 확장된 버전의 심상은 환자가 특정 활동에 지극히 숙련된 누군가가 되는 모습을 상상하는 것이 포함된다. 예를 들어, 그 자신이 Leonard Bernstein이 되어 연주하는 모습을 상상해 볼 수 있다. 사회 불안이 있는 한 사람은 자신이 Johnny Carson, Mike Douglas 또는 Dinah Shore가 되는 모습을 상상할 수 있다. 이런 버전은 고정된 역할치료(fixed-role therapy; Kelly, 1963) 또는 Arnold Lazarus(1978)의 '과장된 역할 취하기(exaggerated role taking)'라고 부른다. 이 기술은 먼저 상담실에서 연습해 보고, 이후에 환자가 밖에서 연습할 수 있다.

위협을 줄이기 위한 심상화

어떤 사람이 위협적으로 보이는 사람과 맞닥뜨리게 될 것을 두려워한다면, 치료자는 그 만남의 무시무시함이나 경외감을 불러일으키는 측면을 제거하는 심상화(imagery)를 사용할 수 있다. 한 여성은 변호사들이나 권위 있는 유니폼 또는 정장을 입은 고관들을 보는 것을 상상할 때 위협적으로 느끼기 때문에 법정에 서는 것을 두려워했다. 그녀는 그들이 테니스 반바지와 재미있는 문구가 쓰인 폴로셔츠를 입은 것을 상상하여 그녀의 경외감을 극복할 수 있었다. 한 연주자는 관객이 자신이 저지를 수도 있는 실수를 잡아내기를 기다리고 있다고 생각했다. 그는 이 심상을 관객이 작은 탁자에 앉아 맥주를 마시고, 대화를 나누며, 그의 연주에는 큰 관심을 두지 않지만 연주를 전반적으로 기분 좋은 분위기의 일부로서 즐기고 있는 것으로 바꾸었다. 다른 환자는 그가 치러야 할 구두시험을 두려워했다. 그는 자신을 자애로운 사자로, 질문자들은 양으로 상상하였다. 대처 심상화 속에서 그는 자신을 양들을 산 채로 잡아먹지 않음으로써 자비를 베푸는 모습으로 보았다.

다른 유형의 대처 심상화도 사용할 수 있다. 한 가지 변형은 환자가 치료자와 함께 두려운 상황을 헤쳐 나가는 것을 상상하는 것이다. 예를 들어, 사람들 무리 속으로 들어가는 것을 두려워하는 한 환자는 치료자와 함께 쇼핑몰에 가는 것을 상상하고 치료자에게 그 장면에 대해서 그리고 자신의 기분은 어떠한지에 대해서 설명하였다. 그녀는 치료자가 그녀와 함께 있는 것처럼 상황을 설명하면서 이 심상화를 먼저 상담실에서 연습했다. 그 이후 스스로 상상하였다. 환자가 실제로 그 상황에 있었을 때 그녀는 치료자에게 이 장면을 설명하는 것을 상상했다. "자, 나는 불안을 느끼고 있어요. 이제 저는 문밖으로 나갑니다." 등등. 과업을 수행하는 것을 상상하기 때문에 어떤 환자들에게는 좋은 전환 기술(diversion technique)이 된다.

더 나쁜 대안 모면하기

한 가지 효과 있는 변형적인 기술은 환자에게 두려운 심상을 떠올리게 하면서 더 나쁜 시나리오를 모면하는 상상을 해 보게 하는 것이다(A. A. Lazarus, 1978). 구직

면접에 가는 것을 두려워하는 한 여성은 자신이 오토바이를 탄 폭력배에게 쫓기고, 면접을 위해 가야 했던 장소로 숨어 들어가 그들에게서 벗어나는 장면을 상상했다. 치료 동안 이 심상은 상당히 세부적으로 전개되었고, 이 환자는 구직 면접에 감으로써 폭력배에게서 벗어날 수 있었던 것에 대해 굉장한 안도감을 표현했다. 거의 모든 경우, 치료자는 환자가 두려워했던 사건으로 탈출해 들어감으로써 피할 수 있는 더 나쁜 대안들을 전개하는 것으로 도움을 줄 수 있다. 환자가 두려운 심상을 가질 때, 그는 더 나쁜 대안으로 돌아가 이를 재창조하고, 그로부터 탈출하는 방법으로써 두려운 심상을 바라본다.

혼합전략

실제 임상 현장에서 치료자는 이 기술들을 혼합하여 사용한다. 33세의 한 여성은 특정 고속도로에서 운전하는 것을 두려워했다. 치료자는 먼저 특정 시간에 구체적인 고속도로 위에서 죽는 그녀의 두려움을 끌어내는 반복된 심상을 사용하였다. 차 사고에서 죽을 확률에 관한 토론이 뒤따랐다. 그런 다음 80세가 된 그녀가 고속도로 위에서 행복하게 운전하는 모습을 사용하고 반복하여 검토하였다. 그녀가 트럭에 치일 것을 정말로 두려워한다고 말했을 때, 누구든 그녀를 치면 튕겨 나가게 되는, 그녀의 차가 보이지 않는 방어막으로 보호받는 심상화를 연습해 보도록 하였다. 이 심상화 동안 그녀는 "저의 진짜 문제는 제가 운전에 자신감이 없다는 거라는 것을 알겠어요."라고 말했다. 그런 다음 그녀는 미국에서 최고의 고속도로 운전사가 될 수 있게 훈련하는 위싱턴 D.C의 4주 집중훈련 프로그램을 하러 가는 상상을 하였다. 그런 다음 인디애나폴리스 500마일 자동차 경주에서 자신 있게 운전하는 상상을 하였다.

그런 다음 그녀는 상당히 줄어든 불안을 느끼며 고속도로를 운전하는 자신의 모습을 상상해 볼 수 있었다. 그녀는 고속도로를 운전하고 집에 도착했을 때 상당한 안도감을 느꼈다고 말했다. 이어서 그녀의 동네에 발생한 화학물질 누출 사고를 피하려고 고속도로를 타야 하는 것을 상상해 보라고 하였다. 고속도로를 운전하여 그녀의 집에서 더 멀리 갈수록 그녀는 더 안전해질 것이다. 그녀는 여전히 싫기는 하지만 할 수 있다고 말했다. 그런 다음 운전하거나 어떤 방법으로 이동하고 있을 때 즐거움을 느꼈던 때를 상상해 보라고 하였다. 그녀는 바닷가에서 자전거를 타는 심상을 가졌고, 그런 다음 해변에서 자전거를 탔을 때와 같은 기분으로 고속도로에서 운전하는 것을 상상해 보았다. 또한 실제 고속도로에서 운전하고 있을 때 이 심상을 사용하도록 지시했다. 실제로 이 심상들은 그녀가 실제 운전을 하는 데 도움이 되었다.

미래치료

심상화는 환자가 그의 미래에 대한 통제감을 획득하는 데 사용될 수 있다. 불안한 환자는 미래를 두려워하는데, 그것에 대해 반사적인 접근법을 취하고 보통 단지 살아남기만을 바란다. 이런 사고방식에 대응하도록 돕는 방법은 환자가 자신이 원하는 미래의 모습을 만들 수 있는 계획을 세우도록 환자와 함께 작업하는 것이다. F. T. Melges(1982)의 체계적 형태의 미래치료(future therapy)는 인지치료에 맞춰 수정하여 불안한 환자를 대상으로 사용할 수 있다. 이런 전략에 다음 지침이 사용된다.

미래 계획을 만들기 전에 환자의 불안이 관리될 수 있을 때까지 기다린다. 너무 많이 불안한 환자는 긍정적인 미래를 마음속에 그려 보는 것에 상당한 어려움을 겪는다.

첫째, 환자가 미래의 3개월 뒤 한 날을 고르도록 한다. 이날은 7월 1일과 같이 의미 있거나 공휴일 근처로 잡는 것이 도움이 된다. 그런 다음 환자에게 그날에 어떤 일이 일어났으면 하는지를 상상해 보도록 한다. 그는 일어나서 새로운 태도와 행동으로 그날을 살아가는 것을 상상해야 한다. 그는 어떤 부분이 문제를 가져오고 어떤 면에 숙달했는지에 주목할 수 있다.

치료자는 마치 환자가 미래에 있는 것처럼 현재에서 환자를 면담해야 한다. 치료자는 그가 성취한 것은 무엇이며, 그가 문제를 어떻게 바라보고, 또 그의 신념을 어떻게 수정했는지 물어본다. 환자의 미래는 내적 및 외적인 목표로 나눌 수 있다. 예를 들어, 한 환자는 외적인 삶에서 직장의 어떤 특정한 프로젝트를 마치는 것, 몇몇 새로운 친구를 사귀는 것, 새 옷을 사는 것 그리고 여행 계획을 세우는 것에서 진전을 이루길 원했다. 내적인 목표에는 그의 결함을 더욱 받아들이고, 자기주장을 하며, 보다 나은 현실 검증자가 되는 것이 포함되어 있었다.

환자의 내적 목표들은 0에서 10의 척도 내에 놓인다. 환자는 그 척도에서 현재 어디에 있는지 그리고 이후 3개월 뒤 어디에 있을지 측정할 수 있다. Melges는 미래 심상을 발전시키는 데에 있어서 환자가 이 척도에서의 움직임을 나타낼 수 있는 한 장면을 시각화할 것을 제안한다. 치료자는 환자에게 이를 증명할 수 있는 몇 가지 심상을 만들어 보라고 요청한다. 비판을 더 잘 다루길 원했던 한 환자는 자신의 상사에게 신랄한 비판을 받고, 반사적이지(reactive) 않고 차분하게 이 비판을 받아들이는 것을 상상했다.

환자는 자신이 통제할 수 있는 목표를 설정해야 한다('내 아내를 더 수용할 것이다.' vs. '나의 아내는 나에게 더 친절할 것이다.'). 환자에게 또한 현실적인 목표를 선택하도록 조언한다. 환자가 비현실적인 목표나 다른 사람이 변화하는 것을 포함하는 목표를 고를 때, 치료자는 이런 기대는 환자가 실패를 경험하도록 한다는 점에 대해 논의할 수 있다.

환자가 3개월 목표를 세우고 나면, 치료자는 환자가 이 목표들에 도달하는 방법들을 개발하도록 도와야 한다. 이 프로그램의 주요 부분은 환자가 3개월 뒤 미래의 목표 달성일에 어떻게 지낼지를 상상하는 것으로 구성된다. 그는 이 심상을 매일 연습한다. 환자에게 또한 가능한 한 언제든지 즉흥적으로 이 심상을 시각화하도록 한다.

심상화를 사용하는 것에 추가하여, 환자에게 원하는 최종 목표와 관련된 감정을 느끼도록 권유한다. Melges는 목표 달성 시 느낄 수 있는 감정과 같은 느낌의 감정을 일으키는 긍정적인 유년 시절의 심상을 사용하도록 제안한다. 환자는 주변에 성인이 없었던 유년 시절의 심상을 골라야 한다. 예를 들어, 한 환자는 삶에서 더 많은 즐거움을 느끼길 원했고, 이 열망을 어렸을 때 스틱볼 경기를 했던 때의 감정에 연결했다. 자신감을 더 느끼길 원했던 다른 환자는 이 미래의 심상을 유년 시절에 신문 배달 일을 처음 시작하게 되었을 때 가졌던 자신감과 같은 감정에 연결하였다.

치료자는 미래를 만드는 중요한 요소 중의 하나가 반복이라는 것을 강조한다. 반복은 목표에 집중하게 하고 목표를 설정하는 것에 흥미를 갖게 한다. Melges는 환자가 목표 심상을 연습할 수 있게 자신에게 신호를 주는 외부 자극을 사용하는 다양한 상황을 제시한다. 여기에는 자기터치(self-stroking, 수염이나 머리카락을 만지는 것), 목표와 관련된 색깔(차분함은 파란색), 구체적인 시간('일어날 때, 나는 내 목표에 대해 생각할 것이다.') 그리고 행동('차 문을 열 때, 나는 목표에 대해 생각할 것이다.')과 같은 신호가 포함된다.

목표에 초점을 맞추도록 돕기 위해 상징과 슬로건도 사용될 수 있다. 사람들을 설득하기 위해 광고주가 쓰는 방법에 관한 논의도 도움이 될 수 있다.

치료자: 윌셔와 웨스턴의 모퉁이에 있던 광고 게시판 봤나요? 그리고 윌셔의 서쪽으로 몇 블록 떨어져 있던 것은요? 두 광고 게시판 모두 같은 원칙을 사용했어요. 첫째, 그것은 반복의 힘이에요. 광고주들은 사람들이 직장에 오가는 길에 매일 그것들을 볼 거라는 것을 알기 때문에 이런 광고 게시판에 수천 달러의 돈을 쓰지요. 둘째, 상징과 슬로건을 사용했어요. 길모퉁이에 있던 게시판은 '라스베이거스'라는 글자가 적혀 있는 자동차 배터리 사진이 있었어요. 슬로건은 '적은 금액으로 큰 배터리를(A big charge for a little charge)'이지요. 길 아래 있던 것에는 '팜스프링스(Palm Springs)'라고 쓰인 빵 한 덩이의 사진이 있어요. 슬로건은 '적은 빵으로 더 많은 휴식을(More loafing for less bread)'이에요. 이런 반복의 원리, 상징과 슬로건을 당신의 목표에 닿기 위해서 사용할 수 있어요.

환자에게 자신이 도달하기 원하는 목표의 상징을 개발하도록 청한다. 한 환자는 자신이 애매함을 더 잘 견딜 수 있기를 원했다. 그는 상징으로 전보(telegram)를 선택했고, 애매함을 더 받아들일 수 있도록 하는 신호로 그것을 사용했다.

환자는 또한 자신의 목표를 마음속에 유지할 수 있게 하는 슬로건을 개발할 수 있다. 한 환자의 목표는 자신을 빚더미에 몰아넣고 상당한 불안을 일으킨 강박적인 소비를 멈추는 것이었다. 그는 '불안 없는 1983년(Anxiety-free in '83)' 그리고 '더 이상 가난은 금물 1984년(Poor no more in '84)'이라는 슬로건을 그가 가지고 다닐 수 있도록 3×5인치 카드에 파란색으로 적었다. 그는 또한 집에 붙여 놓을 수 있도록 슬로건을 포스터에도 썼다. 다른 색깔들도 중요하다. 초록색은 그의 소비를 통제하는 것, 파란색은 불안 관리와 연관시켰다.

목표 시연

환자가 원하는 목표의 시연은 인지치료에서 가장 흔하게 사용하는 심상화 기법 가운데 하나이다. 표준적인 연습은 환자가, 예를 들어 구직 면접에 가는 것과 같은 새로운, 두려운 행동 또는 친구에게 전화하는 것과 같은 지금껏 피해 온 행동을 상상하게 하는 것이다. 환자는 먼저 이 행동을 상담실에서 상상해 보고, 이후 과제로 해 본다(제14장 참조).

잠재적 문제를 예견하고 다룰 준비가 되도록 먼저 안전한 장소에서 연습할 수 있다고 환자에게 이론적 근거를 제공한다. 예를 들어, 한 환자는 의사의 진료실에 가는 것을 상상했다. 그는 그 방문의 여러 가지 부정적인 반응과 그것을 어떻게 다룰 것인지에 대해 상상했다. 이 연습은 그가 따를 수 있는 인지적 지도를 제공했다.

인지치료의 많은 기술과 전략이 부가 절차로써 심상화를 이용한다. 한 예로, 자기주장을 연습하는 환자는 상상 속에서 그것을 먼저 해 볼 수 있다.

목표 시연 심상화의 또 다른 활용은 치료에서 연습한 대처 패키지(coping package) 내용에 있다. 환자는 여러 가지 대처전략을 상상한다. 한 환자는 다음의 대처 패키지를 개발하였다. '내가 발표를 할 때, 먼저 이를 연습할 것이다. 나는 과업 요령이 있을 것이다. 만일 불안해지기 시작하면, 나는 자신을 진정시킬 것이다. 나는 천천히 말할 것이다.' 그는 현실 상황에서 실제로 해 보기 전에 이를 상상하는 것을 연습했다.

치료자와 환자는 가장 작업해야 할 필요가 있는 목표에 대한 안내로써 환자의 미래 심상화를 사용할 수 있다. 치료자는 미래 자서전 기술을 사용할 수 있다(Meleges, 1982). 이는 환자가 목표일에 도달한 것처럼 반응하는 것이다("지난 3개월을 되돌아볼 때 당신이 마주한 가장 어려운 상황은 무엇이었나요?"). 치료자는 또한 환자의 현재 자기와 함께 미래 자기의 역할 연습을 하여 잠재적 어려움을 발견하고 자신의 미래를 어떻게 안내할지에 대한 권리가 있음을 보게 도와줄 수 있다.

환자에게 노트를 가지고 다니며 목표를 향한 진행과정을 기록하게 한다. 또한 목표를 너무 많은 사람에게 말하는 것은 목표를 약하게 만들 수도 있음을 말한다. 무조건 그들을 지지하는 친구나 친척은 원칙에서 예외이다. 한 환자는 그녀가 친구와의 '신용조합(credit union)'이라고 부르는 것을 개발하였다. 그들은 목표에 도달할 수 있도록 서로를 강화하고 지지하곤 하였다.

치료자는 환자가 목표를 향하여 작업하지 않고 있을 때 자기수정 피드백 체계를 개발하도록 돕는다. 환자는 종종 목표를 완수하는 데에 방해가 되는 전략을 가지기도 한다. 한 환자는 치료자에게 인상을 남기려 너무 힘들게 노력하는 바람에 목표를 완수하기도 전에 지쳐 버렸다. 다른 환자는 매일의 그리고 주간의 위기에 너무 열중하게 되어 목표에 집중할 시간이나 에너지가 없었다. 이 두 사례 모두 치료자는 그것들이 어떻게 방해가 되는지 환자가 알도록 도와줌으로써 스스로 수정할 수 있게 한다. 환자가 겪는 가장 일반적인 문제는 타인의 시선을 의식해서 그것이 목표를 이루는 것을 방해하도록 놔두는 것이다. 환자들은 심상화와 다른 인지-행동적 절차를 통해 자기가 부과한 장애물들을 극복하는 법을 배울 수 있다.

제13장

정서적 요소 수정하기

보통 불안 경험은 환자에게 너무 고통스러워서 종종 두 번째 단계의 두려움(제6장 참조)을 낳는다. 환자는 치료를 통해 결국 왜곡된 인지를 수정하므로 불쾌한 감정을 줄이는 법을 배운다. 이 접근법은 치료 회기의 맥락에서 매우 효과가 있다. 즉, 환자 스스로 이 기술을 사용할 수 있기 전까지 많은 시간과 연습, 코칭이 필요하다. 이런 이유로 인지치료자들은 즉각적인 정서 상태에 직접 대처하도록 돕기 위해 다양한 방법으로 환자를 훈련한다. 가능한 한 빠르게 증상을 완화하는 것이 목표이다. 사용되는 방법은 5개의 범주로 나뉜다. 감정 받아들이기(accepting feelings), 행동전략(action strateges), 자기관찰(self-observation), 감정 점검(emotional review) 그리고 감정 소유하기(owning one's emotion)이다. 환자에게 불안해질 때 따를 수 있는 구체적인 원칙인 'A-W-A-R-E' 전략(부록 II 참조)의 복사본을 제공하는 것이 도움이 된다.

감정 받아들이기

불안이 있음을 받아들이는 것이 중요하다. 환자는 보통 불안 증상을 피하거나 그것과 싸우려고 한다. 인지치료에서는 그보다 환자가 증상을 받아들이도록 한다. 이 전략은 불안이 특정 수준에 도달하면, 환자가 더 이상 그 증상을 통제할 수 없다는 근거에 기반을 둔다. 역설적으로, 통제에 대한 생각을 포기함으로써 환자는 불안을 통제하는 법을 배우게 된다. 치료자는 환자에게 불안을 받아들인다는—체념한다기보다는—생각을 이해시켜야 할 필요가 있다.

치료자: 감정과 감각 외에 당신이 인식할 수 있는 것은 말 그대로 아무것도 없습니다. 삶 속에서 당신이 경험하는 것은 감정과 감각으로 구성되어 있습니다. 만일 당신이 발표할 때 스스로를 웃음거리로 만드는 것을 두려워한다면, 당신이 정말로 두려워하는 것은 불안, 자의식(self-consciousness) 그리고 수치심이라는 감각입니다. 그리고 만일 당신이 사고로 죽는 것을 두려워한다면, 부상의 결과로 예측되는 고통에 대한 두려움뿐만 아니라 추론된 감각과 통제 밖의 공황 상태를 실제로 두려워하는 것입니다. 이런 감정들을 받아들임으로써 그것들을 줄일 수 있습니다.

이런 접근법은 환자에게 확실한 함축적 의미를 가진다. Weinberg에 따르면 "유일한 두려움은 자기 자신에 대한 두려움이자 모종의 고통에 대한 두려움인데, 수용이 이러한 고통을 견딜 수 있게 하고, 결과적으로 미래에 발생할 수 있는 심리적인 문제에서 기원하는 신체적 질병을 막아 주는 조용한 용기와 분별력 있는 고요함을 기르는 데 도움이 된다"(1973, p. 187).

환자는 보통 그들이 두려워하는 것은 모두 감정이라는 것과 이 감정을 수용하는 것이 그것을 견딜 수 있게 한다는 생각이 도움이 됨을 알게 된다. 치료자는 현실을 효과적으로 다룰 수 있기 위해서는 그것을 받아들여야 함을 강조할 수 있다. 만일 한 사람이 수술해야 하는 부러진 다리가 있다는 것을 받아들이지 않으면 불구가 될 수 있다. 그러나 환자는 수용을 체념으로 혼동할지도 모른다. 불안을 받아들이면, 그가 가장 두려워하는 것이 발생하도록 악화시킨다고 믿기 때문이다.

따라서 치료자는 수용이라는 말이 지금 그 순간에 존재하는 상황을 있는 그대로 허용하는 것임을 분명히 해야 한다. 수용은 판단하거나 꼬리표 붙이는 것(옳음/그름, 좋음/나쁨, 안전함/위험함) 없이 사건의 존재를 인정하는 것이다. 환자가 불안에 두는 부정적인 판단과 평가는 오직 고통을 더 깊어지게 한다. 이런 이유로 환자에게 불안에 대한 '가치 평가'하기를 멈추도록 권고한다.

불안에 대한 불안 줄이기

환자는 불안 때문에 사회적인 반감이나 거절을 두려워할 수도 있다. 또한 신체적 손상이나 통제력을 잃는 것이나 미치는 것과 같은 정신적 손상을 겪게 될 것을 두려워할지도 모른다. 불안에 대한 불안은 이런 두려움의 활성화(activation)에서 직접 나온다. 많은 환자의 경우, 불안에 대한 불안은 특정 인지치료 기법들을 시도해 보지 못하게 할 만큼 심각할 수도 있다. 이런 이유로 환자는 반드시 불안에 대한 자신의 생각을 수정해야 한다.

치료자: 좋아요. 당신이 불안에 대해 가지고 있는 생각들에 대해 우리가 꽤 잘 알고 있는 것 같습니다. 더 현실적이고 도움이 되는 생각들로 이 생각을 수정하도록 살펴봐야 합니다. 역할 시연을 해 보는 것이 좋을 것 같습니다. 저는 당신이 가진 불안에 대한 두려움을 낳는 생각의 역할 연기를 할 것이고, 당신은 더 합리적인 반응의 역할 연기를 할 것입니다. 한번 해 볼까요?

환자: 좋아요.

치료자: 저의 불안은 끔찍하게 고통스러워요.

환자: 음, 그냥 전반적으로 그런 느낌이 들 때 아마도 이를 점수로 매겨 보면 그것이 그렇게 끔찍해 보이지 않는다는 것을 발견하게 될지도 몰라요.

치료자: 견딜 수 없어요.

환자: 음, 거기에 대답하는 것은 조금 어렵군요.

치료자: 좋아요. 정말로 견딜 수 없는 것인지 스스로에게 물어볼 수 있어요. 만일 당신 위에 뜨거운 낙인 도구가 놓여 있다면, 그것은 정말로 견딜 수 없을 것이고 방에서 달려나가거나 이 고통을 없애기 위해 똑같이 극단적인 무언가를 할 것입니다. 어떤 극단적인 행동을 취하지 않으면서 이런 '견딜 수 없는' 상태에 머물고 있다는 것은, 사실 매우 불쾌할지는 모르겠으나 정말로 견딜 수 없지는 않다는 것을 보여 주고 있습니다. 좋아요. 다시 역할 연기로 돌아가 봅시다. 저는 다시는 이런 불안을 느끼는 상황에 저 자신을 들여놓지 않을 겁니다.

환자: 그것은 상관없어요. 사실, 만일 당신이 불안 상황을 헤쳐 나가게 된다면 다음에는 더 잘 준비되어 있을 거예요.

치료자: 저는 죽어 가고 있어요.

환자: 당신이 죽어 가고 있다는 건 믿기 어렵군요. 불안 증상이 자신이 약하다고 느끼게 할지도 모릅니다. 당신은 이것을 죽음과 연관시키고 있어요.

치료자: 당신은 "주변을 활기차게 돌아다니면서 이것을 실험해 볼 수 있습니다."라고 말할 수 있어요. 좋아요. 저는 지금 심장 발작을 겪고 있어요.

환자: 그것도 거의 가능성이 없습니다. 주변을 힘차게 돌아다녀 보면서 당신의 신체 상태가 괜찮다는 것을 스스로 증명해 볼 수 있습니다.

치료자: 좋아요. 굉장히 잘했어요. 대답하는 데에 어려움이 있을 것으로 생각되는 것들이 있었나요?

환자: '불안이 시작되었고 절대 멈추지 않을 것이고, 이것은 내가 마지막에 도달하기 전까지 계속 악화할 것이다.'라는 것이요.

치료자: 그렇군요. 불안은 일반적으로 파도처럼 일어납니다. 시작과 정점 그리고 끝이 있고, 이 파도가 다시 일어난다고 할지라도 일반적으로 이 파도 사이에 증상이 상대적으로 없는 간격이 있습니다. 각 사람은 자신만의 패턴이 있는 것처럼 보이고, 자신을 비슷한 환경에 노출해서 불안의 파도들의 지속시간과 강도를 알아보는 것이 가능합니다.

이 환자는 불안에 대해 몇 가지 일반적인 태도를 보인다. 다른 태도들은 불안에 대답하는 방법과 함께 다음에서 살펴본다.

- **"불안으로 인해 일상 기능이 어려워요. 나는 너무 불안하기 때문에 발표하거나, 시험에 집중하거나, 다른 사람들과 대화할 수 없어요."**: 불안이 매우 높은 사람은 여전히 꽤 적절하게 기능할 수 있다. 일례로, 많은 대중 연설가는 편파적이지 않은 관찰자들이 전달력과 내용이 상당히 유능하다고 여기더라도 연설 동안 극도의 공포를 겪는다고 보고한다. 유사하게, 상당한 불안이 있음에도 불구하고 다른 사람들과 조리 있게 대화할 수 있다. 그러나 불안 때문에 기능할 수 없다고 믿으면 기능하려고 시도하는 것을 포기하는 것이다.
- **"불안이 있다는 것은 내가 통제력을 잃을 것이라는 뜻이에요."**: 불안 때문에 통제력을 잃게 되는 것은 가능성이 낮은 일이다. 불안을 통제하려는 비생산적인 시도로 융통성이 없고 경직될 수 있을 것이다. 이런 통제력을 취할 수 없다고 느끼며, 따라서 '통제력 상실'을 두려워할 수 있다. 불안을 수용하는 더욱 효과적인 다른 방법들은 통제력을 상실한다는 생각이 틀렸음을 증명할 수 있다.
- **"나는 미칠지도 몰라요."**: 이런 관념은 정보의 부족에 기인한다. 심각한 불안이 있는 사람들에게 종종 구체적인 약물이 필요할 수 있지만, 높은 불안 그 자체가 정신증을 일으킨다는 증거는 없다(이에 대한 더 자세한 논의는 Raimy, 1975 참조).

불안을 보이는 것에 대한 수치심 줄이기

환자는 다른 사람들 앞에서 불안을 보이는 것에서 수치심을 경험할지도 모른다. 수치심은 불안을 드러내는 것 때문에 자신이 어린애같이, 연약하게, 열등하게 판단될 것이라는 신념에서 나온다. 환자는 종종 "나는 어리석어 보여요. 이런 식으로 보이는 것은 끔찍해요."라고 말할 것이다. 불안한 환자가 수치심을 느끼는 것에 대해 쉽게 시인하지 않기 때문에, 치료자는 반드시 이런 감정에 대해 질문하고 환자가 이런 기분을 만들어 내고 있음을 보여 주어야 한다.

치료자: 과거에는 창피했지만 더 이상 그렇지 않은 것들이 있나요? 당신은 창피해하지만 다른 사람들은 그렇지 않은 것이 있나요? 당신은 창피해하지 않지만 다른 사람들은 그런 것이 있습니까?

많은 환자가 타인의 인내와 수용을 과소평가하고 그들의 자각은 무시한다. 이런 경향성을 극복하기 위해 환자는 불안을 나타내는 사람을 향한 다른 사람들의 태도를 알아볼 수 있다. 보통 이런 사람들에게 다른 사람들이 부정적 관점을 취하지 않는다는 것을 발견한다. 치료자는 또한 환자 자신이 불안한 사람들을 낮게 평가하지 않는지 질문해 볼 수도 있다. 이것이 왜 그 환자가 다른 사람들로부터 비판적인 말을 들을 것이라 예상하는지를 잘 설명할 수 있기 때문이다. 이런 경우라면 환자는 자신의 견해를 수정할 수 있다.

만일 환자가 자신의 불안에 대해 '반수치심 철학'을 적용한다면, 더 많은 고통과 불쾌함을 피할 수 있다. 예를 들어, 환자가 불안해지면 누군가에게 자신이 불안하다고 말하거나 또는 나중에 그가 경험했던 불안을 말함으로써 이 경험을 반수치심 연습으로 전환시킬 수 있다. 환자가 충분히 오래 이 '공개(open-door)' 정책을 해 나간다면, 수치심은 줄어들 것이다.

다음은 일반적으로 수치심을 유발하는 생각과 환자가 이를 바라볼 수 있는 대안적인 방법들이다.

- **'나는 연약하다.'**: 불안은 단순히 문제의 증상이다. 평가적인 문장인 '나는 연약하다.'는 환자의 신체적 상태나 정신적 상태의 관점 그 어떤 것에서도 정확하지 않다. 일반적으로, '나는 연약하다.'는 불안이 없는 '고난에 굴복하지 않는 자(happy warrior)'라는 사회적인 마초(macho) 이미지에 기반을 둔 부정적인 판단을 보여 준다.
- **'나는 신경증적이다.'**: 신경증적(neurotic)이라는 개념을 정신건강 전문가들이 조성하였지만, 이 용어는 실제로 명칭(label)으로서 타당성이 낮다. 환자는 특정 상황에 일어나는 구체적인 증상을 가질 뿐이다.
- **'다른 사람들은 내가 불안하다는 것을 알 수 있고 그것 때문에 나를 싫어한다.'**: 불안한

사람은 종종 다른 사람들이 자신이 불안하다는 것을 쉽게 알 수 있고, 따라서 하찮게 본다고 생각한다. 속담에는 이런 태도를 "도둑은 항상 자신의 모자가 불타고 있다고 생각한다(A thief always think his hat is on fire)."라고 표현하고 있다. 꽤 자주 환자들은 아주 적은 불안 행동을 보이지만, 불안이 어떻게 보이는가에 대해서는 과장된 관점을 가지고 있다. 환자는 관찰자에게 피드백을 받거나 또는 비디오테이프를 보면서 이것이 사실인지를 확인할 수 있다.

만일 한 사람이 명백한 불안 증상을 나타내고 있다면, 치료자는 모든 사람이 불안한 사람들에게 자동적으로 부정적인 판단을 하지 않는다는 것, 심지어 몇몇 사람이 이런 판단을 하더라도 그 사람들이 옳은 것은 아니라는 것, 그들의 의견이 자동적으로 부정적인 결과로 옮겨지는 것은 아니라는 것을 논의한다.

- **'그 누구도 나보다 불안하지 않다.'**: 환자가 불안에 대해 다른 사람들이 가지고 있는 공감과 이해의 정도를 무시해 버릴 때, 치료자는 거의 모든 사람이 파티의 초반이나 중요한 회의에서 때때로 어느 정도의 불안을 겪는다는 것을 지적한다. 다른 말로 하면, 치료자는 그 경험을 정상화한다.
- **'그들이 나를 거절할 것이다.'**: 단순히 불안 때문에 거절되는 사람은 거의 없다. 그렇지만 사람들은 계속해서 여러 이유로 다른 사람들을 '평가절하'하고, 거절당한 사람 중 지극히 일부가 불안한 사람들이다.
- **'나는 어리석어 보인다.'**: "다른 사람들이 당신을 어리석어 보인다고 꼬리표를 붙일지 모르지만, 자기 스스로에게 이런 식으로 꼬리표 붙이는 것은 부적절하고 생산적이지 않습니다. 다른 사람들이 당신에 대해 어떠한 이미지를 가졌든 내버려 두고, 그런 다음 성숙한 방법으로 그것을 다룰 수 있습니다."
- **'내가 두려워하는 것을 보였기 때문에(혹은 불안해서 발표를 망쳤기 때문에), 그 누구도 나와 친구가 되길 원하거나 어울리길 원치 않을 것이다.'**: "이것은 경험적 질문입니다. 당신이 불안해 보이거나 잘 해내지 못했던 과거의 어떤 순간을 선택하고 실제로 당신이 잃은 친구를 회상해 보십시오."

일반적으로, 치료자는 불안한 것은 창피한 것이 아니라 그저 하나의 현상이라는 것을 환자에게 말할 수 있다. "만일 다른 사람이 불안 때문에 당신을 낮춰 보고 싫어 한다면, 막을 수 있는 것은 아무것도 없습니다. 그렇지만 그들의 성숙하지 못한 태도를 받아들일 이유는 없습니다." 치료자는 또한 환자에게 '그 어떤 것에 대해서도 부끄러워하는 것을 고집스럽게 거절하는 법(How to Stubbornly Refuse to be Ashamed of Anything)'이라는 Albert Ellis의 카세트테이프[1]를 들어 보게 할 수도 있다(제14장에서 수치심에 관하여 더 자세히 다룰 것이다).

치료자는 이 일반적인 개념들을 다르게 표현해 주거나, 환자가 질문과 답을 하게 함으로써 이 결론에 도달하게 할 수 있다. 최고의 전략은 불안을 받아들이는 것을 매우 어렵게 만드는 그 사람의 생각이 무엇인지 찾는 것이다. 그런 다음 치료자는 환자가 이런 왜곡을 수정하도록 도울 수 있다.

불안 정상화하기

증상을 완화하는 한 가지 방법은 환자가 불안 증상에 매몰되지 않고 증상이 있어도 행동할 수 있도록 돕는 것이다. 앞서 언급한 불안의 진화적 모델의 몇 가지 측면에 관하여 환자에게 제시하는 것은 증상에 대해 설명해 주고 분명하게 이해를 도와서 불안을 덜 두렵게 만들어 준다. 인지치료의 많은 부분이 교육적이라는 것을 염두에 두어야 한다.

치료자: 불안에는 우리가 말했던 어지러움, 멍함, 목이 답답함, 여러 가지 두근거림, 발한 등과 같은 증상들이 있습니다. 당신은 종종 이런 증상들을 걱정하기 시작합니다. 그런 다음 그것을 끔찍한 무언가 생길 것이라는 경고로써 두려운 것으로 명명합니다. 이는 더 많은 불안을 가져옵니다. 당신이 더 두려워질수록 증상은 더 심해질 것입니다. 이런 증상들에 너무 지나치게 주의집중을 하기 때문에 악순환됩니다. 신체적 증상에 선택적으로 주의를 기울이면 이는 더 심해지게 됩니다.

1) 이 테이프는 Institute of Rational Living, 45 East 65th Street, New York, NY 10021에서 구할 수 있다.

불안의 증상들은 두통과 같습니다. 당신이 계속해서 기능하는 동안에 불안을 배경으로 물러나도록 내버려 둔다면 보통은 사라집니다. 불안의 증상들은 수천 년에 걸친 진화의 결과입니다. 선사시대에 이런 증상들은 실제 위협에 대한 생리적 반응으로 나타났습니다. 그것은 투쟁 또는 도피와 같은 원초적 반응과 같이 몸이 행동할 준비를 하게 하므로 생존 기능의 역할을 했을 것입니다. 그러나 이제는 더 이상 필요하지 않습니다.

두 번째 정상화 접근법은 다음과 같다.

치료자: 불안과 같은 강한 감정들은 불가사의한 것이 아닙니다. 그저 당신이 세상을 바라보고 반응하는 방법들을 수정할 필요가 있다고 뇌에서 보내는 신호입니다. 불안은 당신을 처벌하려고 고통을 주는 것이 아니라 당신을 깨우고 당신의 주목을 받기 위한 것입니다. 당신의 정신은 이 상황을 심각하게 받아들이라고 말하고 있습니다. 만일 이 고통이 날카롭지 않다면, 이 신호를 무시하게 될 수도 있고 결국 필요한 선택을 하지 않게 될 수도 있을 것입니다.

불안이 당신에게 보내고자 하는 메시지는 무엇입니까? 두 가지 가능성이 있습니다. 다르게 행동할 필요가 있는 것과 다르게 생각해야 할 필요가 있는 것입니다. 예를 들어, 당신이 불안하면 이 메시지는 당신이 위험에 놓여 있고 스스로를 보호해야 한다거나 또는 당신이 이 위험을 과장하고 있고 현실적으로 생각해야 한다는 것입니다.

정서적 고통은 신체적 고통과 같습니다. 두 가지 모두 당신의 무언가 잘못되었고 고쳐야 할 필요가 있다고 말합니다. 만일 둘 중 하나를 무시한다면, 고통은 지속되고 문제는 보통 악화됩니다. 고통스러운 감정을 인정함으로써 당신이 무언가 잘못되었음을 인식하고 있고 그것을 처리할 것이라는 메시지를 뇌로 되돌려 보냅니다. 이렇게 하고 나면, 고통의 격렬함은 즉각 줄어들기 시작합니다.

당신이 무언가 잘못되고 있다는 것을 시인하길 원치 않기 때문에 이 감정들을 무시하려고 노력할 수 있습니다('나는 전문가야. 분명히 말하는 것을 두려워해서는 안 돼.' '난 아무것도 잘못한 것이 없어. 죄책감을 느껴서는 안 돼.'). 당신의 감정들을 끊어내는 것(disown)입니다. 그러나 당신이 어떻게 느끼는지('나는 나 자신을 불안하게 만들고 있어.')에 대한 책임감을 가질 때 원하는 선택을 할 수 있습니다.

불안의 일반적인 본질을 논의할 때, 치료자는 특히 잘 알지 못하는 상황에서 느끼는 특정 양의 불안은 적절할 뿐만 아니라 사람의 자각을 높여 줄 수 있으므로 심지어는 기능적일 수 있다는 점을 지적할 수 있다. 예를 들어, 면접을 볼 때 갖게 되는 어느 정도의 불안은 정상적이고 예상 가능한 것이다. 그리고 많은 무대 공연자는 좋은 연기를 위해 공연 전에 어느 정도의 불안이 필요하다고 생각한다. 그들은 불안에 굴복하지 않고, 불안이 자신에게 도움이 되게 한다. 즉, 예술적 가교에 날을 세우게 한다. 반대로, 불안한 환자들은 종종 약한 정도의 불안조차도 두려운 것, 아마도 불안 발작의 전조일 것이라고 꼬리표를 붙인다. 치료자들은 치료를 통해 불안을 완전히 없애는 것이 아니라 불안을 어떻게 다루는지, 또한 어떻게 이에 압도되지 않도록 하는지를 배우는 것이 목표임을 분명히 말한다.

적극적인 수용

환자는 수용이 수동적인 과정이 아닌 적극적인 과정임을 알아야 한다. 우리는 불안을 받아들이도록 선택할 수 있다. 이를 받아들이기로 선택하는 것은 일반적으로 경험에 대한 통제감을 준다. 때로 환자는 불안을 환영하고 더 많은 불안을 요구하는 방법이 도움이 됨을 발견한다. 한 예로, 사회 불안이 있는 한 환자는 스스로에게 "안녕, 불안."이라고 말하는 것이 도움이 된다는 것을 발견하였다. 그녀는 자신이 가진 최악의 두려움과 그에 해당할 가능성에도 인사를 하곤 했다. "안녕, 나는 나 자신을 우습게 만들지도 몰라." 그리고 "안녕, 나는 안 그럴지도 몰라." 그녀는 이 전략이 불안이 있을 때 그것을 수용하는 것에 효과적이라는 것을 알아냈다.

자기의 불안을 자신 또는 타인에게 시인하는 것도 수용의 또 다른 방법이다. 불안한 발표자에게는 종종 자신이 불안하다고 청중에게 말하라고 조언하는데, 이 조언은 효과적이다. 많은 환자가 자신의 불안 문제를 공개적으로 시인하는 것이 도움이 됨을 발견한다.

환자가 수용전략을 사용하는 능력은 다양하다. 수용전략을 사용할 수 있는 환자들은 불안 증상을 줄이는 과정에서 빠른 진전을 보인다. 많은 사람의 경우, 불안을 받아들이는 것은 전체 문제를 다룰 수 있게 한다. 한 예로, 어떤 의사는 불안을 다룰 수 없었기 때문에 여러 번 이직해야 했다. 그는 자신의 모든 일을 이중, 삼중으로 확인하곤 했다. 그는 불안을 받아들이는 것을 불안을 '먹는' 것으로 명명했다. 그는 불안에 머무르되 그것을 줄이려고 노력하지 않는 것이 불안을 상당히 줄일 수 있게 했다는 것을 발견하였다.

환자에게 불안을 더 확대된 방법으로, 그리고 가능하다면 새롭고 긍정적인 시각으로 바라보도록 격려할 수 있다. 예를 들어, 치료자는 환자가 불안을 수용하고 경험하기로 선택한다면 더 높은 수준의 성숙에 도달할 수 있다고 말해 줄 수 있다. 불안 없이는 성장도 없다.

감정 확인하기

일부 환자는 어떤 감정을 불안으로 정확하게 확인하는 것에 어려움을 경험할지도 모른다. 예를 들어, 이것을 '스트레스'나 '긴장'으로 부를 수 있을 것이다. 이 문제는 쉽게 바로잡을 수 있다. 더 흔한 문제는 환자가 나타내는 혼합된(mixed) 감정이다. 치료자는 환자와 함께 화남, 슬픔, 기쁨과 두려움의 네 가지 기본 감정과 어떻게 다른 감정들이 보통 이 네 가지 감정의 혼합된 결과인지를 논의할 수 있다. 예를 들어, 상처받음은 슬픔과 화남이 조합된 것이다. 많은 불안한 환자는 기쁨/두려움의 혼합된 감정을 가진다(롤러코스터 타기, 공포 영화 등에서). 가장 일반적인 조합 중 하나는 환자에게 두려움/화남의 조합이 있는 것이다. 환자가 두 가지의 감정 모두를 이해하고 작업할 수 있도록 전형적인 감정 조합의 특성(nature)을 아는 것이 도움이 된다.

한 환자는 월요일이 기한인 보고서를 끝내지 않고 주말에 놀러 나가는 것을 불안해했다. 그가 취한 첫 단계는 애초에 주말에 나가게 만든 아내에게 화를 낸 것이다. 그러고 나서 이렇게 미성숙하게 행동한 것 때문에 자신이 부끄러워졌다. 마침내 그는 아내에게 따뜻하게 대하며 사과했다.

많은 환자가 불안이 있는 것 때문에 자신을 매우 비판하게 될 것이다. 이런 태도는 슬픔을 낳고, 이 슬픔은 불안에 집중하지 못하게 막는다. 많은 환자는 불안과 우울 사이를 왔다 갔다 한다. 치료자는 종종 환자에게 이 두 감정을 어떻게 받아들이고 건설적인 방법으로 다룰 수 있는지 가르쳐 주어야 한다.

행동전략

불안한 환자가 가능한 한 정상적으로 행동하도록 하는 것은 불안 증상을 줄여 주는 것이다.

치료자: 불안하지 않은 것처럼 행동해 보세요. 불안과 함께 기능해 보세요. 필요하다면, 천천히 하시고 계속하십시오. 말을 하고 있다면 문장을 끝까지 마칩니다. 무언가를 하고 있다면 할 수 없다고 생각할지라도 계속 움직이십시오. 당신이 듣고 있다면 적극적으로 듣습니다. 만일 읽고 있다면 읽으십시오. 걷고 있다면 걷습니다. 운전 중이라면 운전합니다. 불완전하게, 남을 의식하거나 어색하게 행동할지라도 계속 행동하십시오.

만일 그 상황에서 도망친다면, 불안은 줄어들지만 두려움은 증가할 것입니다. 만일 지속한다면, 두려움과 불안은 결국 모두 줄어들 것입니다.

활동 스케줄

일부 환자는 불안에 너무 압도되어 정상적인 활동을 하는 데에 심각한 지장을 받는다. 한 예로, 69세의 한 남성은 불안에 너무 사로잡혀서 일상생활의 기능을 수행할 수 없었다. 그는 불안을 통제하게 되기까지 수 주에 걸쳐 매일 치료자를 만났다.

이 회기들의 대부분은 환자를 위한 활동 스케줄을 구성하는 데에 쏟았다.

만성적으로 불안한 환자나 상당한 불안이 있는 환자는 치료자의 도움을 받아 일상의 활동들을 자세히 계획하는 것에서 도움을 받을 수 있다.

이 스케줄은 환자에게 방향 감각과 통제력을 준다. 앞서 언급한 바와 같이, 구조(structure)는 환자의 혼란(disorganization)과 압도되는 기분에 대한 해독제다. 계획된 활동은 불안을 유발하는 생각에서 주의를 전환하게 한다.

활동 스케줄을 만드는 데 있어 안내 지침은 다음과 같다.

① 치료자는 절차에 대한 수용 가능한 근거를 제시해야 한다.
② 환자는 한 번에 한 가지의 과업에 집중하고 이후의 과업에 대해서는 걱정하지 않아야 한다. 한 과업을 끝낸 후, 다른 과업 사이에는 즐거운 활동을 해야 한다.
③ 이 절차의 목표는 환자가 활동에 참여하게 하는 것이지, 완벽하게 수행하도록 하는 것이 아니다.
④ 계획은 유연하게 짜여야 한다. 예기치 않은 사건이 발생할 때, 환자는 계획을 변경할 수 있다.
⑤ 환자가 관심을 두고 집중할 수 있는 활동이 가장 좋다.
⑥ 이 활동은 환자의 정상 활동과 관련된 것이어야 한다.
⑦ 이 활동은 너무 구체적이거나 너무 일반적이어서는 안 된다.

활동 스케줄을 짜는 것은 어려운 일일 수 있다. 치료자는 하루의 스케줄을 짜는 데에만 한 회기 전체를 사용해야 할 수도 있다. 이후의 어느 시점에서는 환자에게 한 번에 하루의 스케줄을 계획하도록 지시하고 환자 스스로 스케줄을 짜게 한다. 계획된 마지막 스케줄은 다음 날의 스케줄을 짜는 것이 된다.

불안에 대한 내성 증가시키기

치료의 한 가지 목표는 환자가 불안에 대한 내성을 갖게 하는 것이다. 내성이 높아지면 불안에 대한 불안의 양이 줄어든다. '나는 이것을 견딜 수 없어.'라고 생각하는 대신 "나는 이걸 견딜 수 있을 만큼 강해."라고 환자가 자신에게 지시하도록 격려한다. "내가 이걸 견딜 수 없을 거라고 누가 그랬어?" 또는 "내가 이것을 얼마나 견딜 수 있는지 시간을 재고 결국 그 시간을 늘릴 거야."와 같은 자기도전(self-challenging)의 진술들이 도움이 된다. 치료자는 "사람들은 연습을 통해 거의 모든 종류의 불편에 대한 내성을 기르는 법을 배울 수 있습니다."와 같이 말할 수 있다.

치료자는 환자에게 불안에 대한 내성을 증가시키는 것은 또한 미래의 불안에 대해 자신을 강하게 하고 미리 접종하는 것이라고 말한다. 실제로 동요되지 않으면서 상당한 불안을 견딜 수 있는 것을 관찰함으로써 통제감을 높일 수 있고, 이는 그 자체로 불안의 상승 효과(spiral effect)를 저지할 수 있다.

환자는 불안에 대처할 때 자주 부적응적인 행동 패턴, 예를 들어 흡연, 과식, 과음이나 과도한 자위행위에 의지한다. 환자는 불안을 느끼는 것과 습관적인 탈출기제에 굴복하는 것 사이에서 시간을 늘려 감으로써 내성을 높일 수 있다. 이와 비슷하게, 불안을 느낄 때 심지어는 적응적인 대응 수단(주의 전환과 같은)의 사용을 연기하는 것도 내성을 늘리는 데에 도움이 된다.

치료자는 불안을 유발하는 상황을 계속 회피하므로, 비현실적인 생각을 실험해 볼 기회를 놓치는 환자에게 불안 내성의 증가에 관한 근거를 반드시 제시해야 한다. 치료자는 이 경험으로 뛰어드는 것이 불안을 둔감하게 만드는 데에 도움이 될 것이라고 설명한다. 즉, 이것은 어려움/쉬움(hard/easy)의 선택이다. 그리고 단기간의 고통을 회피하는 것이 솔깃하기는 하더라도(쉬움/어려움의 선택), 회피가 가져오는 장기 결과를 생각해 보는 것이 좋을 것이다.

이 문제를 다룰 때, 치료자는 Epicurus의 말을 염두에 둘 수 있다. "고통은 그 한계를 기억하고 그 공상적인 과장에 빠지지 않는 한 늘 견딜 만하고 끝이 있다." 만일 고통을 점점 더 견딜 수 없다면, 신체는 사멸할 것이다. 치료사는 손톱이 뽑히는 고통이 99라 가정하고, 고통의 위계를 구성하고 그의 고통은 어느 수준에 있을지를 보게 할 수 있다.

환자에게 찬물 샤워나 빠른 뜀박질을 하는 것으로 종종 심각한 불안 상태가 유지되는 것을 깰 수 있다고 언급하는 것이 좋다. Albert Ellis(1962)가 조언한 바와 같이 상담실에서는 충격적이고, 극적이고, 참신한 언어를 사용함으로써 이런 상태를 깰 수 있었다. 다만 치료자는 이것이 치료관계에 해를 입히지 않는지를 반드시 확인해야 한다.

알코올, 자극제, 식이 조절, 스트레스

불안한 환자는 커피, 차 또는 콜라와 같은 자극제를 과도하게 먹는 것을 주의해야 한다. 일부 환자의 경우, 커피 단 한 잔조차 종종 불안이라고 오판되는 생리적인 각성을 일으킬 수 있으며, 그것만으로도 연쇄 반응이 시작된다.

불안한 환자는 과도한 음주도 반드시 줄여야 한다. 취지는 이런 도움 없이도 정상적으로 행동하게 하는 것이다. 많은 환자가 불안을 통제하기 위해 술을 마신다. 그러나 음주는 불안 및 불안과 유사한 증상들에 더 취약하게 만들고, 또다시 연쇄 반응이 영향을 미칠 수 있다.

환자는 공복을 너무 오래 유지하는 것도 주의한다. 많은 저혈당 증상이 불안 증상과 유사하고, 결과적으로 불안으로 오판될 수 있다. 저혈당은 또한 사람이 불안에 더 취약하게 만들 수 있다. 만일 불안한 사람에게 저혈당이 의심된다면, 우유 한 잔이나 삶은 달걀과 같은 단백질을 섭취하도록 조언한다. 마지막으로, 스트레스와 피로, 수면 부족도 각성을 증가시키고 환자가 불안 상태에 취약하게 한다.

부적응적 대처 행동

불안에 대처하기 위한 장치로 비롯된 알코올 남용이나 과식과 같은 이차적인 문제도 종종 습관이 된다. 이런 경우 치료는 부적응적 행동과 불안에 동시에 초점을 맞춘다(의존적 및 부적응적 행동에 대한 구체적인 치료 방법은 Beck & Emery, 1997 참조). 일반적인 전략은 부적응적 행동을 하는 것을 지연시킴으로써 불안의 내성을 증가시키도록 하는 것이다. 목표는 즉각적인 안도에 안주하기보다는 개선하는 것이다.

단계별 과제, 구조화된 성공 경험, 자기주장 훈련 그리고 과제로 부여된 기쁨과 통제감의 경험과 같은 것이 개입 방법에 포함된다. 이런 이차적인 문제가 있는 환자들에게 행동의 연쇄가 어떻게 전개되는지 가르친다. 지연 전술과 대안적 행동의 가치를 특히 강조하면서, 이런 연쇄 작용을 깰 수 있는 전략을 개발할 것을 강력하게 권장한다. 예를 들어, 한 환자는 불안할 때 술집으로 곧장 향하곤 했다. 그는 불안이 줄어들 때까지 술을 마셨다. 이런 행동 패턴은 부적응적 생각인 '나는 대처할 수 없다.'를 강화하였고, 실제로 이런 생각을 유쾌하게 만들었다. 그가 이런 습관에 강하게 매여 있었기에 치료자는 그가 자신을 술집에 가게끔 허용하기 전에 적극적인 대안적 행동을 하라고 지시하였다. 그는 이 시점에 행동의 연쇄를 중단하는 것이 자동적으로 도망치는 반응 연쇄를 막고 그의 인지 또한 바꿀 수 있는 타임아웃(time out)을 준다는 것을 직접 경험을 통해 배웠다.

자기관찰

환자가 불안을 줄일 수 있는 효과적인 방법은 관찰하는 자기(observing self)를 참여시키고 강화하는 것이다. 관찰하는 자기는 판단하지 않고 불안의 주관적인 극적 사건(드라마)을 따르지 않는다. 자기자각(self-awareness)은 환자가 상황에 대한 조망을 갖게 하고 이를 더 큰 맥락에서 바라볼 수 있게 한다.

자각은 사람을 현재 시점으로 되돌려 준다. 불안은 자신을 미래에 있는 위험한 상황으로 투사한 결과이다. 그 사람이 현재에 머무르는 한 위험은 없다. 자기자각은 불안에 대한 보다 큰 통제감을 준다. '나는 불안하다.'라고 생각하기보다 '나는 불안을 경험한다.'라고 본다.

이미 언급한 것 같이, 인지치료에서의 협력은 치료자와 환자 각자의 관찰하는 자기 사이에 있다. 인지치료의 많은 기술과 안내가 이런 협력 형성을 돕기 위하여 설계된 것이다. 환자의 관찰하는 자기를 탐색하는 것은 불안에 대응하게 도와준다. '어떻게' 질문("어떻게 당신은 자신을 불안하게 하나요?")과 '무엇' 질문("당신은 무엇을 생각하나요?")이 보다 큰 자각을 유발한다면, '왜?' 질문("왜 당신은 불안한가요?")은 더 많은 생각을 촉발한다.

질문이나 안내의 형태가 환자의 대답과 반응을 결정짓는다. "당신은 왜 그렇게 불신하나요?"라는 질문은 이유와 합리화를 유도할 가능성이 크지만, "당신은 불신하는 것처럼 보이네요."는 자기자각을 높일 가능성이 더 크다. 비슷하게, 단순히 환자에게 활동 과제를 수행하라는 것보다 '조사관'이나 '탐험가'의 역할을 취하도록 하는 과제가 더 효과적이다.

치료자는 자각을 인식하고 있어야 한다. 치료자가 초기 발달 문제나 과거 외상을 탐색할 때, 환자의 관찰하는 자기는 역기능적 신념을 효과적으로 재구조화하기 위해 이 내용을 살펴야 한다. 같은 관점에서 문화적인 왜곡도 반드시 살펴야 한다('사람은 행복하기 위해서 높은 지위나 절대적인 성공이 필요하다.'). 이런 환자는 이를 또렷이 볼 수 있도록 자신과 신념을 분리시켜야 한다.

환자가 자신의 생각, 감정 그리고 행동과 분리하거나 거리를 둘 수 있는 한 가지 방법은 '자신을 바라보는 자신을 바라보기(watch myself watch myself)'이다. 극도의 불안 속에서 환자가 이인증을 경험할 경우 이를 자동적으로 하게 된다. 의도적으로 그것을 하는 것도 효과적으로 불안을 낮출 수 있다.

권위적인 인물을 두려워했던 35세의 한 여성은 상사가 자신에게 무례하게 대할 때마다 불안해졌다. 어느 날 그녀는 불안해지기 시작했지만, 자신의 생각('그는 나를 싫어해. 그리고 나를 없애고 싶어 해.')을 알아차릴 수 있었다. 이러한 자각은 그녀가 왜곡을 볼 수 있게 하였고, 더 정확한 생각('그는 오늘 모두에게 무례하게 굴고 있어. 그것은 그의 문제야. 이것을 개인적으로 받아들일 필요는 없어.')으로 대체하기 위한 계기가 되었다. 다음에서는 환자들이 더 나은 자기관찰자가 되는 법을 배우도록 도울 수 있는 몇 가지 방법을 소개한다.

긍정적인 자기지시

불안한 환자가 항상 자신의 감정을 통제할 수는 없지만, 자기 자신에게 하는 말을 지시할 수는 있다. 예를 들어, 환자는 자신에게 "불안해하지 마."라고 말하기보다 "경계해."라고 말할 수 있다. 환자는 할 수 있는 것(불안을 지켜보기)에 초점을 맞춤으로써 무력감을 떨쳐 버릴 수 있다. 긍정적인 형태의 자기지시를 하는 것이 중요하다.

치료자: "긴장하지 마." 또는 "내가 긴장하면 어쩌지?"라고 자신에게 제안하게 되면 스스로를 긴장하게 만듭니다. 부정적인 문장들은 보통 당신이 원하지 않는 부분들을 담고 있지요. 만일 누군가에게 "우유 쏟지 마."라고 한다면, "우유를 조심히 들고 가."라는 긍정적인 형태로 제안하는 것보다 우유를 쏟을 가능성이 더 커집니다.

환자는 불안하지 않을 때 불안한 상태가 될 때를 대비하여 자기자각 기법을 연습할 수 있다. 많은 환자가 '당신이 무언가를 하고 있을 때 하는 것에 계속 주목하라'는 훈련에 긍정적으로 반응한다.

환자는 또한 앉아서 자기 자신에게 "나는 나의 몸이 아니다. 나는 몸을 가지고 있다." "나는 내 생각이 아니다. 나는 생각을 하고 있다." "나는 나의 감정이 아니다. 나는 감정을 경험하고 있다."라고 말하는 일련의 연습을 할 수 있다. 따라서 환자는 어떤 한 순간에도 자신이 생각하고, 실천하고, 행동하고 있는 것과 동일시하는 대신에 자각을 통해서 더 많은 것을 확인하게 된다.

그래프와 다이어리

치료자는 종종 환자에게 특정 기간 경험한 불안의 양을 그래프로 그리게 할 수 있다. 한 축에 주관적 불편의 단위(0~100)를 두고, 다른 한 축에는 보통 30분의 간격으로 시간 단위를 둔다. 또한 환자에게 장소나 촉발 사건(precipitating event)과 같은 상황적인 변수들을 기록하라고 한다. 이 그래프는 치료자에게 중요한 정보를 제공하고 환자에게 불안은 시간 제한적이며 일반적으로 외적 상황과 관계가 있음을 입증한다. 이는 불안 반응 중에서 불안이 영원히 끝나지 않을 것으로 생각하는 환자의 경향성을 반박한다.

또한 환자에게 이전에는 회피해 왔던 상황들을 직면하기 위한 일상의 노력을 기록하도록 한다. 이런 경우에 상황, 시작될 때의 불안 정도, 그 상황에 머문 시간, 끝날 때의 불안 정도를 적는다. 이 기록과 그래프의 목적은 불안 증상에 관한 더 객관적인 관점을 만드는 것이다. 더 유용한 치료적 도구 중 하나인 자기감찰하기는 환자에게 불안에 대한 통제감을 높이는 단순한 방법을 제공한다. 덧붙여 자기감찰하기 연습에서 모은 정보는 다양한 다른 기술에서 사용된다.

집중(혹은 주의전환) 연습

집중은 불안에 대처하기 위해 사용하는 일반적인 기술이다. 치료자가 먼저 이 기법을 상담실에서 시연한다. 치료자는 환자에게 현재 불안 정도를 평정하라고 한다. 만일 환자가 그 시점에 불안하지 않다면, 불안을 유발하는 상황을 상상하거나 수 분 동안 일 분에 40회의 숨을 쉬면서 과호흡을 해 볼 수 있다. 그런 다음 환자에게 창문의 블라인드와 같은 상담실에 있는 물건에 집중하도록 지시하고, 그것을 상세히 설명하게 한다. '크기는 어떠한가? 무엇으로 만들어졌는가? 먼지가 쌓여 있는가? 무슨 색인가? 햇빛이 비치는 곳에 색이 다르게 보이는가? 만지면 감촉은 어떠할 것 같은가? 맛은 어떠할 것 같은가? 약해 보이는가?' 등

환자는 어떤 방식으로든 불안을 유발하는 사고에 꼬리표를 만들어야 한다. 예를 들어, '예측하는' 또는 '만약 ~한다면 어떻게 하지?'와 같은 것이다. 각 불안의 생각이 마음속에 떠오를 때 이를 분리된 방식으로 보려고 노력하고, '예측하는'이라고 말한다. 그런 다음 초점을 바라보고 있었던 물체로 되가져온다. 이렇게 하고 난 후, 환자에게 불안 정도를 다시 평정하게 한다. 보통은 어느 정도 감소되어 있다. 만일 그렇지 않을 경우, 치료자는 다른 주의 전환 형태를 시도해 볼 수 있다.

만일 상담실에서의 연습이 성공적이었다면, 환자에게 불안을 집중하기 활동 연습을 시작하는 신호로 사용하여 상담 회기 밖에서 집중하기 기법을 연습하게 한다. 이 집중하기 활동은 읽기, 껌 씹기, 걷기, 전화 통화하기, 사탕 빨기, 가까운 환경에 있는 다양한 물체를 관찰하기와 같은 형태를 취할 수 있다. 환자는 자기가 만들어 낸 내적 현실에 집중하는 것을 깨기 위해 외부 현실에 초점을 두어야 하며, 단순하게 자기 생각에 이름을 붙여야 한다.

긴장 이완 방법

긴장 이완(relaxation)은 효과적인 형태의 자기자각이 될 수 있고, 또한 환자에게 증상에 대한 어느 정도의 통제감을 보여 주기 위해 사용할 수 있다. 표준적인 긴장 이완 기법이 사용될 수 있다. M. R. Goldfried와 G. C. Davison(1976)은 다양한 능동적인 긴장 이완 연습에 관해 설명하였다. 그들은 배워야 할 기술로서 긴장 이완 제시하기, 환자에게 '낯설게' 느낄 수 있는 것이나 통제력을 잃게 될까 두려워하는 것에 경고하기, 궁극적으로 환자가 통제를 연습하고 있다는 것과 편안히 느끼기 위하여 의자 주변을 마음껏 돌아다닐 수 있다고 말하는 것 등을 제안하였다. 이들은 치료자가 또한 우리가 말한 바와 같이 역설적으로, 통제력을 얻기 위해서 환자에게 '내려놓는(let go)' 마음자세를 전달해야 한다고 제안한다.

우리는 또한 때로 Donald Meichenbaum(1974)이 개발한 간략한 긴장 이완 방법을 사용해 왔다. 다음에서 제시되는 치료자의 지시 사항은 Mechenbaum의 안내서에서 각색한 것이다.

치료자: 먼저 당신의 근육을 긴장시키고 그런 다음 풀어 주는 일련의 동작을 할 것입니다. 가슴과 등의 근육을 긴장시키고 유지하세요. 짧고 깊은 숨을 쉬어서 가슴을 천천히 채우고 유지합니다.

이 시점에서 치료자는 환자도 역시 숨을 들이쉬고 있는 동안 호흡하기 연습의 예시를 보여 준다.

치료자: 가슴에 숨을 가득 들이마시고 유지하세요. 이제 입술을 약간 그리고 천천히 열어 숨을 내뱉습니다. 천천히. 좋습니다. 천천히 내뱉을 때 안락함과 따뜻함을 가져올 수 있다는 것에 주목하세요. 좋습니다.

치료자는 환자가 숨 쉬는 패턴이 정상으로 되돌아오도록 잠시 멈춘다.

치료자: 다시 한번, 느리고 깊은 숨을 쉬면서 가슴을 채워서 가슴과 등의 근육을 긴장시켜 봅니다. 숨을 참고 가슴의 끝부터 몸의 상체 전체에 걸쳐 긴장감을 느껴 보십시오. 천천히 숨을 내뱉으며, 입술을 떼고, 천천히, 천천히, 공기가 나가게 해서 안락함을 가져옵니다. 좋아요. 당신이 가져올 수 있었던 긴장과 이완의 차이에 주목해 보세요.

환자는 이제 조용히 앉아 있다.

치료자: 호흡하기를 통해 긴장을 이완시킬 수 있습니다. 느리고 깊은 숨을 쉬면서 천천히 내뱉음으로써 긴장감과 불안의 기분을 통제할 수 있습니다. 호흡하기 기법은 심박수와 신체 이외의 다른 부분에 영향을 미치기 때문에 효과가 있습니다. 천천히 호흡하는 것은 신체의 순환과정을 천천히 하고 각성을 낮춰 줍니다. 호흡하기 연습을 다시 해 보세요. 이번에는 스스로 해 봅니다. 천천히 숨을 쉬고 각 숨을 참고, 그런 다음 입술을 떼서 천천히 공기를 내보냅니다. 해 보십시오.

이런 순환을 한 번 더 반복한다. 또한 치료자는 환자에게 다음과 같이 제안할 수 있다.

치료자: 숨을 천천히 내보내면서 이완과 침착이라는 단어를 조용히 생각함으로써 긴장 이완을 깊게 하고 긴장의 느낌을 편히 할 수 있습니다. 숨을 천천히 내보낼 때 스스로 이런 단어를 생각하거나 그려 봅니다. 이렇게 하는 것이 이완과 깊은 호흡 연습을 하는 회기의 사이나 불안할 때 도움이 될 수 있습니다.

치료자가 본보기를 보여 준 들이쉬기 패턴은 보통 4~5초 동안 가슴을 채우고 마지막으로 이후 10초 동안 숨을 천천히 내보내는 것으로 구성된다. 숨쉬기 절차는 20~30초 정도 걸리는데, 이는 환자와 치료자의 특성에 맞추어 조정할 수 있다. 환자는 숨이 찰 때까지 숨을 참고 있지 않고, 천천히 깊게 내뱉을 수 있는 충분한 시간을 남겨 둬야 한다. 치료자는 이완 연습을 하는 동안과 그 이후에 환자에게 급작스러운 날카로운 들숨과 날숨의 차이가 심박수를 증가시킨다는 것과 느린 들숨과 날숨이 심박수를 포함하여 신체과정을 차분하게 한다는 것의 차이를 말한다.

치료자는 환자가 불안하거나 수면의 문제가 있을 때 들을 수 있는 이완 테이프를 만들 수 있다. 맨 처음 환자는 최적의 환경에서 연습한다. 이 환경에는 등받이가 있는 편안한 의자, 은은한 조명, 적절한 방의 온도, 편안하고 느슨한 옷을 입는 것 등이 포함된다. 배경의 시끄러운 소리, 음악이나 원치 않는 냄새를 피하고, 잠에 빠지게 만들 수 있기 때문에 신체적으로 녹초가 되어서는 안 된다.

Deikman(1976)은 효과적인 이완 방법인 '그만두기(quitting)'라고 부르는 기술을 설명하였다. 다음에서 그 근거를 제시한다.

치료자: 당신은 하루에 몇 시간이나 목적이 있는 행동을 합니까? 일, 식사, 운동, TV 보기, 대화하기 같은 것일 수 있습니다. 당신이 아무것도 하지 않는 아주 잠깐의 순간들이 아마 있을 겁니다. 이 방법은 단순히 하던 모든 일을 그만두는 것입니다. 다음은 그만두기 연습을 위해 취할 단계입니다.

① 당신이 하고 있는 것이 무엇이든 멈추고 그냥 앉는다(벽시계나 손목시계를 쳐다본다).
② 10분 동안, 어떤 외적 또는 내적 자극이든 반응하는 것을 멈춘다(만일 밖에서 소방차 소리가 들리면 흘려보낸다. 만일 무언가 움직이는 느낌이 나면 자신에게 "상관없어. 내버려 둬."라고 말한다).
③ 생각들을 무시한다. 생각이 일어나면 굳이 끝내려 하지 않는다. 그냥 놔둔다.
④ 깨어 있는 상태로 바깥세상이 당신에게 오게끔 한다. 당신이 이것을 지금 당장 하길 바란다. 당신이 두려움에 과도하게 집중하게 될 때마다 10분 동안 그냥 그만둔다. 이것을 하고 난 다음에는 당신이 무엇을 느끼고 싶은지를 선택할 수 있는 훨씬 더 큰 자유를 가지게 될 것이다.

Melges(1982)는 또 다른 자기의식 긴장 이완 방법인 '현재를 확대하기(expanding the present)'를 개발하였다. 환자에게 긴장을 풀고 내적 시간이 점차 느려지고 늘어난다고 상상하게 한다. 이렇게 함으로써 치료자는 1초에 1을 세는 것에서 30초에 1을 세는 것으로 늘려 나간다. 환자에게 더 많은 내적 시간이 있고, 과거와 미래는 저 멀리에 있는 것으로 상상하게 한다. 과거와 미래는 거의 심지어 존재하지도 않는다.

환자는 평온하게 비어 있는(empty) 마음을 상상한다. 이 방법은 특히 압도된 느낌을 받는 불안한 환자에게 도움이 된다. 비록 Melges가 이 방법을 최면과 함께 사용할 것을 추천하지만, 이 방법에서 환자가 각성 이완(alert relaxation)의 상태를 획득하는 것은 필수가 아니다. 이런 이완은 환자가 너무 많은 것이 너무 빨리 들이닥친다고 느낄 때 일반적인 대처전략으로써 사용하기 위해 배울 수 있다.

이완은 인지치료에서 중요한 자원이고 목적을 위한 수단, 보조 절차로 볼 수 있다. 이완과 비슷한 집중하기 연습과 명상은 역기능적 사고를 찾아보고 증상의 완화를 촉진하기 위해 사용할 수 있다.

감정 검토

검토(review) 절차는 꽤 단순하다. 환자에게 두려운 상황을 상상하고 그런 다음 그에 대해 어떻게 느끼는지 말하게 한다. 검토는 먼저 치료자가 최소한의 개입을 하면서 상담실에서 이뤄져야 한다. 그 근거로 치료자는 이 상황이 '고통의 덩어리'와 같고 머릿속에서 생각해 봄으로써 이 덩어리가 풀어질 수 있다고 말할 수 있다.

불안을 유발하는 상황에 대해 논의하는 것이 종종 감정을 완화시킬 수 있다. Raimy는 "반복 검토의 기술에서 치료자는 특정 문제에 대한 사람의 관심에 초점을 맞추고, 그런 다음 더 만족스러운 다른 해결책에 도달할 때까지 인지 검토를 반복할 기회를 갖고 있다."(1975, p. 79)라고 말했다.

Raimy(1975)는 다수의 환자에게서 이 접근법을 성공적으로 사용하였다고 보고한다. 이 절차에서 치료자는 환자에게 단순히 눈을 감고 "무슨 일이 일어났고(또는 일어날 것이고) 당신의 기분이 어떠합니까?"라고 물었다. 치료자는 환자가 두려운 사건에 계속 초점을 맞추게 하고, 환자의 경험이 어떤 것인지 그에게 다시 반영한다. 치료자는 환자의 불안이 줄어들 때까지 이를 반복한다.

대부분의 사람은 감정의 반향(reverberation)을 진정시키기 위해 이러한 유사한 방법을 사용한다. 어떤 외상이나 감정적인 격변이 있으면 보통은 이에 대해 말하거나 생각해 내길 원한다. 생각하거나 말을 할 때 사람들은 다른 각도에서 상황을 검토한다. 외상을 경험한 사람들에게서 검토하기에 대한 필요성을 볼 수 있다. 3세의 한 남자아이는 고속도로에서 충격적인 사건을 겪었지만 다치지는 않았다. 사고가 있고 몇 주 후 그는 "사고에 대해 말해 주세요."라고 말하곤 했다. 부모가 그에게 여러 차례 꽤 자세히 사건을 설명했고, 그는 이것을 다른 사람들에게 설명하였다. 그는 사고 경험을 처리하고 장기 기억에 넣기 위해 사고를 검토할 필요가 있는 것 같았다.

Raimy(1975)는 대부분의 치료가 비록 명명하는 것은 다를지라도, 이 검토전략을 어떻게 사용하는지 지적했다. 정신분석학에서는 이를 '처리(processing)'나 '훈습(working through)'이라고 부른다. 게슈탈트 치료에서는 환자의 증상을 들여다보는 다양한 방법을 사용한다. 예를 들어, 자기 외의 중요한 인물과 대화하게 하는 '빈 의자' 기법이 있다. 이 기법은 환자가 자신의 신체 반응을 인식하도록 도와준다. 행동치료에서는 체계적 둔감법과 충격 요법을 사용한다. 즉, 환자가 자신을 최악의 가능한 결과에 대한 심상에 잠기게 하는 것이다. 의미치료는 감정적 반응을 연습하기 위해 의도적 역설법(intentional paradox)을 사용한다. 홍수법을 통해 환자의 슬픔을 해결하도록 돕는 치료자는 이 전략을 거의 전적으로 사용한다. 환자는 그의 두려움이 무엇인지 검토함으로써 두려워하는 사건의 가능성을 받아들이기 시작할 수 있다. 검토과정에서 환자는 자신의 회피 경향성에 대응한다. 늙는 것이 두려운 한 환자는 검토를 처음 시작할 때 '노화를 마주하는 건 너무 끔찍해. 이런 일이 일어나고 있다는 것을 믿을 수 없어.'라고 생각했다. 이후에 그녀는 아주 적은 양의 불안만을 느끼며, 늙는 것이 어떨 것인지 직접 상상해 볼 수 있었다. 검토과정은 환자가 상황의 현실성에 마주하게 하고 이를 받아들이기 더 쉽게 만들어 준다.

보통 환자는 상황을 검토할 때마다 더 큰 맥락 속에서 이를 바라볼 수 있다. 회의에서 자신을 바보로 만들었다고 느끼는 한 환자는 두 번째 검토에서 그 회의에 참석했던 사람 대부분이 자신에게 거의 관심을 두지 않았다는 것을 보기 시작했다. 뒤이은 검토 작업은 더 구체적이고 더 상세하다. 더 나아가 수차례에 걸쳐 한 사건을 바라봄으로써 더 나은 방식으로 그 상황을 다루는 모습을 상상하기 시작하고, 따라서 자신감은 높아진다.

이 절차의 가장 유용한 점은 환자가 거리를 두고 문제를 바라본다는 것이다. 환자는 연기자보다는 관찰자의 관점에서 바라보기 시작한다. 불안한 자기보다는 관찰하는 자기와 더욱 동일시하면서 자신의 불안을 줄여 간다.

반복되는 검토는 현실을 검증하는 훌륭한 방법이다. 환자는 무엇이 자신에게 실제인지 검토하고 이를 현재에서 경험한다. 치료자에게 환자가 만든 문제에 대한 개념화에 도전하게 하기보다는, 환자가 스스로 반복적으로 무슨 일이 일어났는지를 생각하는 것 대신에, 그리고 어떤 재앙이 일어날 가능성에 대해 생각하는 대신에 실제로 일어난 일에 대해서 검토할 수 있다. 현실에 대한 환자의 반복적인 검토는 결국 왜곡이 틀렸음을 입증한다. 발표를 하는 동안 '자신을 바보로 만드는 것'을 두려워하는 환자는 이 두려움을 현실에서는 어떠했을 것 같은지(그는 받아들여질 만한 성과를 냈을 수 있다)와 비교해 볼 수 있다. 환자의 불안은 어떤 일이 발생했을 것 같은지와 그가 일어날 것으로 생각한 최악의 상황 사이의 차이 때문에 발생하였다. 따라서 이 차이에 자신을 반복적으로 노출해서 그 틈새를 좁힐 수 있었다.

인지치료의 전제 중 하나는 사람은 현실을 다룰 수 있다는 것이고, 다룰 수 없는 것은 일어날지도 모르는 것에 대한 공상이라는 것이다. '현실은 일반적으로 호의적이다(friendly).'라는 것이 전제이다. 현실에 대한 왜곡된 관점은 문제를 만든다. 검토과정은 보다 우호적인 방식으로 현실을 바라보게 한다.

환자는 반추, 걱정, 심지어는 두려운 사건에 대한 꿈을 통해서 이러한 방법을 시도해 왔을지도 모른다. 이 과정은 강박적이고 비자발적이다. 대조적으로, 검토과정은 환자가 자기지시적이 되도록 도와준다. 환자는 자신의 생각을 보고 왜곡을 수정함으로써 결국 치료자의 도움 없이 독립성을 높이게 된다.

사람들의 염려와 걱정은 시간이 지나면서 줄어든다. 이 과정은 시간 그 자체의 기능이 아니다. 오히려 새로운 염려가 이전의 염려를 대체하거나, 아니면 자발적인 검토를 통해 사람들은 문제를 종결하고 자신의 장기 기억에 넣을 수 있다. 반복된 검토는 환자가 이 과정의 속도를 높이도록 도와준다. 한 환자는 최근의 이사로 슬퍼하고 있었고 자신이 새로운 도시에 적응하지 못할 것을 두려워했다. 그녀는 자신이 한두 달 사이에 괜찮아질 것이라고 믿었다. 그러나 두 번의 반복된 검토 회기에서 그녀는 자신의 이사를 받아들일 수 있게 되었고 슬픔도 사라졌다.

때로는 환자가 진술한 두려움이 다른 감정이나 더 기본적인 두려움을 덮고 있을 수 있다. 반복된 검토를 통해 환자는 종종 자신이 정말로 두려워하는 것과 그가 생각하는 것 간의 차이를 발견하고, 보다 기본적인 두려움을 다루는 법을 배운다. 한 환자는 자신의 아내가 두렵다고 했다. 반복된 검토를 통해 사실은 그가 아내에게 매우 화가 나 있으며 이 분노를 표현하길 두려워한다는 것을 볼 수 있었다. 두려움의 기저가 분명해지면서, 그는 자신의 아내에게 분명한 자세로 대하는 계획을 세울 수 있었다.

조급하게 닫아 버리기 때문에, 환자는 두려운 상황에서 구제나 보상 요인을 볼 수 없다. 검토하는 중에 환자는 상쇄하는 구제요인을 불러내기도 한다. 한 여성은 자신의 상사가 껌을 그만 씹으라고 말했기 때문에 자신이 곧 해고될 것이라고 두려워했다. 검토를 통해 자신이 직속상관에게 좋은 평판을 받고 있고, 이런 일이 발생하면 그녀를 옹호해 줄 것이라는 점을 보았다. 종종 사람들은 처음에는 이 상황에 대처하는 자신의 모습을 볼 수 없다. 그렇지만 서너 번의 검토를 하고 나면 만족스럽게 대처하는 모습을 볼 수 있다. 그리고 이는 보통 악순환을 깬다.

심상화 기법

이 절차는 환자가 눈을 감고 두려운 상황을 상상할 때 가장 효과가 있다. 이는 두려운 상황에 대해 단순히 말하는 것조차 어려워하는 사람에게 도움이 된다. 심상화 기법은 종종 병행하여 사용된다. 환자는 심상화를 한두 차례 하고 난 다음 치료자와 두려움이나 가능한 재개념화에 대해 논의하며, 그 후 심상화 검토를 하고 그에 대해 논의한다. 보통 각 검토 뒤에 환자는 상황의 구조 내에서 새로운 왜곡을 발견한다(제4장 참조).

비유

환자가 심상화하는 것을 어려워하고 논의가 비생산적일 때 도움이 되는 전략은 비유를 사용하여 문제를 바라보는 것이다. 두려운 상황에 초점을 맞추고 이를 다른 각도에서 바라본다. 이는 환자와 치료자가 문제의 밖에서 이해하게 하고, 창조적인 방법으로 다양한 측면을 고려해 볼 수 있게 한다.

한 남성은 다가오는 업무 회의를 두려워했다. 그가 군에서 장교로 오래 있었기 때문에 군과 관련된 비유가 적합했고, 그래서 회의의 많은 부분을 군대와 관련지어 논의하였다. 회사를 매각하는 것은 '명예로운 평화', 6개월 안에 이를 하는 것은 '군인들을 크리스마스까지 고향으로 보내는 것', 관리 문제는 '전장 피로' 그리고 '참호 속의 삶', 더 많은 인력과 장비가 필요한 것은 '지원 병력의 필요' 그리고 '구식의 무기 교체'와 같은 비유이다. 이런 다양한 각도에서 회의를 바라보고 나자 환자가 회의에 대해 가진 불안은 상당히 낮아졌다. 군대 관련 비유를 사용한 간접적인 결과로, 그는 업무 동료를 마주할 때 강인함을 느꼈다. 그 상황을 다룰 수 있게 하는 심상 비유의 근원이 환자 자신이라는 사실이 상황에 대처할 수 있는 자신의 능력에 대한 자신감을 증가시켰다.

상담실 밖에서의 반복 검토하기

만일 환자가 상담실 밖에서 검토하는 것을 어려워한다면, 치료자는 집에서 환자가 해 볼 수 있는 안내 지침을 제시할 수 있다.

① 15분에서 30분가량 검토를 위한 충분한 시간을 자신에게 주라. 30분 이후에도 안도감을 느낄 수 없다면 멈추고 나중에 다시 시도한다.
② 더 불안해진다면 이것을 좋은 신호로 생각한다. 불안이 줄어들 때까지 이 상황을 계속 검토한다.
③ 다른 사람과 검토를 해 볼 수 있다. 이는 당신이 집중하고 정리하는 데 도움이 된다. 그리고 다른 사람은 객관성을 제시할 수 있다.

④ 테이프 녹음기에 말하는 것이나 내용을 적는 것과 같은 보조도구를 사용하라. 도움이 되는 어떤 방법으로든 상황을 검토하라. 상담실에서 했던 검토 작업의 녹음 테이프를 들을 수도 있다.
⑤ 여러 가지 두려움이나 걱정이 있다면 잠깐 마음을 비우고 모든 문제를 당신의 바깥에 쌓아 두라. 그런 다음 한 번에 하나씩 작업하라. 일단 한 가지에 더 편해지면 다른 것을 검토하라.
⑥ 슬로 모션으로 문제를 검토하는 것이 도움이 된다. 마치 슬로 모션 영화를 보는 것처럼 문제를 돌려 보라.
⑦ 어느 정도 불안이 줄어들고 난 뒤, 이 문제에 대해 당신이 취해야 할 조치는 무엇인지 자신에게 물어보라.
⑧ 처음에는 전화로 이 작업을 함께 할 수 있다. 그러나 목표는 스스로 하는 법을 배우는 것이다.

이 절차를 사용하지 못하는 환자의 무능력을 치료에서 주요한 자료로 사용할 수 있다. 그 이유는 일반적으로 환자가 자신의 실제 두려움을 정확히 지적하지 않기 때문이다. 그 두려움에서 멀리 떨어져, 이를 실험하거나 검증해 보지 않은 채로 남겨 두는 우회로를 취하기 때문이다.

자신의 감정 소유하기

치료에서의 중요한 단계는 환자가 자신의 감정에 대해 얼마나 책임이 있는지를 볼 수 있도록 돕는 것이다. 치료자는 거의 모든 불안한 환자가 자기 생각이 아니라 자신이 두려워하는 자극이 불안을 일으키는 것이라고 어느 정도 믿는다는 점을 반드시 염두에 두어야 한다. 이런 잘못된 추론을 어떻게 수정하는지 배움으로써, 환자는 두 가지 방식으로 도움을 받을 수 있다. 첫째는 불안을 다루는 데에 더 나은 위치에 서게 되는 것이고, 둘째는 어떻게 배우는지 더 잘 배울 수 있게 되는 것이다.

순차적 추론

환자는 어떤 사건이 그의 불안 직전에 선행한다는 사실이 그 불안을 일으킨다고 믿을 수 있다. 환자는 사이렌 소리를 듣고 불안을 느낀다. 치료자는 불안이 사람을 더욱 취약하게 만들어 원시적이고 미신적인 사고를 하게 한다고 강조할 수 있다. 치료자는 환자에게 그가 가지고 있거나 또는 다른 사람들이 가지고 있는 미신에 관하여 물어볼 수 있다. 한 남성은 파란색 셔츠를 입고 그의 팀이 이기면, 그 셔츠가 어떤 인과관계의 역할을 한다고 반쯤 믿기 시작한다.

치료자: 만일 제가 Dustin Hoffman이 Robert Deniro보다 더 나은 연기자라고 말한다면, 당신에게 어떻게 들릴 것 같은가요?

환자: 그냥 그게 당신의 의견이라고 생각해요.

치료자: 맞습니다. 그것은 제 의견입니다. 그리고 이것은 연기자들과는 별 상관없는 일이지요. 마찬가지로 당신이 여성에게 데이트 신청을 하는 것이 두렵다고 말하면, 그것은 모두 당신의 의견으로 인한 것이고 데이트 신청을 하는 것 자체와는 아무런 상관이 없습니다. 감정에 있어서도 모든 것은 의견일 뿐입니다.

상관관계 추론

환자들은 종종 상관관계(correlation)와 인과관계(cause)를 혼동한다. 환자는 사회적 모임과 같은 자극을 불안과 관련시키거나, 하나가 다른 것의 원인이 된다고 믿을 수 있다. 치료자는 이 오류를 잡아내는 데에 다양한 방법을 사용할 수 있다.

치료자: 스트레스는 상관관계 추론의 예를 제공할 수 있습니다. 높은 스트레스가 불안과 관계가 있다는 것은 사실이지만, 그것이 필연적으로 불안을 일으키는 것은 아닙니다. 스트레스가 낮은 많은 사람도 불안해지고, 스트레스가 높은 사람들 다수도 불안하지 않습니다. 여기에서 세 번째 변수는 당

신이 스트레스를 어떻게 처리하는지에 대한 것입니다. 스트레스가 당신을 괴롭히게 두는지의 여부입니다. 방법을 안다면 높은 스트레스를 다룰 수 있고, 어떤 도구가 없다면 낮은 스트레스도 문제를 일으킬 수 있습니다.

유추 추론

환자는 불안을 기술하기 위해 '나는 미칠 것같이 느꼈어요.'와 같이 유추를 사용할 수 있고, 이 유추가 마치 사실인 것처럼 믿을 수 있다. 신체적인 고통은 종종 심리적 고통에 대한 비유로써 사용된다.

치료자: 다른 사람들이 당신에게 신체적 고통을 유발할 수 있기에 당신은 아마도 그들이 정서적 고통도 유발할 수 있다고 생각할지도 모릅니다. 그러나 당신은 실제로는 단지 유추를 하는 것입니다. 심리적 고통은 신체적 고통과 비슷하지만 또한 중요한 차이점이 있습니다. 다른 사람들은 당신의 몸을 공격하고 신체적으로 침범할 수 있지만, 심리적으로는 침범할 수 없습니다. 막대기와 돌은 당신의 뼈를 부러뜨릴 수는 있을지 모르지만, 다른 사람의 생각이나 말들은 당신을 죽일 수 없습니다. 당신이 성인이라면, 그들에게 당신에 대한 어떤 권한을 주지 않는 한 당신에게 정서적으로 해를 가할 수 없습니다.

정서적 추론

환자는 다른 사람이 자신을 불안하게 만든다고 느끼기 때문에 그들이 실제로 불안하게 한다고 믿을 수 있다. 치료자는 감정은 생각이 아니라 단지 생각하고 있는 것의 반영이라는 점을 언급해야 한다. 환자는 아무리 자신의 감정이 원인으로 느껴진다고 하더라도 감정은 원인이 아닌 부산물(product)이라는 사실을 알아야 할 필요가 있다.

보상

비록 많은 환자가 불안에서 어떤 이차적인 이득을 얻을지라도, 이런 이득은 거의 불안의 주요 동기가 아니다. 하지만 환자는 손실을 예측하고 다룰 수 있도록 이차적인 이득에 대해 반드시 자각할 필요가 있다. 다음에서 그 방법을 제시하고 있다 (Emery, 1984).

치료자: 당신은 자신을 망치고 싶지 않습니다. 불안을 어떻게 관리할지 배우기 위해서, 당신은 이 부정적 감정들을 포기할 때 무언가 잃게 될 것이라고 믿는 것을 멈추어야 할 것입니다. 자신에게 "나의 나쁜 감정들이 사라지게 둘 때, 나는 무엇을 포기하는 것인가? 복수? 관심? 연민?"이라고 물어보세요. 당신의 감정들은 진짜입니다. 당신은 정말로 기분이 좋지 않고, 종종 그것들의 이점이나 보상을 얻습니다. 당신이 부정적 감정을 붙잡고 있는 이유 중의 하나는 그 보상을 잃는 위험을 감수하고 싶지 않기 때문입니다. 이 보상을 위해 그저 나쁘게 느껴야 한다는 말이 아닙니다. 그렇지만 이 보상은 당신이 이런 감정들을 느끼지 못하도록 합니다. 보상이 무엇인지 아는 것이 이것을 기꺼이 포기할 것인지 아닌지를 결정하게 합니다.

당신의 감정은 광고가 시청자들을 흔드는 것과 같은 방식으로 다른 사람들에게 영향을 미칩니다. 광고의 삼중 목표는 첫째, 당신의 시선을 끄는 것, 둘째, 당신의 흥미를 유지하는 것, 셋째, 행동을 취할 동기를 주는 것입니다. 당신의 감정적 보상은 성공적인 광고가 가진 이런 특징을 공유합니다. 우리는 종종 다른 사람이 우리에게 어떠한 것을 '사도록' 만들려고 부정적 감정을 이용합니다.

당신의 감정은 당신에게로 관심을 끌어올 수 있습니다. 이 관심은 원하는 것일 수도 있고('나는 내가 화가 났다는 것을 그들에게 알렸으면 좋겠어.') 또는 원치 않는 것일 수도 있습니다('나는 그들이 내가 긴장하고 있다는 것을 알게 하고 싶지 않아.'). 당신의 감정은 빠르고 효과적인 형태의 의사소통입니다. 위험, 고통이나 경고를 소통하는 것일 수 있습니다. 당신의 감정은

> 표정, 목소리, 신체 언어에서 드러나기 때문에, 모든 주목을 이끌 수 있습니다. 광고에서와 마찬가지로, 이것이 계속 효과가 있게 하려면 당신은 관심을 끄는 전략을 다양하게 해야 합니다.
>
> 광고에서 주의 끌기만으로는 충분하지 않습니다. 당신은 사람들이 계속 읽고 귀 기울이도록 해야 합니다. 당신의 감정은 종종 본능적으로 타인에게 흥미롭습니다. 대부분의 시간에 사람들은 당신의 감정 배후에 무엇이 있는지를 알길 원합니다.
>
> 누군가의 관심을 붙드는 좋은 방법은 다른 사람을 관여시키는 것입니다. 광고주들은 그들이 어떤 방법으로든 당신에게 영향을 미칠 수 있도록 당신의 관심을 얻길 원합니다. 그들은 아마도 당신이 그들의 상품이나 서비스를 구매하거나, 자신들의 후보자에게 투표하거나, 자신들의 조직에 돈을 보내길 원할 수 있을 것입니다. 당신의 감정도 종종 같은 효과를 가집니다. 이런 감정적인 요구는 구체적입니다("나는 당신이 나를 데리고 나갔으면 좋겠어."). 어떤 때에는 기대되는 행동이 애매합니다. 누군가 화가 나 있을 때 당신은 "나한테 원하는 게 뭐예요?"라고 묻고, 그는 종종 그가 원하는 것을 정확히 말할 수 없습니다.

환자의 이차적인 이득은 다양하다. 치료자와 환자는 그것이 무엇인지 정확히 보기 위해 노력해야 한다.

특별한 대접 매우 불안한 환자는 종종 더 적은 요구를 받곤 한다. 사람들 앞에서 발표하는 것을 두려워했던 한 환자는 "선생님은 제가 다른 사람들 앞에서 발표해야 할 때 매우 긴장한다는 것을 알기 때문에 저를 부르지 않아요."라고 말했다.

도움 대부분의 사람은 불안을 경험하는 사람에게 공감을 느낀다. 그런데 도움은 나아지는 데에 걸림돌이 될 수 있다. 환자 자신이 너무 불안해서 스스로 일을 할 수 없어서 다른 사람들이 자신을 위해 대신하게 할 수도 있다. 이런 사람은 종종 중재자(middleman)를 이용할 수 있다. "아내에게 전화하세요. 저는 전화상으로는 너무 불편해요." 많은 불안한 환자에게서 이런 패턴은 꽤 일찍 시작되고, 환자가 불안 때문에 피하는 활동을 남편이나 아내가 대신하게 된다.

위험의 결핍 불안을 핑계 삼는 것이 보상일 수도 있는데, 이런 환자는 위험을 감수해야 하거나 실패의 가능성을 견뎌야 할 필요가 없다. 한 환자는 불안 때문에 새로운 강의를 할 수 없다고 말했다. 치료자는 "모두가 두렵지만, 성공적인 사람과 그렇지 않은 사람의 차이는 성공적인 사람은 두려움이 있어도 행동한다는 것입니다."라고 답했다.

'~이었다면 좋을 텐데.' 불안한 환자는 자신이 우월한 사람이고, 유일하게 자신을 가로막고 있는 것이 불안이라는 생각을 붙들고 있을 수 있다. 한 남자는 불안 때문이 아니었더라면, 상담실에서 최고의 판매원이었을 것이라고 말했다.

합리화 환자는 "불안하기 때문에, 흡연(또는 음주, 과식)을 해야 해요."라고 말할 수 있다. 불안은 자신이 포기하고 싶지 않은 어떤 행동에 대한 합리화가 된다.

특권 환자는 불안을 자신 주변의 사람들로부터 자유를 얻기 위해 사용할 수 있다. 사생활을 원했던 한 환자는 자신의 아내와 자식들에게 불안 발작이 있으니 자신을 혼자 놔둬야 한다고 말하곤 했다. 환자는 불안을 사회적 의무를 피하는 데 사용할 수도 있다("나는 사람들 사이에 있으면 너무 초조해."). 다른 사람들은 종종 불안한 사람에게 특별한 배려를 하곤 한다.

희생자 역할 이차적 이득의 극단적인 형태는 희생자의 역할을 취하는 환자에게서 찾아볼 수 있다. 이런 사람은 다른 사람을 교묘히 조작하고 통제하기 위해 불안을 사용한다. 이들은 곤경에 대한 책임은 거의 지지 않고, 그보다는 다른 사람과 환경을 극도로 비난한다. 이런 사람은 다른 사람이 자신을 돕게 만드는 잘 발달한 기술을 가지고 있다. 이전의 조력자(helper)들은 종종 박해자처럼 보인다. 이들의 경우, 치료자는 견고한 한계를 유지하고 구조 행동에 관여하지 않아야 한다. 치료자는 환자가 희생자의 역할을 취할 때마다 이를 지적해야 한다. 이들 대부분은 그것이 자기 삶의 양식이라는 것에 쉽게 동의하지만, 일부는 이에 너무 파묻혀 있고 거의 다른 대안들을 보지 못해서 이를 포기하는 것을 주저한다.

불안으로부터 얻는 이차적인 이득 다루기 치료자는 환자에게 상실한 효과성과 부족한 인간관계의 관점에서 이득의 대가가 어떤 것인지 보여 주어야 한다.

치료자: 불안을 다루기 위해 당신은 보상과 타협해야 합니다. 다시 한번, 자신에게 "모든 고통에 대해 이 이득이 가치가 있나?"라고 물어보십시오. 그 비용을 고려해 볼 때 당신의 부정적인 감정은 보통 돌려주는 것이 거의 없습니다. 보상이 가진 목적 중의 하나는 계속 판돈을 올려야 한다는 것입니다. 사람들의 주목을 끌기 위해서 계속 더 극적이고 더 감정적이 되어야 합니다.

이 사람들에게 단도직입적으로 행동함으로써 부채(liabilities) 없이 이득을 얻을 수 있습니다. 당신이 원하는 것을 그들에게 솔직히 말하세요. 간접적인 방법보다 더 효과적입니다. 그들이 '싫다'고 말하는 것을 두려워한다고 해도, 고통스러운 감정을 견디는 것보다는 간간이 '싫다'는 대답을 듣는 것이 낫습니다.

대부분의 환자가 이차적인 이득을 볼 수 있고 일단 이러한 방법이 그들에게 최선의 이득이 된다는 사실을 깨닫게 되면, 그들은 이것을 기꺼이 포기할 것이다.

제 14 장

행동요소 수정하기

불안에서 회피 문제에 접근하는 한 가지 방법은 상담실에서 불안을 유발하는 상황을 시각화하거나 불안을 느끼는 동안 생각과 심상을 기록하고 구체적인 대처 기법을 연습하면서 회기에 참여하도록 권장하는 것이다. 하지만 거의 모든 환자는 역기능적 생각과 신념들을 수정하기 위해 불안을 유발하는 상황에 직면해야만 한다. 이런 이유로, 실제 상황 과제(사람이 상황에 직면하는)가 불안 치료의 핵심 요소이다. 낯선 사람과 상호작용하는 것, 운전하는 것, 질병에 걸리는 것, 집에 혼자 있는 것 등 무엇을 두려워하든 간에, 자신이 두려워하는 상황을 직면하는 것을 받아들여야 한다. 일반적으로 군중, 버스 탑승, 개방된 공간 그리고 다른 두려운 상황에 노출되는 것에 동의하는 것이 광장공포증 치료에 중요한 요소이다(Chambless & Goldstein, 1982; Mathew, Gelder, & Johnston, 1981; Mavissakalin & Barlow, 1981).

방어기제 확인하기

치료자는 환자가 불안한 감정을 줄이기 위해 사용하는 구체적인 방어기제를 찾아야 한다. 두 가지의 일반적인 기제가 있다. 첫 번째는 두려운 상황을 직접 떠나거나 피하는 것(도피)으로, 치료자의 일반적인 전략은 환자가 두려워하는 것에 접근하도록 격려하는 것이다. 이 과정에는 종종 복잡한 행동 패턴을 재구조화하는 것이 필요하다. 한 환자는 '다른 사람들이 듣길 원하는 것을 말하거나' '비합리적인 요구에 굴복하거나' '다른 사람들을 혹평하거나' '자신이 알지 못하는 것을 다른 사람이 알도록 놔두지 않거나' '불쾌한 상황을 즉시 떠나거나' 그리고 '다른 사람의 인정을 얻기 위해 자신감에 반하는 행동을 하려는' 충동을 '거부'해야 했다.

불안한 감정을 줄이는 두 번째 방법은 위협의 정도를 계속 평가하면서 재확인(reassurance)을 하는 것이다. 환자는 아마 잠긴 문을 확인하거나, 질병의 징후를 거울에서 찾아보거나, 건강검진을 받기 위해 계속 의사를 찾아가거나, 다른 사람에게 계속 자신을 좋아하고 사랑하는지 물어볼 수 있다. 치료자의 전략은 환자가 이런 재확인을 그만두도록 격려하는 것이다. 환자는 또한 인지된 위험에 자기도 모르게 근육을 긴장시키는 반응 등을 할 수 있다. 치료자의 전략은 환자에게 긴장을 풀도록 격려하고 이완하는 것을 보여 주고 상황 속에서 내려놓도록(let go) 하는 것이다.

일반적으로, 한 가지 방어기제가 다른 것들보다 더욱 환자 고유의 것이 될 수 있다. 기제가 조합해서 작동할 때, 치료에서는 이를 각각 다뤄야 한다. 건강염려가 있던 어떤 환자는 질병의 증상을 계속 확인하곤 했지만, 검사를 받기 위해 병원에 찾아가는 것을 피했다. 치료자의 전략은 확인하는 행동을 그만하고 의사를 찾아가도록 하는 것이었다. 전반적인 전략은 환자가 하고 싶어 했던 것을 반대로 하도록 하는 것이다.

동기부여

환자에게 치료 접근법 설명하기

치료자가 환자에게 행동적 성향에 반대하여 행동하도록 격려하는 데에 사용할 수 있는 다양한 방법 중에는 정보를 제공하는 것이 가장 간단하다. 치료자는 불안을 없애기 위해서는 환자가 이를 경험해야 한다는 점을 반복적으로 지적한다. 환자는 종종 '두려움에 직면'해야만 한다는 것을 어느 정도 인식하지만, 아마도 그렇게 해야 하는 이유를 충분히 생각해 보지는 않을 것이다. 충분한 이론적 근거를 분명하고 상세히 설명함으로써, 치료자는 환자를 설득하여 두려운 사건에 접근하고 불안을 경험하도록 한다.

치료자는 안전한 환경에서 배운 것이 종종 두려운 상황에서는 기억나지 않음을 제시할 수 있다. 취한 상태에서 의미가 없는 음절을 배운 사람들은 취하지 않았을 때 그것을 잊어버리고, 다시 취하게 되자 기억했다는 것을 보여 주는 연구들이 있다. 치료자는 환자가 불안할 때 불안을 다루는 법을 여러 가지 방법으로 배워야 한다는 메시지를 전달한다.

환자가 배우는 불안 관리 기술은 테니스나 다른 스포츠와 비교될 수 있다. 테니스 선수는 코치와 연습할 때 롱랠리(long rallies)를 칠 수 있지만, 시합에서는 못할 수 있다. 마찬가지로 환자는 상담실에서 꽤 쉽게 했기 때문에 기술들을 익혔다고 느낄지도 모르지만, 자기 혼자 있을 때는 그가 배웠다고 생각한 것을 하는 것이 훨씬 더 어려워진다.

불안을 관리하는 법을 배우는 것은 발달적 과정이다. 환자는 더 복잡한 것에 접근하기 전에 기본 절차에 숙달되어야 한다. '뛰기를 배우기 전에 걷기를 배워야 한다.' 환자는 처음에 상담실에서 불안을 관리하는 방법을 배울 수 있다. 배우는 것은 현실에서 직면한 구체적인 문제와 관련이 있을 때 강화되고, 그렇기 때문에 불안 관리가 고급 기술로 진행되기 위해서 환자는 현실 상황에서 간단한 불안 관리 연습을 시도해야 한다. 그가 직면하는 상황이 더욱 어렵고 복잡해지면서, 반복된 자기

지시와 통찰력이 새로운 의미를 얻는다. 환자는 반복된 노출 속에서 자신의 불안을 각기 다른 강도에서 관리하는 것의 미묘한 차이를 배운다.

교사의 오류 거의 모든 환자가 배우는 법을 배우는 것에 어려움을 겪는다. 만일 그렇지 않다면 아마 환자가 아닐 것이다. 이 문제에 대한 치료자의 자각이 교사의 오류(teacher's fallacy), 즉 환자에게 올바른 정보나 올바른 학습 경험을 제공하는 것이 환자의 오류를 자동으로 수정하게 할 것이라는 치료자의 신념으로 인한 희생물이 되지 않도록 도와준다(Raimy, 1975). 이런 원인과 결과는 규칙이라기보다는 예외다. 환자는 보통 자신의 신념 체계를 보호하는 정서적 · 행동적 그리고 인지적 전략을 갖고 있다.

학습의 장애물

사람들은 학습을 막는 많은 행동 패턴을 가지고 있다. 예를 들어, 환자의 신념 체계를 위협하는 일이 일어나면, 그는 아마 하품을 하고, 피곤하다고 말하거나, 눈을 게슴츠레 뜨거나, 지루해하거나, 분노하거나, 짜증을 낼 수 있다. 이런 행동은 다른 사람이 자신의 핵심 오해들을 수정할 수 있는 정보를 제공하지 못하게 막는다. 치료자와 환자는 이것을 극복할 수 있도록 환자의 구체적인 학습 장애물을 발견하기 위해 노력해야 한다.

환자가 자신의 가설에 대한 가설을 알게 되면, 치료자는 다른 오해들을 수정하기 위해 사용했던 동일한 전략(제13장 참조)을 사용할 수 있다. 다음은 47세의 사업가였던 한 환자가 자각할 수 있었던 가설들을 예로 보여 준다.

- '내가 구체적인 부분에서 틀렸음을 시인하면, 내가 완전히 틀렸다는 나의 최악의 두려움이 실제로 일어날 것이다.'
- '나에게 최선의 이득이 되는 것들조차 새로운 방식으로 행동한다면, 나는 거짓된 사람이다.'
- '아랫사람들이 나를 가르칠 수 있다는 것을 무시해야 한다. 왜냐하면 그들의

가르침을 받아들이면 그들과 같은 수준에 있는 것이기 때문이다.'
- '나를 두렵게 하는 것이 심지어는 멀리 있다 해도 피해야 한다. 왜냐하면 내가 그것을 다루지 못할 가능성이 항상 있기 때문이다.'
- '내가 정말로 어떤지 남들이 알게 한다면 그들이 그것을 나에게 불리하게 사용할 것이기 때문에 결코 내 모습 그대로 보일 수 없다.'
- '다른 사람들이 나를 이끌도록 둔다면 그들에게 나의 권한을 포기한 것이다.'

이 환자가 이런 신념들을 확인하고 난 뒤에는 그것을 수정하고 그에 반하여 행동하는 작업을 할 수 있었다.

환자는 새로운 아이디어를 이해할 수 있지만, 이를 통합하지는 못할 수 있다. 치료자에게 언어적으로 동의할 수는 있으나 그의 신념 중 어느 것도 수정하지 못할 수 있고, 환자는 "당신이 옳다는 것을 알아요."와 같이 조언에 대한 입발림의 말을 하고 나서 그것을 무시함으로써 배우기를 피할 수 있다. 치료자가 내담자의 저항을 만나지 못할 때, 치료자와 환자 주변의 타인들은 도움을 줄 수 없으며, 환자는 이전의 같은 방식을 지속한다.

치료자는 이런 환자에게 세 가지 전략을 사용할 수 있다. ① 행동의 중요성 강조하기("행동은 말보다 큽니다.") ② 세상을 바라보는 새로운 방식을 배우기 위해서 생각, 행동, 감정이 같은 방향을 향해야 한다는 것 강조하기, ③ 새로운 내용을 배우는 것은 경험적 학습이 결합된 지속적인 지적 과정이라는 것을 강조하기. 사람은 살면서 배우고, 배우며 살아간다. 환자에게는 추상적으로 배우고(책, 논의, 강의, 치료 회기), 배운 것을 실제 상황에서 연습하는 것이 모두 필요하다.

교육적 방법

인지치료는 환자에게 교정적 학습 경험을 제공하는 것에 더하여 정보 제공과 읽기 과제 부여, 오디오테이프 듣기, 과제 작성 그리고 강의 참석을 제안하는 것과 같은 교훈적(didactic) 기법들을 포함한다.

칠판이나 화이트보드 제11장에서 언급한 것과 같이 화이트보드나 칠판은 치료자의 상담실에서 매우 유용할 수 있다. 치료자는 이 보드 위에 안건을 쓰고, 문제를 분석하고, 자동적 사고의 목록과 대답을 적으며, 대안을 탐색하고, 결정의 이점과 단점을 평가할 뿐 아니라 다른 절차들을 수행할 수 있다.

오디오테이프 당연지사로 치료자는 환자가 회기 사이에 들을 수 있도록 각 회기를 녹음해야 한다. 환자는 처음에는 회기를 녹음하는 것을 꺼릴 수도 있지만, 치료자는 회기를 녹음하는 것을 부드럽게 주장하고 그 테이프를 듣거나 듣지 않을 선택이 항상 환자에게 있다는 것을 말해야 한다. 그런데 회기를 녹음한 테이프를 듣는 것을 가장 꺼리는 환자가 종종 가장 많은 이득을 본다.

치료자는 환자에게 대부분의 사람이 자신이 말하는 것을 듣는 것을 별로 좋아하지 않지만, 테이프에서 자신의 말을 반복적으로 듣는 것이 자기수용뿐 아니라 자기자각을 증가시킬 수 있다는 것을 말할 수 있다. 이것이 녹음의 가장 큰 장점이다. 테이프를 듣는 것은 또한 환자가 여태 보기를 회피하려고 했던 문제에 직면하도록 가르쳐 준다.

불안한 환자는 집중에 문제가 있기에, 회기의 많은 내용을 자주 놓치곤 한다. 따라서 회기를 녹음하는 것은 치료의 효과성을 상당히 증가시킨다.

다른 가족 구성원과의 잠정적인 문제(Bedrosian, 1981)는 가족들에게 이 테이프를 듣게 함으로써 종종 피할 수 있다. 녹음은 또한 치료에 의미 있는 타인을 포함시킬 수 있다(남편과 아내가 테이프를 듣는 것이 그들에게 도움이 되고 종종 그들이 방해하거나 목표와 반대되는 행동을 하는 것을 막아 준다).

비디오테이프 녹화는 환자에게 자신의 행동에 대한 정확한 피드백을 제공한다. 불안한 환자는 보통 자신의 불안이 모두에게 쉽게 드러난다고 생각한다. 때로는 그러할 수 있지만, 보통 환자는 다른 사람이 자신의 불안을 읽을 수 있다고 과장한다. 녹화는 이런 왜곡된 생각을 볼 수 있게 한다. 공공장소에서 의도적으로 장면을 연출한다고 할지라도, 휴대용 비디오 장치는 환자에게 그가 주로 무시하는 것을 보여 줄 수 있다.

새로운 사회 기술을 배우는 것에 더하여, 환자는 종종 자신의 사회적 행동이 그가 생각하는 것만큼 그리 나쁘지 않다는 것을 볼 수 있다. 녹화하는 것에 있어서 고도로 적절하고 부적절한 행동 모두를 과장하는 것도 좋은 아이디어이다. 바보처럼 되는 것을 두려워했던 한 환자는 한 장면에서는 그의 불쾌한 행동을 과장하였고 다른 장면에서는 극도로 나서기 꺼리는 행동을 보였다. 그는 두 가지가 매우 다르지 않다는 것과 의도적으로 불쾌한 행동을 하려고 했을 때 어려웠다는 점을 발견하고 놀랐다.

유인물과 다른 교육적 상기물 불안한 환자는 보통 새로운 개념을 사용하는 데에 문제가 있고 이것을 통합하기 위해서는 반복이 필요하다. 치료자는 유용한 인용구나 아이디어들을 써 놓은 3×5인치 카드를 제공할 수 있다.

환자는 새로운 개념, 성취하기 위한 다른 방법을 배우기 위해 반복적으로 검토할 필요가 있다. 한 환자는 조명 스위치에 반대되는 두 문장을 써 놓았다. 스위치 위에는 '나는 내 감정에 책임이 있다.'를, 스위치 아래에는 '다른 사람들은 내 기분에 책임이 있다.'를 써 놓았다. 그는 두 태도 간에 차이점은 어두움 속에 있는 것과 빛 속에 있는 것 간의 차이점이라는 것을 발견하였다.

자기보호의 무익함

환자는 그의 회피와 보호 행동이 어떻게 비현실적이고 두려운 생각을 강화하고 있는지 볼 필요가 있다. 대부분의 환자가 알듯이, 당신이 말을 타다가 떨어졌을 때 다시 올라타야 하며, 그렇지 않으면 이후에는 승마하는 데에 문제가 있을지도 모른다는 경고 뒤에 있는 논리이다.

일반적으로 모든 환자에게 두려움을 마주해야 한다는 원칙이 알려져 있긴 하지만, 여전히 치료 중에 환자에게 반복적으로 강조해야 할 필요가 있다. 치료자는 환자에게 회피가 수반된 트라우마와 비교하여 회피가 수반되지 않은 트라우마가 있었는지 물어볼 수 있다. 환자는 보통 회피가 두려움을 증가시켰다는 것과 그것에 직면하는 것이 두려움을 감소시켰다는 근거를 제시할 수 있다. George Weinberg

의 『자기창출(Self-Creation)』(1978)은 환자에게 이 요지를 분명히 보여 주는 데에 도움이 된다. Weinberg의 논지는 각 행동이 행동 뒤에 있는 동기부여의 생각에 힘을 더한다는 것이다.

치료자는 불안으로부터 자신을 지키려는 경향성이 자기파괴적이라는 것을 반복적으로 보여 주어야 한다.

> 본능이나 감정을 따르는 것은 보통 좋은 생각이긴 하지만, 당신이 불안할 때는 잘못된 접근법입니다. 당신 본능에 반대되게 해야 합니다. 바로 불안이 역설적이기 때문입니다. 당신이 자신을 더 방어하려고 할수록 더 두려워질 것입니다. 궁핍한 사람은 가난한 상태로부터 더 자신을 보호하려고 애를 쓸수록 가난한 상태에 대해 더 걱정하게 됩니다. 당신은 자기주장을 더 하지 못할수록 다른 사람을 더 두려워하게 됩니다. 자신을 보호하려는 당신의 노력이 당신을 더욱 취약하게 만듭니다.

실험

치료자는 또한 과학적 실험으로써 활동에 접근하는 것에 대한 관심을 불러일으킬 수 있다. 인지치료의 맥락에서 설득과 재확신이 도움이 되는 것으로 보일 수 있지만, 환자의 인지 왜곡이나 역기능적 태도를 바꿀 만큼 충분히 강력하지는 않다. 앞서 말했듯이 치료자와 환자는 공동 연구자(co-investigators)이고, 역기능적 인지의 타당성과 유용성을 실험하는 '현실 세계 실험'을 함께 설계한다.

사회 불안이 있던 한 청년은 두려움 때문에 데이트를 취소하길 원했다. 치료자는 그가 만일 데이트에 나가서 불안해지더라도 여전히 기능할 수 있는지 살펴볼 것을 격려하였다. 치료자와 환자는 '어떤 말을 해야 할지 모를 것이다.'와 같은 실험 가능한 구체적인 가설을 설정하였다. 보통 그러하듯이, 그의 실제 경험은 그 가설이 틀렸음을 보여 주었다. 그는 예측했던 것보다 덜 불안했고, 심지어 불안을 경험하고 있을 때조차도 불안하지 않은 것처럼 행동할 수 있었다.

치료자는 실험하는 것에 대한 견고한 이론적 근거를 제시한다. 핵심 문제에 대한 견고한 데이터를 얻는 데에 실험이 필요하다는 것이 일반적인 근거이다. 33세의 한 여성은 다른 사람으로부터 거절과 반감을 얻을 것이라 예상했고, 결과적으로 자신을 사회로부터 고립시켰다. 거절에 대한 예측은 자신이 다른 사람들의 생각을 알고 있다는 가정에 기반하고 있었다. 즉, 그들이 자신에 대한 부정적인 생각을 하고 있다는 것이었다. 회기 동안, 치료자는 그녀의 '초능력(ESP)'의 정확도를 판단하는 행동적 실험을 하였다. 치료자가 종잇조각에 무엇을 썼는지 추측하게 하였고, 그녀는 그것을 맞힐 수 없었다. 그녀는 보통이라면 거절의 두려움 때문에 피했을 두 곳의 사교 모임에 참석했고, 개인적인 거절을 보여 주는 구체적인 사건을 찾아보았다. 그러나 명백한 거절의 예들을 찾아볼 수 없었다. 그녀는 "아마도 진짜 문제는 남들에게 거리를 둠으로써 내가 그들을 거절해 왔던 것일 겁니다."라고 결론지었다.

만일 환자가 거절당한 구체적인 예를 가지고 왔다면, 치료자는 다수의 다른 방침을 취할 수 있었을 것이다. 예를 들어, 정보를 가져오고 나서 그녀가 정말로 거절당했는지 또는 다른 사람의 반응을 잘못 해석했는지를 판단한 것에 대해 칭찬할 수 있을 것이다. 정말로 그녀가 다른 사람들에게 반복적으로 거절당하는 것이 드러난다면, 치료자는 그녀가 어떻게 이 문제에 기여하고 있었는지를 보게 할 수 있을 것이다. 실험은 늘 '얻는' 상황이 된다. 왜냐하면 배우거든, 위험을 감내하거든, 의지를 강화하든 간에 사람은 늘 얻기 때문이다.

등급별 단계 또는 점진적인 접근

환자는 불편감의 정도에 의해 결정된 각 단계에 따라서 서서히 두려운 상황에 접근해야 한다. 등급별 단계의 중요성을 강조하기 위해 치료자는 환자에게 두려운 상황에 접근하려고 노력한 적이 있는지 물어볼 수 있다. 대부분의 환자는 이전에 시도해 보았지만, 한 번에 너무 많은 시도를 했기 때문에 실패하였다. '모 아니면 도'와 같은 접근법은 종종 두려운 상황에 적응할 수 있을 만큼 충분히 오래 머물 수 없게 하므로 실패하고, 이런 이유로 더 작은 단계에는 더 큰 성공의 기회가 있다.

한 환자는 치료자의 문구인 '작은 걸음으로 작은 단계들 걷기(Little step for little feet)'를 반복하는 것이 두려운 상황에 천천히 접근하는 데 도움이 된다는 것을 발견하였다. 과거에 그녀는 작은 단계를 밟는 것이 '겁쟁이'와 '나약한 것'이라고 질책하곤 하였다.

때로는 치료자가 '공상이 항상 현실보다 더 나쁘기' 때문에, 이 과정이 아마도 그가 상상한 것보다 더 쉬우리라는 것을 상기시키면서 내담자에게 더 큰 단계를 밟도록 격려할 필요가 있을지도 모른다.

위계

노출의 단계는 가장 덜 불안한 상황에서부터 가장 불안한 상황에 이르기까지의 형식적인 위계로써 체계적으로 개발할 수 있다. 환자에게 심지어 아주 약하다 할지라도 불안이 사라질 때까지 각 상황에 머무르도록 지시한다. 만일 불안이 줄어들기 전에 환자가 그 상황을 떠난다면, 가능한 한 빨리 되돌아가고 불안이 사라질 때까지 머무르게 한다. 만일 그가 그 상황에 여전히 머무를 수 없다면 더 낮고 덜 위협적인 상황으로 단계를 낮춰야 한다.

이런 위계는 환자가 너무 빠르게 앞서 나가는 것을 막아 주는 이점이 있다. 너무 빠르게 진행하면 종종 역효과가 생긴다. 사람들 속에서 '미쳐 날뛰게 되는 것'을 두려워한 한 여성은 적은 수의 친구들과의 관계에서는 잘 기능했기 때문에 더 큰 도심의 군중 속에서 모험해 보려고 결심하였다. 그러나 그런 다음 공황장애를 겪었고 집으로 돌아왔다.

계속해서 목표에 접근하는 수행을 통해서(단계별 접근), 환자는 원하는 행동에 점차 나아갈 수 있다. 고소공포증이 있는 한 환자는 건물의 2층에 올라가는 것으로 시작하였다. 그는 다음 층으로 올라가기 전에 충분히 편안함을 느낄 때까지 그곳에 머물렀다. 여러 번의 실험에 걸쳐 그는 건물의 꼭대기 층에 이를 수 있었다.

단순히 위계의 단계들을 설정하는 것으로도 인지적 재구조화를 이끌 수 있다. 환자는 이전에 전반적인 문제라고 생각했던 것을 구체적이고 관리가 가능한 단계로 쪼갤 수 있는 것으로 인식할 수 있게 되었다. 각 단계를 완수하는 것은 목표를 노력과 기술의 결과로 도달할 수 있는 것으로 볼 수 있게 하였다. 환자는 종종 단계별 과업을 수행하는 과정에서 '인지적 클릭(cognitive click)'(Mahoney, 1974)을 경험한다. 이는 더 잘 기능하도록 하는 상대적으로 갑작스러운 경험의 재개념화로서, 환자들은 인지적 클릭을 겪은 이후 갑자기 진전을 보일 수 있다.

한 회계사는 그가 회의에서 하기로 동의한 중요한 연설에 대해 불안해했다. 상황의 위계가 설정되었고, 여기에는 공식 모임에서 연설하기, 소규모 대중 발표에서 질문하기 그리고 심지어는 회의에서 연설하기가 포함되어 있었다. 그는 한 소그룹 회의에서 말을 하는 가운데 인지적 클릭을 경험하였다. "나는 이 사람들이 즐거워하든지 아니든지, 그에 대한 책임이 없다." 이 개념은 치료 회기 동안 논의되어 왔지만, 이것이 내면화되고 작동하게 된 것은 단지 나중에, 바로 이 모임에서 일어났다. 그는 아주 최소한의 불안을 느끼면서 연설을 할 수 있었다.

각 위계적 단계는 검증되어야 할 가설로, 구별된 실험으로 볼 수 있다. 설사 환자가 그 상황에 머물러 있지 않다고 하더라도, 그는 여전히 치료에서 사용할 수 있는 그 사건에 대한 정보(생각이나 심상)를 수집할 수 있다고 말한다. 그 단계의 어떤 접근이라도 성공으로 보도록 격려한다.

노출을 위한 보조기술

실험적 근거를 제시하는 것, 단계별 과제 그리고 과업이 '실패가 없도록' 만드는 것은 환자가 불안에 접근하거나 머물도록 하는 데에 동기부여를 하는 방법이다. 환자가 상황에 가까워질수록, 두려운 사건에 직면하려는 결심은 희미해진다. 치료자는 환자가 불안을 피하고자 하는 이런 강력한 행동 경향에 반하여 행동하도록 돕기 위한 다양한 기술과 전략을 사용할 수 있다.

개시 기술

치료자는 환자가 두려운 상황과 직접 접촉하도록 이끄는 작은 첫 단계를 밟도록 격려할 수 있다. 한 비서는 관계에 문제가 있던 동료에 맞서는 것을 불안해했다. 치료자는 그녀에게 다음과 같이 말했다.

지금 이것을 하고 싶은 기분이 아니란 것을 알지만, 당신이 친한 친구에게 이 일을 언제 할 것이라고 말하는 것과 같이 만약에 당신이 직면하기 위해서 어떤 행동을 한다면 그 자체로도 강력한 동기부여가 될 수 있습니다. 당신이 하는 것은 더 높은 동기와 용기를 발전시키기 위해 낮은 동기와 수치심을 사용하는 것입니다.

환자는 자신의 언니에게 이 동료에 맞설 것이라고 말했고, 치료자에게 이후에 "저는 그것을 끝까지 하지 않으려고 했지만 언니에게 말했던 것을 기억했어요."라고 말했다.

치료자는 이 절차에 어느 정도 주의를 기울인다. 도시를 가로지르는 여행을 할 것이라고 선언한 계획을 깨버린 한 광장공포증 환자는 '나는 모두를 실망하게 했어.'라고 생각하고는 우울해졌다. 치료자는 그녀에게 헌신은 진지한 의도(serious intentions) 이상의 것이 될 수 없으며 예상치 못한 것이 진지한 의도에 방해가 될 수 있다고 말했다. 치료자는 또한 진지한 의도를 끝까지 다 이루는 것이 의미 있지만, 항상 가능한 것은 아니라고 말했다.

공적인 약속이나 진술한 의도가 환자에게 동기를 부여할 수 있지만, 개인적인 약속이나 치료자에게 하는 약속도 도움이 된다. 이것이 구체적인 과제를 각 회기의 끝에 자세하게 제시하는 이유 중의 하나이다. 다음의 안내 지침을 과제와 함께 사용할 수 있다.

① **과제를 가장 우선으로 하기:** 환자가 과제를 해내는지 아닌지를 결정하는 데에 치료자의 태도가 가장 중요하다. 치료자가 과제를 가치 있게 여기면 환자는 과제를 한다. 만일 치료자가 환자가 과제를 하지 않을 것이라고 믿는다면, 환자는 아마 하지 않을 것이다.

② **환자에게 과제의 가치 강조하기:** 회복 정도가 치료에 얼마나 큰 노력을 하는지와 관련이 있다는 것이 연구를 통해 발견되었다는 것을 환자에게 알려 주어야 한다. 치료자는 종종 환자에게 과제의 가치를 이해시켜야 한다.

③ **부여된 과제 끝까지 하기:** 환자는 때로 치료자가 물어보지 않으면 완수한 과제에 대해 언급하지 않을 것이다. 과제를 부여하는 데에 있어서 좋은 전략은

NCR 종이에 적고[먹지(carbon)는 필요치 않음], 치료자와 환자가 복사본을 나눠 갖는 것이다. 환자들이 하는 일반적인 불평 중 하나는 치료자가 과제를 부여하고 그에 관해 전혀 물어보지 않는다는 것이다. 부여한 과제에 관해 묻지 않는 것은 환자가 끝까지 해내는 것을 심각하게 방해한다. 쓰기 과제는 환자가 과제를 하도록 상기시키고, 치료자는 자기가 부여한 과제가 무엇인지 상기할 수 있게 된다. 과제를 완료하는 것의 강력한 강화물은 바로 치료자의 관심이다.

④ **협력을 기반으로 과제 개발하기**: 과제가 현재의 문제와 관계가 있는지, 너무 쉽거나 어렵지는 않은지 확인하는 데에 환자의 조언이 필수적이다. 치료 초반에는 치료자가 안내할 수 있지만, 후반에는 환자가 거의 모든 과제를 계획해야 한다.

⑤ **의사소통의 형식으로써 과제 제시하기**: 과제는 의사소통의 형식일 수 있고, 과거 행동에 대해 사용되는 치료 시간을 줄일 수 있는 중요한 방법일 수 있다. 많은 경우 환자는 회기들 사이에 작성한 과제를 이메일로 제출할 수 있다.

⑥ **환자가 과제를 할 수 있도록 확실히 하기**: 많은 과제의 첫 단계는 상담실에서 다가올 만남에 대한 역할극을 하거나 자기 생각을 어떻게 기록하는지 배우는 것이 될 수 있다. 치료자는 환자가 상담실에서 과제를 어느 정도 하게 해서 잠재적인 문제를 살펴보고 환자가 이 작업을 할 수 있는지 그 능력을 평가한다.

⑦ **'발 들여놓는(foot-in-door)' 방법을 사용하기**: 어떤 유형의 과제든지 환자가 할 수 있는 것으로 시작하게 한다. 첫 회기에 오기 전이라도 환자에게 그 문제에 대한 이력을 써 오는 것과 같은 과제를 하도록 요청할 수 있다. 이런 작업은 과제를 하는 것에 대한 정신 자세를 개발하도록 돕는다.

⑧ **개인별 맞춤형 과제 부여하기**: 과제는 특정 환자의 스타일과 관심사에 맞춰져야 한다. 예를 들어, 대부분의 자율적인 환자는 자신의 과제를 직접 설정하고 개발하는 것을 좋아한다. 과제라는 말에 잘 반응하지 않는 일부 환자는 과제를 힘들고 단조로운 학업과 결부시킨다. 이런 경우 치료자는 과업, 임무, 자기치료 연습 또는 환자가 받아들일 만한 것으로 대체해서 말할 수 있다.

⑨ **실험**: 각 과제는 실험이다. 실험은 정보를 모으고 가설을 검증하는 것 중 하나

일 것이다. 거의 모든 과제는 실험으로 불릴 수 있다. 한 환자의 과제는 실험적 행동이 시간에 걸쳐서 불안을 줄여 주는지 확인하기 위해 '아내에 관해 점검하는(check on) 것을 자제하는' 것이었다. 다른 환자의 과제는 이 실험적 행동이 그의 불안을 낮춰 주는지 알아보기 위해 '아내가 무슨 생각을 하고 있는지 확인하는(check out) 것'이었다.

⑩ **과제는 반드시 특정 회기에서 다룬 문제로부터 자연스럽게 확대되어야 함:** 예를 들어, 환자가 거절당하는 것에 불안하다면, 과제는 이런 불안을 줄이는 것과 직접 관련이 있을 것이다. 처음 몇 회기에서 치료자는 표준적인 과제를 배정할 수도 있지만, 그 이후에는 환자와 치료자가 논의한 문제에 대한 개념화 그리고 그들이 선택한 전략과 전술에서 구체적인 과제들이 만들어져야 한다.

⑪ **과제 완수의 장애물 평가하기:** 치료자는 과제를 할 때 환자가 가질 수 있는 어려움을 도출해야 할 필요가 있다. "이제 당신이 과제를 할 것이라고 말했다는 것을 알고 있지만, 과제를 하는 데에 방해가 될지도 모르는 어떤 문제나 장애물이 있을까요?"

치료자는 그가 예측하는 잠재적 문제들을 지적해야 할지도 모른다. "과거에 당신은 다른 염려로 인해 곁길로 새는 경향이 있었어요. 이번에도 그런 일이 발생할까요?"

잠재적인 문제를 평가하는 또 다른 방법은 '미래 자서전' 방법을 사용하는 것인데, 이는 환자가 미래의 자신에 대해 역할 시연을 하고 치료자는 그를 평가하는 것이다. "좋아요. 제가 당신을 본 지 벌써 일주일이 되었습니다. 과제를 어떻게 했습니까? 어떤 문제를 만났습니까?" 일단 어려움을 구체적으로 짚어 낸다면, 환자와 치료자는 문제 해결 전략과 만일을 대비한 계획들을 개발할 수 있다.

⑫ **과제 배정에 환자가 전념하도록 하기:** 환자가 언어적 '동의' '전념' '약속' 또는 '진지한 의도'를 갖도록 하는 것은 과제를 끝까지 해내게 한다. 일부 환자는 '계약'의 개념에 더 잘 반응한다. 한 환자는 심지어 계약(구체적인 횟수의 반수치심 점수를 쌓기 위한)을 공증하기도 했다. 공증인에게 가는 것은 그녀가 반수치심(anti-shame) 점수를 획득하는 한 가지 방법이었다.

⑬ **강화전략 사용하기:** 환자가 강화될 때 과제를 완료할 확률이 높아진다는 연구들이 있다(Shelton & Levey, 1981). 환자는 자신을 칭찬하면서 과제를 할 수 있다("이 위험을 감수한 것, 참 잘했어."). 환자는 또한 과업을 완수한 것에서, 예를 들어 자신을 위한 옷을 사는 것과 같이 물건을 통한 보상으로 강화되는 체계를 구축할 수 있다. 또 다른 버전은 이 과업을 완수한 것에 대해 의미 있는 타인이 강화물의 역할을 하는 상황을 설정하는 것이다. 예를 들어, 학교 공포증이 있었던 14세 소년은 학교에 출석하는 것에 대해 강화물로써 엄마와의 자유 시간을 추가하는 것을 사용했다.

환자가 과업을 하려는 욕구는 표현하지만 끝내는 데에 심각한 문제가 있는 경우는 조건부 계약을 사용해 볼 수 있다. 환자는 치료자에게 일정한 양의 돈을 맡기고, 과업이 완료되었을 때에만 돌려받게 된다. 만일 과업을 완료하지 못하면, 이 돈은 기부하거나 환자가 좋아하지 않는 친인척에게 보내는 것 등의 여러 가지 방법으로 처분될 수 있다. 이에 대한 이론적 근거는 욕망에 돈이 더해지면 결과가 나온다는 것이다. 이상적인 목표는 과업 자체가 자기강화(self-reinforcing)를 하는 것이지만, 성공의 경험이 자기강화가 될 때까지 다른 수단의 강화를 사용할 수 있다.

⑭ **과제를 완료하지 못한 실패 뒤에 있는 원인과 생각 끌어내기:** 종종 과제를 하지 않는 이유는 회피 행동을 유지하는 이유와 같다. 치료자가 이 행동에 직접 관여하기 때문에, 환자가 '바르게 하지 못할 것 같아서 두려웠다.'와 같은 신념의 현실을 시험할 수 있다.

⑮ **권위 사용하기:** 마지막 수단으로, 치료자는 개선되지 않는 환자에게 나아지길 원한다면 반드시 과제를 해야 한다고 말할 수 있다. 치료자는 환자에게 분명한 선택이 있다는 것을 지적한다. "과제를 하지 않고 지금과 같이 머무르거나, 과제를 할 수 있습니다. 당신의 선택입니다."

자기지시

환자는 또한 언어적 자기지시를 통해 불안한 상황에 들어가는 두려움을 극복하는 데에 도움을 받을 수 있다. 이 절차에서는 치료 중에 만든 중요한 개념을 나타내는 문구를 적극적으로 반복한다. '상황에 머무른다.' '하고 있는 일에 초점을 유지한다.' '불안의 수준은 낮아질 것이다.' '나의 목적은 무엇인가?' '자신을 평가하지 말라.' '불안은 불편한 것이지 위험한 것이 아니다.' 또는 '다른 사람이 나에 대해 생각하는 것은 내가 관여할 바 아니다.' 많은 환자가 이런 문구가 두려운 상황에 접근할 때 도움이 된다는 것을 발견한다. 예를 들면, '사자는 내가 직면할 때 사라질 것이다.' '두려워하는 것을 마주하라.' '위험을 감수해야 한다.' '이 또한 지나가리라.' 또는 "불안을 받아들여야 한다.' 환자는 이런 문구를 자신감과 확신을 가지고 반복한다. 환자가 이런 문구나 확언들을 만들 때, 치료자는 광고와 정치인 그리고 대중매체에서 사람들이 설득을 위한 수단으로 슬로건을 어떻게 사용하는지에 대해 말해줄 수 있다.

일부 환자는 심상도 동일한 목적을 수행할 수 있음을 발견한다. 한 환자는 권위 있는 인물을 마주하는 방법으로써 테니스 선수 John McEnroe의 심상을 사용하였다. 그가 상사나 장인어른에게 다가갈 때, 자신을 테니스 시합에서 McEnroe가 심판과 마주할 때처럼 자신감을 가지는 모습을 상상했다.

환자는 또한 불안에 머무르는 데 도움이 되는 상징적 물건을 사용할 수 있다. 심각한 폐소공포증이 있던 한 환자는 두려운 상황을 다룰 때 자신이 '화강암'과 같이 굳어 버리는 것을 상기하기 위해 주머니에 작은 돌을 들고 다녔다. 엘리베이터를 반드시 타야 하는 상황에 마주할 때, 그는 자신이 달성할 수 있음을 상기시키기 위해 이 돌을 만지곤 했다.

치료자는 환자가 자기 몸에 대해, 더 미세한 불안의 증상까지는 아니더라도 적어도 대근육의 움직임은 조절할 수 있는 힘이 있다는 것을 강조한다. 환자는 적극적으로 '자신에게 말하면서' 자신이 그 상황에 들어가고 머무르도록 강요할 수 있다. 자기지시는 환자, 치료자 그리고 두려워하는 상황에 따라 다양하다. 한 대학원생 환자와 그의 치료자는 논문 심사관 앞에서 발표하는 것에 대한 두려움을 통제하기 위해 다음의 자기지시 문장들을 고안하였다.

① 굴복하지 말라.

② 해야 한다면 이를 악물고 참아라. 굴복하거나 약해지지 말라.
③ 멍청이처럼 굴지 마라. 원하는 것을 옹호하라.
④ 단호해라. 이것은 누가 먼저 굴복하는가의 문제이다.
⑤ 끊임없이 경계해라. 자신이 소극적으로 되는 것을 볼 때 강하고 적극적인 위치로 향하라.
⑥ 고개를 들어라. 목의 긴장감을 느끼라. 이것이 네가 강하다는 신호이다.
⑦ 가능한 한 많은 질문을 하라. 그 상황에 책임을 지라.
⑧ 확고하고 단호하라.
⑨ 움직일 수 없는 단단한 석재가 되라. 그가 너를 심리적으로 쓰러뜨리지 못하게 하라.
⑩ 단호하라.

이 환자는 이런 자기기시 문장을 사용하여 두려운 상황에 대처할 수 있었다.

치료자는 또한 환자에게 과거에 어려운 과업을 어떻게 마주할 수 있었는지 물어볼 수 있다. 한 환자는 자신이 마치 카니발 축제의 노점 상인인 것처럼 행동하고, 자신에게 "좋아, 당장 앞으로 나가자. 내가 뭘 할지 말해 줄게. 나는 저기로 곧바로 갈 것이고, 저 사람들을 놀라게 할 거야. 좋아! 좋아! 이쪽으로 나가."라고 말하곤 했다고 했다.

치료자는 자신의 전략 몇 가지를 노출할 수 있다.

> 때로 저는 제 자신에게 동기를 부여하기 위해 텔레비전 속 인물 아이크 목사를 모방합니다. 아이크 목사님은 돈을 갖기 원하면, "나는 돈을 싫어한다."라고 말하는 것을 멈추고, "나는 돈을 사랑한다."라고 소리쳐야 한다고 말해요. 대학교 시절 저는 자신에게 "나는 이 논문 쓰는 것이 싫어. 나는 글을 쓰는 것이 싫다고."라고 말하는 것을 발견했어요. 결국 저는 회피했지요. 저는 집 안 곳곳에서 "나는 논문 쓰는 것을 사랑한다. 나는 이걸 사랑해."라고 외치기 시작했고, 그다음엔 정말로 그걸 쓰기 시작했어요.

이런 경우 치료자는 환자에게 대처 모델을 주는 것일 뿐 아니라 문제의 심각함을 받아들이게 한다. 자기지시는 최근에 광장공포증의 치료를 위해 다양한 노출 기반 치료에 통합되어 왔다. 예를 들어, 심각한 운전 공포증에 대해 작업하던 S. L. Williams와 A. Rappaport(1983)는 환자가 불안한 감정을 해로운 것으로 보기보다는 불편한 감정으로 재명명하고, 두려운 자기진술을 호의적인 것으로 대처하고, 관심을 과업으로 다시 향하게 하면서 두려움에 대처해야 한다고 주장하였다(또한 Mathew, Gelder, & Johnston, 1981 참조).

행동 시연

행동 시연(역할극)은 환자들을 잠재적으로 스트레스를 유발할 수 있는 사회적 상황들에 대해 준비시킨다. 이 기술은 사회적 반응의 본보기를 제공하기 위해 사용될 수도 있고, 자기주장 행동에 동반되는 두려운 생각들을 드러내고 연습과 문제해결을 통해 환자의 자신감을 촉진하기 위해 사용될 수도 있다. 때로 행동 시연은 명백한 사회 기술의 결핍을 확인시켜 줄 것인데, 이는 또한 이 맥락에서 다뤄질 수 있다.

한 환자는 역할극 중에 그가 데이트 상대로부터 '바보 취급을 받을 것'으로 예측한다는 것과 만일 이런 일이 일어나면 자신이 어떻게 반응할지 모른다는 것을 인식하였다. 환자는 그가 '바보 취급'에 대한 어떤 응수(retort)를 개발하며 연습하고, 이 잠재적 '바보 취급'을 포함한 상황을 반드시 두려워해야 하고 어떤 수단을 쓰더라도 피해야 한다는 그의 신념에 질문을 던지도록 도와주었다.

한 사업가 여성은 자신보다 더 공격적인 남성 동료들과의 관계에서 더 강한 자세를 취하기로 계획한 것에 대해 역할극을 했다. 그녀는 '그들은 내가 하는 말을 무시하고 그들이 원하는 방향으로 논의를 이끌어 갈 거야.' '내가 별로 인기가 없는 의견을 내놓을 때면 나를 무시해서 바보처럼 만들 거야."라는 생각을 확인했다. 이런 구체적인 문제를 확인할 수 있게 되면서, 그녀는 이를 다룰 수 있는 전략을 고안할 수 있었다. 즉, 만일에 그들이 그녀를 무시한다면 직접적으로 자신의 발언에 대한 피드백을 묻는 계획을 세웠다.

치료자는 불안한 환자와 자주 역할극을 해야 한다. 이것을 '역할극'으로 형식적으로 준비하기보다는 즉흥적으로 "저는 당신의 언니(또는 환자가 말하고 있는 사람 누구든)입니다. 늦었다는 것의 의미는 무엇인가요?"라고 말하거나 또는 역할 전환의 경우 "제가 당신이 되겠습니다. 저는 이에 대해 당신과 이야기하고 싶어요."라고 말할 수 있다. 역할 전환에서 치료자는 종종 환자가 가질 수 있는 최악의 두려움을 표현해야 하기 때문에 역할을 과장되게 시연한다. 낯선 사람에게 비판을 받는 것을 두려워하는 환자와 역할극을 하는 동안, 치료자는 과도하게 비판적인 낯선 사람을 연기하였다.

행동 시연 동안에는 환자가 다양한 반응을 연습하도록 한다. 한 환자는 다른 사람들이 자신의 아들이 게이라는 것을 발견하게 될까 봐 두려워했다. 다른 반응 중 그는 짧고 보수적인 반응("사실이지만, 저는 그에 관하여 이야기하는 것이 불편합니다.")과 과장된 반응("그는 게이가 맞고, 당신은 그가 만나는 멋진 남자들을 봐야 해요.")을 연습하였다. 한계로 몰아붙이는 과장된 역할극은 환자가 균형 잡힌 반응에 대해 더 편안함을 느끼게 해 준다.

의미 있는 타인의 활용

가족 구성원, 환자 삶의 다른 중요한 사람들 그리고 준전문가들은 행동 과제를 수행하는 데에 보조 치료자의 역할을 하면서, 환자가 자동적 사고를 확인하는 데에 도움을 줄 수 있다. 그러나 그들의 가장 중요한 임무는 불안이 잦아들 때까지 환자가 불안한 상황에 머물도록 돕는 것이다. 다른 사람은 점차 그 과정에서 물러난다. 중요한 타인에게는 다음의 안내 지침을 제시한다. ① 작은 단계들을 강화하기, ② 격려하고, 압박하지 않기, ③ 이 과정을 협력적인 노력을 통해 하기("내가 이 문제를 도와줄게, 너는 내 문제를 도와줘.") 그리고 ④ 환자가 주도하도록 허용하기.

가능할 때, 치료자는 환자와 불안을 유발하는 상황에 동행할 수 있다. 치료자는 엘리베이터를 두려워하는 한 환자와 엘리베이터에 동승했다. 비록 그녀는 상담실에서 엘리베이터에 갇혀서 질식하는 가능성을 '만 분의 일'이라고 추산했음에도 불구하고, 처음에는 엘리베이터 근처에 가는 것을 거절했다. 치료자의 격려로 가까이

다가갈 때, 자신이 질식할 가능성을 '50 대 50'이라고 말했다. 치료자는 그런 다음 불안을 유발하는 심상을 확인하도록 돕기 위해 그녀와 함께 엘리베이터를 타고 올라갔다가 내려왔다. 여러 번을 더 타고 난 뒤, 그녀는 더 이상 이런 심상을 경험하지 않았다. 이와 같은 초기 데이터 수집 탐험은 중요한 타인이 참석한 상황에서 노출 단계의 위계를 개발하는 데 기반이 된다.

가장 유용한 보조도구는 전화기이다. 인지치료는 환자가 불안을 경험하는 중간에 대처 방법을 연습하도록 격려한다. 환자는 시간이나 거리상의 문제로 다른 보조도구가 배제될 때 전화 통화를 통해 치료자의 지지와 격려를 얻을 수 있다. 치료자의 시간을 이용하는 것 또는 이따금 치료자를 방해하는 것을 환자가 꺼리는 것을 극복하기 위해, 치료자는 전화 통화도 치료 시간으로 고려될 것이고 그에 따른 비용을 청구할 것이라는 점을 환자와 합의해야 한다. 치료가 진행됨에 따라 치료자는 환자가 불안한 상황에 혼자서 들어가도록 격려한다. 환자가 이에 저항할지도 모르기 때문에, 치료자는 불안을 유발하는 자극으로부터 그러한 보호적 행동을 하는 것은 장기적으로 보았을 때 두려움을 강화한다는 점을 강조해야 한다. 다음 광장공포증 환자와의 대화를 고려해 보라.

환자: 그렇지만 저는 딸이 함께 나가 주는 것이 훨씬 기분이 나아요.

치료자: 이해합니다. 사실은 그것이 버팀목을 포기하는 것을 어렵게 하는 핵심 원인입니다. 당신의 기분을 더 낫게 만드는 것이요. 그렇지만 그것들이 당신을 더 낫게 만들어 줍니까?

환자: 길게 보았을 때를 말하는 것이죠?

치료자: 맞습니다. 결국에는 말이죠. 기분이 더 나아지는 것과 당신이 더 나아지는 것 중 어떤 것이 더 낫다고 생각하나요?

환자: 글쎄요. 제가 나아지는 것이 더 좋을 것 같아요.

치료자: 지금 딸과 함께 가는 것보다 당신 스스로 나가 보는 것이 더 낫다고 생각하는 이유는 무엇이지요?

환자: 아마 스스로 나가게 되면 제가 더 할 수 있게 될 것이라고 믿기 때문인 것 같아요.

치료자: 맞습니다. 딸과 함께 나가게 된다면, 스스로 대처할 수 있는 능력이 있다가 아니라 딸 덕분에 성공했다고 말하게 될 것입니다. 당신의 성공을 '자기통제감(self-mastery)'으로 보길 원하시지요.

환자: 그렇지만 어떤 일이 일어날 경우를 대비해서 도움이 필요할 것 같아요.

치료자: 좋습니다. 그 점을 살펴보고 어떤 대비를 할 수 있는지 보지요.

환자는 결국 혼자 밖에 나갈 수 있게 되었다.

기술적 보조

앞서 언급한 것과 같이, 환자가 두려운 상황에 직면할 수 있게 사용되어 온 기술적인 보조에는 여러 가지가 있다. 한 예로, 치료자는 고속도로 운전을 두려워하는 여성의 치료를 위해 운전면허 교육에서 사용되는 유형의 차인 2중 브레이크 시스템의 차를 얻게 되었다. 환자는 우선 치료자가 그녀와 동행하고 있기 때문에, 둘째는 자신이 겁에 질릴 때 치료자가 차를 통제할 수 있을 것이기 때문에 더 안전하다고 느꼈다. 이런 안전상의 여유는 이 여성이 두려움에 직면할 수 있게 해 주었다.

테이프 플레이어는 환자가 다양한 두려운 상황에 직면하는 동안 오디오테이프를 들을 수 있게 한다. 환자는 회기의 녹음 테이프를 재생하거나 두려움에 직면하는 것에 맞춰서 그것을 사용할 수 있다.

인지적 회피

환자가 두려운 상황에 홀로 접근할 때조차 많은 환자가 불안을 차단하기 위해 인지적 회피전략을 사용한다("이에 대해 생각하지 마." 등). 이런 전략이 처음에는 환자가 상황에 머무르도록 해 주지만, 곧 그런 이점을 상실한다. 환자에게 다양한 방법으로 정신적으로, 신체적으로, 그리고 정서적으로 스스로를 드러내도록 격려한다. 환자에게 불안을 경험하고 생각 중단을 통해 이를 멈추려고 하지 말 것을 말하도록 지시한다. 치료자는 삼각형을 그리고 3개의 꼭지점에 생각, 감정 그리고 행동을 쓴 다음, 이 꼭지점 사이의 화살표를 양방형으로 그려서 세 가지가 서로 영향을 주는 것의 중요성을 강조한다.

중대한 결정 기법

중대한 결정(critical-decision)은 환자가 두려움에 직면하도록 하는 데 사용할 수 있는 기법이다. 불안에 대한 행동적 성향은 연쇄적 행동을 이끌고, 이는 어느 지점에서는 결정과 자기지시를 포함하게 된다. 종종 개입의 마지막 기회는 결정 지점에서 발생한다. 일단 위험하다고 인지하는 어떤 상황에 노출된 환자가 이러한 인식에 따라 행동하기 시작하면, 언어적 방법을 통해 그에 도전하거나 신념을 수정하는 것은 어렵다. 환자가 탈출 행동을 막 취하려고 하는 과정에 있다면 상황이 위험하다는 원래의 결정에 의문을 제기할 가능성은 낮다.

치료자: 대부분 감정이나 본능에 따르는 것은 좋은 생각입니다. 그렇지만 당신이 불안한 상황에 관하여 중대한 결정을 할 때 최선의 결정은 완전 반대로 하는 것입니다. 예를 들어, 누군가에게 말을 하고 있는데 뒷걸음쳐서 숨고 싶다면, 앞으로 나아가게 만드는 것이 더 낫습니다. 피하기보다는 다가가는 것입니다. 자신을 보호하고 싶을 때, 당신은 자신을 더 취약하게 만듭니다.

환자는 보통 이 기법을 다른 방법으로 사용할 수 있다. 예를 들어, 한 남성은 화가 난 고객에게 편지 한 통을 받았다. 그가 하는 평상시 패턴으로는 이 편지를 집어던지고 머릿속에서 떨쳐 버리려고 하는 것이었다. 막 그렇게 하려던 참에 그는 중대한 결정 기법을 생각해 냈고 고객에게 전화하였다. 이는 결국 그에게 성공 경험을 하게 했고 전반적인 자존감도 증가하였다.

치료자는 환자에게 피하려는 강력한 성향에 반대되는 행동을 할 것을 선택할 수 있는 이런 순간들을 찾아보라고 말한다. 다음의 대화는 임계점(critical point)을 인식하기 시작한 뒤 환자가 할 수 있는 것을 보여 주고 있다.

치료자: 당신은 이런 순간들을 자각하고 난 다음에 당신이 무엇을 할 수 있는지 물었습니다. 이 상황에 머무르기 위해 무엇을 할 수 있는지를요.

환자: 맞아요.

치료자: 사실 꽤 단순합니다. 무엇을 할지 분석하지 않아도 됩니다. 여전히 생각할 시간이 있기에, 중대한 결정 기법의 두 번째 부분은 쉽습니다. 당신이 하고 싶다고 느끼는 것과 반대로 하는 것이에요. 당신의 본능이 도망치라고 하면 머무르는 것입니다. 만일 머무르고 싶다면 가는 것이지요.

환자: 그냥 하고 싶다고 느끼는 것, 본능적인 것과는 반대로 하라고요? 글쎄, 제가 스스로 어떻게 그렇게 할 수 있을까요?

치료자: 자신에게 말을 해야 합니다. 스스로 이것은 임계점이라고 말하고 반대로 하도록 자신에게 강압해야 해요. 이 원칙에 따라 행동하기 시작하면, 다른 경로를 선택한 것이고 당신의 길에 들어선 것이지요.

환자: 당신이 무슨 말을 하는지 알지만, 제가 그렇게 할 수 있을지는 모르겠어요.

치료자: 예를 들어 봅시다. 마지막으로 당신이 불안했던 때요. 그리고 중대한 순간을 찾을 수 있는지, 그리고 이 중대한 결정 기법을 여기에 어떻게 적용할 수 있었는지 한번 봅시다.

환자는 정말로 마음속에 있었던 것을 언니에게 말하기를 피했던 일을 회상하였다. 치료자와 환자는 이 상황에 대한 역할극을 하였고, 치료자는 그녀가 본능과 정반대로 행동하게 하였다.

이 절차를 보여 주면서, 치료자는 일반적으로 행동 시연 기법에서 하는 것처럼 환자가 적응적 선택을 하는 것을 막는 문제들을 확인할 수 있다. 한 환자는 자신이 있어야 할 곳이 아니라고 느끼는 사회적 상황에 머무르는 것이 '위선'인 것처럼 느껴지곤 했다고 말했다. 치료자는 어떤 새로운 행동이든지 '이것은 진짜 내가 아니다.'라고 느끼게 만들 수 있지만, 새로운 행동을 연습하면 이런 낯설거나 위선적인 감정은 시간이 지나면서 사라진다는 것을 설명했다. 다른 환자는 "저는 그 상황을 잘 다루지 못할 거예요. 멍청해 보일 거라고요."라고 말했다. 치료자는 친숙하지 않은 상황에서의 수행에 대한 환자의 완벽주의적인 기준들을 유익하게 검토해 볼 수도 있다. 치료자는 "과거에는 어떤 것이 효과가 있었나요? 도망치는 것이 효과가 있었나요? 새로운, 급진적이고 반대되는 접근이 더 나을 가능성이 있나요?"라고 물어볼 수 있다. 한 환자의 경우, 치료자는 "이렇게 해서 자신을 놀라게 할 때 다른 사람도 역시 놀라게 됩니다. 이것은 당신의 패턴 밖의 것이니까요. 당신이 자신을 다르게 볼 뿐만 아니라 다른 사람들도 당신을 다르게 볼 것입니다."라고 말했다.

놀라게 하기

놀라게 하기 개념은 동기부여를 위한 보조도구로 종종 사용해 볼 수 있다. 환자가 접근 행동을 할 것인지 확신하지 못할 때, 치료자는 "자신을 놀라게 해 주고 어떤 일이 벌어지는지 보지 않겠어요?"라고 제안할 수 있다. 이는 뜻밖의 일이 환영받는 것으로 상황을 구조화함으로써 환자가 실행하는 것의 압박을 없앨 수 있다.

한 여성은 '나는 해야만 한다(I should)'로 자신이 두려워하는 것에 접근하려고 시도하였다. "나는 나의 두려움을 직면해야 해." "나는 내가 하고 싶은 것을 하기 위해 더 많은 용기를 내야 해." 그녀는 "내가 두려워하는 것을 해야 한다는 것을 알고 있지만, 그렇게 할 수가 없습니다."라고 말했다. 두 번째 회기의 끝에 치료자는 그녀에게 "자신을 놀라게 해 보세요."라고 과제를 제시했다.

다음 회기에서 그녀는 여러 방법으로 자신을 놀라게 했다고 말했다. 그녀는 이전에는 비행을 몹시 꺼렸음에도 불구하고 친구와 함께 비행기를 타고 충동적으로 샌프란시스코로 떠났다. 그녀는 자신을 놀라게 하는 이 전략을 직장을 그만두고, 만족스러운 성적 경험을 하고, 이전에는 피했던 많은 경험을 시도하는 것에 사용하였다.

선택

이 전략은 통제와 관련된 문제가 있는 환자와 통제를 잃게 될까 봐 두려워하는 상황을 피하는 환자에게 종종 효과가 있다. 이런 환자는 자신과 자신의 환경에 대한 신뢰를 잃었고 전형적으로 비현실적인 수준의 통제를 원한다. 안전하고 확실히 하기 위해, 환경과 자신을 완전히 통제해야 한다고 생각하기에 이른다. 두려운 상황을 확실히 통제하기 위해 그 상황을 검토하거나 정신적으로 예행 연습을 한다.

치료자가 이런 문제를 다루는 방법의 하나는 통제의 개념을 선택의 하나로 해석하는 것이다.

> 종종 통제의 개념은 환상(illusion)입니다. 우리는 다른 사람을 직접 통제하는 경우는 거의 없고, 우리의 생각, 감정과 행동에 대해서도 어느 정도의 통제력만 가지고 있지요. 이것을 선택이라는 면에서 생각하면 훨씬 도움이 됩니다. 저는 당신에게 이 상담실에서 단 하나의 의자에만 앉을 수 있다고 말할 수 있습니다. 당신이 저의 명령을 따를 수도 있고 그렇지 않을 수도 있습니다. 그것은 당신의 선택입니다. 반면에, 저는 하나만 빼고 모든 의자를 상담실 안에서 없앨 수도 있지요. 그러면 당신에게는 한 가지 선택밖에 남지 않습니다. 이런 전술들을 당신을 통제하는 것이나 당신의 선택권을 줄이는 것 중 하나로 생각할 수 있을 것입니다.

통제의 문제를 선택 중 하나로 전환하는 기술은 통제의 문제가 일어날 때는 언제든지 사용할 수 있다. 한 예로, 어떤 환자는 다른 사람들이 자신에게 화를 낼 것 같은 두려움 때문에 다른 사람에게 크게 말하는 것을 두려워했다. 그리고 자신이 어떻게 반응할지 모르기 때문에 무력감에 빠질 거라 했다. 이 상황에서 그가 실제로 가지고 있었던 선택이 수정되었다. 그는 듣고, 차분히 있으며, 자신의 요점을 반복하는 것을 선택했다. 통제에서 선택으로의 전환은 그가 과거에는 회피해야 했던 대인관계 상황에 접근할 수 있게 해 주었다.

치료자는 환자가 두려워하는 것에 접근할 수 있는 선택권이 항상 있다는 것을 강조할 수 있다. 두려움에 직면하기 위해 자기통제를 사용하려고 시도하는 환자는 종종 통제할 수 없는 기분을 느낀다. 한 환자는 자신의 아내에게 성적으로 다가가길 원했다(그는 아내를 수개월간 회피해 왔다).

환자: 저는 선택권이 없어요. 저는 이걸 해야만 해요.

치료자: 당신에게 선택권이 있는지 한번 살펴봅시다. 당신은 결정권이 있습니다. 그렇지요?

환자: 저는 이것을 하거나 하지 않거나 결정할 수 있겠지요.

치료자: 또는 결정하지 않기로 결정할 수 있습니다. 결정은 대안의 선택입니다. 선택은 그 밖에 다른 것 대신에 무언가 하기를 선호하는 것입니다. 그렇지요?

환자: 그런 것 같네요. 저는 지금까지 제가 해 오던 것을 계속하면서 이 결혼이 끝나는 것을 보고 싶지 않아요. 성관계를 하지 못해서 나에게 굴욕감을 주고 싶지 않네요.

치료자: 가능한 모욕감을 감내하면서 더 선호할 만한 선택을 하기 위해서 당신은 어떻게 결정하실 수 있나요?

이 환자는 이것이 자신이 선호할 만한 선택이라는 여러 이유를 만들어 낼 수 있었다. 대부분의 환자는 두려운 사건에 접근하는 것을 그들이 해야만 하는 무언가라기보다는 선택으로서 명명할 수 있다.

'해야 한다(should)'를 피하는 것이 절대적인 규칙은 아니다. 많은 환자가 자기명령(self-command)에 잘 반응한다. 그들은 '반드시 해야 하는' '그래야만 하는' '다른 선택이 없는' '틀림없이 해야 하는' 것이기 때문에 그들이 두려워 하는 것에 접근할 것이다. 이것을 하는 것에 이점이 있는 자기지시는 절대명령과 같은 정도로 강력하지는 않다. 임상적 현실에서 환자는 종종 올바른 행동('면접을 보러 갈 것이다.')을 잘못된 이유('치료자를 실망시키고 싶지 않다.') 때문에 하곤 한다. 전반적으로 이는 환자에게는 순이익이다. 치료가 진행됨에 따라 치료자는 환자가 자기지시적인 동기부여를 개발하고 그것으로 전환하도록 도울 수 있다.

과업 지향

환자는 두렵다고 느끼기 때문에 (거기에) 어떤 위험이 있다고 믿고 당면한 과업에 직면하기보다는 두려움에 초점을 두게 된다. 환자에게 'TIC/TOC' 기법을 가르칠 수 있다. 즉, 과업에 방해가 되는 인지(Task-Interfering Cognition, '나는 여기서 빠져나가야만 해.' '나는 견딜 수 없어.')와 그 상황에 머무르는 것이 초점인 과업 지향적인 인지(Task-Oriented Cognition, '이 상황을 헤쳐 나가기 위해 내가 해야 할 것은 무엇이지?' '어떻게 하면 이 상황에 더 들어가게 될까?')를 구분하는 것이다.

환자는 방해가 되는 사고를 자각하고 이를 무시하거나 더욱 과업과 관련된 것으로 대체하는 법을 배운다. 앞의 예에서와 마찬가지로, 치료자는 환자가 활동에 참여하는 이유를 확인하고 그런 다음 이 목표에 초점을 맞추도록 도울 수 있다. 한 환자는 저녁 강좌가 자신에게 기쁨을 줄 것이고 다른 사람들과 어울릴 기회를 줄 것이라는 생각을 가지고 그에 등록하였다. 그러나 그의 자의식이 이를 방해했기에, 자신이 즐기기 위해서 여기에 왔고 다른 무언가를 하는 위험을 감수하면서 다른 사람과 함께하기 위해 왔다는 것을 스스로에게 상기시켜야 했다.

불안한 가운데 있을 때 두려운 자극에 참여하길 원한 이유를 잊어버리는 환자는 그 활동에 참여하는 이유를 카드에 적어 둘 수 있다. 그는 목표를 상기하는 것을 도와줄 수 있는 문구나 슬로건을 사용할 수 있다. 환자는 다음과 같은 유형의 문구가 도움이 된다는 것을 발견하였다. '계속 경계하라.' '다른 일들에 매몰되어 처음의 목표를 잊지 마라.' '목표를 생각하라.' '목적이 수단을 결정한다.' '내 목표가 무엇인지 기억하라.' '작은 도끼질이 큰 나무를 쓰러뜨린다.' '수천 마일의 여정도 첫걸음으로 시작된다.' 등.

행동적 사고

모든 불안한 환자에 대해 치료자는 불안을 줄이기 위해 환자가 행동적으로 무엇을 할 수 있는지 자신에게 물어보아야 한다. 가능한 단계는 종종 환자가 간과할 만큼 너무 간단해 보인다. 예를 들어, 중요한 전화를 놓칠 것을 두려워하는 한 여성은 자동응답기를 설치했고, 항공조사관이 자신이 확인하지 못한 것을 발견할까 두려워한 비행사는 그가 필요한 설명서를 찾아서 알아야 할 내용을 공부하였다.

종종 조언을 구하는 것도 환자의 불안을 경감시킬 수 있다. 고소당한 것을 두려워한 한 남성은 자신의 처지가 어떠한지 보기 위해 변호사와 상담하였다. 그는 자신에게 문제가 있을 수도 있지만, 그것이 여러 방법으로 해결될 수 있다는 것을 발견하였다.

위험을 초래하는 행동을 하지 않도록 하는 것도 한 가지 전략이다. 따라서 약물을 사용하는 것을 들킬 것이 두려운 여성은 약물 사용을 멈추기로 결정할 수 있고, 바람 피우는 것이 들킬까 봐 두려운 남성은 불륜을 멈추기로 할 수 있으며, 세금을 속이는 것이 걸릴까 봐 두려운 남자는 속이는 것을 멈출 수 있다. 치료자는 이런 행동이 가져올 수 있는 잠재적 대가가 무엇인지 보도록 환자를 도와줄 수 있다. 이 대가를 치르기를 꺼리는 환자에게는 이런 행동을 줄이는 것을 고려해 보라고 권장한다. 일반적인 전략은 '결과를 고려해 볼 때 최고의 선택은 무엇인가?'이다.

환자는 쉽게 이용할 수 있는 구조요인을 간과할지도 모른다. 출근하기 위해 장거리를 운전해야 했던 한 남성은 어느 날 밤 자신이 쓰러져서 도움을 구할 수 없을까 봐 걱정했다. 그의 불안은 그가 CB 라디오를 준비하고 AAA(American Automobile Association)에 가입하고 나서 줄어들었다. 다른 남성은 자신이 죽는 것을 두려워했는데, 가장 큰 두려움은 자신의 아내와 아이들이 극빈 상황에 처하게 되는 것이었다. 이런 두려움은 재정 상태에 대한 정보를 얻고 유언장을 쓰고 나서, 그리고 생명보험에 가입하고 나서 다소 줄었다. 어떤 강박적 불안 상황에서는 이런 유형의 보호적 개입이 그 사람을 더욱 두렵게 만들 수도 있다. 하지만 이 환자와 다른 많은 이의 경우, 안전책을 개발하는 것은 꽤 효과적이었다.

한 가지 행동적 개입은 환자가 피하려고 노력하는 것을 하게 하는 것이다. 코카인 중독이었던 한 어린 소녀는 가족이 이를 알게 될까 봐 두려워했다. 이를 숨기려고 노력하기보다, 가족에게 체계적으로 그에 대해 말했다. 대부분의 사례가 그러하듯이, 그들은 이미 추측하고 있었다. 또 어떤 노부부는 아들이 무장강도죄로 감옥에 가 있다는 것을 친구와 친척들이 알게 될까 봐 걱정했다. 치료자의 격려를 통해 그들은 특정 사람들에게 아들에 대해 말했고, 그 사람들은 거절과 충격보다 연민과 지지를 보내 주었다. 그리하여 이 노부부에게서 그에 해당하는 불안이 낮아졌다.

환자가 두려워하는 것에 직접 대면하는 것도 유용할 수 있다. 더 많은 정보를 얻기 위한 전화 통화는 종종 가장 효과적인 행동 개입 중 하나이다. 한 여성은 세 번 항의하고 난 뒤 자신의 주택보험이 취소되었기 때문에 항의하는 것을 매우 무서워했고, 주택보험을 다시 들지 못하게 될 것을 두려워했다. 치료자의 주장에 따라 그녀는 가입할 수 있는 보험을 찾을 때까지 여러 보험회사에 전화를 걸었다.

이 사례들에서 치료자는 종종 환자가 자신의 이익을 위한 것이라고 알고 있는 무언가를 하도록 움직이게 할 수 있다. 이런 압력은 충분한 신뢰가 있고 환자가 그러한 행동을 취할 가능성이 클 때만 적용되어야 한다. 처음에 환자는 치료자에게 화를 내거나 짜증을 낼 수도 있다.

환자가 행동을 완료하고 나면 보통은 고마워한다. 환자들은 종종 그 성공을 치료자 덕분이라고 생각하는데, 치료자는 이에 대해 명확하고 강력한 방법으로 반응해야 한다.

치료자: 부분적으로는 제가 당신에게 압력을 가했기에 당신이 남편과 직면하게 된 것은 사실입니다. 그렇지만 이 일을 한 사람은 당신입니다. 미래에 당신은 같은 과정을 통해 원치 않는 것을 하도록 자신에게 압박을 가할 수 있습니다. 정신분석적 작가인 Theodor Reik는 어떻게 39권의 책을 쓸 수 있었는지 질문을 받았을 때 "나 자신을 압박했어요!"라고 말했습니다. 우리는 우리가 할 수 있다고 생각하는 것보다 훨씬 더 잘 자신을 압박하는 법을 배울 수 있습니다.

가능할 경우 언제든지 행동적 개입이 현재에서 행해져야 한다. 극도로 내성적인 한 남성은 자신이 쓴 대본에 관심을 가진 제작자와의 약속을 취소하였다. 치료자는 그 제작자에게 전화를 해서 다시 약속을 잡으라고 압박하였다. 굉장히 꺼리면서 그렇게 했을 때 그 약속 시간이 그 제작자가 미리 잡은 다른 약속 시간과 겹친다는 것을 알아차리게 되었고, 그래서 그는 굉장히 안도했다. 치료자는 제작자에게 두 번째로 전화하라고 압박했다. 엄청난 저항을 보인 후 환자는 순응했고, 그 후 강한 안도와 지배감을 느꼈다. 그런 다음 그는 두 번째 약속 시간도 다른 약속과 맞물린다는 것을 깨달았다(반복적으로 약속 시간이 겹친다는 것도 아마도 환자가 제작자를 피하고 싶기 때문일 수 있다). 치료자는 그가 제작자에게 세 번째로 전화할 것을 제안하였다. 환자는 "절대로 그렇게 할 수 없어요."라고 말했지만, 강력한 설득과 역할 시연을 한 뒤 제작자에게 세 번째로 전화를 했다. 이는 환자 측의 중요한 상호작용이었고, 그는 이후 권위 있는 인물에게 훨씬 더 잘 직면할 수 있게 되었다. 환자가 가장 도움이 된다고 발견한 전략은 충동적으로 행동하는 것이었다. 자기주장을 하려는 충동이 있을 때, 그는 그렇게 행동하는 법을 배웠다. 자신이 기다린다면 자신이 원하는 것과는 다르게 말하게 될 것임을 배웠다.

환자는 자신이 두려워하는 사람들에게 '남자답게' 직접 직면해야 한다고 믿을 수 있다. 환자가 가진 높은 기준은 보통 불안을 줄일 수 있는 행동을 하지 못하게 막는다. 치료자는 이런 환자가 불편한 상황을 직면하는 방법을 확대하도록 도울 수 있다. 예를 들어, 한 환자는 집단의 지도자를 대하는 것을 어려워했고, 자조 집단에서 탈퇴할 만큼 이를 싫어하였다.

치료자: 목표를 달성하는 데에는 수백 가지의 방법이 있습니다. 반드시 그의 면전에 대고 말해야만 한다는 법은 없습니다. 전화 통화를 하거나, 전보, 카드 또는 편지를 보내거나, 심지어 누군가 당신을 대신해서 말하도록 할 수도 있습니다. 목표는 당신이 자조 집단을 그만둔다는 것을 그가 알게 하는 것입니다.

환자는 그에게 전화하기로 했고, 두려움을 직면하는 조금은 덜 완벽한 방법을 받아들일 수 있었다.

'마치 ~인 것처럼' 기술

불안한 환자는 자신에게 제안['마치 ~인 것처럼(as if)']을 하고, 그런 다음 마치 그것이 진실인 것처럼 행동할 수 있다. 두려움이 없는 것처럼 행동하는 행동적 기법은 환자가 두려움이 없는 것처럼 행동하는 자신의 모습을 보기 때문에 불안이 상승하는 것을 막을 수 있다. 이 기술은 자존감을 증대시키고 나아가 불안을 감소시킬 수도 있다.

많은 사람은 일상의 삶 속에서 여러 버전으로 이 기술을 사용한다. 예를 들어, 판매원은 열정적으로 행동하는 것이 열정을 일으킨다는 것을 안다. 그의 업무를 익히는 치료자는 자신이 하는 행동이 무엇인지 아는 것처럼 행동하는 것이 실제의 자신감을, 그리고 결국에는 실제 역량을 가져온다는 것을 발견한다.

환자는 다음에 따라 이 기술을 사용할 수 있다.

① **심상 개발하기:** 환자는 자신이 두렵지 않다면 어떻게 행동하고 싶은지를 묘사하고, 불안 없이 행하는 다른 사람들을 관찰할 수 있다. 한 가지 변형은 환자가 매우 두려운 것처럼 행동하는 극단의 반대 심상을 먼저 생각하도록 하는 것이다. 이는 더 균형 잡힌 심상을 발전시키도록 할 수 있다. 한 환자는 다른 사람들을 만나는 것에 대해 다음과 같은 이상적 심상을 발전시켰다.

a. 나는 다른 사람들에게 초점을 맞춘다. 나는 다른 사람을 똑바로 바라본다. 나의 눈은 고정되어 있다.

b. 나는 내 입장을 고수하며 서두르기보다는, 그가 나에게 더 다가오도록 한다.

c. 나는 몸을 곧게 유지하고 존재감을 나타낸다. 나는 이쪽저쪽으로 중심을 이동하기보다는 몸에 균형을 잡는다.

d. 나는 개방적으로 소통한다. 나는 방어적 자세를 취하기보다 팔을 아래로 내려둔다.

e. 나는 끄덕이거나 다른 곳을 바라보지 않고 머리를 곧게 한다.

f. 나는 지나치게 유능함을 증명하려하거나, 사과하거나, 장황하게 설명하기보다는 명확하고 분명한 방식으로 자신감 있게 말한다.

g. 나는 그 사람에 대해 질문하고 그의 이름을 부른다.

h. 나는 다정하지만 조용하고 진지하다.

i. 나는 스스로가 기분 좋게 느끼는 대로 옷을 입는다.

j. 나는 이 사람을 만나는 것을 정말로 즐거워한다.

그는 자신이 무엇을 배울 수 있는지 보기 위해 텔레비전 쇼와 현실에서 사람들이 다른 사람을 만나는 것을 보았다.

② **심상화 연습하기**: 환자는 자신이 두렵지 않은 '것처럼' 행동하는 심상화를 연습할 수 있다. 이 심상에서 불안이 있는 사람은 불안이 줄어들 때까지 심상을 계속 연습해 보아야 한다.

③ **역할극 시연하기**: 환자는 치료자, 중요한 타인 또는 그 자신과 함께 두려워하지 않는 것처럼 역할 연습을 할 수 있다. 때로 환자는 야구 선수 Reggie Jackson이나 테니스 선수 Billie Jean King처럼 가장 공격적인 태도를 가진 사람들의 역할을 가정해 보는 것이 도움이 됨을 발견한다. 그런 다음 현실 상황에서 불안하지 않은 것처럼 행동하는 것을 연습한다. 환자는 이렇게 행동한 날에 일기로 쓰고 어떻게 하고 있는지 주기적으로 검토할 수 있다.

수치심과 다른 두려운 경험

대부분의 불안한 환자는 수치심을 경험하게 되는 것을 두려워한다. 두려워하는 것과 회피하려고 노력하는 것을 체계적으로 수행하거나 직면하는 원칙에 따라, 치료는 의도적으로 환자가 수치심을 경험하도록 기회를 제공한다. 환자는 수치심을 경험할 가능성이 있거나 수치스러운 상황에 있는 자신을 발견할 때 그 환경에 자신을 놓아두도록 요청받는다. 반수치심 프로그램의 일부로 수치심을 경험하게 된다. 치료자가 제공하는 근거는 다음과 같다.

반수치심 연습은 많은 심리학과 의학 분야에서 사용되는 둔감화와 같은 과정으로 사용합니다. 예를 들어, 알러지 반응이 있다면, 알러지 전문의는 역설적으로 알러지를 일으키는 꽃가루에 대한 둔감화 효과를 위해 치료적 용량으로 그 꽃가루를 처방할 수 있습니다. 자신을 수치심에 대해 둔감하게 만들기 위해 그 수치심에 대한 치료적 용량을 처방받아야 합니다. 필요한 치료적 수준에 도달하고 나면, 수치심은 눈에 띄게 덜 문제가 될 겁니다.

이 절차는 환자가 직면하기에 두려워하는 것이 무엇이든지 그에 맞추어 사용할 수 있다. 환자는 '거절당하는 것' '분리되는 것' '권위적인 인물' '비판' '위험을 감수하는 것' '실수를 하는 것' '다른 사람을 불쾌하게 하는 것' '좁은 공간에 있는 것' '통제를 잃게 되는 것' '환자들 가운데에 있는 것' 그리고 '낯선 사람에게 다가가는 것'의 경험을 쌓게 된다. 치료자는 어떤 회피 패턴이든지 이에 대한 행동 둔감화 프로그램을 계획할 수 있다.

치료자는 환자를 위한 프로그램을 개발하는 데에 다음과 같은 제안들을 사용할 수 있다.

① **자기감찰(self-monitoring)**: 환자는 자신의 대응 행동(counter behavior)을 수기로 기록한다. 다른 사람에게 받는 것에 문제가 있었던 한 환자는 남에게 도움을 요청하고, 칭찬과 같은 받은 것을 기록하는 일기를 썼다.

② **목록**: 치료적인 것으로 생각하는 행동의 목록을 만들 수 있다. 남을 불쾌하게 하는 것에 두려움이 있던 한 여성은 '반친절(anti-nice)' 행동의 목록을 만들었고, 거기에는 '재미있지 않다고 생각되는 농담에 웃지 않는 것' '다른 사람들에게 그 과자가 맛있다고 말하지 않거나 조리법을 요구하지 않는 것'과 같은 항목이 포함되어 있었다.

③ **기회 찾기**: 자신이 두려워하는 것을 경험할 기회를 찾거나 의도적으로 목록에 있는 항목들을 실행할 수 있다. 삶은 대개 자신이 두려워하는 것을 경험하는 많은 기회를 제공한다. 예를 들어, 두 명의 다른 환자는 부끄러운 외모를 걱정했고, 눈에 두드러지는 피부암 치료를 위한 연고를 발라야 했다. 두 사람은 이 필요성을 강력한 반수치심 경험으로 만들었다.

④ **점수 체계**: 환자는 각 경험에 0에서 100까지로 평정하는 점수 체계를 설정할 수 있다. 한 예로, 권위자를 두려워하는 환자는 6개월 동안 3000점을 달성하는 목표를 세웠다. 그 기간이 종료될 시점에 그는 권위적인 인물을 상당히 덜

위협적으로 느끼게 되었다. 하루에 하나의 교정 경험을 찾거나 행동하도록 노력하는 것도 대안 계획이 될 수 있다.

⑤ **감정을 완전히 경험하기**: 환자에게 피하려고 노력해 왔던 감정과 감각을 완전히 경험하고 받아들이도록 격려한다. 어떤 안전장치 없이 그 상황에 가능한 한 오래 머문다. 만일 음주하거나 약물을 복용한다면 점수는 없다.

⑥ **의도에 집중하기**: 두려워하는 것이 실제로 일어났을 때 환자들은 종종 그것이 그저 경미한 자극일 뿐이라는 것을 발견하기도 한다. 반존중 점수(anti-respect point)를 받던 환자는 치료자에게 전화하여 "남들이 저를 무시하리라 생각해서 회의에 정장이 아닌 옷을 입고 갔어요. 부자인 체하는 것보다 저를 더 존중하는 것처럼 보였어요. 이것도 점수가 되나요?"라고 말했다. 치료자는 그에게 가장 중요한 것은 그 의도라고 말했다. 만일 그가 '무례를 당하는' 느낌을 견디는 것이 의도였다면, 바로 이것이 중요한 것이다(이 방법에 대한 더 자세한 논의는 Emery, 1984 참조).

자존감 발전시키기

A. Bandura(1982)가 보여 준 바와 같이 환자의 자존감이 상승하면 불안은 줄어든다. 환자와 치료자는 환자가 두려워하는 부분에서 자존감을 향상하는 방법을 함께 개발할 수 있다. 환자의 자존감은 주로 자신의 책임으로 성공한 경험의 결과를 통해 향상된다. 혼자 있는 것에 대한 두려움이 있었던 한 여성은 혼자 하는 활동을 더욱더 많이 하였고, 결국에는 2주간 혼자 유럽 여행을 다녀왔다.

환자는 기술을 습득하기 위하여 운전 연수, 연설 수업, 또는 구체적인 과외와 같은 교육적인 수단을 쓸 수 있다. 책이나 테이프도 같은 역할을 할 수 있다. 사회 불안이 있던 한 환자는 Dale Carnegie의 『인간관계론(How to Win Friends and Influence People)』을 읽었고, 그 책의 몇 가지 원칙을 연습한 결과 불안이 줄어들게 되었다. 다른 사람들에게 긍정적인 방식으로 어떻게 영향을 미칠 수 있는지를 이론적으로 아는 것만으로도 자존감이 증가했다.

위험을 다룰 수 있는 능력도 환자의 자존감을 높인다. 따라서 불안한 환자가 자신을 위해 위험을 감수하도록 격려하는 것도 종종 이득이 있다. 이 위험은 구체적인 두려움과 직접 관련이 있어야 할 필요는 없다. 전에 단 한 번도 해 보지 않은 무언가일 수 있다. 한 여성은 처음으로 남성에게 데이트 신청을 했다. 시험 불안이 있는 한 남성은 그가 두려워했던 경비행기를 타 보았다. 자존감을 얻는 것은 삶의 다른 영역으로 퍼져 나간다.

가장 일반적으로 자존감이 부족한 영역은 바로 사회 영역이다. 치료자는 환자가 다른 사람들을 대하는 기술을 발전시키도록 도와줄 수 있다. 환자들은 특히 사람들이 화가 나거나 요구를 할 때 자신이 어떻게 말해야 할지를 모를 것이라고 두려워한다. 치료자는 사회적인 만남에서 기본적으로 네 가지 선택권이 있다고 말할 수 있다. 아무 말도 하지 않는 것, 다른 사람에게 동의하는 것, 동의하지 않는 것 그리고 주제를 바꾸는 것이다. 그리고 이것들을 확장할 수도 있다.

환자는 다른 사람이 자신에게 말을 할 때는 꼭 대답해야 한다고 생각할지 모른다. 침묵도 사람이 할 수 있는 가장 강력한 반응 중의 하나이고 정신분석자들이 오랜 기간에 걸쳐 일을 계속하게 해 준 요인이기도 하다. 대부분 사회 불안이 있는 사람은 너무 많이 말하는 실수를 한다. 특히 데이트하는 중에 과도하게 설명하고 과하게 발 보이려고 한다. 침묵은 밝혀진 것보다 그 사람을 더 진실하고 흥미롭게 보이게 만든다.

Ernest Becker(1971)는 긴장증 환자들의 경우 사람들이 숨기고 있을지도 모르는 비밀에 대해 환상을 가지기 때문에 주립병원에서 많은 주목을 끌게 된다고 지적한다. 이는 기억상실증 환자들의 경우도 마찬가지이다. Becker는 "침묵과 같은 비싼 상품을 가진다면, 심지어 손상된 사람도 능숙하게 보일 수 있다."라고 말했다. 그는 또한 "만일 내가 청소년기의 젊은 남성을 위한 유혹 지침서를 썼더라면, 처음이자 가장 중요한 수칙을 '입을 닫고 있기'로 썼을 것이다."라고 계속하여 말하였다(1971, p. 108).

과도하게 말하는 사회 불안 환자들을 위한 과제는 '예' 또는 '아니요'로 간단하게 질문에 답하는 것이었다. 이런 환자들은 처음에는 하기 어려워하지만 잘 소화하게 되었을 때는 훨씬 많은 자신감과 강력함을 느꼈다.

동의하기

환자는 종종 자신에게 관심이 주목되는 것을 극도로 불안해한다. 역설적으로, 관심을 거절하는 것은 대개 더 많은 관심을 만들어 낸다. 그는 비판에 대해 자신을 방어하거나 칭찬에 대해서는 저항할 수 있다. 치료자는 이런 상황을 다룰 때 다른 사람에게 동의하는 것이 얼마나 더 쉬운 방법인지 보여 줄 수 있다. 비판의 경우, 환자는 다른 사람에게 "이것에 주목할 수 있게 해 주어 고맙습니다."라고 말함으로써 상대방을 누그러뜨릴 수 있다. 그리고 칭찬에도 "감사합니다. 저도 그 점이 좋습니다."라고 똑같이 적용한다. 환자와 치료자는 이와 같은 여러 상황에 대한 역할극을 시연해 볼 수 있다.

동의하지 않기

환자는 종종 다른 사람에게 동의하지 않는 것을 연습할 필요가 있다. 한 가지 방법은 환자가 다른 사람에게 자신은 동의하지 않고, 그대로 두라고 두 번 이야기하도록 조언하는 것이다. 환자는 사람들이 서로 동의하지 않지만 여전히 친구로 지낼 수 있다는 것을 잘 모를 수 있다.

예상치 못한 일 하기

사람이 할 수 있는 예상치 못한 반응은 주제를 바꾸는 것이다. 특히 다른 사람이 더 많은 힘의 우위를 가지고 있는 것처럼 보이는 경우, 환자는 자신에게 이런 선택안이 있다는 것을 모른다. 치료자는 주제를 바꾸기 위해서 질문하기가 도움이 된다는 것을 알려 줄 수 있다.

영업에서는 일반적으로 누구든지 질문에 먼저 답하는 사람이 잃는다고 알려져 있습니다. 영업사원이 다른 경험 많은 판매자에게 판매하려고 노력하는 것을 보는 것이 재미있는 이유이기도 하지요. 예를 들어, "이 집을 사기 위해 얼마나 내시겠습니까?"라고 물으면 "글쎄요. 당신이 저라면 이 집에 얼마를 내실 겁니까?"라고 답합니다. 주제를 바꾸는 방법의 하나는 당신이 답하고 싶지 않은 질문에 대해 또 다른 질문으로 답하는 것입니다. 치료자들은 이렇게 하는 데에 악명이 높지요.

환자는 또한 결론을 내리지 않거나 관련 없는 반응으로 답함으로써 주제를 바꾸는 법을 배울 수 있다(이것은 유명한 최면 요법 치료자인 Milton Erickson의 방법 중 하나로, 그는 어떤 사회적 상황도 다룰 수 있는 것처럼 보였다). 환자는 관련 없는 언급을 기억하고 필요한 상황이 언제든 그것을 적용해 볼 수 있다.

Erickson의 천재성은 어떤 사회적 상황이 발생하든지 간에 자신감 있게 다룰 수 있는 그의 능력에 있었다. 예를 들어, 그의 원칙 중 하나는 '절대 모욕을 받아들이지 않기'였다. 그는 병리학을 전공했던 아주 훌륭한 의대생에 관해 이야기한다. 그 학생은 Erickson에게 적대적이었고 정신의학 강의를 듣지 않으려고 하였다. 그는 Erikson을 모욕하기 위해 책 리뷰 과제를 백지로 제출했다. 그는 "나는 자네의 리뷰를 읽지 않고서도 자네가 두 가지 실수를 했다는 것을 알고 있네. 날짜를 적지 않았고, 서명하지 않았다는 것이네. 따라서 다음 주 월요일까지 다시 제출하게나. 그리고 책 리뷰는 병리학 슬라이드를 읽는 것과 같다는 것을 기억하게."라고 말했다(Rosen, 1982). 이 학생은 이후에 매우 훌륭하게 책 리뷰를 제출했다. Eriskson의 일화의 요점은 예상치 못한 것을 함으로써 사회적 상황에 대한 지휘권(command)을 얻을 수 있다는 것이다.

잠재적인 적수와 손을 잡음으로써 이 상황에 대한 지휘권을 취할 수 있다. 환자는 자신이 속한 어색한 사회적 상황에 대한 역할 시연을 할 때 예상하지 못한 일을 하는 원칙을 실행해 볼 수 있다. 어떤 예상치 못한 행동을 시도할 수 있을 것이라는 제안이나 숙고만으로도 환자에게 새로운 자신감을 줄 수 있다. 한 예로, 어떤 환자는 여자 동료와 싸웠다. 그는 명백히 아주 '나쁜 분위기'가 있기 때문에 그다음 주 월요일에 출근하는 것을 두려워했다. 치료자는 그 동료에게 예상치 못하게 친절한 방식으로 대하는 시험을 해 보라고 제안하였다. 그는 그 행동에 대한 역할 시연을 해 보면서 전혀 생각해 보지 못했다고 말했다.

환자는 새로운 환경에 직면할 때 멈추고 이에 대해 반영해 본 다음 예상치 못한 일을 생각하고 실제로 하는 것을 배울 수 있다. 이 전략을 연습하는 것이 사회적 자신감을 증대시켜 줄 것이다.

실수를 장면의 한 부분으로 만들기

다른 전략은 환자가 할 수 있는 실수를 그 사회적 장면(show)의 한 부분으로 만드는 것이다.

치료자: 훌륭한 연설가는 어떤 실수나 일어날 것으로 예상치 못했던 사건도 그 장면의 일부로서 자신이 만든 것처럼 행동할 것입니다. Johnny Carson도 자신의 독백에서 대사를 잊어버렸을 때 그렇게 했습니다. 한 예로, 만일 당신이 유명한 테니스 선수이고 전국적으로 중계되는 시합을 하는 중간에 나가야 한다고 생각해 봅시다. 당신은 이것이 그 시합 계획의 한 부분인 것처럼 행동할 수 있습니다. 만일 파티에서 멍청하거나 곤란한 말을 했다면, 다른 사람이 어떻게 반응할지 보기 위한 장면의 한 부분인 것처럼 행동하는 것입니다. 만일 반수치심 철학이 있는 경우, 모든 사회적 실례가 의도된 반수치심 연습인 것처럼 보이도록 하는 것도 효과가 있을 것입니다.

이 전략은 자기수용성을 높이는 전반적인 목표에도 효과가 있다.

제 15 장

환자의 가설과 주요 문제 재구성하기

불안한 환자의 주요한 부적응적 가설은 수용, 유능성 및 통제라는 세 가지 문제 중 하나에 중심을 둔다. 이들 문제는 환자의 취약성에서 나오는 것이고 아마 자율성이나 사회성(sociotropic), 사적 혹은 공적인 영역과 관련이 있을 수 있다(제5장 참조).

많은 애매한 두려움이 이 세 가지 문제의 관점에서 바라볼 때 더 잘 이해될 것이다. 한 예로, 말기 암에 걸릴 것이라는 두려움을 보이는 세 명의 서로 다른 환자가 있다고 가설해 보자. 첫 환자의 주요 문제는 다른 사람으로부터의 수용에 관한 것이었다. 그녀는 만일 질병이 생기면, 친구와 친척들이 자신을 거절할 것이고 자신이 홀로 죽음을 맞이하게 될 것이라고 믿었다. 두 번째 환자의 주요 문제는 유능성과 관련된 것이었다. 그는 암이 발병하는 것이 동료와의 '건강 경쟁'에서 지게 될 것이라는 의미였다. 세 번째 환자의 주요 문제는 통제에 관한 것으로, 그는 자신의 삶에 영향을 미치는 모든 요인을 통제할 수 있어야 했다. 그의 자존감은 자신의 삶을 통제하는 능력과 연결되어 있었고, 이 질병이 발생하는 것은 통제를 상실하는 것을 의미했다. 유사하게, 친밀함에 대한 두려움은 다른 사람들에게 너무 가까워지면 그들이 거절할 것이라는 생각이나 그들이 자신을 통제할 것이라는 생각 또는 자신의 행동 기준이나 예상에 따라 살 수 없으리라 생각 때문일 수 있다.

가설 확인하기

인지치료 초반의 초점은 환자의 증상을 완화하는 데에 있고, 후반에는 환자를 불안하게 하는 기저의 신념을 수정하는 것으로 전환된다. 자동적 사고를 수집하는 과정에서 환자의 세계관을 구성하는 일반적인 주제들이 나타나기 시작한다.

치료자는 연역적 방법을 사용한다. 치료자는 감정과 행동에서 시작하여 자동적 사고로 이동한다. 가설은 자동적 사고 뒤에 따라오며, 마지막으로 환자의 주요한 걱정에 도달한다. 임상 현장에서 이 절차는 서로 다를 수 있다. 치료자는 귀납적 추리를 사용하거나 다른 방향으로 움직일 수도 있다(예: 주요 문제에서 가설로). 그러나 두 방법 모두에서 정보의 네 가지 유형인 **감정**, **생각**, **가설**과 **문제**가 서로에 대한 확인을 위하여 사용된다.

환자에게서 불안을 일으키는 가설은 스트레스 요인 또는 연속된 스트레스 요인들을 만날 때 활성화되고, 이는 주요 문제 중의 하나를 침해한다. 환자의 가설은 건강, 종교, 관계나 성취와 같은 여러 가지 문제와 관련이 있을 수 있고, 이것들은 보통 극단적인 모 아니면 도의 형태를 취한다.

다음은 주요한 세 문제를 구성하는 가설들의 예이다.

수용

① 나는 나를 사랑하는 사람의 돌봄을 받아야 한다.
② 나는 이해받아야 한다.
③ 나는 홀로 남을 수 없다.
④ 나는 사랑을 받지 않으면 아무것도 아니다.
⑤ 거절당하는 것은 세상에서 최악의 일이다.

⑥ 나는 다른 사람들이 나에게 화내는 것을 받아들일 수 없다.
⑦ 나는 다른 사람들을 만족시켜야 한다.
⑧ 나는 다른 사람들과 떨어지는 것을 견딜 수 없다.
⑨ 비판은 개인적인 거절을 의미한다.
⑩ 나는 혼자일 수 없다.

유능성

① 내가 성취한 것이 곧 나이다.
② 나는 유명한 인물이 되어야 한다.
③ 성공이 모든 것이다.
④ 삶에는 승자와 패자만이 있다.
⑤ 내가 꼭대기에 없다면, 나는 실패작이다.
⑥ 내가 약해진다면, 나는 실패할 것이다.
⑦ 무엇을 하든지 최고가 되어야 한다.
⑧ 다른 사람의 성공은 나의 성공을 빼앗기는 것이다.
⑨ 만일 실수한다면 실패할 것이다.
⑩ 실패는 세상이 끝난 것과 같다.

통제

① 나는 나의 삶을 통제해야 한다.
② 내 문제를 해결할 수 있는 사람은 나 자신밖에 없다.
③ 다른 사람이 나에게 이래라저래라 하는 것을 참을 수 없다.
④ 나는 도움을 요청할 수 없다.
⑤ 다른 사람들은 언제나 나를 통제하려 한다.
⑥ 통제력을 가지기 위해서는 완벽해야 한다.
⑦ 완전한 통제 속에 있거나 아니면 통제 밖에 있다.

⑧ 통제를 상실하는 것을 견딜 수 없다.
⑨ 규칙과 규제들은 나를 감금한다.
⑩ 만일 다른 사람이 내게 너무 가깝도록 놔둔다면, 그 사람은 나를 통제할 것이다.

환자의 이런 가설은 가족이나 개인적인 경험에 의해 뒷받침된다. 환자의 관점에서 볼 때, 그의 가설은 원치 않는 무언가가 발생하는 것을 막고 가치 있는 무언가가 일어나게 하는 것이다. 사랑이 필요하다고 믿는 한 환자는 자신이 사랑 없이 존재할 수 없음을 두려워하고 사랑이 있으면 영원한 행복이 올 것이라고 예상한다.

치료자는 환자의 가설을 확인하기 위해 다른 방법을 사용할 수 있다. 표준적인 방법은 이에 대한 가설을 형성한 다음 환자에게 맞추어서 시도해 보는 것이다. 치료자의 가설은 환자의 자동적 사고, 행동, 대처전략 그리고 개인사에 기반을 둔다. 치료가 가설을 수정하는 것에 초점을 두면서, 이 가설은 올바른 맞춤새(correct fit)를 찾도록 종종 재형성된다.

환자의 가설을 확인하는 다른 방법은 심상화 기법을 사용하는 것이다. 이는 환자가 괴로운 경험을 하고 있을 때 유용하다. 치료자는 환자에게 눈을 감고 지금 겪고 있는 것과 가능한 한 가장 유사한 괴로운 경험에 대한 가장 초기의 기억을 상상해 보라고 한다. 치료자는 환자에게 시간을 주고 현재와 유사한 경험을 회상하도록 격려해야 할 필요가 있다. 만일 생각해 내지 못한다면, 치료자는 "좋아요. 다른 것을 한번 해 봅시다. 하지만 마음속에 무언가 떠오르면 말씀해 주십시오."라고 말할 수 있다. 만일 환자가 회상해 낼 수 없다면 한 가지를 만들어 보라고 요청할 수 있다.

거의 모든 사례에서 환자는 현재의 괴로움과 두드러지게 유사한 몇 가지 경험의 생생한 심상을 가지게 될 것이다. 종종 환자는 이 주제와 유사한 한 가지 이상의 심상을 가지게 될 것이다. 환자에게 최초의 것에 집중하고 그 시기에 작용하고 있었던 기저 신념을 하나의 문장으로 언급하라고 한다. 환자와 치료자가 이런 신념의 형성을 의미 있는 방법으로 만드는 데는 시간이 걸릴 수 있다. 치료자는 (앞 장에서 언급한) 칠판을 사용하여 근본적인 신념을 구체화하는 것을 도울 수 있다. 환자에게 초기 경험과 관련된 감정과 신체 감각을 가져 보라고 요청하고 이를 현재 겪고 있는 경험과 비교해 보도록 한다. 환자는 대개 거의 똑같다고 말한다.

한 환자는 크리스마스 시즌마다 우울감으로 괴로워했다. 이 감정에 대한 최초의 기억은 그가 7세였을 때 크리스마스 저녁에 어머니가 결핵 요양소로 실려 가는 모습을 본 것이라고 말했다. 그는 치료자가 현재 휴가에 대해 갖는 두려운 감정과 유사한 초기 경험의 심상을 찾아보라고 물어보기 전까지는 이 두 사건을 함께 보지 못했다.

그의 신념은 '휴가 동안 무언가 나쁜 일이 생길 것이다.'라는 것이었다. 회기 동안 그는 제한된 신념을 확장하였다('내가 나쁜 크리스마스를 보낼 것으로 생각하는 것만으로 내가 그렇게 될 것이라는 의미는 아니다.'). 이후 그는 그 어떤 때보다 가장 즐거운 휴가를 보냈는데, 처음으로 불안이 없는 휴가였다.

심각한 연설 불안이 있던 한 임원은 그의 불안을 자신이 학생일 때 무능하게 보일 것이란 두려움 때문에 친구들과 스포츠 경기를 하는 것을 두려워했던 초기의 사건에 연관시켰다. 그의 기본 신념('나는 대중에게 무능함을 보일 수 없다.')을 확인하는 것은 그가 여전히 가지고 있는 대중 앞에서의 무능함에 대한 두려움을 수정할 수 있도록 도와주었다. 〈표 15-1〉은 이 절차가 신념을 어떻게 확인하는지에 대한 몇 가지 예를 보여 주고 있다.

이 절차는 환자가 자신의 과거 기억이 어떻게 현재에서 문제를 만들고 미래의 행동을 막고 있는지를 보도록 도와준다. 그런 다음 치료자는 환자에게 신념의 제약을 충분히 보기 어려운 나이와 발달 수준에서 이 가설을 학습했음을 알려 줄 수 있다. 치료자가 환자의 가설이 실제로 구체적인 이 사건의 결과로 발전되었는지 볼 방법은 없지만, 적어도 이를 기여요인으로 보는 것은 도움이 된다. 대부분의 환자는 이 절차와 근거에 잘 반응한다. 환자는 종종 현재 가지는 괴로운 감정과 내용에 매우 유사한 초기 사건들의 공상과 심상을 끌어낸다.

환자는 어린 시절 신념의 내용뿐 아니라 미성숙한 사고과정도 내려놓을 수 있다. 치료자는 환자가 그 신념 중 하나에 따라 행동할 때마다 어떻게 미성숙한 방식으로 경험을 처리하고 있는지 보여 줄 수 있다. 한 환자는 거절을 당한다면 자신은 아무것도 아니라는 신념에 따라 행동하고 있었다. 치료자는 그녀가 이 정보를 어떻게 구체적이고 전반적이면서 모 아니면 도라는 방식으로 처리하고 있는지 보도록

표 15-1 근본적인 신념 확인하기

초기 기억	현재의 두려움	근본적 신념
4세 때 형이 귀찮아함	상사에게 다가가는 것이 두려움	권위에 있는 사람을 귀찮게 할 수 없다.
1학년 때 선생님에게 놀림을 당함	법학 교수님에게 위협당할까 두려움	권위에 있는 사람은 나를 모욕할 것이다.
6세 때 아버지에게 매 맞음 4세 때 아버지가 술 취해 실려 오는 것을 봄	직장에서 문제에 연루될까 두려움 알코올 중독자가 될까 두려움	완벽하지 않으면 처벌받을 것이다. 아버지와 같이 될 것이다.
5세 때 여행을 떠났다가 키우던 강아지가 죽음 6세 때 양아버지가 주말 동안 일을 하라고 강압함 5세 때 집 멀리서 길을 잃음 5세 때 돈을 훔치다가 걸림 6세 때 왼손잡이에서 오른손잡이로 고치라고 혼남	여행 중 가족 구성원이 죽을 것이 두려움 고용인이 나를 연장 근무하게 할 것이고 착취할 것임 고속도로에서 길을 잃을까 두려움 정직하지 못한 것으로 고소당할까 두려움 다른 사람에게 거절당할까 두려움	다른 사람과 물리적으로 가깝지 않을 때 그들에게 무슨 일이 생길 것이다. 권위에 있는 사람들은 나에 대한 통제권을 가진다. 나는 항상 내가 어디로 가는지 정확히 알아야 한다. 나는 100% 정직해야 한다. 받아들여지기 위해서는 바뀌어야 한다.
7세 때 아버지가 어머니와 싸운 뒤 완전히 집을 나가 버림	자기주장을 하면 다른 사람이 나를 떠날 것이라는 두려움	다른 사람들을 화나게 하면 나를 떠날 것이다.

도왔다. 치료자는 문제를 일으키는 것은 단순히 이 신념의 내용이 아니라 미성숙한 신념과 관련된 과정이라는 것을 염두에 두어야 한다.

환자의 기본 가설은 삶 전반에 걸쳐 같은 패턴으로 반복되기 때문에 보통 쉽게 확인된다. 더 나아가 환자의 가설은 밝혀낼 수 있는 깊은 역사가 있다. 80세의 한 남성은 재정적 상실에 대한 두려움의 기원을 자신의 할아버지에게서 찾아볼 수 있었다. 할아버지는 러시아 이민자로 미국에 처음 왔을 때 경제적인 어려움을 겪고 있었다. 돈을 잃는 것에 대한 그의 두려움은 1800년대로 추적해 갈 수 있는 가족 전통에 있었다.

주요 문제

주요 문제 확인하기

효과적이기 위해서는 치료자가 환자 삶의 기본 문제를 다뤄야 한다. 치료자가 환자의 모든 자동적 사고를 수정할 시간이 부족한 것과 마찬가지로, 모든 불완전한 가설들을 수정할 시간도 부족하다. 그러나 치료자는 앞서 언급한 수용, 유능성과 통제 중 하나인 경향이 있는 환자의 주요 문제를 반복적으로 집중할 수 있다.

환자의 주요 문제는 습관화 및 고정화되어 있고 대부분 세상에 대해 자동적인 방식으로 생각하고, 행동하고, 느끼고, 반응하는 것이다. 자기유능성에 대한 것이 주요 관심이 있는 어떤 사람은 자신의 유능성에 대해 수천 번 생각하고, 그에 대해 수천 번 말하며, 그 생각을 따라 수천 번 행동한다.

E. Easwaran은 사람의 주요 문제가 어떻게 발생하는지 설명하기 위해 뇌 속 경로의 비유를 사용했다. "초기 단계에서 이 수로(channel)는 1인치 정도 되는 깊이일 것이다. 이 길을 따라 생각이 흐를 수도 있지만, 여전히 다른 곳으로도 흐를 수 있다. 또한 벽은 여전히 부드럽고 흔들거린다. 벽은 무너지거나 경로를 메울 수도 있다."(1981, p. 92) 환자는 이 비유에 잘 반응한다. 치료자는 환자가 이에 대한 선택이 있음을 강조할 수 있다. 예를 들어, 환자가 그의 경험을 거절의 하나로 구조화할 때마다 이 수로를 조금 더 깊게 만든다. Easwaran에 따르면 "이는 거의 신경학적이다. 우리는 머릿속의 생각 패턴을 길들이고 있다. 그리고 마침내 머릿속에 엄청난 대운하가 생기게 된다"(p. 92). 그때에는 거의 모든 것이 조건화된 반응을 제공하기에 충분하다.

환자의 주요 염려는 과하게 일어나고 학습되어 그 자체로 발달되었다. 한 환자의 주요 문제는 통제였고 그 자체가 주로 건강에 관하여 나타났다. 건강에 위험할 만큼 무언가 잘못되었다는 생각이 자발적으로 일어나고는 했고, 그녀가 이 위험을 통제하기 위해 모든 에너지를 동원하기도 하였다. 이 강렬한 염려가 이 세상을 어떻게 인식하는지에 크게 영향을 끼쳤다. 그녀는 건강에 대한 위험을 어디에서나 보게 되었다. 그녀는 대중매체에서 보고하는 건강에 대한 위험에 초점을 맞추고 질병에 대한 논의에 귀 기울였다. 그녀는 어떤 위험이 있는지 알아내기 위해 몸과 내부 감각을 샅샅이 살폈다. 다저스 팀이 이겨서, 져서 또는 경기를 하지 않아서 음주하는 알코올 중독자와 마찬가지로, 환자는 발생하는 모든 일을 자신의 염려에 초점을 두기 위한 원인으로 사용하게 된다. 이 환자는 의사가 어떤 문제가 있다고 말할 때(그녀에게 이는 통제하지 않는 한 치명적인 질병을 얻게 될 것이라는 의미이다), 의사가 문제가 없다고 말할 때('그가 무언가를 놓친 것일 수 있어.'), 그리고 의사를 만나지 못했을 때('나는 이에 대해 의사를 만나 보지 못했고, 무언가를 해야만 해.') 불안해할 것이다.

환자는 종종 자신의 주요 염려를 기반으로 삶의 패턴을 발전시킨다. 수용에 대해 걱정하는 한 여성은 대부분의 시간과 에너지를 자신을 받아 줄 것이라고 희망하는 일련의 관계를 발전시키고 유지하는 데에 쏟았다. 그녀는 모든 관계를 거절당하는 것에 대한 보험증권으로 보았기 때문에 심지어는 싫어하는 많은 사람과도 관계를 유지했다. 그녀는 이 모든 보험 정책을 최상급으로 유지하기 위해 늘 바빴다.

정적 및 부적 강화

이런 주요 문제는 유익을 제공한다. 한 환자는 무능력한 것을 두려워한 결과로, 직장에서 과도하게 성취하려는 동기가 있었다. 그는 오랜 시간 일하고 그의 자유 시간도 더 나은 성과를 내는 방법을 찾는 데 사용하였다. 종종 불안정하고 불안했음에도 직업 면에서는 꽤 성공적이었다.

이 환자는 지루함과 불안 기간을 오갔을 수 있다. 그의 주요 문제에 위협이 적을 때는 지루하고, 위협이 있을 때는 불안하다. 주요 문제에 대한 위협은 삶의 주요 동기가 되었고, 역설적으로 가장 큰 기쁨의 원천이 된다.

주요 문제는 종종 부적으로 강화하기 때문에(원치 않는 경험을 제거하는 것으로 강화함), 환자는 두려운 사건이 구체화되지 않을 때 일시적으로 기분이 고양된다. 주요 문제가 타인으로부터의 수용인 한 남성은 자신의 외모에 대한 칭찬을 받은 후, 금지된 살찌는 음식을 먹으면서 축하하곤 했다. 이 칭찬은 그가 늙고 못생겼다는 두려움을 제거했다.

환자는 주요 염려에 대한 사회적 강화를 얻는다. 그는 보통 같은 걱정을 공유하는 공식 또는 비공식 집단의 사람들과 어울린다. 유능성에 대해 걱정하는 한 환자는 자존감을 북돋기 위해 지식을 사용하였다. 그는 멘사(Mensa)와 지식을 소중히 여기는 다른 공식 및 비공식 집단의 회원이 되었다. 일 중독자가 얻는 사회적 강화에 대해서는 잘 알려져 있다. 통제에 대해 극도로 염려하는 사람은 식이 조절과 운동 부분에서 자기훈련을 함으로써 강화된다.

환자의 주요 염려는 종종 체계적이며 심리 체계 전체를 완전히 집어삼킨다. 환자의 염려는 본래의 염려로 다시 피드백되는 신체적 · 정서적 그리고 행동적 반응을 이끈다. 통제 염려가 주요 문제인 한 환자는 자신을 통제하려고 한다고 생각하는 권위적인 인물 앞에서 긴장하고 비효율적으로 반응했다. 그 결과, 그의 반응은 권위자에 관해서는 자신의 삶을 통제할 수 없다는 원래의 염려를 강화시켰다.

심리적 대역

환자는 종종 주요 문제를 강화하고 타당화하는 의미 있는 타인과 관계를 갖게 될 것이다. 통제되는 것을 두려워하는 사람은 통제하길 원하는 사람과의 관계를 시작할 것이다. 양가적인(ambivalent) 부모에 의해 양육되어서 애착에 대해 양가감정을 가지는 사람은 동일하게 양가적인 사람과 관계를 시작할 것이다. 이런 사람은 근본적인 염려를 재확인하는 상황들에 들어가게 될 것이다. 예를 들어, 거절에 가장 큰 문제가 있는 것처럼 보이는 사람은 거절의 가능성이 큰 판매, 집필 또는 엔터테인먼트와 같은 분야에 들어가게 될 것이다.

환자의 주요 문제는 두 극단을 나타내는 자신의 이중 이미지와 관련이 있다(Horney, 1950). 한 극단의 이미지는 자신을 비하하는 것으로 열등감이나 결핍감을 중심으로 돌아가고, 반대 극단의 이미지는 이 비하적인 이미지의 과잉보상과 수정이다. 거절의 이미지는 무조건적 수용을 해 주는 사람과 결합되고, 모욕의 이미지는 우월성을 가진 사람과 결합되며, 지배받는 이미지는 통제하는 사람의 이미지와 결합된다. 이중 이미지는 역으로 관련된다. 한 이미지가 더 비하적일수록 이에 대한 보상을 위해 다른 이미지는 더 탁월해야 한다.

환자는 이런 이중 이미지를 생생한 환상으로 경험하게 될 것이다. 유능성이 문제였던 한 환자는 부랑자가 되는 이미지를 가지고 있었고, 이를 매우 부유한 이미지로 보상하였다. 98파운드에 약골인 것을 경멸하는 이미지를 가진 다른 환자는 유명한 선수가 되는 대조되는 이미지를 가졌다. 환자의 이중 이미지 체계는 많은 불안의 근원이다. 자신이 경멸하는 이미지가 현실이 될 것이라는 두려움과 이상적인 이미지, 즉 자신에 대해 좋은 감정을 느껴야 한다고 믿는 이미지에 부합하지 못하게 될 것이라는 두려움이 번갈아 나타난다.

이상적인 이미지를 달성하는 것이 그 사람의 불안을 약화시키지는 않는다. 한 환자는 전문 가수가 되는 환상이 있었고, 이는 수용되지 못하는 이미지를 보상했다. 그는 이 분야에서 어느 정도의 성공을 이뤘다. 그러나 일어날 것이라고 예상했던 것과 반대되는 것이 일어나서 훨씬 더 불안해졌다. 많은 사람이 자신의 성공을 질투하며, 그전보다 자신이 목표를 이루고 나서 더 많은 거절을 받았기 때문이다. 그는 또한 새로 얻은 지위를 잃게 될까 두려워졌다.

환자의 문제가 더 강력할수록, 더 많은 불안을 느끼게 되고 이를 수정하는 것에 더 저항하게 된다. 삶에서 하나 또는 두 개의 주요 문제에 골몰하는 사람은 그러한 몰두 때문에 치료가 더 어렵다.

주요 문제의 발달

치료자는 환자와 함께 주요 문제가 어떻게 발달하였고, 그것이 불안과 어떻게 관련이 있는지를 살펴볼 수 있다. 이는 치료 초반에 하는 것이 종종 유익하다. 비록 처음에는 문제를 수정하는 것이 효과가 없을 수 있을지라도, 치료자는 환자의 상황을 이해한다는 것을 보여 주고 치료에 대한 안내를 돕기 위한 지도를 펼쳐야 한다.

[그림 15-1]은 신체적으로 매력적이지 않기 때문에 거절당할 것이라는 한 여성 환자의 불안을 그림으로 보여 주고 있다. 그녀는 남자에게 완전히 받아들여지기에는 자신이 너무 빼빼 마르고 가슴도 너무 작다고 생각했다. 가장 안쪽의 원은 그녀의 핵심 오해와 걱정의 주요 영역을 보여 준다. 그녀의 '결점'을 보상하기 위해서는 매력적이고 완벽한 남성에게 사랑받고 조건 없이 수용되어야 할 필요가 있다고 느

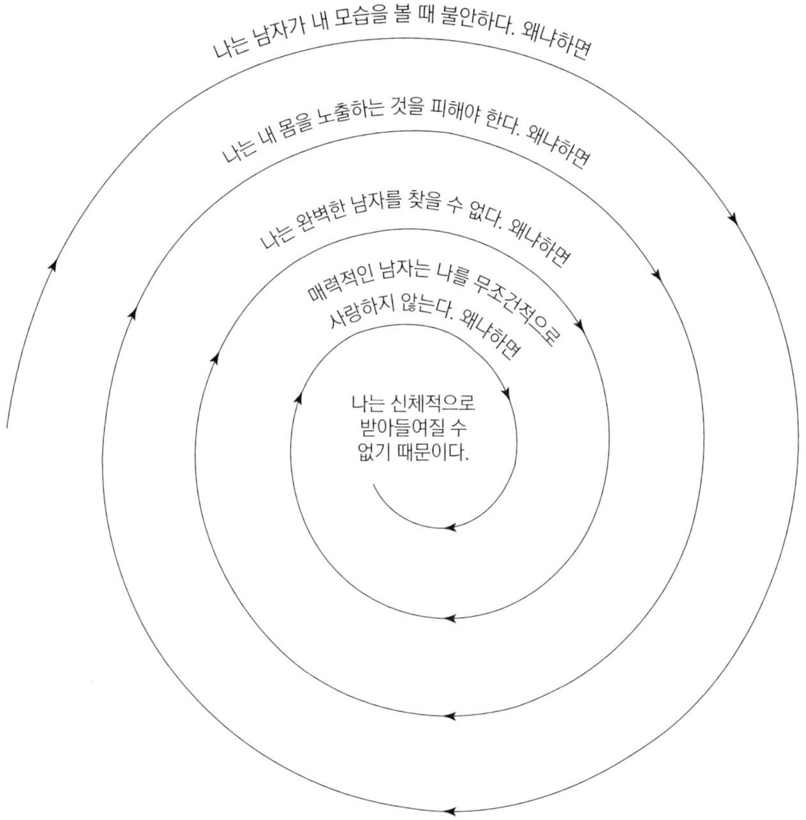

● 그림 15-1 ● 주요 염려와 신념 및 가설의 하향식 나선형

꼈다. 그녀의 신념 중 하나는 모든 매력적인 남성은 그저 성관계만을 하길 원하고 정말로 그녀를 받아들이지 않는다는 것이었다. 또 다른 신념은 그녀에게 관심이 있는 남성은 매력이 없다는 것이었다. 세 번째 신념은 자신이 옷을 입지 않은 모습을 남성에게 보여 주지 말아야 한다는 것이다. 이런 이유로 그녀는 여러 명의 남자와 성관계를 했지만, 완전히 옷을 벗지는 않았다. 그녀는 체육관이나 바닷가를 가지 않음으로써 신체 노출을 피했다. 그녀는 자신이 '완벽한 남자'를 절대로 찾지 못할 것이라고 믿었다.

[그림 15-1]과 같은 다이어그램을 사용하여 치료자는 신념과 가설이 어떻게 환자

의 주요 문제의 핵심에 있는 오해를 방어하고 있는지 보여 줄 수 있다. 모든 가설은 이 오해를 증명하기 위해 나선형으로 돌고 있다. 이 그림에서 가설은 '나는 신체적으로 받아들여질 수 없다.'라는 같은 결론으로 돌아온다.

치료자는 환자에게 초기 삶에서 겪은 자기상에 대한 충격의 결과로 자신에 관한 원치 않는 관점을 발달시켰을 수 있다는 것을 말할 수 있다. 자기에 대한 핵심 오해는 삶 전체에 걸쳐 개인의 체계에 영향을 미칠 수 있는 독과 같이 여겨질 수 있다. 핵심 신념을 재확인하는 모든 경험은 이 체계를 강화한다. 개인은 부정적 핵심 신념과 싸우기 위하여 대조되는 환상과 초기 결점을 극복하기 위한 계획을 개발한다. 문제는 이 과도한 보상이나 해결책이 본래의 오해를 영속시킨다는 것이다.

치료자는 이 오해를 환자가 모든 정보를 알기 전에 자신에 대해 내린 판단이라고 표현할 수 있다. 이것은 더는 유용하지 않은 적응의 방식으로 볼 수 있다. 치료자는 시도된 치유책들이 어떻게 문제를 영속화하는지 보여 주기 위해 다양한 비유를 사용할 수 있다. "두통 때문에 헤로인을 복용하면 헤로인의 부작용은 당신이 여전히 이 질병을 앓고 있다고 생각하게 할 것이고, 따라서 당신은 이 부작용을 치료하기 위해 더 많은 헤로인을 복용하게 될 것입니다."

환자는 보통 주요 문제 또는 핵심적 왜곡의 근원을 확인할 수 있다. 수용이 문제일 때 그 근원은 비판적이거나 수용적이지 않았던 부모일 수도 있고, 핵심 신념은 '나는 결점이 있고 따라서 수용받지 못한다.'이다. 유능성이 주요 문제일 때 핵심 신념은 '나는 열등하다.'이고, 이는 실패나 실패의 본보기 경험으로 거슬러 갈 수 있다. 그리고 '나는 통제할 수 없다.'라는 확신은 종종 지배적인 부모에게서 기원한다.

때로는 '독성' 신념의 근원은 문화적 혹은 사회적인 영향에 있다. 한 남성은 청년 시절 유대인이라서 차별을 받았고 열등하다는 자기상을 발전시켰다. 그는 학교에서 매우 뛰어난 성적을 보여서 이를 과잉보상하였다. 그는 열등감의 낙인을 극복하기 위해 계속 탁월해야 한다고 믿었다. 그는 성공했을지라도 결코 자신이 필요하다고 생각한 만큼에 미치지 못했다. 그 삶의 대부분은 불안과 우울 삽화의 연속이었다. 자신이 탁월하지 않다고 생각할 때마다 불안했고, 그가 실패했다고 생각할 때마다 우울했다. 이후의 삶에서 그는 더 많은 성공이 필요했고, 거의 매일 부정적인 기분을 날려 버리기 위해 칭찬과 주목을 원했다. 그는 더 이상 인정을 받지 않아도 되지만 여전히 인정이 필요하다고 생각했다.

자기충족적 예언 환자는 종종 부지불식간에 자신에 대한 기본 가설을 재확인하는 실제 상황을 만들어 낸다. 불안 그 자체는 연설 불안에서 일어나는 것과 마찬가지로 종종 그가 두려워하는 것을 끌어낸다. 환자는 자신이 잘하지 못할까 두렵고, 불안은 그가 정말로 잘하지 못하게 만든다. Guidano와 Liotti가 설명한 것과 같이, 환자에게서 계속 반복되는 절차(procedure)는 개인 정체성이나 삶의 프로그램에 적절한 '환경적 틈새(environmental niche)'를 만들 때까지 외부 환경을 "형성"한다(1983, p. 90).

한 환자는 직장에서 존경받았음에도 불구하고 자신이 해고당할 것이라고 두려워했다. 다른 사람이 자신의 자리를 차지할 것이라는 의심은 결국 그를 해고당하게 했다. 다른 사람과 결코 관계를 맺을 수 없을 것이라고 믿었던 한 사람은 이웃이 별로 없는 외곽으로 이사했다. 그의 추론이 순환적이고(circular) 꽤 외로웠음에도, 그는 친분을 시작하기에 실패할 만한 주변 사람이 적다는 것을 바르게 평가했다.

치료자는 환자가 자신의 지도에 맞도록 어떻게 세상을 축소하는지 볼 수 있게끔 도울 수 있다. 여기에서의 전략은 목표를 성취할 수 있게 자기 자신과 더 나은 방법을 배울 수 있도록 삶의 양식을 점차 바꾸게 하는 것이다.

선택적 주의 반복적인 사고의 오류는 학습의 주요 장애물이 된다(Beck, 1976). 정보를 받아들이는 방법에 결함이 있을 때, 잘못된 가설을 믿고 그에 따라 계속 행동한다. 세상은 특정 방법으로 돌게 될 것이라고 가설하고, 정보를 취하는 그의 방법은 이 기본 가설을 재확인시킨다.

종종 환자는 자신의 원래 가설을 뒷받침하는 내용에만 주의를 기울이기 때문에 배우는 것에 실패한다. 적대적인 세상 속에 산다고 믿는 환자는 뉴스 보도에 엄밀한 주의를 기울이고 위험에 초점을 둔 대화를 하게 된다. 범죄, 오염, 전쟁, 악성 그리고 전염병에 대한 선택적 주의(selective abstraction)는 위험한 세상에 살고 있다는 신념을 재확인시킨다.

임의적 추론 임의적 추론(arbitrary inference)은 개인이 본래 두려워하는 것을 현실로 일어나게 한다. 만일 다른 사람이 특정 방법으로 행동할 것이라고 예상하면, 그들은 종종 이 기대를 충족시킬 것이다. 예를 들어, 다른 사람을 신뢰할 수 없다고 믿는 사람은 신뢰할 수 없게 행동한다. 한 환자는 동업자가 자신의 돈을 훔쳐갈 것을 두려워했다. 자신을 보호하기 위해, 그는 동업자에게서 돈을 훔치기 시작했다. 그의 동업자가 이를 발견했고, 그 이후 이 동업자가 그 환자로부터 돈을 훔치기 시작했다. 이러한 패턴이 잘못된 신념을 강화하기 때문에 두려워하지 않도록 해야 한다. 개인은 많은 방법으로 자신의 왜곡을 입증할 수 있다. 한 학생은 중간고사에서 C 학점을 받았는데, 자신은 이 수업에서 낙제하고 중퇴하여 부랑자가 될 것이라고 잘못 가설하였다. 그는 지나치게 공부한 결과 A+ 학점을 받았다. 그는 오직 열심히 한 결과로 '부랑자'가 되지 않게 되었다고 결론지었다.

현실 검증의 실패 대부분의 치료 목표는 교정적 학습 경험을 구성하는 것이다. 전반적인 목표는 환자가 현실 회피자보다는 현실 검증자가 되는 마음자세를 발전시키도록 하는 것이다. 이런 많은 학습의 결과로 환자는 자신이 두려워하는 것에 다가간다. 앞서 예로 든 학생의 경우, 그가 위험을 감수하고 '더 위험하게 사는' 태도를 발전시키도록 하는 것이 전략이었다. 그는 공부를 조금 덜 하면서도 여전히 좋은 학점을 받을 수 있음을 발견하였다.

순환적 추론 순환적 추론(circular reasoning)을 하는 사람은 학습을 효과적으로 방해할 수 있다. 환자는 종종 폐쇄된 형태의 논리를 가진다. '나는 그것을 견딜 수 없는 것을 견딜 수 없기에 거기에 있는 것을 견딜 수 없다.' '나는 불안 때문에 불안을 견딜 수 없다.' 또는 '나는 미칠 것을 알기 때문에 불안하고, 내가 불안하기 때문에 미칠 것이다.'

이분법의 추론 환자는 양자택일(either/or)의 방식으로 경험을 구조화하기 때문에 학습에 실패한다. 만일 일이나 사람이 완벽하지 않으면, 이것은 완전히 받아들일 수 없는 것이다.

마술적 사고 가장 일반적으로 학습을 방해하는 것은 마술적 사고(magical thinking)로, 미신적 행동을 통해 재확인되는 것이다('비행기가 추락하는 심상이 떠올라서 이번 여행을 취소했다.' '그가 나에게 화낼 것을 알기 때문에 그에게 절대 다시 전화하지 않았다.' '의사의 진료실에서 이 의자에 앉아 있었고 그전에는 어떤 나쁜 일도 생기지 않았기 때문에 항상 같은 의자에 앉는다.').

과잉일반화 환자는 종종 위험을 뒷받침하는 한두 가지 정보의 부분을 취하며, 그런 다음 일반화한다. 따라서 강도당하는 것을 두려워하는 한 환자는 보도된 강도 사건 하나를 보고 '모든 사람이 강도를 당하게 될 것이다.'라고 과잉일반화(overgeneralization)를 하게 된다.

잘못된 귀인 환자는 문제를 잘못된 원인에 귀인할 수 있다. 한 환자의 진짜 문제는 그가 충분히 공부하지 않았다는 것임에도, 그는 자신의 모든 시험 불안을 다가오는 시험에 귀인했다. 다른 환자는 사회생활이 부족한 것을 자신이 술집을 좋아하지 않는 것으로 돌렸다.

환자는 자신의 불안에 대한 원인과 결과에 대한 인식이 부족하거나 원인과 결과에 대한 고정관념을 가지고 있을 수 있다. 한 어머니는 양육의 가능한 결과들에 대해 불안해했다("내 아들은 정서적으로 불안해질 거예요."). 그녀는 위험과 손상을 일으키는 것에 대한 자신의 역할을 과장하였다. 부정적인 결과가 있다면, 자신이 원인일 것으로 생각했다. 그녀의 기저 신념은 자신의 행동과 그 결과 사이에는 직접적인 인과관계가 있다는 것이다.

고정관념 유연성이 부족하면 학습을 방해할 수 있다. 치료자는 모든 신념이 어느 정도 제한적이라는 것을 강조한다. 신념은 현실을 포함하는 것보다 배제하는 것이 더 많기 때문이다.

치료자: 만일 당신이 "나는 미국인입니다."라고 말한다면, 당신은 자신에 대해 많은 것을 배제하고 있는 것입니다. 그리고 당신이 다른 것을 희생하면서

> 이 신념을 너무 많이 강조한다면, 당신이 미국인이라는 것에 광적이 될 수도 있다는 점에서 자기패배적이 될 수 있습니다.

목표는 경직된 신념을 가지고 있는 것이 결국에는 강점이 아닌 약점이라는 것을 환자가 보게 하는 것이다. 그러한 신념이 현실을 효과적으로 대처하지 못하도록 만들기 때문이다. 유연성의 이점을 다루는 간접적인 접근법도 종종 효과가 있다. 치료자는 완전한 헌신을 해야 하고 자신을 꾸짖어야 한다는 신념을 가지고 있는 한 경직된 환자에게 다음과 같이 말했다.

> 어떤 미덕이라도 극단으로 행해진다면 거의 악이 될 수 있습니다. 사막에서 길을 잃은 사람들은 물을 찾게 되면 자신을 죽음에 이르게 할 만큼 물을 마실 수 있습니다. 한때 당신의 삶 속에서 이런 구조가 필요했을 수 있지만, 지금도 여전히 필요하나요?

환자가 학습의 장애물을 미덕으로 보는 경우, 치료자와 환자가 이 미덕을 재명명하는 것이 도움이 된다. 환자는 이 장애물을 '원칙적인' '일관적인' 또는 '강한' 것으로 볼 수 있다. 환자와 좋은 관계를 맺은 치료자는 이 용어를 '고집스러운' 것으로 대체할 수 있다.

부정적 예언하기 불안한 환자는 거의 항상 부정적 결과를 가정하고, 아마도 '이런 방법으로 나는 실망하지 않을 것이다.'와 같은 사고로 합리화할 수 있다. 실제 결과는 만일 두려운 사건이 일어나지 않는다면, 환자는 이를 운이나 자신이 앞서 걱정을 한 것 덕분이라고 본다. 가끔 일어나는 나쁜 결과는 걱정의 전체 과정과 위협에 대한 가설을 지지한다.

어떤 환자는 참사가 일어나지 않은 것을 어떤 행운 덕분으로 보기 때문에 경험으로부터 배울 수 없다. '사회 밑바닥에 처하게 되는 것'을 두려워하는 한 남성은 "내가 사업을 위한 완벽한 장소를 발견할 수 있었던 온전한 기회가 없었다면 성공하지 못했을 겁니다."라고 말했다.

자기선동 사람들은 자신의 예언의 노예가 되어 자기 자신의 선동(propaganda)을 믿기 시작하는 분위기를 만든다. 한 예로, 어떤 환자는 너무 많은 사람과 건강 위협에 대한 논의를 하게 되어 다른 사람들이 그 주제를 꺼내면 그러한 대화에서 거리를 두는 데에 어려움을 경험하게 되었다.

수치심과 자존심 수치심(shame)은 학습을 방해하는 가장 강력한 감정적 장애물 중 하나다. 새로운 기술을 학습하는 것은 종종 불완전한 방법을 사용하는 것을 포함하며, 많은 사람은 그에 포함된 수치심 때문에 시도하기를 거부한다. 환자는 수치심 때문에 치료자에게 가장 깊은 걱정거리는 말조차 하지 않을 것이다. 환자에게 이런 수치심을 극복하도록 가르치는 것이 더 나은 학습자가 되도록 돕는 핵심 방법이다.

한 환자는 자신의 부분 가발을 고통스러울 만큼 의식하고 있었고, '내가 가발 없이 나간다면 모든 사람이 나를 거절하고 모욕할 것이다.'라고 믿었다. 이 수치심 때문에 그는 그 가설을 실험해 보기를 꺼렸다.

수치심의 다른 측면인 자존심(pride)도 마찬가지로 학습의 일반적인 방해물이다. 감정적 문제가 있는 사람들이 가진 가장 눈에 띄는 특징 중 하나는 문제를 해결하는 데 필요한 것에 대해 고정적인 생각을 한다는 것이다. 이 생각은 자신이 우월성을 타고났다고 믿는 특별한 사람 증후군(special person syndrome)이 있는 환자에게서 확대된다(Raimy, 1975). 이런 환자는 때로 어떤 영역에서는 지적이고 성공적이지만, 문제 영역에서는 그 자존심이 배우는 것을 방해한다. 치료자는 실용적인 면에서 수치심과 자존심을 논의하고, 경험으로부터 배우지 않는 사람은 이를 반복하는 운명에 있음을 언급한다. 치료자는 또한 겸손(그 누구로부터든지 배울 수 있다는 것을 기꺼이 받아들이는 것)의 본보기가 될 수 있다.

탐욕 항상 더 많은 안정감을 바라는 사람의 열망은 더 많은 불안정감을 만든다. 한 예로, 어떤 환자는 그가 건강하다는 것에 대한 절대적 보장을 원했다. 건강하다는 의사의 검진 증명서는 의도하지 않았더라도 심지어 그를 더 불안하게 만드는 결과를 가져왔다.

한 환자는 일을 완성하거나 계획을 수행하지 않는 패턴을 발전시켰다. 자신이 할 수 없을 것이라고 느끼는 부분을 맡게 되었을 때, 그는 다른 일로 바꾸면서 '이런 새로운 일이나 계획에는 더 많은 돈, 기회와 창의성이 있다.'라고 합리화하였다. 그의 탐욕(greed)은 충분하지 않다는 자신의 두려움을 더 강하게 만들었다.

무능하다고 느끼는 사람은 자신을 받아들이고 다른 사람들에게 수용받는 기분을 경험하는 데 어려울 수 있는데, 그는 또한 '무력감(out of control=powerless)'을 느낄지도 모르기 때문이다. 이런 상호관련성에도 불구하고, 환자는 다른 문제들보다 한 가지 문제를 더 분명하게 보여 준다. 이런 이유로 주요 문제들은 개별적으로 논의될 것이다.

수용

수용에 대해 걱정하는 사람의 핵심 신념은 자신이 여러 방면으로 결함이 있을 수 있기 때문에 다른 사람들로부터 받아들여질 수 없다는 것이다. 이런 우려는 한 부모로부터 수용이 부족했거나 또래들에게 받아들여질 수 없게 만드는 오명이나 결점으로 인한 결과일 수 있다. 예를 들어, 한 여성은 어렸을 때 한쪽 눈을 잃었고 그 때문에 삶 대부분을 수용할 수 없다고 느껴 왔다.

환자는 다른 사람의 수용과 사랑을 받기 위해 다양한 전략을 사용할 수 있다. 다른 사람으로부터 무조건적으로 받아들여지고 사랑받기 위한 열망이 보통 이런 환자가 가지는 과잉보상이다. 그는 거절당하는 것을 몹시 두려워한다. 그렇기 때문에 다른 사람이 자신을 좋아하게 하고 다른 사람을 기쁘게 하려고 한다. 또한 받아들여지지 않는다고 느끼기 때문에 혼자가 되는 것을 몹시 두려워한다. 종종 떨어져 있는 것이 괴롭고 계속 애착을 추구한다.

이런 사람은 자신의 결함에 대해서 불안해하고 다른 사람들이 이를 발견하게 될까 두려워한다. 한 여성은 자기 자신을 받아들이는 것을 어려워했고, 좋은 직장에 취직하지 못한 것과 자신의 체중을 그 이유로 삼았다. 그녀는 다른 사람도 자신을 거절할 것이라고 믿었다. 과하게 기쁘게 하려는 시도가 다른 사람을 떠나보내는 결과를 가져왔다.

환자는 사회적 수용과 거절의 중요성과 정도를 과장한다. 환자는 과잉 일반화하고 동질화한다. 즉, 그는 모든 사람의 수용을 필수적이고 동등하게 중요하게 바라본다. 우편배달부, 판매원, 모든 사회 구성원 그리고 거리에서 지나치는 사람의 수용이 자신과 가까운 사람의 수용과 똑같이 중요하다. 결과는 절대적으로 보인다. 그는 수용이나 거절이 영원할 것으로 생각한다.

다른 사람의 의견이 그의 자존감에 직접 영향을 미치기 때문에, 그는 다른 사람의 피드백에 과도하게 의존한다. 다른 사람이 자신을 받아들이고 있는지 계속 확인한다. 만일 다른 사람이 자신을 받아들이는 것처럼 보이면, 더 자신감(confidence)을 갖게 되며 전반적으로 수행을 더 잘하게 된다.

만일 다른 사람이 자신을 거절하는 것으로 보이면, 그의 자신감은 떨어지고 수행능력도 나빠진다. 그의 자존감(self-esteem)이 이런 신호에 민감하므로, 특히 그의 수행 능력이 변동이 심할 때 어색함이 증가하는 것을 경험한다. 이는 자존감이 기본적으로, 적어도 이 맥락에서는 불안정하다는 것을 보여 준다. 그 의존성의 일부는 '내가 바르게 가고 있는 것'이 맞는지 아닌지의 진위를 밝히기 위해 고안된 것이다. 만일 그가 우호적이거나 이와 같다고 해석된 교정 신호를 받아들이면 자존감을 잃지 않으면서 수행 능력을 교정할 수 있다.

남의 의견을 대수롭지 않게 여길 수 없는 한 가지 이유는 대중의 수용이 자신의 실존까지는 아니더라도 행복(well-being)에 필수적이라는 신념 때문이다. 존경과 사회적 성공은 그의 자존감을 일시적으로 증가시키고 강화할 수는 있을 것이다. 그러나 그의 자존감은 사회적 조언에 의존하고 있기 때문에 안정적이지 않다. 다른 사람의 조언은 둘 중 하나의 방향에서 그의 자존감에 영향을 미칠 것이다. 다른 말로 하자면, 그의 자신감은 모래에 기반을 두고 있다.

예를 들어, 한 젊은 남성이 파티에 초대받지 못해 상처를 받았다. 그는 자신이 의도적으로 배제되었고 파티를 준비한 사람들이 의식적으로 그를 차별했다고 생각하였다. 더 깊게 조사해 보자 이 파티는 특정 자선사업에 돈을 기부한 사람들을 위한 것이었고, 그는 초대될 수 있는 관련 있는 사람들의 목록에 있지도 않았다. 치료자는 이 사건을 내담자에게 대안 관점을 제공하는 기회로 삼았다.

> 모든 사람은 자신의 참조 틀을 가지고 있습니다. 당신이 가진 참조 틀이 사회의 현실과 일치하지 않을 때, 기분이 상하거나, 불안하거나, 슬프거나, 우울한 것과 같은 다양한 증상을 가져옵니다. 당신이 가진 참조 틀이 일반적으로 받아들여지는 상호작용의 방법과 다를 때, 이는 다른 사람과의 관계에서 예를 들어 과도하게 걱정하거나, 자기주장을 하지 못하거나, 회피하는 것과 같은 문제를 가져옵니다.
>
> 당신과는 관계가 없는 바깥세상이 있다는 것을 배워야 한다는 것은 쉽지 않은 성장과정입니다. 자신만의 좁은 시야를 가진 많은 사람은 넓은 범위의 외부 사건들을 자신에게 고정하고 관련시키는 경향이 있습니다. 예를 들어, 그들은 당신이 이번 일에서 한 것과 같이 할지도 모릅니다. 즉, 현실에서 이런 행동들이 당신과는 전혀 관계가 없음에도 다른 사람의 행동을 당신의 행복과 관련하여 결론짓는 것이지요.

이 남성과 같은 환자들은 자신의 존재와는 멀리 떨어진 사건들, 예를 들어 시베리아에 운석이 떨어진 것과 같은 사건들에 마음대로 자신을 들여놓는다. 이들은 왜 이런 사건들을 자신과 관련짓는 것일까? 수용되는 것에 대한 과도한 관심이 수용이나 거절의 신호에 대한 사회적 환경을 살피는 병리적 방식을 낳기 때문이다. 수용에 대한 초점은 또한 상대적으로 미성숙한 참조 틀에 의해 어느 정도로 결정된다. 이 사람은 자신의 세계에서 탈중심화되어서 사회적 사건을 자신과 완전히 분리하여 판단할 수 있는 정도까지 아직 이르지 못했다.

수용에 대한 과도한 걱정은 종종 가장 사랑받는 아이로 대우받기 원하는 갈망으로 표현된다. 만일 사회적 환경에서 특별한 대우를 받지 못하면, 업신여김을 받거나 거절되었다고 믿는다. 만일 그가 이 상황에 실제로 포함되지 않았다면, 그는 다른 사람들이 좌우간 반드시 그를 고려해야만 하고, 그렇게 하지 못하는 것은 위험한 결과를 가져오게 될 것이라고 믿는다.

이런 지각된 무시가 발생하면, 다른 사람들이 고려해야 하는 직접적인 영역 내에 그가 있지 않았기 때문에, 논리적으로 그를 향한 그 어떤 동기도 가지고 있지 않았음에도 불구하고 그 사람들이 가지고 있는 부정적인 동기나 의도로 이를 귀인시킨다. 예를 들어, 세법 변호사는 지역 대학의 한 교수가 멀리 떨어진 대학의 세법 관련 학과의 주임교수로 지명되었다는 소식을 들었다. 이 환자는 자신이 연구 활동

(academic work)과 전혀 관련이 없었음에도 '왜 나를 지명하지 않았지? 무엇보다도 나는 세법의 전문가란 말이야. 아마 그들이 날 좋아하지 않는다는 의미일 거야. 이것이 어떤 일을 일어나게 할까?'라고 좌절하며 불안해했다.

이런 사람은 자신에 대한 타인의 의견을 계속 만족시키거나 보호하기 위해 조금도 방심하지 않는다. 그는 특히 자신의 사회적 이미지를 보호하기 위한 특이한 규칙을 가지고 있다. 정상 행동에는 부합하지 않는 자신의 규칙을 가지고 있으므로 다른 사람들이 어떤 방식으로 자신의 이익을 훼손할 것이라고 두려워할 가능성이 있다.

그의 미래는 '내가 어디로 가게 되든지 다른 사람들에게 받아들여져야만 한다.'와 같은 가설에 의존하기 때문에, 다른 사람들이 자신을 업신여길지도 모르는 상황을 두려워할 가능성이 있다. 종종 거절의 결과를 두려워하기 때문에 권위적인 인물을 대하는 것에 대한 상당한 어려움이 있다. 권위자가 취하는 특정 정책이나 조치들이 자신을 위태롭게 만든다고 해석한다. 현실에서 이런 조치들은 그에게 영향이 없다. 혼란스러운 상황에서 질서를 가져오거나 논리적인 방식으로 행동을 규제하려는 시도들을 자신의 자존감에 대한 위험으로 오해한다. 동시에 권위적인 인물을 만족시키는 것에서 기쁨을 얻는다.

이런 사람은 자신의 이익에 대해 다른 사람이 더 나은 판단자라고 제안하는 규칙에 따라 기능한다. 이런 맥락에서 동료 집단, 배우자, 아이나 학생들에 대하여, 그는 아이의 역할을 맡는다. 예를 들어, 한 남성은 자신의 아내와 먼저 상의하지 않고서는 그 어떤 계획도 세우지 않았다. 아내가 자신에게 무엇이 가장 좋은지를 잘 알기 때문이라는 것이 그 이유였다. 그는 아내와 상의하지 않는 것이 불필요한 혼란을 일으키거나 일을 지연시키리라 생각했다.

이런 사람들이 보이는 두드러지는 점은 사람에 대한 잦은 과도한 공감이다. 이런 민감성 때문에 자신이 사려 깊고, 친절하고, 민감하고, 관대해야만 한다고 믿는다. 과도한 걱정에 주목하게 될 때, 그는 이것을 다른 사람들이 생존하기 위해 그의 관심이 필요한 것으로 합리화한다.

유능성

환자의 주요 문제가 유능성일 때 자신이 기대에 부합하지 못하는 것을 두려워한다. 자신이 열등하다는 것이 핵심 신념이다. 종종 인종, 종교, 사회계층 때문에 다른 사람에게 열등하다고 느껴지는 가정에서 자란 예도 있다. 또 다른 경우 이런 열등감은 형제자매와의 비교 또는 학교에서나 체육 과목에서 실력이 좋지 못했던 것과 같은 실제의 단점 또는 부모가 환자에게 "너는 잘 하는 게 없구나."와 같이 말했던 것에서 기인한다. 또한 숙달이나 성공의 경험이 적었을 수도 있다. 그가 경험하는 주요한 좌절(setback)은 그 신념을 강화한다.

반면에 목표에 도달하기에 필요한 일을 할 수 없는 것을 두려워할 수 있다. 그의 해결책은 다른 사람들이 자신을 도와주도록 유도하거나, 종종 일과 관련된 의존성을 발전시키도 한다. 이런 사람은 과업을 마칠 수 없는 것에 대해 많은 두려움을 가지고 있다. 종종 미루는 행동에 대해 염려하면서 위험을 감수하는 것에 어려움을 경험할지도 모른다.

이런 환자들은 자신의 무능함이 드러날까 봐 두려워한다. 한 예로, 권위자와의 만남에서 그렇게 될까 두려워한다. 만일 권위자가 이 사람이 틀렸다고 지적하면 어느 정도 그 사람의 생각이 맞으리라 생각한다. 빌(보험청구 사정인)의 상사는 그가 약속한 대로 보고서를 작성하지 않은 것을 비난하였다. 그가 자신이 맡기로 한 것을 처리했다고 믿었음에도, 그는 그것에 대해 계속되는 의심을 경험했다. 자신이 그렇지 않다는 증거가 압도적이었음에도, 그의 미성숙한 부분은 자신의 상사가 옳다고 믿게 했다. 빌은 자신의 사례를 상사에게 말하려고 시도할 때도 압도되는 기분을 느꼈다. 그 상사는 '말로 그를 억눌렀고', 빌은 자신을 방어하는 한마디도 하지 못했다. 면담 끝에 환자는 즉석에서 해고되었다. 그가 집으로 돌아왔을 때 엄청난 분노를 느꼈고, 상사가 죽어 버렸으면 하고 바랐다. 또 반대로 빌은 상사에게 매료되었다. 상사의 어떤 힘, 자신감 그리고 지위에 의지하면서 자신의 약점을 상쇄할 수 있다고 느꼈다. 그는 자신의 상사에게 적극적으로 반대하는 자신을 그려 볼 수 없었다.

치료자가 상사에게 직면할 것을 제안했을 때 빌은 극도로 불안해졌다. 그는 불안의 원인을 정확히 찾아낼 수 없었다. 그러나 그는 압도되고 질식할 것 같은 기분을 경험하였고, 이런 기분은 그를 약하고 무력하고 상사에게 말할 수 없다고 느끼게 했다. 그는 자신의 기분을 Melville의 빌리 버드의 것과 비교하였다. 빌은 자신의 상사와 개방적으로 논의할 가능성을 상상조차 할 수 없었다. 빌이 권위자와의 관계를 제외한 다른 다양한 관계에서는 기능을 잘한다는 것은 흥미롭다. 그는 삼형제 중 막내였고, 그의 가장 큰 형은 환자의 어린 시절에 걸쳐 그를 모욕하고 비판하곤 했는데, 이는 여러 면에서 권위자의 이미지와 유사했다. 치료자는 빌에게 그가 어린 시절에 형성된 태도와 반응을 유지하고 있을 가능성에 대해 언급하였다. 그로 인해서 이런 현상이 여전히 권위자 앞에 있을 때 재연되고 자동으로 일어났다.

빌이 권위자에게 말하고 그에 대한 자신의 태도를 탐색하는 일련의 인지적 연습으로 치료를 구성했다. 빌이 상사에게 말할 수 없을 것이고 자신을 웃음거리로 만들 것이라고 믿었지만, 치료자는 불안을 느끼는 와중에도 분명하게 말할 가능성이 있음을 강조하였다. 빌은 자신이 비자발적인 철회와 수동적이며 자기부정적인 행동에 휩싸이는 한, 그가 상사를 전능한 인물로 보고 자신은 무력한 무능력자로 보는 관점을 입증한다는 것을 알게 되었다.

이런 문제를 걱정하는 환자는 종종 고용인, 감독관 또는 능력 있는 것으로 인지되는 다른 사람에게 분명히 말할 때 사기꾼이나 위선자처럼 느낀다고 말한다. 자신이 정말로 열등하고, 작고, 가치가 적다고 믿는다. 보통 자신이 행동하는 방식과 다르게 행동할 때 다른 사람들을 속이려고 한다는 느낌이 든다. 속인다는 이런 느낌은 많은 사회적 상황으로 옮겨 간다.

한 예로, 56세의 성공적인 사업가는 자신이 다른 사업가들과 있을 때 항상 그들을 속이는 것처럼 느끼고, 그들이 이를 발견하게 될까 두렵다고 말했다. 그는 종종 '나는 이런 상황을 다룰 만한 능력이 충분하지 않다.' 또는 '다른 사람과 상호작용을 할 만큼 충분히 성숙하지 않다.'라고 생각했다.

많은 환자는 자신을 큰 성인들 세계에 사는 작은 아이의 모습으로 보고한다. 성장하고 나면, 그 이후에는 이런 상황을 다룰 수 있게 될 것이라고 믿곤 한다. 그러나 이런 상황을 회피하는 것은 더 많은 자신감을 줄 수 있는 경험을 얻지 못하게 막는다.

자신이 능력이 부족하고 시늉을 하고 있다고 생각하기 때문에, 다른 사람이 자신의 무능함을 볼 수 있다는 신호를 계속 경계한다. 이런 점에서 다른 사람들이 재미 삼아 한 말이거나 평가하려는 의도가 아니었을 때조차도 문자 그대로 받아들일 가능성이 있다. 불안한 환자는 민감한 영역에 관하여 극도로 문자 그대로 받아들이는 경향이 있다. 한 여성의 친구가 그녀의 운전에 대해 농담을 했고, 그녀는 이를 문자 그대로 받아들이고 '괴짜'라는 비판을 받았다고 생각했다.

몇몇 환자는 자신에 대해 겁먹은 동물로서의 심상을 갖는다. 한 사람은 '나는 두려워하는 토끼예요. 약하고 수동적이에요.'라고 생각했다. 그는 자신을 인간 이하로 보았다. 한 남성은 자신을 두려워하는 강아지로 보았고, 다른 사람들이 그의 귀를 잡아당기는 심상을 가졌다. 앞서 언급한 바와 마찬가지로, 치료자는 이런 심상의 가능성을 질문해야 한다.

사회적 상황에서의 유능성을 걱정하는 한 환자는 종종 마치 자신이 어디에도 소속되지 않은 것처럼 스스로에 대해서 불확실한 감정을 느낀다. 상황에 대한 요구를 과장하고 자신의 사회성 기술과 능력을 축소하거나 간과한다. 이런 사람은 보통 다른 사람으로부터의 피드백을 자신이 유능한 사람으로 인식되는지 아닌지를 평가하는 데에 사용한다. 만약 이 피드백이 부정적이라면 그의 기능은 낮아질 가능성이 있다. 부정적 피드백의 상징적인 의미 때문에 그는 불구가 되고, 손상을 입고, 심지어는 말까지 없어질 수 있다. 실제로 자신이 기능할 수 있다고 믿으면 기능할 수 있다. 다른 말로 하자면, 다른 사람의 부정적인 피드백이 그를 적절하게 기능할 수 없다고 믿게 만든다. 다른 사람에 의해 인지된 폄하의 힘은 한 주제에 대한 최면술사의 힘과 연결될 수 있다. 사회적으로 불안한 사람은 자신이 입을 열 수 없고, 분명하게 생각할 수 없고, 설 수 없다고 믿도록 최면에 걸릴 수 있다. 어떤 의미에서 그는 최면에 걸려 자신의 뇌와 표현하는 장기들이 마비되었다고 믿게 된다.

이런 사람들은 종종 순환적 추론을 한다. 한 젊은 남성은 자신이 파티에서 어떻게 행동해야 할지 모른다는 이유로 파티에 가는 생각이 그를 두렵게 했고, 그가 두려워서 심지어 더 어색해질 것이라고 말했다. 사교 모임을 피하면 피할수록 그는 사람들을 더 두려워하게 되었다. 다음은 다른 사람과 상호작용할 때 그가 가졌던 자동적 사고의 예이다. '나는 할 수 없을 것이다. 나는 실패하고, 불안정해지고, 꿀

먹은 벙어리가 될 것이다.' '그 사람들은 내가 부족하고, 서툴고, 부적합하다고 판단하고 있다.' '반감은 인정의 상실뿐만 아니라 내가 그들과 함께할 수 없다는 분명한 예견을 의미한다.' '나는 살아가지 못할 것이다.' '나는 기능하지 못한다.'

이 환자에 대한 전략은 ① 사회적 성과와 성취로부터 자신의 가치를 분리하도록 돕는 것, ② 자신을 받아들이고 자신의 영역 안에 있는 사람들을 있는 그대로 받아들이도록 돕는 것, ③ 자신이 가진 책임과 다른 사람이 가진 책임을 구분하는 것이었다. 치료자는 개인적인 왜곡뿐 아니라 문화적인 왜곡도 수정해야 했다. 전반적인 목표는 환자가 자존감을 촉진하려는 방법으로서가 아닌 자신을 위해 일을 하도록 하는 것이었다.

통제

통제를 걱정하는 사람의 두려움은 다른 사람이나 자신의 통제 밖에 있는 사건에 의해서 지배당할 가능성에 초점을 둔다. 이런 두려움은 많은 형태를 취할 수 있다. 권위자, 중요한 타인에게 통제력을 잃는 것이거나, 질병 또는 돈에 대한 통제력을 상실하는 것과 연관이 있을 수 있다. 이런 환자는 보통 자신이 통제력이 없거나 매우 적음을 인식하는 상황에 있었던 결과로 이런 걱정을 발전시킨다. 이는 아마도 지배적인 부모님과의 관계나 통제력의 상실이 중요한 문제였던 환경에서 성장했기 때문일 수 있다. 우리가 관찰해 온 다른 양상은 자신의 부모로부터 일관적인 반응을 얻지 못했거나 애매함 속에서 살아야 했던 사람과 관련이 있다. 이런 사람은 종종 자신의 삶을 통제하려고 애쓰면서 과도하게 보상하며, 자신의 주변 사람들에게 그렇게 한다. 그는 모호함을 견딜 수가 없는데, 자신이 결과를 통제할 수 없기 때문이다.

이 환자는 종종 자신이 '통제 불능'이 될 것을 두려워한다. 자신의 감정에 대한 통제력이 없기 때문에 불안 발작을 특히 두려워한다. 이 환자는 미치는 것 또는 재정이나 건강 문제에 대한 통제력 상실의 두려움에 초점을 두고 있을지도 모른다. 그는 통제에 대한 과도한 염려 때문에 다른 사람과의 관계에 문제가 있다. 다른 사람은 그를 '통제적'이고 '조종에 능한' 사람으로 보기 때문에 그와 협력하지 않는다.

이 환자는 보통 자신의 문제를 통제력 상실에 대한 두려움으로 제시하지 않고, 군중, 선생님, 치과 의사와 같이 상황이나 사건에 의해 야기된 것으로 설명한다. 그러나 치료자는 환자가 위험이라고 두려워하는 것이 대상, 사건이나 상황이 아니라 통제력 상실의 결과임을 쉽게 관찰할 수 있다. 예를 들어, 자신의 문제를 '군중에 대한 두려움'으로 명시했던 한 환자는 실제로 위험이 어떠한 신비한 방식으로 군중에게서 나와 자신에게 집중한다고 믿지 않았다. 그가 실제로 두려워한 것은 군중 속에서 그가 어떻게 행동할지 모른다는 것이었다. 기절하거나, 구토하거나, 소리치거나, 발작하는 것처럼 어떤 방법으로든 통제를 상실하게 되리라는 것이었다. 치료에서, 근원에 놓여 있는 원초적인 논리의 핵심을 발견하고 그 결과에 대응하는 전략을 고안하는 것이 필요해졌다.

수용과 유능성을 걱정하는 사람과 마찬가지로, 통제당하는 것을 두려워하는 사람도 권위자를 두려워할지 모른다. 그러나 이 경우에는 권위자가 자신을 지배하려고 시도할 것이고 자신이 하길 원치 않는 무언가를 하게 만들 것이라고 두려워한다. 이런 사람은 누가 '주인' 또는 '노예'인지를 결정하는 지배 위계를 믿는다. 이런 신념 체계가 불안을 어떻게 일으키는지 보여 주기는 쉽다. 예를 들어, 교수에게 추천서를 받아야 하는 한 환자는 추천서를 요청할 수 있을 만큼 자신의 두려움을 극복하기 위해 상당한 노력을 했다. 그는 교수가 '잘못된 학교에 지원하는군. 내가 추천하는 곳에 지원해야 하네.'와 같은 태도를 보일 것으로 생각했다.

통제감, 효율성과 개인특성은 양육, 애정, 승인과 같은 사회적 지지를 받는 것만큼 상호작용에서 중요하다. 어떤 특정한 개인에게는 거절이 통제뿐 아니라 지지의 상실을 함축할 수 있다. '다른 사람이 내가 통제력이 있다는 것을 인정하지 않는 한 나에게는 통제력이 없다.' 여기에서 문제는 다른 사람의 지각된 태도이다. '그가 나의 요구를 받아들이지 않는다면, 이는 내가 나의 삶을 통제할 수 없다는 것을 의미한다.' 이 환자의 자아상은 지각된 통제의 부족에 의해 위협받는다.

환자는 사회적으로 기능하기 위해 반드시 자신의 입을 열고 명료하게 말할 수 있어야 한다. 이를 할 수 없다면, 이는 그가 신체 기능에 대한 통제력이 없다는 것으로 파괴적인 현상이라는 것을 의미한다. 더 나아가 만일 본의 아니게 자세가 흔들리거나 떨린다면, 이는 통제력 상실의 더 큰 증거이다. 이와 같은 통제력 결핍은 다른 사람에게 지각된다. 그렇다면 그 사람은 기능할 수 없음에 대한 두려움을 가지게 되고, 이에 더하여 다른 사람이 자신을 약하게 바라보고 계속 통제하려 한다는 더 큰 두려움을 갖게 된다.

통제에 대해 염려하는 환자는 보통 첫 면담에서 자신의 걱정을 나타낸다. 그는 구체적인 요청을 하거나(조명이나 위치 조정 또는 그 밖의 조절과 같은 것), 치료자를 면담하거나("당신은 어떤 자격을 갖추고 있습니까?"), 또는 질문에 답하지 않거나 치료에 제한을 둔다. 한 여성은 "대부분의 치료자는 환자를 지배하려고 해서 저는 반드시 경계해야 합니다."라고 말했다. 이런 환자는 또한 자기훈육의 결핍에 대한 두려움을 보일 수도 있다. 한 환자는 자신의 흡연을 통제할 수 없었기 때문에 매우 불안해했다. 역설적으로 자신을 통제하려는 시도는 더 통제 불능이라고 느끼게 했고, 불안할 때 긴장을 늦추려고 강압적으로 하는 시도들은 자신을 더 불안하게 만들었다. 비슷하게, 다른 사람을 통제하려고 노력할수록 더 통제 불가하다고 느끼게 된다.

예를 들어, 거식증(anorexia)이 비만에 대한 두려움처럼 보이지만, 매우 자주 실제적인 두려움은 통제의 상실이다. 삶의 한 영역에서 통제할 수 없다고 느낄 때 다른 영역을 극도로 통제함으로써 과도하게 보상하려고 한다. 직장과 사생활이 심각하게 혼란스러웠던 한 환자는 달리기에 집착하게 되었다.

통제감을 걱정하는 환자는 통제력을 얻기 위해 다른 전략들을 사용할 것이다. 누군가는 자신을 통제하려고 한다고 믿는 사람에게 화를 내고, 반면에 어떤 사람은 모든 통제를 포기한다. 한 환자는 재정에 대한 통제를 잃게 될 것을 걱정하였다. 그가 돈을 너무 많이 쓰고 통제 불능이라고 느꼈을 때 더 많은 돈을 쓰곤 했다. 이것이 그에게 일시적인 통제감을 주었다.

인간의 사회화가 만일 사람이 누군가를 특정 방식으로 대하면 그 사람은 체면을 유지하기 위해서 동일한 방식으로 반응해야 한다고 지시한 것처럼 보인다. 이런 이유로 어떤 사람은 사회적 상호작용에서 갑갑함을 느낀다. Becker는 이 과정을 다음과 같이 설명하였다. "부모의 초기 요구인 '그 사람에게 고맙다고 말씀드리렴.'과 같은 것은 비굴함을 주입하는 것이 아니다. 그것은 통제력 연습이다. 이제 적절한 반응의 틀을 만드는 것 또는 사회적 상황을 감사하게 끝맺는 것이 '그 사람'에게 달려 있는 것이다."(1971, p. 97) 사회적 위계에서 아래에 있는 사람도 올바른 언어적 표현으로 윗사람을 통제할 수 있다. 이 과정에 대해 Becker는 "군장교가 하사에게 '존칭 그만 불러!'라고 외치는 것일지 모른다. 이것은 누군가의 정체성을 과도하게 제한적인 정의로 조작하는 것에 대한 항의이다. 사람은 다른 사람의 상자 안에 너무 쉽게 들어가 있게 된다."(p. 97)라고 설명한다.

통제를 우려하는 사람은 이런 통제의 형태에 매우 민감하다. 비록 말로 표현하지 않아도, 사교 모임을 피하고 사람들에게 불편해하는 이유는 통제에 대한 두려움 때문이다. 다른 주요 문제와 마찬가지로, 환자는 종종 자기충족적 예언을 한다. 통제되기 전에 다른 사람을 통제하려는 시도는 다른 사람이 대응 통제를 사용하게 만든다.

동기부여와 주요 염려

환자의 주요 걱정(concern)의 특성을 고려해 볼 때, 치료자는 그들을 수정하도록 돕는 데에 현실적인 기대를 해야 할 필요가 있다. 환자는 종종 주요 걱정거리를 내려놓기를 주저한다. 주요 걱정에 대한 불안이나 결과를 없애려 하고, 걱정 그 자체를 없애려고 하지 않는다. 예를 들어, 환자는 거절에 대한 두려움을 없애길 원하지만, 거의 모든 사람에게 완전히 수용되거나 인정되고자 하는 바람을 없애길 원치 않는다. 환자가 그의 걱정을 수정하도록 돕는 데에는 이런 바람을 버리기 원하도록 설득하는 것이 필수적이다.

환자에게 주요 걱정에 대한 이득보다 손해 비용이 더 크다는 것을 보여 줄 수 있다. 종종 유능성을 걱정하는 사람은 심장마비가 오거나 더 큰 비용을 치르게 되기 전까지 과도하게 일하는 것을 멈추지 않을 것이다. 마치 암이 생기기 전까지 금연하지 않는 것과 마찬가지이다. 치료자는 환자가 주요 걱정거리를 작은 염려들로 만들어서('나는 수용되길 원한다.' vs. '나는 수용받아야만 한다.') 또는 우선순위를 전환해서('나는 성공해야만 한다.' vs. '나는 내 삶을 즐기는 데에 초점을 맞출 것이다.') 더 나은 삶을 영위할 수 있다는 것을 보도록 돕는다.

환자가 성공해야 할 당위성과 같은 주요 걱정을 수정하지 않으려고 한다면, 치료자는 이 선택의 결과를 지적하고, 어쩌면 그가 믿기에 그가 행복하기 위해 '필요한' 것을 얻도록 도와줄 수 있다. 한 예로, 어떤 여성은 행복하기 위해서는 성공적인 작가가 되어야만 한다고 말했다. 그녀는 자신의 매우 낮은 자존감에 대한 보상으로 이런 성취가 필요했다. 그녀는 지난 20년간 성공적인 작가가 되어야 할 당위성과 관련된 불안과 우울증 이력이 있었다. 치료자는 이것을 주요 염려로 보는 대신에 사소한 걱정거리로 만들려고 시도했는데, '자신을 위해 글을 쓰기'로 초점을 전환하는 것은 거의 효과가 없었다. 그 이후 치료의 초점은 그녀가 어떻게 목표에 가장 효과적으로 도달할 수 있는가로 바뀌었다. 이런 전환에 대한 이론적 토대는 그녀가 자신의 주요 염려를 기꺼이 수정하려고 하기 전에 어느 정도의 성공이나 더 많은 실패 경험을 해야 한다는 것이었다.

일단 환자가 주요 염려를 수정하는 것에 대한 유익을 보고 그렇게 하길 원하게 되면, 치료자는 다음에서 설명하는 특정 전략과 기법을 사용할 수 있다.

① **반복의 역할**: 치료자는 '교사의 오류'를 피해야 한다. 즉, 환자에게 올바른 가설이 이전의 가설을 포기하기에 충분한 경우는 드물다고 말하는 것이다. 치료자는 환자가 반복적으로 이 가설에 초점을 두게 해야 한다. 치료자는 다양한 각도에서 이를 공략해야 한다. 때로는 직접적인 공략("이 신념의 손해와 이점에 대해 살펴봅시다.")이 될 수도 있고, 때로는 간접적인 공략(비유나 교훈적 이야기를 사용)이 될 수도 있다. 일반적으로 치료자는 반복을 결코 두려워해서는 안 된다.

치료자는 또한 반복하는 데에서 환자의 도움을 끌어내야 할 필요가 있다. 사회 불안('나는 항상 다른 사람보다 더 나아 보어야 한다.')으로 이끄는 자신의 유능성에 대하여 일련의 경직된 걱정이 있는 환자는 3×5인치 카드에 더 적응적 신념들을 적어서 다니면서 6개월 동안 하루에 적어도 한 번씩 이 신념들을 검토하였다. 다른 반복전략들과 마찬가지로 이 전략은 그녀가 자신에 대해 더 합리적으로 판단하게 해 주었다.

② **선택 vs. 변화**: 환자가 이 가설에 너무 익숙하므로 그가 원한다고 하더라도 바꾸는 것은 거의 불가능에 가깝다.

치료자: 당신은 '나는 변할 것이다.'라고 생각한 다음, 같은 신념이 다시 떠오르면, 변화에 대해 좌절합니다. 더 나은 전략은 선택에 대해서 생각하는 것입니다. 당신의 최우선시되는 문제는 당신이 그것에 너무 숙달되어 있어서 그 문제가 자동적으로 다시 나타나기 때문에 어렵습니다. 그러나 당신에게는 항상 다른 관점을 선택할 수 있는 능력이 있습니다. 당신이 하고 있는 것을 자각하게 될 수 있습니다. 그래서 이전의 신념이 나타나고 그런 자신을 발견하면, 당신은 간단하게 그것을 새로운 신념으로 대체하는 선택을 할 수 있습니다. 만일 새로운 신념으로 계속 바꾼다면, 이 선택은 결국 자동적이 될 것입니다.

③ **행동의 역할**: 각각의 주요 걱정거리는 이를 재확인하는 일련의 행동을 낳게 된다. 치료자는 오래된 역할을 유지하는 것에서 행동의 중요성을 강조할 필요가 있고, 그의 성향과 반대로 반복하여 행동함으로써 환자가 오래된 신념을 약화시킬 수 있다는 사실을 강조할 수 있다. 남성에게 거절되는 것을 두려워한 한 여성은 남성에게 어떤 식으로든 적어도 100번 접근하라는 과제를 하게 되었다. 그녀는 상담실에서 남성들에게 인사를 하거나, 버스에서 남성 옆자리에 앉는 행동을 하곤 하였다. 그녀는 8개월이 걸려 과제를 완료했고, 남성 주변에 있는 것은 위험하다는 신념을 수정하는 데에 이 과제가 도움이 되었다고 보고하였다.

④ **삶의 양식 변화**: 치료자는 환자가 삶의 양식을 조정하면서 주요 걱정거리를 수정할 것을 제안할 수 있다. 치료자는 건강을 과도하게 염려하던 한 사람에게 건강 기사를 읽는 것, '건강' 관련 테이프를 듣는 것, 신앙 요법사를 찾아가는 것, 수많은 영양사를 만나는 것 그리고 건강과 질병에 대해 끊임없이 대화하는 것을 멈추라고 설득하였다. 또는 치료자는 환자에게 같은 주요 걱정거리를 나누지 않는 사람과 관계할 것을 격려할 수 있다. 주요 걱정거리가 죽음을

통제하는 것과 관련이 있던 한 환자는 계보학(genealogy) 모임에 참여하는 것을 멈추고 다른 관심사를 공유하는 집단에 들어갔다.

가설과 주요 걱정거리를 재구조화하는 것은 자동적 사고, 심상화, 부적응적 행동의 확인과 같은 인지치료의 초기 단계에서 이루어지는 것에 자연스럽게 따라온다. 가설을 재구조화하는 과정은 이후의 목표, 전략 및 삶의 선택과 관련해서 불안 반응에 대한 치료자와 환자의 이해가 성장하고 있다는 것을 반영한다. 동시에 이 과정은 환자가 생각하고 행동하는 습관적인 방법에 대한 새로운 도전의 시작일 수 있다.

후기

인지치료는 우울증 치료로서 상당한 연구 관심과 지지를 받아 왔지만, 불안장애의 치료로서의 효과성 연구는 상대적으로 적었다. 이 연구들의 결과는 전반적으로 고무적이었다. A. O. DiLoreto(1971)은 대인관계의 불안에 대한 체계적 둔감화, 내담자중심치료, 그리고 합리적 정서치료(인지행동치료의 가까운 친척) 그리고 플라세보 통제의 효과를 비교하였다. 모든 치료가 플라세보보다 더 효과적으로 불안을 줄이는 데에 반하여, 합리적 정서치료는 치료 현장 밖의 대인관계 활동에서 가장 크게 향상되는 결과를 보였다. 합리적 정서치료와 내담자중심치료는 불안 감소에서 체계적 둔감화의 대략 2/3 정도의 효과가 있었다.

N. J. Kanter와 M. R. Goldfried(1979)는 사회 불안에 대한 또 다른 인지적 접근을 평가하였다. 이들은 체계적인 합리적 재구조화와 자기통제적인 둔감화가 행동과 생리적 측정에서 동일한 효과를 가져왔음에도 불구하고, 전자가 후자보다 불안과 비합리적 신념을 줄이는 데 더 효과가 있었다고 결론지었다.

F. L. Gardner와 동료들(1980)은 연구를 통해 중간 수준에서 심각한 수준의 사회불안 경감에 대해 다섯 가지 인지 및 행동 지향의 전략을 비교하였다. 맥박수를 제

외한 모든 측정에서, 모든 치료가 대기명단의 통제집단보다 더 우수했다. 그러나 인지치료, 합리적 정서치료 그리고 스트레스 면역 훈련 절차가 자기보고된 부정적 정동, 두려움과 회피 행동을 줄이는 데 전반적으로 더 효과적이었다. 인지치료, 행동주장 훈련 그리고 대인관계 인지 문제 해결기술 훈련의 세 가지 치료는 불안의 행동적 측정(일정 기간의 행동)에서 같거나 우월한 효과를 가져왔다.

GoldFried, Linehan과 Smith(1978), Holroyd(1976)가 시험 불안에 대한 인지적 접근을 연구하였다. Goldfried와 동료들은 체계적인 합리적 재구조화가 장기적인 노출보다 시험 불안을 줄이는 성과가 더 나음을 발견하였다. 유사하게, Holroyd는 체계적 둔감화보다 인지치료가 더 효과적으로 시험 불안을 줄이고 평균 학점을 향상시킴을 증명하였다. 불안과 관련된 상태의 인지행동 개입에 관한 추가 연구들은 P. C. Kendall과 M. R. Kriss(1983)가 개관하였다.

일반적인 불안 치료에서 인지치료의 유용성이 유망하다 하더라도, 공포증 치료에 대한 기여는 현 연구에서 잘 규정되지 않고 있다. 예를 들어, William과 Rappaport(1983)는 대처 자기진술(coping self-statement)을 제공하는 것은 심각한 운전 공포증에 대한 노출치료의 효과성을 높이지 못한다고 하였다. 광장공포증을 치료하는 Emmelkamp(1982)는 비록 두 집단 간의 차이가 1년 뒤 후속치료에서 사라지긴 했으나, 인지 재구조화 절차와 비교했을 때 실제 노출(exposure in vivo)의 사후검사(post test)에서 더 좋은 결과를 가져옴을 발견하였다. 그러나 이 연구들은 인지치료의 실제 현장(actual practice)을 반영하지는 못한다. 최근 문헌에서 보고한 인지 지향의 치료전략에 대한 다른 실험과 마찬가지로, 이런 공포증 연구들은 인지치료 절차의 인위적으로 고안되고 제한적인 변수들의 효과성을 실험하는 것이다.

이 책에서 기술된 불안장애 치료 접근법에 대한 더 적절한 실험들은 Beck과 Emery(1979)의 지침서에 기반을 두곤 하였다. 비록 이런 유형의 통제된 임상 연구들이 진행되었을지라도, 우리는 지금 현 시점에서 최종적인 연구가 시행된 적이 없다고 결론지어야 한다. 우리는 지금 사용 가능한 정보와 방대한 임상적 경험을 기반으로 불안과 공포증 치료를 위한 인지치료는 임상적 연구에 중요하고 잠재적으로 가치가 있는 영역이라고 제안한다.

부록 I

불안한 환자가 치료에 왔을 때 다음의 자조 안건들을 제시할 수 있다. 이것을 읽음으로써 인지치료가 환자들에게 어떻게 도움이 될 수 있는지에 대한 이해를 얻을 수 있다.

불안에 대처하기

인간적이라는 말은 정서 문제를 경험한다는 것이다. 때로는 이 문제들을 스스로 해결하거나 가족 또는 친구의 도움을 받아서 해결할 수 있다. 그러나 신체 질환이 치명적인 단계에 이르기 전에 의사에게 가는 것과 마찬가지로, 때로 감정적 문제들이 너무 심각해지기 전에 그것을 극복하기 위해 전문가의 도움을 받을 수 있다. 도움을 받겠다는 결정은 지혜, 일반상식 그리고 자신의 창의적 가능성에 대한 신념의 신호이다. 치료에서 최선의 유익을 얻기 위해서 첫 회기 전에 이 글을 읽어 보길 권한다. 당신이 가진 물음에 대한 답을 찾을 수 있을 것이다. 그리고 이 제안들은 유용할 것이다.

불안의 신호

- "시험에서 떨어지면 어쩌지? 내 경력은 시작하기도 전에 끝나 버릴 거야. 이걸 생각하기만 해도 공부할 수 없을 정도로 기분이 나빠. 그렇지만 나는 공부를 해야만 해. 그렇지 않으면……."
- "너무 긴장해서 해야 할 말을 잊어버릴 테니 내일 발표를 할 수 없어. 그냥 어떨지 알 수 있어. 모두 나를 쳐다보고, 내가 얼마나 긴장하고 부족한지 모두가 알 거야."
- "이 일은 내가 가진 자격이 있는 사람을 위해 만들어진 거야. 내가 지원해야 해. 그렇지만 32층이잖아. 매일 엘리베이터를 타는 건 생각할 수 없어. 내가 공황에 빠지면, 소리를 지르거나 아플 것 같아. 그건 너무 끔찍하고 모욕적일 거야."
- "집을 나오는 매 순간 내 심장은 요동치기 시작해. 심장마비를 일으킬 것이 확실해. 그것 때문에 돌아가신 우리 아버지처럼 말이야."

이런 것들이 불안과 공포증으로 고통을 받는 사람들에게 압도적인 생각과 감정들이다. 불안과 공포증이 두려움에 뿌리를 두었기 때문에, 두 가지는 누군가의 행복에 대한 어떤 유형의 위험이나 위협에 관한 공포를 나타낸다. 이런 위협은 다양한 신체적 증상으로 표현된다. 즉, 불안의 '신체 언어'로서 가쁜 숨, 심박수의 급증, 어지러움, 메스꺼움, 두통, 발한, 입마름, 목 긴장, 다양한 근육통 등의 증상으로 괴롭게 한다. 불안의 상태가 지속하거나 만성적일 때, 이런 두렵고 통제 불가한 증상들은 실제 질병이나 장애처럼 보이는 형태를 취할 수 있다.

매우 불안한 사람이 중요한 순간에 배우거나 상기해야 할 가장 중요한 사실 중 하나는 그가 경험하고 있는 이 증상은 위험하지 않다는 것이다. 심박수의 상승이나 쿵쾅거리는 심장, 어지러움이나 메스꺼움, 소리를 지르거나 울고 싶음 또는 테이블을 두드리고 싶은 갈망과 같은 신체적 또는 정서적 반응은 그 어떤 것도 이 사람이 위험할 정도로 아프거나 '미쳐 가고 있음'을 나타내지 않는다. 불쾌한 것이다. 불편한 것이다. 그러나 사라질 때까지 견딜 수 있다. 그리고 이 증상들은 사라질 것이다.

불안과 공포증의 특성

공포증이 격심한 불안을 일으키고 다양한 신체적 · 정서적 증상을 동반하는 반면, 공포증이 있는 사람은 어느 정도 그리고 상당한 불편 없이도 기피할 수 있는 구체적인 물체나 상황에 반사적 반응을 보인다. 두려운 사건, 물체나 상황이 삶의 필수적인 부분이 아닌 이상, 공포증이 주는 불안의 영향으로부터 자유로울 수 있다. 예를 들어, 비행에 대한 강렬한 공포증이 있는 사람은 지상에 있는 교통수단을 사용하는 여행 계획을 짤 수 있다.

그러나 불안으로 고통받는 사람이 항상 그 불안의 근원을 알아낼 수 있는 것은 아니다. 그리고 그 원인을 확인할 수 있더라도 마주하는 것을 피할 수는 없다. 즉, 삶의 상황이 그가 이 두려운 상황에 직면하도록 요구하거나, 그 두려움을 완전히 내재화하여 두려움의 근원이 그 사람 안에 있는 것이다.

때로 실제 위험의 위협을 인식하고 자신이 그와 마주하는 것에 대비할 수 있기 위해서 두려움을 경험하는 것이 필요하다. 어느 정도의 불안은 두려움을 동반할 수 있다. 그러나 과도한 불안이나 공포증 반응으로 고통받는 사람은 현실 상황에 맞게 반응하지 않는다. 이런 사람은 일어날 가능성이 아주 낮을 때에도 그 행복에 대한 위협을 예견할 수 있다. 만일 그가 시험이나 면접과 같은 어떤 종류의 도전에 직면할 때, 이 두려움을 확대하고 부정적 결과에 대한 공포를 깊게 숙고할 것이다. 동시에 그는 두려워하는 것이 무엇이든지 간에 그에 대처할 수 있는 자신의 능력을 과소평가하거나 간과 또는 무시할 것이다. 다른 말로 하면, 현실을 잘못 해석하고 왜곡하여 존재하지 않거나 불안 반응으로 이렇게 망가지지 않았더라면 효과적으로 처리했을 수 있는 위험에 두려움을 느낀다.

더 안 좋은 점은, 매우 불안한 사람은 자신의 불쾌한 신체적 · 정서적 반응을 강하게 인식하게 될 때 상황이 촉발한 것보다 더 심하게 증상 그 자체를 두려워하고 끔찍하게 여기기 시작할 수 있다는 것이다. 그가 더 격동될수록 증상은 더 과장되고, 계속 강력해지는 감정과 신체의 고통이 영속되는 순환 속으로 들어가게 된다.

새로운 연구 결과

불안의 형태가 현실에 대한 오해에 기반을 두고 있기 때문에, 연구에서는 불안 경험에 자동적으로 동반되는 특정 생각이나 머릿속의 심상을 보여 주었다. 이런 생각이나 인식들은 보통 미래에 초점을 둔다. '나는 해고를 당할 것이다.' '나는 통제를 잃을 것이고 웃음거리가 될 것이다.' '나는 심장마비로 죽을 것이다.' '병원에 가면 두려워서 기절하게 될 것이다.'

이런 자동적 사고와 부적절한 불안의 경험 간의 연결은 문제를 연구하는 사람들에게 이런 인식을 검토하고 현실에 맞추어 재형성하면 불안 그 자체도 수정되고 심지어는 사라지게 될 것이라고 제안하였다. 환자의 경험이 사람의 감정과 행동에 영향을 미치는 생각 패턴과 관련이 있기 때문에 인지치료라고 불리는 이런 방법의 효과성의 증거가 되었다.

적용된 인지적 방법

다음의 일화를 통해 불안의 '내적 목소리'가 어떻게 적절하게 기능하는 능력을 파괴하는 지를 알아볼 수 있다. 한 외로운 젊은 남성이 여성에게 데이트를 신청하고 싶어 한다. 그러나 그렇게 할 수 있는 기회가 있을 때마다 매번 불안한 생각이 떠오른다. '그녀는 내가 이렇게 긴장한 것을 보고 멍청하다고 생각할 거야. 그녀는 거절할 거야. 그리고 나는 너무나 비참해 보이고 이게 다 드러날 거야. 아마 울지도 몰라. 더 망신스러워!' 이런 생각이 머릿속에서 쇄도하기 때문에, 목은 긴장되고, 입은 마르고, 말하고 싶어도 단 한 단어조차 입 밖으로 꺼낼 수가 없다. 데이트의 기회는 사라지고, 이 남성은 또다시 실패한 것 때문에 자신을 싫어한다. '나는 실패자다.'라고 생각한다.

인지치료는 이 젊은 남성과 불안한 생각 및 심상들을 가진 당신이 삶을 보람되게 살 수 있게 하는 능력을 방해하는 것을 어떻게 도울 수 있는가? 정말로 원하는 대로 행동한다면 어떤 일이 일어날 것인지에 대한 당신의 생각 속의 오해를 인식하는 법을 배우도록 돕는 것이다. 추론 기술과 불안을 일으키는 삶 속에서의 상황에 대한 관찰력을 적용하는 법을 치료를 통해 배울 수 있게 될 것이다. 과학자와 마찬가지로, 당신은 기니 피그와 같은 실험 대상이고 삶이 실험실이 되어서 당신의 생각이 얼마나 현실적인지를 판단하는 실험을 하는 법을 배우게 된다. 당신 사고의 왜곡과 오류를 점차 제거할 수 있을 때, 삶의 상황들을 다룰 수 있는 불안이 없는 실행 가능한 접근법들을 개발하게 될 것이다.

인지치료의 단계

첫 단계는 불안하다고 느낄 때마다 당신의 자동적 사고를 인식하는 것이다. 인식하는 것을 돕기 위해 다음의 특징들을 염두에 둔다.

① 이런 생각들은 갑자기 나타나는 것처럼 보인다. 의식적인 기억이나 논리적 패턴을 전개하거나 추론하려는 시도에 의해 소환된 것이 아니다.
② 치료자의 도움을 통해 이런 생각들을 인식하게 되면 그것이 비합리적이라는 것과 논리와 사실로 그에 도전하는 법을 배운다.
③ 이 생각들이 비합리적이고 정확하지 않더라도, 그것을 경험할 때에는 아마도 타당하고 신뢰할 만한 것으로 보일 것이다. '전화벨이 울리네. 전화를 받아야 해.'와 같은 현실적인 생각처럼 쉽게 이런 생각을 받아들이는 경향이 있다.
④ 이런 생각들은 유용한 기능이 없으며 행동을 통제할 수 있는 능력을 방해한다. 그렇기 때문에 이런 생각을 더욱 받아들일수록 당신은 더 불안을 느끼게 된다.

불안을 느끼기 시작했을 때 자신에게 어떻게 말했고, 마음속에 어떤 심상이나 공상을 가졌는지 기억하려고 노력한다. 자동적 사고는 시험을 봐야 하는 것, 사회적 모임에 참여해야 하는 것, 구직 면접을 위해 약속을 잡아야 하는 것과 같은 당면한 과제들에서 촉발되었을 수 있고, 또는 심장마비나 사고, 범죄의 피해자가 되는 것처럼 거리감이 있거나 정확히 규정할 수 없는 미래에 일어날 사건과 관련이 있을 수 있다.

두 번째 단계는 이런 인식을 인지하는 법을 배우고 난 뒤 노트에 기록하는 것이다. 치료자의 도움을 받으며 그것에 도전하는 법과 현실에 대한 논리적이고 구체적인 지식에 비추어 고려하는 법을 배우게 될 것이다. 치료자는 또한 불안의 빈도와 지속시간을 그래프에 어떻게 기록하는지 보여 줄 수 있다. 각 불안의 경험이 시간제한적이라는 것을 인식하게 되면, 늘 이렇게 느낄 것이라고 잘못 판단하는 개념에 의해 공황에 빠지지 않게 될 것이다.

세 번째 단계는 일어날지도 모르는 것에 대한 생각과 신념을 실험하는 전략을 개발하고 실행하는 것이다. 예를 들어, 일화 속의 젊은 남성은 여성에게 데이트 신청을 하려는 계획을 세웠다. 실제로 데이트를 하기 위해서가 아니라, 그 여성에게 물어볼 수 있는 자신의 용기, 거절당할 가능성에 대한 과장된 생각 그리고 이 거절이 자신에게 어떻게 영향을 미칠 것인가를 실험하기 위해서였다.

네 번째 단계는 이 실험의 결과에 대해 토론하는 것이다. 이 젊은 남성은 그저 실험 1, 2, 3을 해 보았고, 결과에 대한 불안은 거의 0이었으며, 부정적인 결과조차도 그가 예상한 것처럼 그렇게 처절하지 않았음을 알 수 있다.

다섯 번째 단계 또는 필연적 기법(corollary technique)은 역할 시연이 될 것이다. 어려움에 대처하는 다양한 방법을 연습하도록 돕기 위해, 치료자는 당신이 특정 상황에서 당신에게 일어날 것에 대한 당신의 말과 생각에 도전할 수 있는 '울타리의 반대편'에서 자신을 발견할 수 있도록 '불안한 당신'의 역할을 가정할 것이다. 치료에서 배운 이 방법을 당신의 방법에 잘 적용할 때 불안을 일으키는 생각은 줄어들 것이고, 당신은 삶을 마주하고 당신의 반응을 관리하는 능력에 대한 자신감과 기쁨을 경험하게 될 것이다.

생각 오류

불안을 일으키는 생각들을 추적해 보면 다음과 같은 일반 범주 안에 들어가는 생각 오류들을 발견하게 될 것이다.

① **과장하기**: 한 여성은 자신이 너무 늙어서 매력 없으니 남편이 떠날 것이라고 확신하였다. 그녀의 불안이 얼굴과 목의 모든 새로운 주름, 모든 흰머리를 알아채게 만들었고, 자신이 만났던 더 젊은 모든 여성과 자신을 불리하게 비교하였다. 그녀는 자신만의 그 어떤 장점도 인지하지 못했고 이에 대해 좋게 말하기에도 너무 화가 났다. 더 나아가 그녀는 남편의 사랑과 충성도 과소평가했고, 그 또한 늙어 가는 신호를 보이고 있다는 사실은 생각조차 하지 않았다.
② **최악의 상황 상상하기**: 불안한 사람은 위험이나 어려움을 예측할 때 완전한 재앙을 가능한 결과로 인식한다. 상대적으로 간단한 외과적 절차를 마주한 불안한 환자는 죽음이나 장기간의 장해의 결과가 생겨나게 될 것을 두려워한다.
③ **과잉일반화**: 한 부정적인 사건, 즉 승진에서 누락된 것과 같은 일이 그 사람의 전체 실존을 지배하는 법칙으로 해석될 것이다('나는 삶의 어떤 목표에도 도달하지 못할 것이다. 성공하지 못할 것이다.')
④ **긍정적인 부분 무시하기**: 불안한 사람은 성공적으로 대처할 수 있는 능력의 모든 조짐을 간과하고, 과거의 모든 긍정적인 경험을 잊어버리며, 미래의 오직 이겨 낼 수 없는 문제와 견딜 수 없는 고통만을 예견한다. 예를 들어, 불안한 학생은 지난 시험에 받았던 높은 점수들을 무시할 것이고, 또한 이것이 많은 시험 중의 하나일 뿐이며 자신의 성공의 '성패를 좌우하는 것'이 아니라는 것을 잊을 것이다.

과제

치료의 중요한 부분은 주어진 과제이다. 삶의 전반에 걸쳐 적용하게 될 불안에 대처하는 방법을 배우게 될 것이기 때문에 주어진 과제를 하는 것은 치료에서 개발한 전략들을 사용할 수 있는 능력을 강화할 뿐 아니라 실제 현실 상황에서 당신의 생각을 실험하는 방법을 제공한다. 자동적 사고를 관찰하고 기록하는 것에 더하여, 불안 반응을 통제할 수 있는 방법으로 불안을 일으키는 상황에 어떻게 직면하고 심지어는 이를 '미연에 방지할 수 있는지'를 배울 것이다. 새로운 기술을 연습할 때 염두에 둘 수 있는 몇 가지 생각을 소개하면 다음과 같다.

① 불안을 일으키는 상황을 마주하기 전 우리가 '구조요인'이라고 부르는 것을 고려해 본다. 당신에게 도움이 되는 것은 무엇인가? 불안한 학생은 좋은 학점, 수개월 동안 충실히 준비한 것 그리고 시험에서 받은 이전의 좋은 학점을 기억하는 것에 집중할 수 있을 것이다.

② 재앙화를 피하기 위해 상황에 대한 가능한 최악의 결과를 충분히 생각해 본다. 예를 들어, 학생이 시험을 망친다면, 이것이 정말 그 학생의 경력이 끝나는 것을 의미하는가? 기본 능력을 증명할 더 많은 기회가 있을 것인가? 보통 당신은 최악을 견디거나 '겪을' 수 있다는 것을 발견하게 될 것이다. 그리고 최악의 것은 잘 일어나지 않기 때문에 일어날 결과를 받아들일 수 있을 것이다.

③ 만일 머릿속에 재앙이나 고통이나 모욕과 같은 심상이 쇄도하기 시작하면 그것들의 목록을 만들고 각 심상과 공상을 논리와 그 가능성의 정도에 비추어 고려해 본다. 이 심상들이 실제로는 얼마나 비논리적이고 가능성이 없는지를 보기 시작하면, 그것들을 기록하지 않으면서 도전할 수 있는 법을 배우게 된다.

④ 만일 당신이 가진 불안의 뿌리에 몇 가지 기본 신념이 있다면 그것들을 시험해 볼 사실을 확인한다. 지식이 두려움의 해독제이기 때문이다. 만일 엘리베이터에 대한 공포증이 있다면, 건설, 검수, 사고율, 경보 시스템 등과 같은 엘리베이터 안전에 관한 모든 사실을 모을 수 있다. 만일 심장마비 때문에 불안하다면, 건강검진을 받고 의사가 조언한 운동 일정을 따른다.

⑤ 불안을 촉발하는 상황을 실제로 직면하게 되는 생각으로 압도감을 느끼면 점진적으로 직면한다. 예를 들어, 어떤 남성이 데이트를 신청하는 것을 너무 불안해한다면, 거절할 확실한 이유가 있는 사람에게 먼저 묻는다(예: 이미 약혼

했거나 결혼한 사람에게). 그리고 그녀에게 자신이 '연습하는 중'이라고 말할 수 있다. 고층건물에 올라가는 것을 두려워하는 사람은 한 번에 몇 층을 처음에는 친구와 함께, 그다음에는 혼자 올라갈 수 있다.

⑥ 이미 어려운 상황의 중심에 있고 불안이 장악하기 시작한다면 주의전환 기법을 연습한다. 불안과 관련이 없는 다양한 세부 사항에 집중한다. 만일 시험 중에 있다면, 펜의 이름을 읽거나 여러 학생이 신은 신발의 스타일에 주목한다. 사회적 상황에서 직물의 패턴, 가구의 스타일이나 그 집단 안에 있는 다른 사람에 관한 무작위의 피상적인 사실들을 살핀다.

당신의 치료자는 이런 기술들을 당신이 가진 상황에 적용하도록 돕고 불안을 통제하는 더 많은 방법을 시도하도록 격려할 것이다. 예를 들어, 벨을 울리거나 손뼉을 치는 것을 통해 감각적 입력을 증가시키는 것, 불편한 공상을 기분 좋은 것으로 대체하는 것, 재미없는 TV 쇼를 끄는 것처럼 기분 나쁜 공상을 꺼 버리기 위해 의도적으로 당신의 능력을 소환하는 연습을 하는 것이다. 당신이 혼자 있을 때 이 기술들에 의존할 수 있도록 치료 회기 중에 연습해 볼 것이다.

이제 막 치료를 시작했기 때문에 염두에 두고 있어야 할 일반적인 생각들이 있다.

시작이 중요하다. 시작을 하고, 결정하고, 그것을 실행하기 시작하면, 당신 속에 이미 더 많은 힘과 통제를 인식하게 될 것이다.

목표를 설정하는 것은 프로그램에 추진력을 준다. 어떻게 변화하고자 하는지 그리고 불안이 없다면 삶이 어떠할 것이라 상상하는지에 대한 명확한 그림을 머릿속에 가지고 있으면, 당신이 노력해야 할 것이 무엇인지 알게 될 것이다. 치료자가 당신이 목표에 도달하는 것을 도울 수 있도록 이 생각들을 공유하라.

'당신이 집어넣은 것만 빼낼 수 있다'는 것을 기억하라. 상당한 변화가 일어나려면 노력이 필요하다. 오랜 기간 동안 당신은 불안 반응의 희생자였다. 오래된 생각의 패턴을 분리하고 그것에 대응하는 방법을 개발하며, 이를 근절하는 데에는 시간과 노력이 필요할 것이다.

필요하다면 도움을 줄 수 있는 사람들이 있음을 기억하라. 당신의 행복에 관심이 있는 가족, 친척, 친구, 동료, 교회 구성원, 의사나 다른 사람들이 모두 당신의 발전과정의 잠재적인 참여자들이다. 이해와 도움을 얻기 위해 그들에게 전화하는 법을 배우라. 보통 이런 '중요한 타인들'은 도와달라는 전화를 받을 때 그들 삶에서의 기분 좋은 변화를 경험한다.

치료에서 배운 기술들을 사용하는 데에 성실하라. 치료 그 자체는 시간 제한적이지만, 당신이 배운 방법은 삶 전반에서 적용될 수 있다. 그 누구도 감정적 문제에서 영원히 자유롭지 못하지만, 그것이 만든 불안이 당신의 존재를 지배할 필요는 없다는 것을 발견하게 될 것이다.

그리고 마지막으로, 삶의 도전들을 만날 수 있는 새로운 방법들을 탐색하는 것에 대해 흥분되는 기쁨을 누리도록 자신을 허용하라. 도움을 구하기에 충분한 주도권을 보였다는 그 사실은 당신에게 희망과 기대의 활력이 있음을 보여 준다. 치료가 진행되고 불안이 줄어들면서, 희망의 불꽃은 매일의 삶에 대한 새로운 열정에 불을 지펴 줄 것이다. 믿고 준비하라.

부록 II

불안에 대처하기 위한 A-W-A-R-E를 기억하라

불안한 상황에서 벗어나는 열쇠는 그것을 완전히 받아들이는 것이다. 현재에 머무르면서 불안을 받아들이는 것이 불안을 사라지게 만든다. 불안을 성공적으로 다루기 위해 5단계의 AWARE 전략을 사용할 수 있다. 이 전략을 사용하면서 당신은 불안이 없어질 때까지 그것을 수용하게 될 것이다.

① **불안을 수용하라(Accept).** 웹스터 사전에서는 수용하기(accepting)를 "받아들이는 것(to recerve)에 동의하는 것"으로 정의했다. 불안을 받아들이는 데에 동의하라. 환영하라. 불안이 나타날 때 큰 소리로 "안녕."이라고 말하라. "기쁘게 이를 수용할 것이다."라고 말하라. 이 경험과 함께하기로 결정하라. 불안과 싸우지 말라. 불안에 대한 거절, 분노 그리고 증오를 수용으로 대체하라. 저항하면서 당신은 불안의 불쾌함을 늘리는 것이다. 대신 함께 흘러가라. 불

안이 당신이 어떻게 생각하고, 느끼고, 행동하는지에 대한 원인이 되지 않게 하라.

② **불안을 지켜보라(Watch).** 좋고 나쁨의 판단 없이 불안을 바라보라. 환영받지 못하는 손님으로 보지 말라. 대신에 0에서 10까지의 척도로 평정하고 불안이 올라가고 내려가는 것을 지켜보라. 당신의 관찰하는 자기와 함께 있고 불안의 정점과 바닥을 보라. 초연하라. 당신은 당신의 불안이 아님을 기억하라. 당신 자신이 이 경험과 더 분리하면 할수록, 당신은 점점 그것을 단지 바라볼 수 있게 된다.

마치 당신이 다정하지만 과도하게 염려하지 않는 방관자인 것처럼 생각과 감정 그리고 행동을 지켜보라. 당신의 기본적인 자기를 불안으로부터 분리하라. 다시 말하면, 불안 상태에 있되, 불안이 되지 말라.

③ **불안과 함께 행동하라(Act).** 그 상황을 정상화하라. 불안하지 않은 것처럼 행동하라. 불안을 가지고 기능하라. 해야 한다면 속도를 늦추되, 계속 진행하라. 천천히 정상적으로 숨을 쉬라.

만일 상황에서 뛰쳐나온다면, 불안은 낮아지겠지만 두려움은 높아질 것이다. 만일 머무른다면, 당신의 불안과 두려움이 모두 낮아질 것이다.

④ **단계를 반복하라(Repeat).** 편안한 수준으로 불안이 낮아질 때까지 ① 불안을 받아들이고, ② 바라보고, ③ 불안과 함께 행동하라. 만일 당신이 계속해서 받아들이고, 바라보고, 불안과 함께 행동한다면 불안은 낮아질 것이다. 받아들이기, 바라보기, 불안과 행동하기의 세 단계를 그저 반복하라.

⑤ **최고를 기대하라(Expect).** 당신이 두려워하는 것은 거의 일어나지 않는다. 그러나 다음에 불안을 느낄 때 놀라지 말라. 대신 당신이 어떻게 이를 다루는지를 보고 놀라워하라. 당신이 살아 있는 한, 어떤 불안이든 느끼게 될 것이다. 당신이 영원히 불안을 삼켜 버렸다는 마법 같은 신념을 제거하라. 미래의 불안을 기대함으로써 불안이 다시 나타났을 때 수용할 수 있는 좋은 위치를 선점하게 될 것이다.

참고문헌

Agras, S., Sylvester, D., & Oliveau, D. (1969). "The epidemiology of common fears and phobias". *Comprehensive Psychiatry, 10,* 151-156.

Ahsen, A. (1965). *Eidetic Psychotherapy.* Lahore, Pakistan: Nai Matbooat.

Alcock, J. (1979). *Animal Behavior: An Evolutionary Approach* (2nd ed). Sunderland, Md: Sinauer Associates.

American Psychiatric Association (1980). *Diagnostic and Statistical Manual of Mental Disorders* (DSM-Ⅲ, 3rd ed). Washingtion, D.C.: American Psychiatric Association.

Amies, P. L., Gelder, M. G., & Shaw, P. M. (1983). "Social phobia: A comparative clinical study". *British Journal of Psychiatry, 142,* 174-179.

Angelino, H., & Shedd, C. I. (1953). "Shifts in the content of fears and worries relative to chronological age". *Proceedings of the Oklahoma Academy of Science 34,* 180-186.

Appleby, I. L. et al. (1981). "Biochemical indices of lactate-induced panic: A preliminary report." In D. F. Klein and J. G. Rabkin (Eds.), *Anxiety: New Research and Changing Concepts,* pp. 411-423. New York: Raven Press.

Assagioli, R. (1973). *The Act of Will.* New York: Viking Press.

Bandura, A. (1977). "Selfefficacy: Toward a unifying theory of behavioral change". *Psychological Review 4,* 191-215

Bandura, A. (1982). "Self-efficacy mechanism in human agency". *American Psychlologist,*

37, 122-147.

Beck, A. T. (1967). *Depression: Clinical, Experimental Aspects.* New York: Harper & Row. Republished as Depression: Causes and Treatment. Philadelphia: University of Pennsylvania Press, 1972.

Beck, A. T. (1970). "Role of fantasies in psychotherapy and psychopathology". *Journal of Nervous and Mental Disease 150,* 3-17.

Beck, A. T. (1917). "Cognition, Affect, and psychopathology". *Archives of General Psychiatry 24,* 495-500.

Beck, A. T. (1976). *Cognitive Therapy and the Emotional Disorders.* New York: International Universities Press. Paperbound edition published by New American Library, New York, 1979.

Beck, A. T. (1983). "Comparison of sociotropy and autonomy in agoraphobics and other psychiatric patients." Unpublished study.

Beck, A. T. (1984a). "Cognitive approaches to stress" in C. Lehrer and R. L. Woolfolk (eds.), *Clinical Guide to stress Management.* New York: Guilford Press.

Beck, A. T. (1984b). "Cognitive therapy of depression: New perspective" in P. Clayton, (ed.), *Treatment of Depression: Old Controversies and New Approaches.* New York: Raven Press.

Beck, A. T., & Emery, G. (1977). *Cognitive Therapy of Substance Abuse.* Philadelphia: Center for Cognitive Therapy.

Beck, A. T., & Emery, G. (1979). *Cognitive Therapy of Anxiety and Phobic Disorders.* Philadelphia: Center for Cognitive Therapy.

Beck, A. T., Laude, R., & Bohrert, M. (1974). "Ideational components of anxiety neurosis". *Archives of General Psychiatry, 31,* 319-325.

Beck, A. T., & Rush, A. J. (1975). "A cognitive model of anxiety formation and anxiety resolution" in I. D. Sarason and C. D. Spielberger,0 (eds.), *Stress and Ansiety, vol. II,* pp. 69-80. Washington, D.C.: Hemisphere Publishing.

Beck, A. T., et al. (1979). *Cognitive Therapy of Depression.* New York: Guilford Press.

Beck, A. T., et al. (1983). "Development of the sociotropy-autonomy scale: A measure of personality factors in depression". Unpublished manuscript.

Becker, E. (1971). *The Birth and Death of Meaning: An Interdisciplinary Perspective onth Problem of Man* (2nd ed.). New York: Free Press.

Bedrosian, R. C. (1981). "Ecological factors in cognitive therapy: The use of significant others" in G. Emery, S. Hollon, and R. C. Bedrosian (eds.), *New Directions in Cognitive Therapy*. New York: Guilford Press.

Berecz, J. M. (1968). "Phobias of childhood: Etiology and treatment". *Psychological Bulletin, 70,* 694-720.

Bowlby, J. (1970). "Reasonable fear and natural fear". *International Journal of Psychiatry,* 9, 79-88.

Bowlby, J. (1981). "Cognitive processes in the genesis of psychopathology". Invited Address to the Biannual Meeting of the Society for Research in Child Development. Boston, April 1981.

Burton, R. (1927/1621). *The Anatomy of Melancholy*. Edited by Floyd Dell and Paul Jordan-Smith. New York: Farrar & Rinehart.

Buss, A. H. (1980). *Self-Consciousness and Social Anxiety*. San Francisco: W. H. Freeman.

Cannon, W. B. (1929). *Bodily Changes in Pain, Hunger, Fear and Rage: An Account of Recent Researches into the Functions of Emotional Excitement* (2nd ed.). New York: Appleton-Century-Crofts.

Carnegie, D. (1936). *How to Win Friends and Influence People*. New York: Simon & Schuster.

Chambless, D. L., & Goldstein, A. J. (1982). *Agoraphobia: Multiple Perspectives on Theory and Treatment*. New York: John Wiley.

Costello, C. G. (1982). "Fears and phobias in women: A community study". *Journal of Abnormal Psychology, 91*, 280-286,

Crowe, R. R., et al. (1983). "A family study of panic disorder". *Archives of General Psychiatry, 40*, 1965-1969.

Darwin, C. R. (1872). *The Expression of the Emotion in Man and Animals*. London: John Murray.

Deikman, A. (1976). *Personal Freedom*. New York: Grossman.

Deikman, A. (1982). *The Observing Self*. Boston: Beacon Press.

DiLoreto, A. O. (1971). *Comparative Psychotherapy: An Experimental Analysis*. Chicago: Aldine.

Dixon, N. F. (1981). *Preconscious Processing*. New York: John Wiley.

Doctor, R. M. (1982). "Major results of a large-scale pretreatment survey of agoraphobics" in R. L. DuPont (ed.), *Phobia: A Comprehensive Summary of Modern Treatments*, pp. 203-214. New York: Brunner/Mazel.

Doctor, R. M., Gaer T., & Wright, M. (1983). "Success at one year follow-up for agoraphobia treatment". Paper presented at the Fourth Annual Phobia Conference, White Plains, N. Y.

Dupont, R. L. (1982). *Phobia: A Comprehensive Summary of Modern Treatments*. New York: Brunner/Mazel.

Easwaran, E. (1981). Dialogue with Death: The Spiritual Psychology of the Katha Upanishad. Petaluma, Calif.: Nilgiri Press.

Ellis, A. (1962). *Reason and Emotion in Psychotherapy*. New York: Lyle Stuart.

Emery, G. (1984). *Own Your Own Life*. New York: Signet.

Emery, G., & Lesher, E. (1982). "Treatment of depression in older adults: Personality considerations". *Psychotherapy: Theory, Research, and Practice 19,* 500-505.

Emmelkamp, P. M. G. (1982). *Phobic and Obsessive-Compulsive Disorders*. New York: Plenum.

Emmelkamp, P. M. G., Kuipers, A. C., & Eggeraat, J. B. (1978). "Cognitive modification versus prolonged exposure in vivo: A comparison with agoraphobics as subjects". *Behaviour Research and Therapy, 16,* 33-41.

Engel, G. L. (1962). *Fainting: Physiological and Psychological Considerations* (2nd ed.). Springfield, Ill: Charles C Thomas.

English, H. B., & English, A. C. (1958). *A Comprehensive Dictionary of Psychological and Psychoanalytical Terms: A Guide to Usage*. New York: Longmans, Green.

Epstein, S. (1972). "The nature of anxiety with emphasis upon its relationship to expectancy." In C. D. Spielberger (Ed.), *Anxiety: Current Trends in Theory and Research, vol. II*, pp. 291-337. New York: Academic Press.

Feather, B. W. (1971). "A central fear hypothesis of. phobias". Presented at the Louisiana State University Medical Center Spring Symposium, "Behavior Therapy in Theory and Practice," New Orleans.

Fowles, D. C. (1982). "Heart rate as an index of anxiety: Failure of a hypothesis." In J. T. Cacioppo & R. E. Petty (Eds.), *Perspectives in Cardiovascular Psychophysiology*, pp. 93-126. New York: Guilford Press.

Fox, N. A., & Beck, A. T. (1982). "Communication anxiety and personality factors: Results of a pilot study". Unpublished manuscript.

Freud, S. (1915~1917). *Introductory Lectures on Psychoanalysis, in The Standard Edition, vol. 16,* pp. 243-296. J. Strachey, trans. London: Hogarth Press, 1963.

Freud, S. (1926). *Inhibitions, Symptoms and Anziely, in The Standard Edition, vol. 20,* pp. 75-175. J. Strachey, trans. London: Hogart Press, 1959.

Freud, S., & Breuer, J. (1966). *Studies on Hysteria.* New York: Avon Books. Originally published in 1895.

Friedman, P. (1959). "The phobias" in S. Arieti (Ed.), *American Handbook of Psychiatry, vol. I,* pp. 292-305. New York: Basic Books.

Furse, M. L. (1981). *Nothing But the Truth?: What It Takes to Be Honest.* Nashville, Tenn: Abingdon.

Gallup, G. G., Jr. (1974). "Animal hypnosis: Factual of a fictional concept". *Psychological Bulletin, 81,* 836-853.

Gardner, F. L., et al. (1980). "A comparison of cognitive and behavioral therapuies in the reduction anxiety." Poster session, Annual Meeting of the Association for Advancement of Behavior Therapy, November 1980.

Gellhorn, E. (1968). "Attempt at a synthesis: Contribution to a theory of emotion" in E. Gellhorn (ed.), *Biological Foundations of Emotion,* pp. 144-153. Glenview, Ill: Scott Foresman.

Gilson, M. L. (1983). "Depression as measured by perceptive bias in binocular rivalry". Ph.D. dissertation, Georgia State University.

Gittleman, R. "The relationship between childhood separation anxiety disorder and adult agoraphobia." New York State Psychiatric Institute, for Presentation at the 14-16 September 1983 conference.

Goldfried, M. R., & Davison, G. C. (1976). *Clinical Behavior Therapy.* New York: Holt, Rinehart & Winston.

Goldfried, M. R., Linehan, M. M., & Smith, J. L. (1978). "Reduction of test anxiety through cognitive restructuring". *Journal of Consulting and Clinical Psychology, 46,* 32-39

Gorman, J. M., et al. (1983). "Effect of acute B-adrenergic blockade on lactate-induced panic". *Archives of General Psychiatry, 40,* 1079-1082.

Graham, D. T. (1961). "Prediction of fainting in blood donors". *Circulation, 23,* 901.

Griffith, S. B. (1982). *Sun Tzu: The Art of War.* London: Oxford University Press.

Grosz, H. J., & Farmer, B. B. (1972). "Pitts' and McClure's lactate-anxiety study revisited". *British Journal of Psychiatry, 120,* 415-418.

Guidano, V. F., & Liotti, G. (1983). *Cognitive Processes and Emotional Disorders.* New York: Guilford Press.

Heider, F. (1974). Thought and Feeling: Cognitive Alteration of Feeling States. H. London & R. E. Nisbett (Eds.). Chicago: Aldine.

Hibbert, G. A. (1984). "Ideational components of anxiety: Their origin and content". *British Journal of Psychiatry, 144,* 618-624.

Hoch, P. (1950). "Biosocial aspects of anxiety." In P. Hoch & J. Zubin (Eds.), *Anziety,* pp. 105-116. New York: Grune & Stratton.

Holroyd, K. (1976). "Cognition and desensitization in the group treatment of test anxiety". *Journal of Consulting and Clinical Psychology, 44,* 991-1001.

Horney, K. (1950). *Neurosis and Human Growth: The Struggle toward Self-Realization.* New York: W. W. Norton.

Jannoun, L., et al. (1980). "A home-based treatment program for agoraphobia: Replication and controlled evaluation". *Behavior Therapy, 11,* 294-305.

Jersild, A. T., Markey, F. V., & Jersild, C. L. (1933). "Children's fears, dreams, wishes, daydreams, likes, dislikes, pleasant and unpleasant memories". *Child Development Monographs, no. 12.* New York: Teachers College, Columbia University.

Kanter, N. J., & Goldfried, M. R. (1979). "Relative effectiveness of rational restructuring and self-control desensitization in the reduction of interpersonal anxiety". *Behavior Therapy, 10,* 472-490.

Kelly, G. A. (1963). "Theory of Personality". *The Psychology of Personal Constructs.* New York: W. W. Norton.

Kendall, P. C., & Kriss, M. R. (1983). "Cognitive-behavioral interventions" in C. E. Walker (ed.), *Handbook in Clinical Psychology, vol. 2,* pp. 770-819. Homewood, Ill: Dow Jones-Irwin.

Klein, D. F. (1981). "Anxiety reconceptualized." In D. F. Klein and J. G. Rabkin (Eds.), *Anxiety: New Research and Changing Concepts,* pp. 235-263. New York: Raven Press.

Klein, D. F., & Rabkin, J. G. (1981). *Anxiety: New Research and Changing Concepts.* New York: Raven Press.

Klein, D. F., Rabkin, J. G., and Gorman, J. M. "Etiological and pathophysiological inferences from the pharmacological treatment of anxiety," In A. H. Tuma and J. D. Maser (Eds.), *Anxiety and the Anxiety Disorders.* Hillsdale, N.J: Lawrence Erlbaum Associates, in press.

Kraepelin, E. (1907). Clinical Psychiatry. A. R. Diefendorf, trans. New York: Macmillan. Reprint, Delmar, N.Y: Scholars' Facsimiles and Reprints, 1981.

Kraft, T., & Al-Issa, I. (1965a). "The application of learning theory to the treatment of traffic phobia". *British Journal of Psychiatry, 111,* 277-279.

Kraft, T., & Al-Issa, I. (1965b). "Behavior therapy and the recall of traumatic experience-A case study". *Behaviour Reserach and Therapy, 3,* 55-58.

Lader, M., Gelder, M. G., & Marks, I. (1967). "Palmar skin conductance measures as predictors of response desensitization," *Journal of Psychosomatic Research, 11,* 283-290.

Lazarus, A. A. (1968). "Learning theory and the treatment of depression". *Behaviour Research and Therapy, 6,* 83-89.

Lazarus, A. A. (1971). *Behavior Therapy and Beyond.* New York: McGraw-Hill.

Lazarus, A. A. (1978). *In the Mind's Eye.* New York: Rawson.

Lazarus, R. S. (1966). *Psychological Stress and the Coping Process.* New York: McGraw-Hill.

Leventhal, H. (1982). "The integration of emotion and cognition: A view from the perceptual-motor theory of emotion" In M. Clark and S. Fiske (Eds.), *Affect and Cognition: The 17th Annual Carnegie-Mellon Symposium on Cognition.* Hillsdale, N.J: Lawrence Erlbaum Associates.

Levitt, E. E. (1972). "A brief commentary on the 'psychiatric breakthrough' with emphasis on the hematology of anxiety" In C. Spielberger (Ed.), *Anxiety: Current Trends in Theory and Research, vol. 1,* pp. 227-234. New York: Academic Press.

Lewis, A. (1970). "The ambiguous word 'anxiety'". *International Journal of Psychiatry, 9,* 62-79.

Liebowitz, M. R., & Klein, D. F. (1982). "Agoraphobia: Clinical features, pathophysiology, and treatment" In D. L. Chambless & A. J. Goldstein (Eds.), *Agoraphobia:*

MultiplePerspectives on Theory and Treatment, pp. 153-181. New York: John Wiley.

Lorenz, K. (1981). *The Foundations of Ethology*. K. Z. Lorenz and R. W. Kickert, trans. New York: Springer Verlag.

Mahoney, M. J. (1974). *Cognition end Behavior Modification*. Cambridge, Mass: Ballinger.

Marks, I. M. (1969). *Fears and Phobias*. New York: Academic Press.

Marks, I. M. (1981). *Cure and Care of Neurosis: Theory and Practice of Behavioral Psychotherapy*. New York: John Wiley.

Marks, I. M., & Lader (1973). "Anxiety states (anxiety Neurosis): A review". *Journal of Nervous and Mental Disease, 156*, 3-18.

Marquis, S. N. (1976). "Estimating the probability of catastrophes: Basic arthmetic for therapists" Paper presented at the Tenth Annual Meeting of the Association for Advancement of Behavior Therapy, New York, December 1976.

Mathew, A. M., Gelder, M. G., & Johnston, D. W. (1981). *Agoraphobia: Nature and Treatment*. New York: Guilford Press.

Meichenbaum, D. (1974). *Cognitive Behavior Modification*. Morristown, NJ. General Learning Press.

Meichenbaum, D. (1977). *Cognitive Behavior Modification: An Integrative Approach*. New York: Plenum Press.

Melges, F. T. (1982). *Time and the Inner Future*. New York: John Wiley.

Miller, L. C.; et al. (1972). "Factor structure of childhood fears". *Journal of Consulting and Clinical Psychology*, *39*(1972), 264-268.

Montague, A. (1981). *Growing Young*. New York: McGraw-Hill.

Nichols, K. A. (1974). "Severe social anxiety". *British Journal of Medical Psychology ,47,* 301-306.

Öst, L-G., Sterner, U., & Lindahl, I-L. (1984). "Physiological responses in blood Phobics". *Behavior Research and Therapy, 22*, 109-117, *Oxford English Dictionary*. 1933, vol. 4, p. 114. Oxford: Clarendon Press.

Peterson, C., & Seligman, M. E. P. (1984). "Causal explanations as a risk factor for depression". *Psychological Review, 91*, 347-374.

Pitts, F. N., Jr. (1969). "The biochemistry of anxiety". *Scientific American, 220*, 69-75.

Pitts, F. N., Jr., & McClure, J. N., Jr. (1967). "Lactate metabolism in anxiety neurosis". *New England Journal of Medicine, 277*, 1329-1336.

Polanyi, M. (1964). *Science, Faith, and Society*. Chicago: University of Chicago Press.

Rachman, S. J. (1978). *Fear and Courage*. San Francisco: W. H. Freeman.

Raimy, V. (1975). *Misunderstandings of the Self*. San Francisco: Jossey Bass.

Rank, O. (1932). *Art and Artist: Creative Urge and Personality Development*. Charles Francis Atkinson, trans. New York: Alfred A. Knopf.

Raskin, M., et al. (1982). "Panic and generalized anxiety disorders: Developmental antecedents and Precipitants". *Archives of General Psychiatry, 39*, 687-689.

Rosen, S. (1982). *My Voice Will Go with You: The Teaching Tales of Milton H. Erickson*. New York: W. W. Norton.

Rush, J., & Watkins, J. T. (1981). "Cognitive therapy with psychologically naive depressed outpatients" In G. Emery, S. Hollon, & R. C. Bedrosian (Eds.), *New Directions Cognitive Therapy*. New York: Guilford Press.

Sarason, I. G. (1972). "Experimental approaches to test anxiety: Attention and the uses of information" In C. Spielberger (Ed.), *Anxiety: Current Trends in Theory and Research*, *vol. II*, pp. 381-403. New York: Academic Press.

Sarason, I. G., & Stoops, R. (1978). "Test anxiety and the passage of time". *Journal of Consulting and Clinical Psychology, 46*, 102-109.

Seligman, M. E. P. (1971). "Phobias and preparedness". *Behavior Therapy, 2*, 307-320.

Sewitch, T. S., & Kirsch, I. (1984). "The cognitive content of anxiety: Naturalistic evidence for the predominance of threat-related thoughts". *Cognitive Therapy and Reasearch, 8*, 49-58.

Sheehan, D. V. (1982). "Current concepts in psychiatry: Panic attacks and phobias". *New England Journal of Medicine; Medical Intelligence*, *15, July 1982*, pp. 156-158.

Shelton, J. L., & Levey, A. (1981). *Behavioral Assignments and Treatment Compliance*. Champaign, Ill.: Research Press.

Singer, J. (1974). *Imagery and Daydream Method in Psychotherapy and Behavior Modification*. New York: Academic Press.

Snaith, R. P. (1968). "A clinical investigation of phobias". *British Journal of Psychiatry, 114*, 673-698.

Standard College Dictionary (1963). New York: Funk & Wagnalls.

Staniforth, M. (1964). *Marcus Aurelius Meditations*. Middlesex, England: Penguin Books.

Stevenson, I., & Hain, J. D. 1967. "On the different meanings of apparently similar symptoms, illustrated by varieties of barbershop phobia". *American Journal of Psychiatry, 124,* 399-403.

Sullivan, H. S. (1953). *Interpersonal Theory of Psychiatry.* New York: W. W. Norton.

Terhune, W. B. (1949). "The phobic syndrome: A study of eighty-six patients with phobic reactions". *Archives of Neurological Psychiatry, 62*, 162-172.

Thorpe, G. L., & Burns, L. E. (1983). *The Agoraphobic Syndrome*. New York: John Wiley.

Torgersen, S. (1983). "Genetic factors in anxiety disorders". *Archives of General Psychiatry, 40,* 1085-1089.

Webster's Third International Dictionary (1981). Springfield, Mass: G. & C. Merriam.

Weinberg, G. (1978). *Self Creation*. New York: St. Martin's.

Weinberg, H. L. (1973). *Levels of Knowing and Existence*. Lakeville, Conn.: Institute of General Semantics.

Weissman, M. M., Myers, J. K., & Harding, P. S. (1978). "Psychiatric disorders in a US. urban community". *American Journal of Psychiatry, 135,* 459-462.

Westphal, C. (1871~1872). "Die agoraphobie: Eine neuropathische erscheinung". *Archiv fur Psychiatrie und Nervenkrankheiten, 3,* 138-161.

Williams, S. L., & Rappaport, A. (1983). "Cognitive treatment in the natural environment for agoraphobics". *Behavior Therapy, 14,* 299-313.

Wolpe, J. (1969). *The Practice of Behavior Therapy.* New York: Penguin Press.

Zimbardo, P. G. (1977). *Shyness*. New York: Jove Publications.

찾아보기

[인명]

[내용]

저자 소개

Aaron T. Beck, M. D.

미국 펜실베이니아 의과대학의 정신과 교수이며 필라델피아에 있는 인지치료 센터의 디렉터이다. 여러 명예박사 학위와 상을 받은 바 있으며, 17권의 책과 500여 편의 논문을 저술하였다.

Gary Emery, Ph. D.

미국 LA의 인지치료센터의 디렉터이며 UCLA의 임상교수이다.

Ruth L. Greenberg, Ph. D.

개인 클리닉을 운영하는 심리학자로서 인지치료센터에서 심리치료를 수련하고 있다.

역자 소개

이성직(Lee, Seongjik)

미국 테네시 주립대학교에서 지역사회 상담학을 전공하여 석사 학위를 취득한 후 지역 소재 비행청소년치료센터에서 치료자로 근무하였으며, 이후 켄터키 대학교에서 상담심리학 전공으로 박사 학위를 취득하였다. 켄터키 대학교 상담심리학과 부설 클리닉에서 Kate M. Chard 교수가 개발한 '유년시절 성폭행으로 인한 외상후 스트레스 장애에 대한 인지처리치료법(Cognitive Processing Therapy for Sexually Abused: CPT-SA)'을 수련감독 받았으며, Center for Women, Children and Families에서 개인 상담과 평가를 하였고, 주정부로부터 양육권 박탈에 처한 부모들을 대상으로 부모교육을 하였다. 그 외에도 다수의 대학상담센터와 비행청소년 그룹홈에서 상담 및 심리치료 수련을 하였고, Bluegrass Mental Health-Mental Retardation Board에서 인턴십을 통해 개인·가족·부부 상담을 하였으며, 성인 치료집단을 이끌었다. 또한 유치원과 초·중·고등학교 교사를 대상으로 행동수정 기법의 적용방법에 대해 코칭하였다. 2012년부터 2019년까지 용문상담심리대학원에서 전임교수로 재직하였으며, 현재는 연세대학교 심리학과에서 겸임교수, 한국 ADHD협회와 한국상담학회 산하 한국심리치료상담학회 학회장, 한울심리상담센터 대표이다.

조난숙(Cho, Nhansook)

서울대학교 수학교육과를 졸업했으며 동 대학에서 수학과 석사 학위를 취득했다. 미국 위스콘신 대학교 수학과 박사 학위를 취득하고, 횃불 트리니티 대학원대학교 기독교상담학 석/박사 학위를 취득하였다. 현재는 한성대학교 교수(한성대학교 상담센터장)로 재직 중이며, 교육대학원장을 역임하였다. 한국상담심리학회, 한국상담학회, 한국기독교상담심리학회 등의 1급 상담심리사, 청소년상담사(여성가족부) 1급 자격증이 있다. 다수의 수학과 기독교 상담학 논문과 더불어 저서로는 『마음에도 공식이 있나요?』(2019, 알피스페이스) 등이 있다.

인지적 관점에서 보는
불안장애와 공포증
Anxiety Disorders and Phobias
-A Cognitive Perspective-

2022년 4월 15일 1판 1쇄 인쇄
2022년 4월 20일 1판 1쇄 발행

지은이 • Aaron T. Beck · Gary Emery · Ruth L. Greenberg
옮긴이 • 이성직 · 조난숙
펴낸이 • 김진환
펴낸곳 • (주) 학지사
04031 서울특별시 마포구 양화로 15길 20 마인드월드빌딩
대표전화 • 02)330-5114 팩스 • 02)324-2345
등록번호 • 제313-2006-000265호

홈페이지 • http://www.hakjisa.co.kr
페이스북 • https://www.facebook.com/hakjisabook

ISBN 978-89-997-2663-7 93180

정가 23,000원

역자와의 협약으로 인지는 생략합니다.
파본은 구입처에서 교환해 드립니다.